Leistungsbestimmungsrechte in einem künftigen deutschen Bauvertragsrecht vor dem Hintergrund, der Funktion und der Grenzen von §§ 1 Nr. 3 und Nr. 4 VOB/B

Schriften zum deutschen und internationalen Baurecht

Herausgegeben von Axel Wirth

Band 1

PETER LANG
Frankfurt am Main · Berlin · Bern · Bruxelles · New York · Oxford · Wien

Sebastian Ulbrich

Leistungsbestimmungsrechte in einem künftigen deutschen Bauvertragsrecht vor dem Hintergrund, der Funktion und der Grenzen von §§ 1 Nr. 3 und Nr. 4 VOB/B

PETER LANG
Europäischer Verlag der Wissenschaften

Bibliografische Information der Deutschen Nationalbibliothek
Die Deutsche Nationalbibliothek verzeichnet diese Publikation in der Deutschen Nationalbibliografie; detaillierte bibliografische Daten sind im Internet über <http://www.d-nb.de> abrufbar.

Zugl.: Darmstadt, Techn. Univ., Diss., 2006

D 17
ISSN 1863-091X
ISBN 978-3-631-56372-4

www.peterlang.de

Vorwort

Die vorliegende Arbeit wurde im Oktober 2006 abgeschlossen und hat dem Fachbereich 1, Rechts- und Wirtschaftswissenschaften, der Technischen Universität Darmstadt als Dissertation vorgelegen. Literatur und Rechtsprechung wurden von mir bis Mai 2006 berücksichtigt.

Mein besonderer Dank gilt meinem Doktorvater, Herrn Prof. Dr. Axel Wirth, der nach einem anfänglichen Rückschlag bei der Entwicklung einer Idee für ein anderes Dissertationsthema den entscheidenden Anstoß zur Entstehung dieser Arbeit gegeben und diese in stetiger Diskussionsbereitschaft mit überaus konstruktiver Kritik begleitet hat. Bedanken möchte ich mich bei ihm auch für die Aufnahme meiner Arbeit in die Schriftenreihe „Schriften zum deutschen und internationalen Baurecht".

Das Zweitgutachten wurde von dem ehemaligem stellv. Vorsitzenden des VII. Zivilsenates am BGH, Herrn Prof. Dr. Reinhold Thode erstellt, dem ich in keinem geringeren Umfang zu Dank verpflichtet bin. Die zahlreichen Möglichkeiten, mit ihm die unterschiedlichsten Thesen diskutieren zu können und dabei nicht die gebotene Klarheit aus den Augen zu verlieren, haben mir nicht nur bei der Ausarbeitung dieser Arbeit, sondern auch für meinen weiteren juristischen Werdegang sehr geholfen. Hierfür möchte ich mich bei ihm ganz herzlich bedanken.

Bedanken möchte ich mich auch für die vielfachen Hilfestellungen fachlicher und persönlicher Art bei meiner Mutter, meiner Schwester und meiner Lebensgefährtin Anna, sowie bei meinen Kollegen Herrn Florian Kaiser und Christian v. Köckritz und bei meinen Partnern Herr Volker Lubojanski und Dr. Thomas Waldner.

Mein größter Dank gilt aber meinem Vater, Herrn Prof. Hans-Benno Ulbrich, der mich unermüdlich und in jeglicher Form bei meiner Arbeit unterstützt hat, immer für wertvolle und fruchtbare Diskussionen zur Verfügung stand und mir den notwendigen Einblick in die alltägliche Baupraxis vermittelt hat. Ihm widme ich deshalb diese Arbeit.

Würzburg, im Januar 2007 Sebastian Maximilian Ulbrich

Inhaltsverzeichnis

Literaturverzeichnis

Acker, Wendelin/Garcia-Scholz, Stephan: Möglichkeiten und Grenzen der Verwendung von Leistungsbestimmungsklauseln nach § 315 BGB in Pauschalpreisverträgen, in BauR 2002, S. 550 ff.

Anker, Axel/Klingenfuß, Henning: Kann das praktisch Erforderliche stets wirksam vereinbart werden?, in BauR 2005, S.1377 ff.

Asam, Christa: Anmerkung 3 zu BGH, Urt. v. 28.02.2002 – VII ZR 376/00 (Konsoltraggerüst), in BauR 2002, S.1247 ff.

Bamberger/Roth: Kommentar zum Bürgerlichen Gesetzbuch, Band 1, §§ 1-610, München 2003; Band 2, §§ 611-1296, München 2003.

Beck´scher VOB-Kommentar: Verdingungsordnung für Bauleistungen Teil B, München 1997; Verdingungsordnung für Bauleistungen Teil C, München 2003.

Bolz, Stephan: Komplettheitsklausel ist wirksam, wenn Auftragnehmer das Leistungsverzeichnis erstellt, zu OLG Düsseldorf, Urt. v. 16.10.2003 – 23 U 204/02, in IBR 2004, S. 61 f (zitiert: Bolz in IBR 2004, 61f.).

Bork, Reinhard: Allgemeiner Teil des BGB, Tübingen 2001 (zitiert: Bork, AT des BGB).

Brockhaus, Konversationslexikon: Band 6, Elektrodynamik – Forum, 14. Auflage, Berlin und Wien 1898.

Bruns, Patrik: Schluss mit einseitigen Änderungen des Bauentwurfes nach § 1 Nr.3 VOB/B, in ZfBR 2005, S. 525 ff.

Cuypers, Manfred: Leistungsbeschreibung und Verstöße gegen die VOB/A, in BauR 1994, S. 426 ff.

Dähne, Horst: Auftragnehmeransprüche bei lückenhafter Leistungsbeschreibung, in BauR 1999, S. 289 ff.

Diehr, Uwe: Zum Verhältnis von Vergütungs- und Schadensersatzansprüchen des Auftragnehmers wegen Bauzeitstörungen nach der VOB/B, in BauR 2001, S.1507 ff.

Drees, Gerhard/Paul, Wolfgang: Kalkulation von Baupreisen, 5. Auflage, Wiesbaden und Berlin 1998.

Enders, Christian: Existenz und Umfang eines Abänderungsrechtes des Bestellers beim Bauvertrag, in BauR 1982, S. 535 ff.

Englert, Klaus/Grauvogl, Josef/ Maurer, Michael: Handbuch des Baugrund- und Tiefbaurechts, 3. Auflage, München 2004.

Erman, Kommentar zum Bürgerlichen Gesetzbuch, Band I, §§ 1-811, 11. Auflage, Köln 2004.

Falk, Heiko/Maier, Frank: Handbuch privates Baurecht, Heidelberg 2003.

Flume, Werner: Allgemeiner Teil des bürgerlichen Rechtes, Band 2, Das Rechtsgeschäft, 3. Auflage, Berlin 1979.

Franke, Horst/Kemper, Ralf/Zanner, Christian/Grünhagen, Matthias: Verdingungsordnung für Bauleistungen, VOB Teil A und B, 1. Auflage, Düsseldorf 2002 (Zitiert: Franke/Kemper/Zanner/Grünhagen, VOB-Kommentar, 2002).

Frikell, Michael: Mögliche Auswirkungen der Schuldrechtsreform auf die Rechtsprechung zur "VOB als Ganzes", in BauR 2002, S. 671 ff.

Genschow, Claus: Anordnungen zur Bauzeit – Vergütungs- oder Schadensersatzansprüche des Auftragnehmers?, in ZfBR 2004, S. 642 ff.

Gessner, /Jäger, : „Abschied von der besonderen Leistung?", in Festgabe für Steffen Kraus, 1. Auflage, München 2003, S. 41 ff.

Glatzel, Ludwig/ Hoffmann, Olaf/ Frikell, Eckhard: Unwirksame Bauvertragsklauseln, 9. Auflage, Stamsried 2000.

Gottwald, Heiko: Mit der Entscheidung des BGH vom 28.2.2002 – Konsoltraggerüst – ist der Einheitspreisvertrag i. S. des § 5 Nr. 1a VOB/A gestorben, in BauR 2003, S.1259 ff.

Grauvogl, Josef: Bauvertrag – Risikoverlagerung vom Auftraggeber zum Auftragnehmer, in Jahrbuch Baurecht 2003, S. 31 ff.

derselbe: Die VOB Teil C und der Bauvertrag, Jahrbuch Baurecht 1998, München, S. 315-331 ff.

Groß, Heinrich/Kromik, Wolfgang/Motzke, Gerd/Schwager, Eberhard: VOB für Architekten und Ingenieure, Aktuelles Praxishandbuch für Haftung, Vertragsgestaltung, Abnahme und Abrechnung mit Fallbeispielen, Praxishinweisen und Arbeitshilfen, Stand März 2004, Kissingen.

Heiermann, Wolfgang/Riedl, Richard/Rusam, Martin: Handkommentar zu VOB, Teil A und B, 10. Auflage, Wiesbaden 2003.

Hereth, Franz/Ludwig, Oswald/Naschold, Richard: Verdingungsordnung für Bauleistungen, Teil A und B: Band 2, Erläuterungen zu Teil B, Wiesbaden 1954 (zitiert: Hereth/Ludwig/Naschold, VOB-Kommentar, Band 2, 1954).

Herig, Norbert: Verdingungsordnung für Bauleistungen Teile A, B, C, 1. Auflage, Düsseldorf 2001.

Hildebrandt, Thomas /Schäfer, Frerk: Wirksamkeit und Zweckmäßigkeit von Leistungsbestimmungsrechten und Änderungsvorbehalten im Bauträgervertrag, in ZfIR 2006, S. 81 ff.

Hoff, Alexander: Die VOB/B 2000 und das AGB-Gesetz – Der Anfang vom Ende der Privilegierung?, in BauR 2001, S. 1654 ff.

Hofmann, Olaf/Frickel, Eckhard: Nachträge am Bau, 3. Auflage, Stamsreid 2000.

Ingenstau, Heinz/Korbion, Hermann: Verdingungsordnung für Bauleistungen: VOB Teil A und B, 14. Auflage, Düsseldorf 2001 (zitiert: Ingenstau/Korbion, VOB Teil A und B, 14. Auflage 2001); VOB Teil A und B, 15. Auflage, Düsseldorf 2004 (zitiert: Ingenstau/Korbion, VOB Teil A und B, 15. Auflage 2004); VOB Teil A und B, 15. Auflage, Düsseldorf 2004 / online-Ausgabe (zitiert: Ingenstau/Korbion, VOB Teil A und B, online – Kommentierung zur 15. Auflage 2004); VOB Teil A und B, 1. Auflage, Düsseldorf 1960 (zitiert: Ingenstau/Korbion, VOB Teil A und B, 1. Auflage 1960); VOB Teil A und B, 4. Auflage 1966 (zitiert: Ingenstau/Korbion, VOB Teil A und B, 4. Auflage 1964).

Irl, Kerstin, Nachtragsvergütung endgültig abgelehnt: Auftragnehmer darf Leistung verweigern! zu BGH, Urt. v. 24.06.2004 – VII ZR 271/01, in IBR 2004, S. 486.

Jagenburg, Walter: 100 Jahre "Kölner VOB" Professor Hermann Korbion zur Verleihung des Deutschen Baurechtspreises am 02.11.1988, in BauR 1989, S. 17 ff.

derselbe: Der Einfluss des AGB-Gesetzes auf das private Baurecht, in BauR Sonderheft 1977, S. 3 ff.

Joussen, Edgar: Die Privilegierung der VOB nach dem Schuldrechtsmodernisierungsgesetz, in BauR 2002, S. 1759 ff.

Kapellmann, Klaus Dieter: „Zur Struktur des Pauschalpreisvertrages", in Festschrift für Soergel, Stamsried 1993, S. 99 ff.

derselbe: Der BGH und die "Konsoltraggerüste" – Bausollbestimmung durch die VOB/C oder die konkreten Verhältnisse?, in NJW 2005, S. 182 ff.

Kapellmann/Messerschmidt, Verdingungsordnung für Bauleistungen, VOB Teil A und B, München 2003.

Kapellmann, Klaus Dieter/Schiffers, Karl-Heinz: Vergütung, Nachträge und Behinderungsfolgen beim Bauvertrag, Rechtliche und baubetriebliche Darstellung der geschuldeten Leistung und Vergütung sowie der Ansprüche des Auftragnehmers aus unklarer Ausschreibung, Mengenänderung, geänderter oder zusätzlicher Leistung und aus Behinderung gemäß VOB/B und BGB: Band 1, Einheitspreisvertrag, 4. Auflage, Düsseldorf 2000; Band 2, Pauschalvertrag einschließlich Schlüsselfertigbau, 3. Auflage, Düsseldorf 2000.

Kattenbusch, Markus: Baubetriebliche Betrachtungen zur Ausgewogenheit zwischen dem Anordnungsrecht des Auftraggebers und den Vergütungsregelungen beim VOB-Vertrag, Mitteilungen aus dem Fachgebiet Baubetrieb und Bauwirtschaft, Heft 17, 1. Auflage, Essen 2002.

Kaufmann, Robert: Anmerkung zum Urteil des OLG Hamm v.14.4.2005 – 21 U 133/04-, zugleich zur "Kritischen Bestandsaufnahme" Thodes zu "Nachträgen wegen gestörten Bauablaufs im VOB/B-Vertrag" (ZfBR 2004, S.214ff), in BauR 2005, S.1805 ff.

Keldungs, Karl Heinz: Anmerkung 1 zu BGH, Urt. v. 28.02.2002 – VII ZR 376/00 (Konsoltraggerüst), in BauR 2002, S.1247.

Kemper, Ralf: Nachträge und ihre mittelbaren Bauzeitauswirkungen, in NZBau 2001, S.238 ff.

Kleine-Möller/ Merl/Oelmeier, Handbuch des privaten Baurechts, 2. Auflage, München 1997.

Kniffka, Rolf: ibr-online-Kommentar Bauvertragsrecht, Stand 12.9.2005.

Kniffka, Rolf/Koeble, Wolfgang: Kompendium des Baurechts, 2. Auflage, München 2004.

Köhler, Helmut: BGB Allgemeiner Teil, 28. Auflage, München 2004.

Korbion, Hermann/ Hochstein, Reiner/Keldungs, Karl Heinz: Der VOB-Vertrag, 8. Auflage, Düsseldorf 2002.

Kratzenberg, Rüdiger: Der Beschluss des DVA-Hauptausschusses zur Neuherausgabe der VOB 2002 (Teil A und B), in NZBau 2002, S. 177 ff.

Kraus, Steffen/Vygen, Klaus/Oppler, Peter: Ergänzungsentwurf Kraus/Vygen/Oppler zum Entwurf eines Gesetzes zur Beschleunigung fälliger Zahlungen der Fraktionen der SPD und Bündnis 90/Die Grünen, in BauR 1999, S.964-967.

Kretschmann, Martin: Der Rechtscharakter der Abkündigungspflicht nach § 2 Nr. 6 Abs.1 S. 2 VOB/B, in BrBp 2005, S. 178 ff.

Kronke, Herbert: Zur Funktion und Dogmatik der Leistungsbestimmungsrechte nach § 315 BGB, in AcP 183, S. 113 f.

Kuffer, Johann: Leistungsverweigerungsrecht bei verweigerten Nachtragsverhandlungen, in ZfBR 2004, S. 110 f.

Kutschker, Bettina: Richterliche Befugnisse zur Einschränkung des § 23 Abs. 2 Nr. 5 AGBG und der bisherigen Gesamtabwägungsrechtsprechung bei Änderungen der VOB/B durch den Verdingungssausschuss?, in BauR 1999, S. 454 ff.

Larenz, Karl: Lehrbuch des Schuldrechts, Allgemeiner Teil, 14. Auflage, München 1987.

Larenz, Karl/Wolf, Manfred: Allgemeiner Teil des bürgerlichen Rechts, 9. Auflage, München 2004.

Lehnig, Heinrich: Vergütungsanspruch für zusätzliche Leistungen trotz Verletzung der Ankündigungspflicht nach dem VOB-Vertrag, in NJW 1977, S. 422 ff.

Leinemann, Ralf: Verdingungsordnung für Bauleistungen Teil B, Köln 2002.

Leineweber, Anke: Handbuch des Bauvertragsrechts, 1. Auflage, Baden-Baden 2000.

Leupertz, Stefan: Zur Rechtsnatur der VOB – Die Bestimmungen der VOB/B "als Ganzes" sind keine Allgemeinen Geschäftsbedingungen, in Jahrbuch Baurecht 2004, Düsseldorf, S. 45 ff.

Lindemann, : Einseitige Leistungsbestimmungsrechte auf dem Prüfstand, in AuR 2004, S. 201 ff.

Locher, Horst: Das private Baurecht, 7. Auflage, München 2005.

Mandelkow, Dieter: Qualifizierte Leistungsbeschreibung als wesentliches Element des Bauvertrages, in BauR 1996, S. 31ff.

Mantscheff, Jack: „Die Bestimmungen der VOB/C und ihre vertragsrechtliche Bedeutung", in Festschrift für Korbion, Düsseldorf 1986, S. 295 ff.

Markus, Jochen/Kaiser, Stefan/Kapellmann, Susanne: AGB-Handbuch Bauvertragsklauseln, München 2004.

Medicus, Dieter: Allgemeiner Teil des BGB, 8. Auflage, Heidelberg 2002 (zitiert: Medicus, BGB AT).

derselbe: Schuldrecht I, Allgemeiner Teil, 14. Auflage, München 2003 (zitiert: Medicus, Schuldrecht AT).

derselbe: Schuldrecht I, Allgemeiner Teil, 16. Auflage, München 2005 (zitiert: Medicus, Schuldrecht I).

Micklitz, Hans-W.: Die Richtlinie 93/13/EWG des Rates der Europäischen Gemeinschaft vom 5.4.1993 über missbräuchliche Klauseln in Verbraucherverträgen und ihre Bedeutung für die VOB Teil B, Gutachten im Auftrag des Verbraucherzentrale Bundesverbandes e.V., Bamberg 2004.

Mothes, Oscar: Illustriertes Baulexikon, Nachdruck der Originalausgabe von 1881-1884 nach dem Exemplar aus dem Sammlungsbestand des Grassimuseums, Band II, Buchstabe C – G, 4. Auflage, Leipzig 1882.

Motive zum Entwurfe eines Bürgerlichen Gesetzbuches für das Deutsche Reich, Band I: Allgemeiner Teil, Band II Recht der Schuldverhältnisse, Berlin u. Leipzig 1888 (zitiert: Motive I und II).

Motzke, Gerd: Parameter für Zusatzvergütung bei zusätzlichen Leistungen, in NZBau 2002, S. 641 ff.

Moufang, Oliver/Klein, Walter: Die Bedeutung der VOB Teil C für die Leistungspflichten der Bauvertragspartner, in Jahrbuch Baurecht 2004, Düsseldorf, S. 71 ff.

Münchener Kommentar: Kommentar zum Bürgerlichen Gesetzbuch, 3. und 4. Auflage: Band 1, §§ 1-240, 3. Auflage, München 1994; Band 1, §§ 1-240, 4. Auflage, München 2001; Band 2, §§ 241-432, 3. Auflage, München 1994; Band 2a, §§ 241-432, 4. Auflage, München 2003; Band 4, §§ 607-704, 3 Auflage, München 1997; Band 4, §§ 611-704, 4. Auflage, München 2005.

Muttersprache: Zeitschrift des deutschen Sprachvereins, hrsg. Dr. Oskar Streicher, 41. Jahrgang, Frankfurt 1926, Heft 11.

Oppler, Peter: „Nachträge wegen Leistungsänderungen und Störungen im Bauablauf", Skript zum 3. Giessener MTJZ-Baurechtsseminar, Fassung 2003.

derselbe: Thesendiskussion im Rahmen der 25. Baurechtstagung der Arbeitsgemeinschaft für Bau- und Architektenrecht im Deutschen Anwaltsverein in Essen, 11 – 12.03.2005.

Palandt: Kommentar zum Bürgerlichen Gesetzbuch, 64. Auflage, München 2005 und 65. Auflage, München 2006.

Pauly, Holger: Die Privilegierung der VOB/B nach dem Schuldrechtsmodernisierungsgesetz, in MDR 2003, S.124 ff.

Peters, Frank : Zur Rechtsfigur der Verpflichtungsermächtigung, in AcP 1971, S. 234 ff.

Piel, Rudolf: Zur Abgrenzung zwischen Leistungsänderung (§1 Nr.3, 2 Nr.5 VOB/B) und Behinderung (§6 VOB/B), in Festschrift für Korbion, Düsseldorf 1986, S. 349 ff.

Poesch, Joachim: Planänderungen durch den Bauherrn – eine rechtsvergleichende Untersuchung zum deutschen und französischen Recht, Dissertation, Gießen 1988.

Poetzsch-Heffter, Alf: Global- und Detailpauschalvertrag in Rechtsprechung und Literatur, in ZfBR 2005, S. 324 ff.

Preussner, Mathias: Die Auswirkungen des Schuldrechtsmodernisierungsgesetzes auf das Baurecht: eine kritische Analyse, in Festgabe für Steffen Kraus, 1. Auflage, München 2003, S. 179 ff.

Putzier, Dieter, Im Leistungsverzeichnis Traggerüst vergessen – Zusatzvergütung? zu BGH, Urt. v. 28.02.2002 – VII ZR 376/00 (Konsoltraggerüst), in IBR 2002, S. 231 (zitiert: Putzier in IBR 2002, 231).

Quack, Friedrich: Anmerkung 2 zu BGH, Urt. v. 28.02.2002 – VII ZR 376/00, in BauR 2002, S.1247.

derselbe: § 1 Nr. 3 VOB/B: Darf der Auftraggeber auch die Bauzeit und den Bauablauf ändern?, in IBR 2004, S.558f.

derselbe: Theorien zur Rechtsnatur von §1 Nr.3 und 4 VOB/B und ihre Auswirkungen auf die Nachtragsproblematik, in ZfBR 2004, S. 107 ff.

derselbe: Über die Verpflichtung des Auftraggebers zur Formulierung der Leistungsbeschreibung nach den Vorgaben von §9 VOB/A, in BauR 1998, S. 381 ff.

derselbe: Vertragsauslegung und Auslegungsvorgaben in technischen Regelwerken, in ZfBR 2002, S. 641 ff.

derselbe: VOB/B als Ganzes und die Modernisierung des Schuldrechts, in ZfBR 2002, S. 428 ff.

Quack, Friedrich/Thode, Reinhold: Leistungsbeschreibung und Nachträge, Skript zum Intensivkurs Bau- und Architektenrecht, Stand August 2005.

dieselben: Recht der Allgemeinen Geschäftsbedingungen am Bau, Skript zum Intensivkurs Bau- und Architektenrecht, Stand August 2005.

dieselben: Vertragsrechtliche Bedeutung von VOB Teil A, Teil B, Teil C, Skript zum Intensivkurs Bau- und Architektenrecht, Stand August 2005.

RGR-Kommentar: BGB-Kommentar mit besonderer Berücksichtigung der Rechtsprechung des Reichsgerichtes und des Bundesgerichtshofes: 10. Auflage, Berlin 1953 (zitiert: RGR-Kommentar, 10. Auflage 1953); 12. Auflage, Berlin 1976 (zitiert: RGR-Kommentar, 12. Auflage 1976).

Roquette, Andreas: Vollständigkeitsklauseln: Abwälzung des Risikos unvollständiger oder unrichtiger Leistungsbeschreibungen auf den Auftragnehmer, in NZBau 2001, S. 57 ff.

Roquette, Andreas/Paul, Matthias: Sonderprobleme bei Nachträgen, in BauR 2003, S. 1097 ff.

Schottke, Ralf: Änderung der Art und Weise der Ausführung als Folge einer Anordnung, in Festschrift für Vygen, Düsseldorf 1999, S. 267 ff.

Schubert, Eberhard: Zur Entstehung der VOB (Teil A und B) von 1926, in Festschrift für Korbion, Düsseldorf 1986, S. 389 ff.

Schulze-Hagen, Alfons: Pauschalpreis: Komplettheitsvereinbarung im Verhandlungsprotokoll hat Vorrang vor Detail-Leistungsverzeichnis! zu BGH, Nichtannahmebeschluss v. 08.05.2003 – VII ZR 106/02, in IBR 2003, S. 343.

derselbe: Zur Anwendung der §§1 Nr. 3, 2 Nr. 5 VOB/B einerseits und §§1 Nr. 4, 2 Nr. 6 VOB/B andererseits, in Festschrift für Soergel, Stamsried 1993, S. 259 ff.

Schwarck, Eberhard: Rechtsprobleme der mittelbaren Stellvertretung, in JuS 1980, S. 777 ff.

Schwenker, Hans Christian: Auch die Technischen Vertragsbedingungen der VOB/C sind AGB! zu OLG Celle, Urt. v. 15.01.2003 - 7 U 64/00, in IBR 2003, S. 289.

derselbe: § 2 Nr. 5 VOB/B: Anspruchsgrundlage bei Bauzeitverzögerung?, in IBR 2004, S. 290f.

Schwenker, Hans Christian/Heinze, Florian: Die VOB/B 2002, in BauR 2002, S. 1143 ff.

Siegburg, Peter: Zum AGB-Charakter der VOB/B und deren Privilegierung durch das AGB-Gesetz, in BauR 1993, S. 9 ff.

Sienz, Christian: Die Neuregelungen im Werkvertragsrecht nach dem Schuldrechtsmodernisierungsgesetz, in BauR 2002, S. 181 ff.

derselbe: Die Vorleistungspflicht des Bauunternehmers: ein Trugbild?, BauR 2004, S. 10 ff.

Soergel: Bürgerliches Gesetzbuch, Band 2, Schuldrecht I, §§ 241-432, 12. Auflage, Stuttgart 1990.

Stassen, Dieter/Grams, Hartmut: Zur Kooperationspflicht des Auftragnehmers gemäß §2 Nr.5 VOB/B 2002 bei Mehrkosten, in BauR 2003, S. 943 ff.

Staudingers Kommentar zum Bürgerlichen Gesetzbuch, Buch 2, Recht der Schuldverhältnisse, §§ 631-651, Neubearbeitung von Frank Peters, Berlin 2000 (zitiert: Staudinger, 2000).

Tempel, Otto: Ist die VOB noch zeitgemäß?, in NZBau 2002, S. 465 ff.

Thode, Reinhold: Die Infiltration des Rechts durch metajuristische Begriffe – Erläutert am Beispiel des Bausolls, in ZfBR 2006, S. 309 ff.

derselbe: Die wichtigsten Änderungen im BGB-Werkvertrag: Schuldrechtsmodernisierung und erste Probleme, in NZBau 2002, Teil1, S.297 ff. und Teil 2, S. 360 ff.

derselbe: Das Konsoltraggerüst-Urteil – Wirklichkeit und Fehlinterpretation, in IBR 2005, 1148.

derselbe: Nachträge wegen gestörten Bauablaufs im VOB/B-Vertrag, in ZfBR 2004, S. 214 ff.

derselbe: Werkleistung und Erfüllung im Bau- und Bauträgervertrag, in ZfBR 1999 S. 116 ff.

Thode, Reinhold/Quack Friedrich: Abnahme und Gewährleistung im Bau- und Bauträgervertrag, RWS-Skript 293, Köln 2003.

Turner, Tanja: Vorrang individueller Leistungsbeschreibung vor VOB/C in Bauvertrag, Anmerkung zu OLG Celle, Urt. v. 15.01.2003 – 7 U 64/00, in ZfIR 2003, S. 511f.

Ulbrich, Hans-Benno: Wann unterliegt die VOB/B der Inhaltskontrolle? zu BGH, Urt. v. 22.01.2004 – VII ZR 419/02, in IBR 2004, S. 179.

Ulmer, Peter/Brandner, Erich/Hensen, Horst-Diether: AGB-Gesetz, Band I, §§ 1-44, 9. Auflage, Köln 2001.

v. Minckwitz, : Zur AGB-Widrigkeit der §§1 Nr. 3 und 4 VOB/B im Lichte der Rechtsprechung zu § 315 BGB, in BrBp 2005, S. 170 ff.

Verdingungsordnung für Bauleistungen Teil B, Text: Mai 1926; Ausgabe 1958, Fassung 1952.

Vogel, Achim Olrik: Anmerkung zu BGH, Urt. v. 17.06.2004 – VII ZR 75/03, in ZfIR 2004, S. 670 ff.

Vogel, Achim Olrik/Vogel, Thomas: Die VOB/C und das AGB-Gesetz – terra incognita, in BauR 2000, S. 345 ff.

dieselben: Wird § 2 Nr.7 Abs.1 S.2-3 VOB/B richtig verstanden? – Einige Anmerkungen zur Anpassung der Pauschalvergütung -, in BauR 1997, S. 556 ff.

Voppel, Reinhard: Komplettheitsklauseln in Bauverträgen, in BrBp 2004, S. 402 ff.

Voppel, Reinhard: Die AGB-rechtliche Bewertung der VOB/B nach dem neuen Schuldrecht, in NZBau 2003, S. 6 ff.

Vygen, Klaus: Bauvertragsrecht nach VOB und BGB, 3. Auflage, Wiesbaden und Berlin 1997.

derselbe: Bauvertragsrecht nach VOB, 4. Auflage, München 2004.

derselbe: Leistungsverweigerungsrecht des Auftragnehmers bei Änderungen des Bauentwurfes nach §1 Nr.3 VOB/B oder Anordnungen von zusätzlichen Leistungen gemäß § 1 Nr.4 VOB/B, in BauR 2005, S. 431 ff.

Vygen, Klaus/Schubert, Eberhard/Lang, Andreas: Bauverzögerung und Leistungsänderung, 4. Auflage, Düsseldorf 2002.

Nicklisch, Fritz/Weick, Günter: Verdingungsordnung für Bauleistungen Teil B, 3. Auflage, München 2001.

Weilbier, Rudolf: Bauvergabe und Bauverträge, 3. Auflage, Berlin 1953.

Weise, Stefan: Bürgenhaftung für Nachträge, in NJW-Spezial 2005, S. 549 ff.

Werner, Ulrich/Pastor, Walter: Der Bauprozess, 11. Auflage, München 2005.

Weyer, Friedhelm: „Bauzeitverlängerungen aufgrund Änderungen des Bauentwurfes durch den Auftraggeber", in BauR 1990, S. 138 ff.

derselbe: Die Privilegierung der VOB/B: Eine – nur vorerst? – entschärfte Zeitbombe, in BauR 2002, S. 857 ff.

Wiechers, Silke: „Die Gesellschaft für deutsche Sprache", Sprache in der Gesellschaft, Beiträge zur Sprachwissenschaft, Band 28, Frankfurt a. M. 2004.

Wirth, Axel: „Das Problem der Nachträge besteht weiter", in Jahrbuch Baurecht 2002, S. 87 ff.

Wirth, Axel/Würfele, Falk: Änderungen der Bauzeit unterliegen dem Anordnungsrecht nach § 1 Nr. 3 VOB/B, in BrBp 2005, S. 214 ff.

dieselben: Bauzeitverzögerung: Mehrvergütung gemäß § 2 Nr. 5 VOB/B oder Schadensersatz gemäß § 6 Nr. 6 VOB/B?, in Jahrbuch Baurecht 2006, S.119 ff.

Zanner, Christian/Keller, Nathalie: Das einseitige Anordnungsrecht des Auftraggebers zu Bauzeit und Bauablauf und seine Vergütungsfolgen, in NZBau 2004, S. 353 ff.

Zöllner, Wolfgang: Immanente Grenzen arbeitsvertraglicher Regelungen, in RdA 1989, S.152 ff.

Abkürzungsverzeichnis

a. A.	andere Ansicht
Beschl.	Beschluss
bzw.	Beziehungsweise
gem.	gemäß
h. M.	herrschende Meinung
i. S. d.	im Sinne des
m. w. N.	mit weitern Nachweisen
Rdn.	Randnummer
Rspr.	Rechtsprechung
Urt.	Urteil
vgl.	vergleiche

Des Weiteren wird auf Hildebert Kirchner, Abkürzungsverzeichnis der Rechtssprache, 5. Auflage, Berlin 2003, verwiesen.

Teil 1 : Leistungsänderungen im Bauvertrag – Ausgangslage und Problemstellung

I. Einleitung und Gegenstand der Arbeit

„Die Regelungen der VOB/B zu Nachträgen … sind tägliches Brot jedes Baurechtlers.“[1]

Mit dieser Aussage leiten *Roquette* und *Paul* einen im Jahr 2003 veröffentlichen Beitrag mit dem Titel „Sonderprobleme bei Nachträgen“ ein, in dem der Begriff des Nachtrags mit einer Selbstverständlichkeit verwendet wird, welche die Eindeutigkeit ihrer Aussage eigentlich nahe legt.

Der Begriff des „Nachtrags“ wird jedoch in den gesamten 18 Paragraphen des Teils B der Vergabe- und Vertragsordnung für Bauleistungen (VOB/B, Fassung 2002), sowie in den übrigen Teilen der VOB und im allgemeinen Werkvertragsrecht i. S. d. §§ 631 ff. BGB nicht erwähnt.

Dies wirft die Frage auf, welche Regelungen in der VOB/B eigentlich gemeint sind[2].

Der Begriff des Nachtrags lässt sich juristisch nicht auf bestimmte Normen der VOB/B eingrenzen, sondern umschreibt umgangssprachlich eine Vielzahl von regelmäßig bei der Abwicklung von Bauvorhaben auftretender Situationen, deren einzige Gemeinsamkeit ist, dass der Auftragnehmer nach Vertragsschluss eine zusätzliche Geldforderung gegen den Auftraggeber geltend macht, welche darauf basiert, dass es nach seiner Meinung zu einer Kosten verursachenden Abweichung zwischen dem geplanten und dem tatsächlichen Bauablauf gekommen ist, für welche letztendlich der Auftraggeber verantwortlich gemacht werden soll[3].

Die Ursachen einer Bauablaufstörung sind ebenso mannigfaltig wie die für möglich gehaltenen Anspruchsgrundlagen. Sie können sich von einem zusätzlichen Vergütungsanspruch bis hin zu einem Kostenerstattungsanspruch erstrecken. Oftmals ist die einschlägige Rechtsgrundlage der Forderung unklar oder nicht vorhanden.

---

[1] Roquette/Paul, Sonderprobleme bei Nachträgen, in BauR 2003, 1097 (1097).

[2] diese Frage wird selbstverständlich von den Autoren beantwortet.

[3] Oppler, „Nachträge wegen Leistungsänderungen und Störungen im Bauablauf“, Skript zum 3. Giessener MTJZ-Baurechtsseminar, Fassung 09.09.2003, S. 3.

Für eine juristische Betrachtung ist der Begriff des Nachtrags damit ungeeignet[4].

Ein sachgerechter Umgang mit der Materie der „Nachträge" erfordert vielmehr, die unterschiedlichen Forderungen des Auftragnehmers auf ihre Ursachen zurückzuführen und diese einer einschlägigen Rechtsgrundlage auch außerhalb der VOB/B zuzuordnen.

In diesem Sinne lassen sich im Wesentlichen vier Fallgruppen unterscheiden[5].

In der ersten Gruppe wird die Ursache der Bauablaufstörung in einer ausdrücklichen Anordnung des Auftraggebers i. S. d. §§ 1 Nr. 3 VOB/B und § 1 Nr. 4 VOB/B, teilweise sogar i. S. d. § 2 Nr. 5 VOB/B gesehen, welche den ursprünglich geplanten Bauablauf in dem Maß negativ beeinflussen kann, dass durch die nachträgliche Leistungsänderung oder Leistungserweiterung ursprünglich nicht vorhergesehene Leistungen vom Unternehmer auszuführen sind, welche nicht nur das Preis – Leistungsgefüge des Bauvertrages zum Nachteil des Auftragnehmers verschieben, sondern deren Ausführung teilweise auch einen zeitlichen Mehraufwand vom Unternehmer abverlangt, so dass hieraus indirekte Folgekosten entstehen können.
Nachteile aus derartigen Anordnungen des Auftraggebers wären dem Unternehmer allenfalls im Rahmen der §§ 2 Nr. 5 VOB/B und § 2 Nr. 6 VOB/B zu ersetzen.

Mit dieser Situation vergleichbar ist der Fall, in dem der Auftragnehmer eine im ursprünglich vereinbarten Leistungsinhalt nicht enthaltene Werkleistung ohne ausdrückliche Anordnung des Auftraggebers ausführt, letzterer aber die geänderte Werkleistung nachträglich anerkennt bzw. die Leistung für die Erfüllung des Vertrages notwendig war, dem mutmaßlichen Willen des Auftraggebers entsprach und diesem unverzüglich angezeigt wurde, § 2 Nr. 8 Abs. 2 VOB/B. Auch in diesem Fall kann dem Auftragnehmer eine zusätzliche Vergütung nach Maßgabe der §§ 2 Nr. 5 und 6 VOB/B zustehen.

In der zweiten Gruppe bildet die Ursache der Bauablaufstörung eine schuldhafte Pflichtverletzung i. S. d. § 280 BGB des Auftraggebers, welche den Auftragnehmer in seiner eigenen Leistungserbringung behindert.
Diese Behinderung bei der Leistungserbringung verändert das Preis – Leistungsgefüge des Bauvertrages im Gegensatz zu der Situation einer Anordnung nach § 1 Nr. 3 VOB/B oder § 1 Nr. 4 VOB/B nicht unmittelbar; sie kann allerdings mittelbar zu einem finanziellen Mehraufwand des Auftragnehmers

---

[4] Thode, Nachträge wegen gestörten Bauablaufs im VOB/B-Vertrag, in ZfBR 2004, 214 (214).

[5] Thode, Nachträge wegen gestörten Bauablaufs im VOB/B-Vertrag, in ZfBR 2004, 214 (215).

führen, da auch die zeitabhängigen Kosten der zu erbringenden Bauleistung während bzw. auf Grund der Behinderung steigen können und der ursprünglichen Kalkulation des Auftragnehmers dadurch die Grundlage entzogen wird.
Rechtsfolge einer derartigen Störung kann somit ein Schadensersatzanspruch des Auftragnehmers sein, welcher in § 6 Nr. 6 VOB/B geregelt wird.

Die dritte Fallgruppe der oberflächlich als Nachtrag umschriebenen Bauablaufstörungen unterscheidet sich von der oben beschriebenen zweiten Gruppe lediglich dadurch, dass der Unternehmer nicht durch eine Pflichtverletzung des Auftraggebers in seiner Leistungserbringung behindert wird, sondern diesem eine Obliegenheitsverletzung in Form des Unterlassens einer Mitwirkungshandlung zur Last fällt.
Rechtsfolge dieses Verstoßes kann damit weder ein zusätzlicher Vergütungsanspruch, noch Schadensersatzanspruch sein, da weder die ursprünglich vereinbarte Leistung verändert wird, noch eine Pflichtverletzung i. S. d. § 280 Abs. 1 BGB des Auftraggebers vorliegt. Auch in diesem Fall zu einer finanziellen Mehrbelastung des Auftragnehmers durch einen auf der Behinderung beruhenden Anstieg der zeitabhängigen Kosten kommen, welche ausschließlich durch einen verschuldensunabhängigen Entschädigungsanspruch gem. § 642 BGB ausgeglichen werden kann.

Die letzte Gruppe der Bauablaufstörungen betrifft die Fälle, in denen der Auftraggeber durch vertragswidrige Anordnungen eine Behinderung des Auftragnehmers bei dessen Leistungserbringung verursacht oder diese Behinderung durch tatsächliche Umstände eintritt.
Eine Erhöhung der zeitabhängigen Kosten des Auftragnehmers ist auch hier möglich, eine eventuell einschlägige Rechtsgrundlage zu deren Ersatz weitgehend unklar und in Literatur und Rechtsprechung heftig umstritten.

Um die anfänglich zitierte Aussage von *Roquette* und *Paul* zu präzisieren, müsste diese also besser wie folgt lauten:

„Die Handhabung der regelmäßig bei einem Bauvertrag auftretenden Bauablaufstörungen gehört zum Handwerkszeug eines jeden Baujuristen."

Allerdings zeigt nicht nur die Unsicherheit in der letzten Fallgruppe, dass in dem Bereich der Bauablaufstörungen noch vieles ungeklärt und die vorgenommene Unterteilung weder zwingend noch eindeutig ist.
Insbesondere ergeben sich selbst bei Anerkennung der vorangestellten Unterteilung erhebliche Schwierigkeiten bei der Zuordnung der tatsächlich eintretenden Sachverhalte zu einer dieser Gruppen.

Ursache hierfür ist, dass eine zugegebenermaßen schwierige dogmatische Abgrenzung der einzelnen Fallgruppen von Bauablaufstörungen untereinander und deren Einordnung in ein sich daraus ergebendes schlüssiges System bislang nur unzureichend erfolgt ist. Ein Großteil der Stimmen in Literatur und Rechtsprechung neigt zu ergebnisorientierten Lösungen, die nicht durch Anspruchsgrundlagen belegt sind[6].

Dieser Befund steht in einem auffälligen Kontrast zur Bedeutung von Bauablaufstörungen bei einem Bauvertrag. So können die aus einer Bauablaufstörung resultierenden Forderungen die ursprünglich vereinbarte Vergütung um zum Teil mehr als 30 % übersteigen[7], und damit nicht nur das Preis-Leistungsgefüge des Bauvertrages wesentlich beeinflussen, sondern auch eine lukrative Verdienst- aber auch Verlustquelle für den Auftragnehmer darstellen[8].

Ziel der Arbeit ist es, diese unsystematische Generalisierung aufzubrechen und die bei der Durchführung von Bauvorhaben auftretenden Situationen von Bauablaufstörungen zu systematisieren, um dadurch das bislang dogmatisch nur ansatzweise erschlossene Gebiet der „Nachträge" und tägliche Brot eines jeden Baurechtlers einer praktikablen Handhabung zuzuführen, sowie dadurch in dem wirtschaftlich sensiblen Bereich von Bauablaufstörungen eine rechtssichere Handhabung der verschiedenen auftretenden Situationen zu gewährleisten.

Besonderes Augenmerk wird dabei auf die erste Gruppe der zuvor unterteilten Bauablaufstörungen gelegt, da diese die zentrale Gruppe der gesamten „Nachtragsproblematik" in der VOB/B darstellt und sich aus deren richtiger dogmatischer Einordnung und Abgrenzung Schlussfolgerungen für alle restlichen Fallgruppen ziehen lassen.

Ein typisches Phänomen bei zahlreichen Bauvorhaben ist die Spannung zwischen Planung und Realität[9], welche dadurch entsteht, dass auf Grund der Zukunftsorientiertheit des Bauvertrages sich bei Vertragsschluss nicht alle Leistungen umfassend, d.h. entweder wie sie zur Bauausführung tatsächlich erforderlich werden oder beabsichtigt waren, bestimmen lassen und somit

---

[6] Thode, Nachträge wegen gestörten Bauablaufs im VOB/B-Vertrag, in ZfBR 2004, 214ff mit weiteren Nachweisen.

[7] Wirth, „Das Problem der Nachträge besteht weiter", in Jahrbuch Baurecht 2002, S. 87 (92).

[8] Vygen in Vygen/Schubert/Lang, Bauverzögerung und Leistungsänderung, 4. Auflage 2002, Rdn. 152.

[9] Schulze-Hagen, Zur Anwendung der §§ 1 Nr. 3, 2 Nr. 5 VOB/B einerseits und §§ 1 Nr. 4, 2 Nr. 6 VOB/B andererseits, in Festschrift für Soergel, 1993, S. 259 (259).

dem ursprünglichen Bauvertrag regelmäßig einige Leistungen „nachgetragen" werden müssen[10].
Beruht der „Nachtrag" dieser Leistungen auf einer Anordnung des Auftraggebers, ist damit der Anwendungsbereich der §§ 1 Nr. 3 und 4, §§ 2 Nr. 5 und 6 VOB/B in den meisten Fällen eröffnet, die Subsumption unter die konkret anzuwendende Vorschrift oftmals schwierig und Gegenstand der meisten Ungereimtheiten und Widersprüche in Literatur und Rechtsprechung.

Es gilt zunächst die Vorschriften der §§ 1 Nr. 3, 1 Nr. 4, 2 Nr. 5 und 2 Nr. 6 VOB/B untereinander dogmatisch und inhaltlich abzugrenzen, sowie deren Funktion, Grenzen und ihre Wirksamkeit zu bestimmen.
Die hieraus gewonnenen Erkenntnisse sind sodann auf die übrigen Fallgruppen zu übertragen.

Das so aus der Analyse der „Nachtragsregelungen" der VOB/B gewonnene System gilt es hiernach auf seine Tauglichkeit und Erforderlichkeit in einem Bauvertrag zu untersuchen und gegebenenfalls durch eigens zu entwerfende Regelungen oder Vorschläge in das Bürgerliche Gesetzbuch zu integrieren.

Kennzeichnend für die derzeitige Situation bei einem BGB-Bauvertrag ist es, dass keine speziellen bauvertraglichen Normen zur Regelung von Bauablaufstörungen im Bürgerlichen Gesetzbuch enthalten sind.
Hintergrund dieses Misstandes ist, dass bislang kein selbständiges Bauvertragsrecht im Bürgerlichen Gesetzbuch normiert ist, in welchem die speziellen Anforderungen eines Bauvertrages und damit insbesondere auch Vorschriften zur Regelung von Bauablaufstörungen ausreichende Berücksichtigung hätten finden können. Vielmehr ist der klassische Bauvertrag, bei welchem sich der Auftragnehmer unmittelbar zur Errichtung eines Bauwerkes verpflichtet, mangels spezieller Bestimmungen nach wie vor als Werkvertrag i. S. d. § 631 BGB zu qualifizieren.
Das Werkvertragsrecht des Bürgerlichen Gesetzbuches in seiner heutigen Fassung ist als Grundlage eines Bauvertrages jedoch nur bedingt geeignet, da es zwar ausgewählte Besonderheiten eines Bauvertrages in vereinzelten Paragraphen berücksichtigt, ein schlüssiges Gesamtkonzept aber vermissen lässt[11].

So enthält Werkvertragsrecht des Bürgerlichen Gesetzbuches als spezielle bauvertragliche Normen lediglich eine Regelung über die Sicherungshypothek des Bauunternehmers gem. § 648 BGB, welche in den letzten Jahren um

---

[10] Oppler, „Nachträge wegen Leistungsänderungen und Störungen im Bauablauf", Skript zum 3. Giessener MTJZ-Baurechtsseminar, Fassung 09.09.2003, S. 3.

[11] Vygen, Bauvertragsrecht nach VOB und BGB, 3. Auflage 1997, Rdn. 114.

die Regelungen über Abschlagszahlungen gem. § 632a BGB[12] und die Bauhandwerkersicherung gem. § 648a BGB[13] ergänzt wurde.

Regelungen zu Bauablaufstörungen lassen sich lediglich im Bereich der Pflicht- und Obliegenheitsverletzung (2. und 3. Gruppe der zuvor definierten Bauablaufstörungen) über die allgemeine Regelung des § 280 BGB und die werkvertragliche Regelung des § 642 BGB konstruierten.

Normen über geänderte oder zusätzliche Leistungen, Regelungen im Bereich vertragswidriger Weisungen oder sonstiger Bauablaufstörungen (1. und 3. Gruppe der zuvor definierten Bauablaufstörungen), sowie eine Angleichung des Grundkonzepts des handwerklich geprägten Werkvertrages eines einmaligen Leistungsaustausches an die bauvertragliche Rechtswirklichkeit fehlen gänzlich[14].

Das statische Konzept des BGB-Werkvertragsrecht birgt erhebliche Gefahren und führt insbesondere bei einem BGB-Bauvertrag zu erheblichen Abwicklungsschwierigkeiten. Dies gab in Literatur und Rechtsprechung Grund zur Veranlassung, diese Regelungslücken des gesetzlichen Werkvertragsrechts durch unterschiedliche rechtliche Konstruktionen zu schließen.
Derartige juristischen „Notlösungen" tragen zu einer klaren Abgrenzbarkeit der einzelnen Situationen nur wenig bei, da die schon per se schwer eingrenzbaren Rechtsgebilde eine individuelle Betrachtung jedes einzelnen BGB–Bauvertrages für sich selbst erfordern und deshalb zur Ermittlung allgemeinverbindlicher Kriterien hinsichtlich des Anwendungsbereich, der Funktion und der Grenzen eines bauvertraglichen Anordnungsrechtes im BGB-Bauvertrag ungeeignet sind.
So werden einem VOB/B – Bauvertrag ähnliche Befugnisse des Auftraggebers zu Leistungsänderungen und die damit einhergehenden Rechtsfolgen durch ergänzenden Vertragsauslegung gem. §§ 133, 157 BGB oder unter zu Hilfenahme des Grundsatzes von Treu und Glauben § 242 BGB hergeleitet[15].

---

[12] eingefügt durch das Gesetz zur Beschleunigung fälliger Zahlungen vom 30.03.2000.

[13] eingefügt durch das Gesetz zur Änderung des Bürgerlichen Gesetzbuches vom 27.04.1993.

[14] Kraus/Vygen/Oppler, Ergänzungsentwurf Kraus/Vygen/Oppler zum Entwurf eines Gesetzes zur Beschleunigung fälliger Zahlungen der Fraktionen der SPD und Bündnis 90/Die Grünen, in BauR 1999, 964 (967).

[15] vgl. dazu Keldungs in Ingenstau/Korbion, VOB Teil A und B, 15. Auflage 2004, § 1 Nr. 3 VOB/B, Rdn. 3; Kapellmann/Schiffers, Vergütung, Nachträge und Behinderungsfolgen beim Bauvertrag, Band 1, 4. Auflage 2000, Rdn. 776; Kapellmann/Schiffers, Vergütung, Nachträge und Behinderungsfolgen beim Bauvertrag, Band 2, 3. Auflage 2000, Rdn. 1003 ff.; Weick in Nicklisch/Weick, VOB Teil B, 3. Auflage 2001, § 1 Nr. 3 VOB/B, Rdn. 23; Eng-

Unter Berücksichtigung der Tatsache, dass im Mittel 20 % aller Bauverträge als BGB-Bauverträge geschlossen werden[16] und man die Entwicklung der Rechtsprechung zur Privilegierung der VOB/B[17] im Auge behält, bedarf dies dringend einer eindeutigen gesetzlichen Regelung.

Die vorliegende Arbeit wird daher versuchen die Rechtsunsicherheit insbesondere im Bereich von Leistungsänderungen bei einem BGB-Bauvertrag durch konkrete Vorschläge für eine gesetzliche Regelung zu beheben und damit einen Beitrag für ein zu entwerfendes eigenständiges Bauvertragsrecht im Bürgerlichen Gesetzbuch zu leisten.

---

lert/Grauvogl/Maurer, Handbuch des Baugrund- und Tiefbaurechts, 3. Auflage 2004, Rdn. 624 ff.; Heiermann/Riedl/Rusam, VOB Teil A und B, 10. Auflage 2003, § 1 VOB/B, Rdn. 30d; Kleine-Möller in Kleine-Möller/Merl/Oelmaier, Handbuch des privaten Baurechts, 2. Auflage 1997, § 6 Rdn. 60 f. und § 9 Rdn. 80 ff.; Peters in Staudinger, 2000, § 632 BGB Rdn. 72 + 81; Busche in Münchener Kommentar, Band 4, 4. Auflage 2005, § 631 BGB, Rdn. 123; zuvor schon Soergel in Münchener Kommentar, Band 4, 3. Auflage 1997, § 631 BGB, Rdn. 202 + 208; Vygen, Bauvertragsrecht nach VOB und BGB, 3. Auflage 1997, Rdn. 657; sehr weitgehend Enders, BauR 1982, 535.

[16] Englert/Grauvogl/Maurer, Handbuch des Baugrund- und Tiefbaurechts, 3. Auflage 2004, Rdn. 624.

[17] soweit bei einem VOB/B-Bauvertrag die Regelungen der VOB/B nämlich einer Inhaltskontrolle nach §§ 305 ff BGB unterworfen sind, kann dies dazu führen, dass einige Regelungen zu nachträglichen Leistungsänderungen unwirksam sind und somit ebenfalls allgemeines Zivilrecht mit den oben beschriebenen Schwierigkeiten zur Anwendung gelangt. Vgl. zur Frage der Privilegierung der VOB/B, insbesondere in Anbetracht der Richtlinie 93/13/EWG („ sog. Klauselrichtlinie") Micklitz, Die Richtlinie 93/13/EWG des Rates der Europäischen Gemeinschaft vom 5.4.1993 über missbräuchliche Klauseln in Verbraucherverträgen und ihre Bedeutung für die VOB Teil B, Gutachten im Auftrag des Verbraucherzentrale Bundesverbandes e. V, April 2004, Universität Bamberg; ebenso BGH, Urt. v. 22.01.2004 – VII ZR 419/02, BauR 2004, 668 = ZfBR 2004, 362 = IBR 2004, 179; vgl. hierzu Ulbrich, IBR 2004, 179; BGH, Urt. v. 15. 4. 2004 – VII ZR 129/02, BauR 2004, 1142 = ZfBR2004, 555 = IBR 2004, 367; ebenso Hoff, Die VOB/B 2000 und das AGB-Gesetz – Der Anfang vom Ende der Privilegierung?, in BauR 2001, 1654ff.; Voppel, Die AGB-rechtliche Bewertung der VOB/B nach dem neuen Schuldrecht, in NZBau 2003, 6ff; Quack, VOB/B als Ganzes und die Modernisierung des Schuldrechts, in ZfBR 2002, 428ff; Preussner, Die Auswirkungen des Schuldrechtsmodernisierungsgesetz auf das Baurecht: Eine kritische Analyse, in Baurecht im Wandel 2003, 179 ff.

II. Leistungsänderungen gem. §§ 1Nr. 3 und Nr. 4, §§ 2 Nr. 5 und 6 VOB/B

Durch Leistungsänderungen des Bauherrn verursachte Bauablaufstörungen werden bei einem VOB/B-Bauvertrag in den §§ 1 Nr. 3 und Nr. 4, §§ 2 Nr. 5 und Nr. 6 VOB/B behandelt.

Diese dem Werkvertragsrecht des BGB unbekannten Regelungen gestatten einerseits dem Auftragnehmer den zuvor vereinbarten Leistungsinhalt in Teilbereichen nach Vertragsschluss einseitig zu ändern oder zu erweitern, und gewähren auf der anderen Seite dem Unternehmer eine geänderte oder zusätzliche Vergütung für die Ausführung dieser Leistungen.

So bleibt es dem Wortlaut des § 1 Nr. 3 VOB/B entsprechend dem Auftraggeber vorbehalten, Änderungen des Bauentwurfes anzuordnen;
ebenso hat der Auftragnehmer gem. § 1 Nr. 4 S. 1 VOB/B nicht vereinbarte Leistungen, die zur Ausführung der vertraglichen Leistung erforderlich werden, auf Verlangen mit auszuführen, außer wenn sein Betrieb auf derartige Leistungen nicht eingerichtet ist. Andere Leistungen können dem Auftragnehmer nur mit seiner Zustimmung übertragen werden, § 1 Nr. 4 S. 2 VOB/B.

Nach § 2 Nr. 5 S.1 VOB/B ist dann ein neuer Preis unter Berücksichtigung der Mehr- oder Minderkosten zu vereinbaren, soweit durch Änderung des Bauentwurfs oder andere Anordnungen des Auftraggebers die Grundlagen des Preises für eine im Vertrag vorgesehene Leistung geändert werden.
Ebenso hat der Auftragnehmer gem. § 2 Nr. 6 Abs. 1 S.1 VOB/B Anspruch auf besondere Vergütung, soweit eine im Vertrag nicht vorhergesehene Leistung von ihm gefordert wird.

Während der Regelung des § 1 Nr. 4 S. 2 VOB/B nur relativ geringe Bedeutung zukommt, ist die Rechtsnatur und der Regelungsgehalt der §§ 1 Nr. 3 und Nr. 4 S. 1 VOB/B, sowie der §§ 2 Nr. 5 S. 1 und Nr. 6 Abs. 1 S. 1 VOB/B heftig umstritten.

Beide Kriterien werden wesentlich von dem vereinbarten Vertragsinhalt beeinflusst, da nur dieser gem. § 1 Nr. 3 VOB/B verändert werden kann und zusätzliche Leistungen gem. § 1 Nr. 4 S. 1 VOB/B nur solche sein können, welche nicht bereits Teil der vereinbarten Vertragsleistung sind.

Vorrangig gilt es also den vereinbarten Leistungsinhalt bzw. -umfang des Bauvertrages zu ermitteln.

II.1 Inhalt des Bauvertrages

Ausgangspunkt für die Bestimmung der vereinbarten Bauleistung ist nach dem Grundsatz der Vertragsfreiheit, welcher wesentliche Ausdrucksform der Privatautonomie ist, der jeweilige Bauvertrag[18].

Dieser bestimmt als gegenseitiger Vertrag i. S. d. § 320 BGB die jeweiligen Leistungspflichten der Parteien individuell nach dem, was der Auftraggeber, fortan auch Bauherr genannt, und der Auftragnehmer, fortan auch Unternehmer genannt, durch übereinstimmende Willenserklärungen i. S. d. §§ 145, 146 BGB festgelegt haben.
Dies kann von dem gesetzlichen Leitbild eines Bauvertrages oder anderen gesetzlichen Regelungen abweichen, solange der Vertrag nicht gem. §§ 134, 138 BGB nichtig ist.

In der Praxis ist der Bauvertrag üblicherweise ein Werkvertrag i. S. d. § 631 BGB, so dass die gesetzlichen Regelungen des Werkvertragrechts des Bürgerlichen Gesetzbuches den äußeren Rahmen für den vereinbarten Vertragsinhalt und damit auch die Leistungspflichten der Parteien eines Bauvertrages darstellen.

Dieses Konzept liegt auch der VOB/A zugrunde[19].

II.1.1 Konzeption des Bauvertrages als Werkvertrag

Nach dem Wortlaut des § 631 Abs. 1 BGB wird ein Unternehmer durch Abschluss eines Werkvertrages zur Herstellung des versprochenen Werkes und der Besteller zur Entrichtung der vereinbarten Vergütung verpflichtet.
Diese vertragstypischen Pflichten des Werkvertrages i. S. d. § 631 Abs. 1 BGB werden auf Seiten des Unternehmers um die durch Art. 1 Abs. 1 Nr. 38 Schuldrechtsmodernisierungsgesetz (SMG) neu eingefügte Verschaffensverpflichtung i. S. d. § 633 Abs. 1 BGB erweitert. Danach hat der Unternehmer das versprochene Werk nicht nur frei von Sach- und Rechtsmängeln herzustellen, sondern dem Besteller auch zu verschaffen (§ 633 Abs. 1 BGB)[20].

---

[18] Larenz/Wolf, AT des BGB, 9. Auflage 2004, § 34 Rdn. 22 ff.

[19] § 1 VOB/A definiert Bauleistungen als Arbeiten jeder Art, durch welche eine bauliche Anlage hergestellt, instand gehalten, geändert oder beseitigt wird.

[20] Schwenker in Erman, Band I, 11. Auflage 2004, § 633 BGB, Rdn. 6f.

Der Besteller ist gem. § 640 Abs. 1 S. 1 BGB verpflichtet, das vertragsgemäß hergestellte Werk abzunehmen, sofern die Abnahme nicht nach der Beschaffenheit des Werkes ausgeschlossen ist.

Unabhängig von dem konkreten Inhalt des Bauvertrages lässt sich somit aus den gesetzlichen Bestimmungen entnehmen, dass sich die Hauptleistungspflicht des Bestellers in der Abnahme des vertragsgemäß hergestellten Werkes und der Entrichtung der vereinbarten Vergütung erschöpft, wohingegen sich diese auf Seiten des Unternehmers aus mehreren Elementen zusammensetzt.

Dieser verspricht zum einen ein bestimmtes Werk und verpflichtet sich zum anderen zu dessen Herstellung und Verschaffung.

Jedes dieser Elemente bestimmt die Leistungspflichten des Unternehmers und hat damit Einfluss auf den Inhalt des Bauvertrages; aber auch aus dem Verhältnis der Pflichten zueinander lassen sich Rückschlüsse auf den Inhalt des Bauvertrages ziehen, was Anlass zu einer genaueren Betrachtung der einzelnen Elemente der werkvertraglichen Leistungspflicht des Auftragnehmers gibt.

II.1.1.1 Das versprochene Werk

Zentrales Element der Leistungsverpflichtung des Unternehmers ist die Verpflichtung zur Herstellung des versprochenen Werkes gem. § 631 Abs. 1 BGB.

Unter dem versprochenen Werk ist dabei ein Erfolg zu verstehen, welcher sich dadurch kennzeichnet, dass das versprochene Werk die vereinbarte Beschaffenheit aufweist und soweit diese nicht vereinbart wurde, es sich für die vertraglich vereinbarte Verwendung sonst für die gewöhnliche Verwendung eignet (§ 633 Abs. 1, Abs. 2 BGB).

Dies ergibt sich insbesondere aus dem Wortlaut des § 631 Abs. 2 BGB, wonach Gegenstand eines Werkvertrages nicht nur die Herstellung oder Veränderung einer Sache, sondern auch ein anderer durch Arbeit oder Dienstleistung herbeizuführender Erfolg sein kann.

Durch das SMG neu eingeführt wurde die Haftung des Werkunternehmers für Rechtsmängel i. S. d. § 633 Abs.1, Abs. 3 BGB, so dass nunmehr der geschuldete Werkerfolg nicht mehr allein durch funktionelle, sondern auch durch rechtliche Gesichtpunkte qualifiziert werden kann[21].

Die Herstellung dieses Erfolges ist wesentliche Hauptleistungspflicht aus dem Werkvertrag, mit deren tatsächlicher Bewirkung der Unternehmer grundsätzlich „vorleistungspflichtig“ ist, da der Besteller nur zur Abnahme eines im Wesentlichen vertragsgemäß hergestellten Werkes verpflichtet ist, (§ 640 Abs. 1 S. 1 BGB). Im Rahmen dieser Primärleistungspflicht hat der Auftragnehmer somit alles zu unternehmen, um den versprochenen Erfolg zu erreichen.

Diese Erfolgshaftung unterscheidet den Werkvertrag gem. § 631 BGB von einem reinen Dienstvertrag gem. § 611 BGB, bei welchem nicht das Arbeitsergebnis, also der Erfolg, sondern die reine Dienstleistung als solche geschuldet wird[22].

Erfüllungswirkung hinsichtlich dieser Primärleistungspflicht tritt nach einhelliger Meinung in Rechtsprechung und Literatur allerdings erst durch die Abnahme der Werkleistung gem. § 640 BGB[23] ein, mit welcher der Auftraggeber das Werk als in der Hauptsache vertragsgerecht anerkennt[24].

Eine derartige Billigung des Auftraggebers setzt voraus, dass der Besteller das hergestellte Werk (Ist-Beschaffenheit) mit der versprochenen Werkleistung (Soll-Beschaffenheit) vergleichen kann[25].
Dafür ist es notwendig und erforderlich, dass der zu erzielende Werkerfolg vertraglich definiert wurde. Denn wie schon der Ausdruck „versprochen“ ver-

---

[21] Der Wortlaut des § 633 Abs. 1 BGB ist insoweit missverständlich, als er scheinbar die Sach- und Rechtsmängelfreiheit auf die Verschaffungspflicht bezieht. Tatsächlich ist der Unternehmer in erster Linie verpflichtet das Werk frei von Sachmängeln und Rechtsmängeln herzustellen und danach dem Besteller zu verschaffen; vgl. dazu Gliederungspunkt II.1.1.3.

[22] Peters in Staudinger, 2000, Vorbem. 19 ff zu § 631 BGB; Sprau in Palandt, 65. Auflage 2006, Einf. v. § 631 BGB, Rdn. 8.

[23] Thode, Werkleistung und Erfüllung im Bau- und Architektenvertrag, in ZfBR 1999, 116 (116); Peters in Staudinger, 2000, § 640 BGB, Rdn. 1-3; Merl in Kleine-Möller/Merl/Oelmaier, Handbuch des privaten Baurechts, 2. Auflage 1997, § 11 Rdn. 80 ff.; Riedl in Heiermann/Riedl/Rusam, VOB Teil A und B, 10. Auflage 2003, § 12 VOB/B, Rdn. 8 ff.; BGH , Urt. v. 17.12.1998 – IX ZR 151/98.

[24] Sprau in Palandt, 65. Auflage 2006, § 640 BGB, Rdn. 3.

[25] Nach der Konzeption des Werkvertragsrechts ist ein Mangel des Werkes nämlich anzunehmen, soweit die Ist-Beschaffenheit des Werkes von dessen Soll-Beschaffenheit abweicht, sog. subjektiver Mangelbegriff, vgl. Sprau in Palandt, 65. Auflage 2006, § 633, Rdn. 5 mit weiteren Nachweisen.

deutlicht, obliegt es den Parteien selbst, den vertraglich geschuldeten Erfolg zu festzulegen.

Die Bestimmung des Vertragsinhaltes kann in den unterschiedlichsten Formen und Intensitäten geschehen, deren unterste Grenze die Bestimmbarkeit des versprochenen Werkerfolgs ist[26].
Denn als Hauptleistungspflicht des Werkvertrages stellt der versprochene Werkerfolg eine Vertragswesentlichkeit (essentialia negotii) dar, welche zur Wirksamkeit desselben zumindest bestimmbar, nicht jedoch auch kalkulierbar, im Vertrag festgelegt sein muss (§ 154 BGB).

Bestimmbar ist der zu erzielende Werkerfolg, soweit sich dessen Inhalt zumindest im Rahmen der Auslegung gem. § 133,157 BGB ermitteln lässt und man daher bei Abschluss der Leistungserbringung feststellen kann, ob die vertragliche Verpflichtung vollständig erfüllt oder nicht vollständig erfüllt ist[27].
In diesem Sinne ist es zulässig und rechtlich möglich, den Werkerfolg detailliert oder abstrakt festzulegen.

Die Komplementärregelung zu einer derartigen Möglichkeit ist § 633 Abs. 2 BGB, welcher das Vorliegen eines Sachmangels von einer abgestuften Erfolgsvereinbarung abhängig macht.
Demnach liegt vorrangig ein Sachmangel des Werkes vor, wenn es nicht die vereinbarte Beschaffenheit aufweist.
Soweit die Beschaffenheit nicht vereinbart wurde, ist das Werk gem. § 633 Abs. 2 S. 2 BGB frei von Sachmängeln, wenn es sich für die nach dem Vertrag vorausgesetzte, sonst für die gewöhnliche Verwendung eignet und eine Beschaffenheit aufweist, die bei Werken gleicher Art üblich ist und der Besteller nach der Art des Werkes erwarten kann[28].

Im Mindestmaß ist es also ausreichend, dass der konkret zu erzielenden Werkerfolg unter Hinzuziehung von Erfahrungs- und Vergleichswerten ermittelt werden muss, als deren Teil nunmehr auch die insbesondere bei Bauverträgen zu beachtenden anerkannten Regeln der Technik Einzug in das Bürgerliche Gesetzbuch gefunden haben[29].

---

[26] Voit in Bamberger/Roth, Band 2, 2003, § 631 BGB, Rdn. 32.

[27] Heinrichs in Palandt, 65. Auflage 2006, Einf. v. § 145 BGB, Rdn. 20.

[28] Thode, Die wichtigsten Änderungen im BGB-Werkvertrag: Schuldrechtsmodernisierung und erste Probleme, in NZBau 2002, 297ff; Voit in Bamberger/Roth, 2003, § 633 BGB, Rd. 6 ff.; Schwenker in Erman, Band I, § 633 BGB, Rdn. 16 ff.

[29] Begründung zum RegE BT-Drucksache 14/6040, S. 261; vor in Kraft treten des SMG wurde dies ohne ausdrückliche Vereinbarung auf eine ergänzenden Vertragsauslegung gestützt.

Ohne anderweitige Vereinbarung hat der Besteller Anspruch darauf, dass das Werk unter Beachtung dieser Regeln errichtet wird[30].

Bei Abnahme wird auch der Vergütungsanspruch des Unternehmers i. S. d. § 641 Abs. 1 S. 1 BGB fällig.

In rechtlicher Hinsicht handelt es sich bei der Verpflichtung des Unternehmers zur Herstellung des versprochenen Werkes damit nicht um eine Vorleistungspflicht, sondern eher um einen Vorinvestitionszwang des Unternehmers, da seine eigene Leistungspflicht mit Abnahme Zug um Zug gegen die Zahlung des Werklohnes erfüllt ist. Eine Vorleistungspflicht im juristischen Sinne würde aber voraussetzten, dass eine Partei ihre Leistungspflicht vollständig erfüllt haben muss, bevor sie die ihr gebührende Leistung verlangen kann. Dies wäre bei einem Werkvertrag nur dann anzunehmen, wenn der Vergütungsanspruch erst nach Abnahme fällig wäre[31].

II.1.1.2 Herstellung

Mit dem Werkerfolg untrennbar verbunden ist die bereits oben erwähnte Herstellungsverpflichtung des Unternehmers gem. § 631 Abs. 1 BGB.

Diese Leistungspflicht des Unternehmers stellt inhaltlich den Weg dar, auf welchem er den versprochenen Werkerfolg zu erreichen versucht.
Dieser ist ihm im grundsätzlich freigestellt[32]. Insofern unterliegt der Auftragnehmer im Gegensatz zum Dienstvertragsrecht nicht der Weisungsbefugnis des Auftraggebers.

Soweit die Parteien allerdings die Art der Herstellung vereinbart haben, kann sich ein Spannungsverhältnis zwischen vereinbarter Herstellungsart und werkvertraglich geschuldeten Erfolg ergeben.

Dieses Spannungsverhältnis lässt sich an einem von BGH im Jahre 1998 entschiedenen Fall sehr gut verdeutlichen[33].

---

[30] Voit in Bamberger/Roth, Band 2, 2003, § 633 BGB, Rdn. 12.

[31] vgl. hierzu Sienz, Die Vorleistungspflicht des Bauunternehmers: Ein Trugbild?, in BauR 2004, 10 ff.

[32] Peters in Staudinger, 2000, § 631 BGB, Rdn. 14 ff; Busche in Münchener Kommentar, Band 4, 4. Auflage 2005, § 631 BGB, Rdn. 60.

[33] BGH, Urt. v. 16.07.1998 – VII ZR 350/96 (Haussanierung), IBR 1998, 527 = ZfBR 1999, 14 = BauR 1999, 37; so auch zuvor BGH, Urt. v. 17. 05.1984 – VII ZR 169/82, BGHZ 91, 206 = BauR

Der Entscheidung des BGH vom 16.07.1998 (Haussanierung) lag folgender Sachverhalt zu Grunde:

Der Kläger wurde von der Beklagten mit der Sanierung von Mehrfamilienhäusern in G. beauftragt. Dazu schlossen die Parteien einen VOB-Werkvertrag, in welchem sie hinsichtlich der Decken und Böden die genaue Ausführungsart der Sanierung festgelegt hatten. Die Klägerin führte die Arbeiten vereinbarungsgemäß aus, stellte nach Abnahme des Gewerkes aber fest, dass mit der vereinbarten Ausführungsart die maßgeblichen Schall- und Brandschutzvorschriften nicht zu erreichen waren.

Der Kläger begehrt mit seiner Klage von der Beklagten Zahlung des einbehaltenen Restwerklohns, was Letztere mit der Begründung verweigert, dass das Werk mangelhaft sei.

Bereits im Tenor der Entscheidung weist der BGH darauf hin, dass der Auftragnehmer im Rahmen der getroffenen Vereinbarung ein Werk schuldet, das die Beschaffenheit aufweist, die für den vertraglich vorausgesetzten oder gewöhnlichen Gebrauch erforderlich ist. An dieser Erfolgshaftung ändert sich grundsätzlich nichts, wenn die Parteien eine bestimmte Ausführungsart vereinbart haben, mit der die geschuldete Funktionstauglichkeit des Werkes nicht erreicht werden kann.
Insbesondere bleibe der Unternehmer, wie der BGH unter Bezugnahme auf ein Urteil aus dem Jahr 1984[34] in den Urteilsgründen ausführt, selbst in dem Fall, in welchem die Parteien ausdrücklich eine Ausführungsart vereinbart haben, zur Herstellung eines funktionstauglichen Werkes, auch unter Umständen auf eine andere geeignete Art, verpflichtet.

Dies muss erst recht gelten, soweit die Ausführungsart nicht vertraglich vereinbart wurde, sondern der Unternehmer selbständig eine Herstellungsweise gewählt hat.

Als Konsequenz dieser Subsidiarität der Herstellungsverpflichtung kann ein nicht leistender Unternehmer nur auf den versprochenen Erfolg verklagt und zu diesem verurteilt werden, nicht hingegen zu dessen Herstellung[35].

1984, 222; BGH, Urt. v. 19.01.1995 – VII ZR 131/93, BauR 1995, 230 = ZfBR 1995, 132; bestätigt durch BGH, Urt. v. 11.11.1999 – VII ZR 403/98, BauR 2000, 411 = ZfBR 2000, 121 = NZBau 2000, 74 und 198; zur Frage der Vergütung für die geeignete Herstellung vergleiche im Folgenden.

[34] BGH, Urt. v. 17.05.1984 – VII ZR 169/82 (Putzsystem I), BauR 1984, 510; ebenso BGH, Urt. v. 20.11.1986 – VII ZR 360/85 (Putzsystem II), BauR 1987, 207.

[35] Voit in Bamberger/Roth, Band 2, 2003, § 631 BGB, Rdn. 10.

Bedeutung erlangt die Herstellungsverpflichtung allerdings bei der Abgrenzung des Werkvertrages gem. § 631 BGB zum Kaufvertrag gem. § 433 BGB, bei welchem im Gegensatz zum Werkvertrag nicht das Produkt einer Arbeitsleistung, sondern die Übereignung eines fertigen Gegenstandes im Vordergrund steht[36].

Bislang ungeklärt ist, ob von dieser Herstellungsverpflichtung des Unternehmers auch die durch das SMG neu eingefügte Verschaffungspflicht i. S. d. § 633 Abs. 1 BGB erfasst wird.[37].

II.1.1.3 Verschaffung

Schließlich muss der Unternehmer das fertig gestellte Werk dem Besteller auch verschaffen (§ 633 Abs. 1 BGB).
Die Bedeutung dieser im Rahmen des SMG neu in das Werkvertragsrecht des Bürgerlichen Gesetzbuches unter Angleichung an das bestehende Kaufrecht aufgenommene Pflicht des Unternehmers ist derzeit ungeklärt.

Die überwiegende Meinung in der Literatur geht dahin, dass die im Unterschied zur Herstellungsverpflichtung selbständig einklagbare Verschaffungspflicht des Unternehmers in Abhängigkeit von der geschuldeten Leistung stark differieren kann[38].

So könne der Unternehmer entweder das Eigentum bzw. die sonstige Rechtsinhaberschaft an dem hergestellten Werk oder allgemein das, was nach dem römischen Kaufrecht mit *uti frui habere* umschrieben wurde[39], schulden. Zu Letzterem würde insbesondere die Besitzverschaffung und gegebenenfalls auch eine Einweisung und ein Hinweis auf mögliche Gefahren des Werkes zu zählen sein.

---

[36] Voit in Bamberger/Roth, Band 2, 2003, § 631 BGB, Rdn. 2 f.; Peters in Staudinger, 2000, § 631 BGB, Rdn. 14; Sprau in Palandt, 65. Auflage 2006, Einf. v. § 631 BGB, Rdn. 6.

[37] Der Wortlaut des § 633 Abs. 1 BGB ist insoweit missverständlich, als er scheinbar die Verschaffenspflicht als Teil der Pflicht des Unternehmers zur sach- und rechtsmängelfreien Herstellung des Werkes deklariert; vgl. hierzu Gliederungspunkt II.1.1.3.

[38] Busche in Münchener Kommentar, Band 4, 4. Auflage 2005, § 631 BGB, Rdn. 59; Voit in Bamberger/Roth, Band 2, 2003, § 631 BGB, Rdn. 46; Peters in Staudinger, 2000, § 631 BGB, Rdn. 18.

[39] Peters in Staudinger, 2000, § 631 BGB, Rdn. 18.

Lediglich *Thode*[40] weist in diesem Zusammenhang darauf hin, dass § 631 Abs. 1 BGB, der nach seiner Überschrift die vertragstypischen Pflichten der Vertragsparteien zum Gegenstand hat, im Unterschied zu § 433 Abs. 1 BGB keine Verpflichtung des Unternehmers regelt, das Werk dem Besteller zu übergeben und ihm das Eigentum zu verschaffen, so dass ein derartiges Verständnis der Verschaffungspflicht im Werkvertrag zumindest nicht selbstverständlich erscheint.
Ebenso gehe bei einem klassischen Bauvertrag das Eigentum an den Baustoffen ohnehin nach §§ 946, 94 BGB auf den Bauherren über, so dass auch diesbezüglich der Inhalt der Verschaffensverpflichtung nicht eindeutig zu beantworten sei.
Allerdings erkennt *Thode* die Möglichkeit an, dass der mit der Verschaffung intendierte Erfolg die Übergabe des hergestellten und mangelfreien Werks an den Besteller und die Eigentumsverschaffung sein kann.

Hier hören die Gemeinsamkeiten aber schon auf.
Während ein Großteil der Lehre[41] der Ansicht ist, dass die Verschaffung des Werkes Voraussetzung für die Zahlung der Vergütung ist und der Unternehmer insofern nur die Herstellung eines mangelfreien Werkes als Voraussetzung für die Abnahmeverpflichtung des Bestellers schulde, wird es von Anderen mit durchaus gewichtigen Argumenten für möglich gehalten, dass durch die Aufnahme dieser Verpflichtung in das Werkvertragsrecht, die ursprüngliche „Vorleistungspflicht" des Unternehmers gem. § 631 BGB dahingehend verändert bzw. erweitert wurde, dass die Verschaffung des Werkes ebenfalls Voraussetzung für die Abnahme des Werkes ist[42].

Die Vertreter der ersten Ansicht argumentieren im Hinblick auf die andernfalls bei einem Erwerbervertrag auftretenden Probleme eher Ergebnis orientiert. Kennzeichen dieser besonderen Kategorie des Generalübernehmervertrages ist, dass sich der Generalübernehmer zur Herstellung und Übereignung des

---

[40] Thode, Die wichtigsten Änderungen im BGB-Werkvertrag: Schuldrechtsmodernisierung und erste Probleme – Teil 1, in NZBau 02, 297 (301).

[41] Kniffka in ibr-online-Kommentar Bauvertragsrecht, Stand 12.09.2005, § 633 BGB, Rdn. 2; Peters in Staudinger, 2000, § 631 BGB, Rdn. 17; Voit in Bamberger/Roth, Band 2, 2003, § 631 BGB, Rdn. 46; Busche in Münchener Kommentar, Band 4, 4. Auflage 2005, § 631 BGB, Rdn. 59; Sienz, Die Neuregelungen im Werkvertragsrecht nach dem Schuldrechtsmodernisierungsgesetz, in BauR 02, 181 (182); Preussner, Die Auswirkungen des Schuldrechtsmodernisierungsgesetzes auf das Baurecht: eine kritische Analyse, in Festgabe für Steffen Kraus, 1. Auflage 2003, S. 179 (180 f.).

[42] Thode, Die wichtigsten Änderungen im BGB-Werkvertrag: Schuldrechtsmodernisierung und erste Probleme – Teil 1, in NZBau 02, 297 (301); Wirth in Ingenstau/Korbion, VOB Teil A und B, 15. Auflage 2004, § 13 VOB/B Rdn. 51; ders. in Ingenstau/Korbion/Wirth, VOB Teil A und B, online – Kommentierung zur 15. Auflage 2004, § 13 Nr. 1 VOB/B, Rdn. 6.

Bauwerks an den Besteller verpflichtet, die Übereignung regelmäßig allerdings erst nach Abnahme erfolgen soll[43]. Sollte die Erfüllung der Verschaffenspflicht Voraussetzung der Abnahmeverpflichtung sein, wäre eine derartige Vereinbarung in Formular- oder Verbraucherverträgen im Hinblick auf die Rechtsprechung des BGH zur Leitbildfunktion der Abnahmeregelung[44] und in Ansehung der Klauselrichtlinie[45] unwirksam.
Zum wirksamen Erhalt dieser weit verbreiteten Vertragsgestaltungsmöglichkeit sei es nach ihrer Ansicht somit nicht geboten, die Erfüllung der Verschaffenspflicht zur Voraussetzung der Abnahmeverpflichtung zu erheben.

Nichts anderes sei auch vom Gesetzgeber beabsichtigt gewesen, was insbesondere die Regelungstechnik, welche die Verschaffensverpflichtung nicht bei den vertragstypischen Pflichten des Werkvertrages gem. § 631 BGB platziert, nahe legt.
Ziel der vorgenommenen Änderungen sei vielmehr eine Angleichung des Werkvertragsrechts gem. § 631 ff. BGB an das bestehende Kaufrecht gem. § 433 ff. BGB gewesen, bei welchem die Nichterfüllung der Verschaffenspflicht in Form der Eigentumsübertragung ebenfalls nur den Käufer berechtigt, die Zahlung des Kaufpreises zu verweigern, § 320 Abs. 1 S. 1 BGB.

Ebenso sei auch in der Gesetzesbegründung kein Hinweis darauf enthalten, dass der Gesetzgeber durch Einführung des § 633 Abs. 1 BGB eine Ausweitung der „Vorleistungspflicht" gem. § 631 BGB im Sinn hatte, sondern die bestehende Konzeption des Werkvertragsrechts fortführen wollte.

Dementsprechend enthalten schon die Motive zum allgemeinen Werkvertragsrecht den ausdrücklichen Hinweis auf die Intention von § 644 BGB des Dresdners Entwurfes, welcher den Unternehmer auch bezüglich der Ablieferung als „vorleistungspflichtig" ansah, abzuweichen und dagegen eine Abhängigkeit der Ablieferung des Werkes von der Zahlung der Vergütung vorzuziehen.[46]
Begründet wurde dies damit, dass andernfalls das dem Unternehmer zustehende Zurückbehaltungs- bzw. Pfandrecht verkümmern würde.

---

[43] BGH Urt. v. 27.09.2001 – VII ZR 388/00, BauR 2002, 83 = ZfBR 2002, 63 = NZBau 2002, 25.

[44] BGH, Urt. v. 23.02.1989 – VII ZR 89/87, BauR 1989, 322.

[45] EuGH, Urt. v. 27.06.2000, verb. Rs. C-240/98 bis C- 244/98 (Océano Grupo Editorial SA/ Rocío Murciano Quintero u.a.), in ABIEG 2000 Nr. 302 = ZIP 2000, 1165 = NJW 2000, 2571 = IPRax 2001, 128.

[46] Motive zum BGB, § 573, S. 641.

Hiergegen wenden sich *Thode*[47] und *Wirth*[48] zu Recht mit dem Hinweis auf den ausdrücklichen Wortlaut des § 633 Abs.1 BGB.
Soweit die Verschaffenspflicht des Unternehmers nämlich explizit eine selbständige gesetzliche Regelung erfahren hat, wäre die These, der Unternehmer schulde lediglich die Herstellung des Werkes, dogmatisch mit dem Gesetz unvereinbar, auch wenn sie systematisch nicht bei den vertragstypischen Pflichten des Werkvertrages gem. § 631 BGB im Gesetz situiert ist.

Unter Berücksichtigung dieses Aspektes spreche dann insbesondere die Funktionen der Abnahme dafür, die „Vorleistungspflichtigkeit" des Unternehmers auch auf die Verschaffung des Werkes auszudehnen[49].
Die Abnahme diene dazu, dem Besteller die Möglichkeit einzuräumen, zu klären, ob das hergestellte Werk der vertraglichen Vereinbarung entspricht[50]. Die Prüfung der Erfüllungstauglichkeit des Werkes ist dem Besteller regelmäßig erst möglich, wenn die Sache ihm übergeben worden ist. Eine Eigentumsverschaffung sei hierfür zwar grundsätzlich nicht erforderlich.
Die Abnahme als notwendige Voraussetzung der Erfüllungswirkung der Leistungspflicht des Unternehmers, lege es aber nahe, als Voraussetzung für die Abnahmepflicht auch die Eigentumsverschaffung des Werkes zu fordern, da der Unternehmer den Vertrag erst erfüllt hat, wenn er das vertragsgemäß hergestellte Werk auch verschafft hat.

Dieses Verständnis der Verschaffensverpflichtung sei zwar mit dem Wortlaut des § 640 BGB nur schwerlich zu vereinbaren, da die Regelung an die neu eingeführte Verschaffenspflicht nicht angepasst wurde und somit nur die Pflicht des Unternehmers, das Werk frei von Sach- und Rechtsmängeln herzustellen, erfasst, was nach der Legaldefinition des Sachmangels gem. § 633 Abs. 2 BGB und des Rechtsmangels gem. § 633 Abs. 3 BGB die Nichterfüllung der Verschaffenspflicht nicht umschließt.
Andernfalls drohe aber die Gefahr, dass der Besteller verpflichtet ist, ein Werk abzunehmen, welches ihm noch nicht verschafft wurde und somit Abnah-

---

[47] Thode, Die wichtigsten Änderungen im BGB-Werkvertrag: Schuldrechtsmodernisierung und erste Probleme – Teil 1, in NZBau 02, 297 (301).

[48] Wirth in Ingenstau/Korbion, VOB Teil A und B, 15. Auflage 2004, § 13 VOB/B Rdn. 51; ders. in Ingenstau/Korbion/Wirth, VOB Teil A und B, online – Kommentierung zur 15. Auflage 2004, § 13 Nr. 1 VOB/B, Rdn. 6; Schwenker in Erman, Band I, 11. Auflage 2004, § 633 BGB, Rdn. 8f.

[49] Thode, Die wichtigsten Änderungen im BGB-Werkvertrag: Schuldrechtsmodernisierung und erste Probleme – Teil 1, in NZBau 02, 297 (301).

[50] Thode/Quack, Abnahme und Gewährleistung im Bau- und Bauträgervertrag, 2003, RWS-Skript 293, Rdn. 158ff., mit weiteren Nachweisen.

mewirkungen zu Lasten des Bestellers eintreten, obwohl der Unternehmer den Vertrag noch nicht erfüllt hat.

Beide dargestellten Auffassungen haben ihre Stärken, können aber letztendlich die aus der Regelungstechnik des Gesetzgebers herrührenden Probleme nicht vollständig aufklären.
Meines Erachtens ist eine abschließende Antwort auf die Frage, ob die Übergabe und Eigentumsverschaffung Voraussetzung der Abnahmeverpflichtung und damit Teil der „Vorleistungspflicht" des Bestellers ist, derzeit nicht möglich[51].
Dennoch erscheint die Auffassung von *Thode* und *Wirth* bis zu einer Klarstellung durch den Gesetzgeber vorzugswürdig.

Insbesondere gibt es an dem eindeutigen Wortlaut des § 633 BGB, welcher ausdrücklich eine Verschaffensverpflichtung des Unternehmers im Werkvertragsrecht begründet, kein Vorbeikommen, so dass eine Auslegung, der Unternehmer schulde lediglich die Herstellung des versprochenen Werkes, nicht möglich ist.
Dies bedeutet zwar nicht zwangsläufig, dass er mit der Erfüllung dieser Verpflichtung damit auch „vorleistungspflichtig" ist, jedoch ist die systematische Stellung der Verschaffensverpflichtung zu berücksichtigen.
So findet sich diese zwar nicht unmittelbar bei den vertragstypischen Pflichten des Werkvertrages i. S. d. § 631 BGB, allerdings in einer Vorschrift, welche sich unmittelbar auf die Primärleistungspflicht des Auftragnehmers zur Herstellung des Werkerfolges bezieht, so dass hierdurch zumindest der Eindruck erweckt wird, dass die Verschaffensverpflichtung mit der Herstellungsverpflichtung in enger Verbindung steht, vgl. § 633 Abs.1 BGB.

Dieser Eindruck wird durch die tatsächlichen Auswirkungen eines Rechtsmangels i. S. d. § 633 Abs. 3 BGB verstärkt, da in diesem Fall regelmäßig auch die Erfüllung der Verschaffungspflicht i. S. d. § 633 Abs. 1 BGB zumindest vorübergehend unmöglich sein wird.
Dies sei an einem Beispiel verdeutlicht:

Bei einem Werkvertrag über die Herstellung eines individuell angefertigten Stuhls überträgt der Unternehmer das Eigentum hieran vertragswidrig an einen Dritten, so dass insofern ein Rechtsmangel des Werkes i. S. d. § 633 Abs. 3 BGB vorliegt, welcher den Besteller zur Verweigerung der Abnahme berechtigt, § 640 Abs. 1 S. 2 BGB.
Aufgrund derselben Handlung ist dem Unternehmer die Erfüllung der Verschaffenspflicht, welche in diesem Fall ebenfalls auf die Übertragung des Ei-

---

[51] So auch Schwenker in Erman, Band I, 11. Auflage 2004, § 633 BGB, Rdn. 8f.

gentums gerichtet ist, unmöglich, was dazu führt, dass er insoweit von seiner Leistungspflicht befreit wird, § 275 Abs. 1 BGB.

Diese systematische und tatsächliche Verbundenheit mit der Herstellungspflicht legt es nahe, dass es sich bei der Verschaffungspflicht, wie auch im Kaufvertrag, ebenfalls um eine Hauptleistungspflicht, zumindest aber um einen Teil der Hauptleistungspflicht aus dem Werkvertrag handeln muss.

Im Unterschied zum Kaufvertragsrecht tritt Erfüllungswirkung hinsichtlich der Hauptleistungspflichten bei einem Werkvertrag aber nicht durch die tatsächliche Bewirkung der Leistung, sondern durch die „Bewirkung" der Abnahme i. S. d. § 640 BGB ein, so dass es nur systemgerecht erscheint, diese Wirkung auf die Verschaffenspflicht auszudehnen.

Bekräftigt wird diese Auffassung durch die Tatsache, dass in den allermeisten Fällen die Erfüllung der Verschaffensverpflichtung tatsächlich auch notwendige Voraussetzung für die Abnahmemöglichkeit durch den Besteller sein wird, da der Unternehmer, wie auch schon vor In-Kraft-Treten des SMG, das Werk zum Zwecke der Abnahme beim Besteller in jedem Fall abliefern und ihm insofern zumindest den Besitz an dem Werk vermitteln muss[52].
Ist Inhalt der Verschaffensverpflichtung eine eventuell geschuldete Einweisung in das hergestellte Werk, wäre diese notwendigerweise ebenfalls vor Abnahme zu erfüllen, da der Besteller nur bei Kenntnis der einzelnen Funktion, diese auf ihre Vertragsmäßigkeit in Form der Funktionstauglichkeit oder Verwendungseignung i. S. d. § 633 BGB überprüfen kann.

Lediglich in den Fällen, in welchen Inhalt der Verschaffensverpflichtung die Eigentumsübertragung ist, wäre deren Erfüllung keine notwendige Voraussetzung für die Abnahmemöglichkeit durch den Besteller, jedoch wird auch in diesem Fall die Verschaffungspflicht in vielen Fällen bereits vor Abnahme tatsächlich erfüllt sein. Insbesondere bei einem klassischen Bauvertrag, bei welchem das Bauwerk auf dem Grundstück des Bestellers errichtet werden soll, wäre eine eventuell geschuldete Eigentumsübertragung an den Baustoffen bereits durch Verbindung mit dem Grundstück erfüllt (§§ 946, 94 BGB)[53].

---

[52] der BGH definiert die Abnahme insofern als tatsächliche körperliche Hinnahme verbunden mit der Anerkennung des Werkes als in der Hauptsache vertragsgemäß, vgl. BGH, Urt. v. 25.03.1993 – VII ZR 17/92, BauR 1993, 469 = ZfBR 1993, 189 = NJW 1993, 1972.

[53] Unter anderem aus dieser bei einem Bauvertrag tatsächlich schon vor Abnahme eintretenden Erfüllungswirkung resultiert die sprachliche Ungenauigkeit, den Unternehmer insoweit als vorleistungspflichtig zu bezeichnen, obwohl rechtlich keine Vorleistungspflicht vorliegt, vgl. Sienz, Die Vorleistungspflicht des Bauunternehmers: Ein Trugbild?, in BauR 2004, 10ff.

In dieser Hinsicht relativiert sich auch eine angebliche Verkümmerung des Unternehmerpfandrechts i. S. d. § 647 BGB, da insbesondere der Bauunternehmer die Möglichkeit hat, sich durch die vertragliche Vereinbarung von Abschlagszahlungen oder durch die Einforderung der Sicherheiten nach §§ 648, 648 a BGB zu schützen.

Zuzugeben ist, dass eine derartige Auffassung nur schwerlich mit dem Wortlaut des § 640 Abs. 1 S. 1 BGB, welcher eine Abnahmeverpflichtung des Bestellers ausschließlich bei einem *vertragsgemäß hergestellten* Werk vorsieht, zu vereinbaren ist und die Nichterfüllung der Verschaffenspflicht auch zu keinen Gewährleistungsansprüchen führen kann.
Diese Unstimmigkeit wäre jedoch zugunsten eines einheitlichen Erfüllungstatbestandes und dementsprechenden Verjährungslaufes, aber auch aus Wertungsgesichtspunkten zu vernachlässigen.
Insbesondere kann in Übereinstimmung mit *Thode*[54] nicht nachvollzogen werden, warum der Besteller verpflichtet sein soll, ein Werk abzunehmen, welches ihm noch nicht verschafft wurde und somit Abnahmewirkungen, insbesondere der Gefahrenübergang i. S. d. § 644 BGB, zu seinen Lasten eintreten, obwohl der Unternehmer den Vertrag noch nicht erfüllt hat.

Schließlich würde ein derartiges Verständnis der Verschaffungspflicht auch nicht zu einer unangemessenen Risikoverlagerung zu Lasten des Unternehmers führen, da dem Besteller insofern zwar die Möglichkeit eröffnet wird, die Abnahme der Werkleistung bis zur Eigentumsübertragung hinauszuzögern.
In den meisten Fällen kann die Erfüllung dieser Pflicht jedoch mit Ablieferung erfolgen bzw. ist wie im Beispiel des klassischen Bauvertrages ohnehin schon erfolgt.

Bis zu einer abschließenden Klarstellung durch den Gesetzgeber ist im Ergebnis also davon auszugehen, dass es sich bei der Verschaffenspflicht i. S. d. § 633 Abs. 1 BGB um eine Hauptleistungspflicht, zumindest aber um einen Teil der Hauptleistungspflicht aus dem Werkvertrag handelt, deren Erfüllung ebenfalls Vorraussetzung für die Abnahmeverpflichtung des Bestellers i. S. d. § 640 Abs. 1 BGB ist.

Damit ist die Verschaffenspflicht i. S. d. § 633 Abs. 1 BGB im Gegensatz zu der Herstellungsverpflichtung in jedem Fall auch einklagbare Leistungspflicht des Unternehmers.

---

[54] Thode, Die wichtigsten Änderungen im BGB-Werkvertrag: Schuldrechtsmodernisierung und erste Probleme – Teil 1, in NZBau 02, 297 (302).

II.1.1.4 Verhältnis der einzelnen Pflichten

Aus den zuvor ausgeführten Überlegungen ergibt sich für das Verhältnis der einzelnen Pflichten des Werkvertrages zueinander folgendes:

Die tatsächliche Erfüllung der Primärleistungspflichten des Unternehmers zur Herstellung des versprochenen und mangelfreien Werkes, sowie zur Verschaffung desselben ist Vorraussetzung für die Abnahmeverpflichtung des Bestellers, vgl. §§ 631 Abs. 1, 640 Abs. 1 BGB, so dass der Unternehmer insoweit als „vorleistungspflichtig" bezeichnet werden kann[55].
Erfüllungswirkung hinsichtlich beider Primärleistungspflichten tritt nach der hier vertretenen Auffassung allerdings erst mit Abnahme der Werkleistung ein, bei welcher auch der Vergütungsanspruch des Unternehmers fällig wird, (§ 641 Abs. 1 BGB)[56].

Ungeklärt ist damit allerdings noch, was konkretes Bezugsobjekt der vereinbarten Vergütung ist.

Nach der Konzeption des Werkvertrages wird die vereinbarte Vergütung dem Grunde und der Höhe nach nicht für den versprochenen Erfolg, sondern ausschließlich für den vereinbarten Leistungsumfang bzw. die vereinbarte Herstellungsart geschuldet[57].

Diese kann in Abhängigkeit von der Art und Form der Vereinbarung geeignet sein, den versprochenen Werkerfolg zu erreichen, kann aber auch hinter ihm zurückbleiben.

Dies bedeutet jedoch nicht, dass den Unternehmer bezüglich der Leistungen, welche nicht oder nicht so in dem vereinbarten Leistungsumfang enthalten sind und damit auch nicht Gegenstand der Vergütungsvereinbarung sein können, aber zur Erreichung werkvertraglich geschuldeten Erfolgs erforderlich sind, keinerlei Verpflichtungen treffen würden.

---

[55] vgl. aber hinsichtlich der rechtlichen Würdigung Gliederungspunkt II.1.1.1. mit Verweis auf Sienz, Die Vorleistungspflicht des Bauunternehmers: Ein Trugbild?, in BauR 2004, 10 ff.

[56] vgl. aber Peters, Stellungnahme zum Fragebogen des Bundesministerium der Justiz für die Ermittlung des Überprüfungsbedarfs im Bereich des Bauvertragsrechte, in NZbau 2005, 270 (271).

[57] Motive II, § 567, S. 470 f.; Schwenker in Erman, § 631 BGB, Rdn. 42f.; Busche in Münchener Kommentar, Band 4, 4. Auflage, § 631 BGB, Rdn. 87 ff.; a. A. Peters in Staudinger, 2000, § 631 BGB, Rdn. 14.

Die vergütungsrechtliche Seite ist von der haftungsrechtlichen Seite des Werkvertrages streng zu trennen.
So schuldet der Unternehmer auf Grund der werkvertraglichen Erfolgshaftung i. S. d. § 631 BGB grundsätzlich ein mangelfreies Werk i. S. d. § 633 BGB. Ist dieser Erfolg mit dem vereinbarten Leistungsumfang nicht zu erreichen, wird der Unternehmer von dieser Erfolgshaftung nicht befreit, sondern bleibt im Rahmen der Gewährleistung zur Nachbesserung der ursprünglich nicht vereinbarten Leistungen verpflichtet.
Die vereinbarte Vergütung bezieht sich dagegen nur auf den vereinbarten Leistungsumfang, so dass nicht vereinbarte Leistungen von der Vergütungsvereinbarung nicht erfasst und damit ohne gesonderte Vergütungsvereinbarung allenfalls nach § 632 BGB vergütet werden könnten.
Dies ist für den Auftragnehmer nicht unbedingt vorteilhaft, so dass der Art und Form der Leistungsvereinbarung selbst bei einem allgemeinen Werkvertrag eine gewisse Bedeutung zukommt.

Bei einem allgemeinen Werkvertrag über die Herstellung beweglicher Sachen wird sich die Unterscheidung zwischen der Erfolgshaftung des Auftragnehmers und vereinbartem Leistungsumfang aber nur in wenigen Fällen auswirken, da in der Regel die Leistungsvereinbarung mit der Erfolgsvereinbarung identisch bzw. die vereinbarte Herstellungsweise über den Werkerfolg zu qualifizieren sein wird.

Aus diesem Grund wird der Unternehmer bei einem allgemeinen Werkvertrag grundsätzlich selbst planen müssen, welche Leistungen zur Erreichung des versprochenen Erfolges erforderlich sind, so dass den zur Herbeiführung des Erfolgs notwendigen Tätigkeiten für die Bemessung der Vergütung allenfalls kalkulatorische Bedeutung zukommt, es sei denn die Parteien haben eine davon abweichende Regelung getroffen[58]. Insbesondere steht es dem Unternehmer grundsätzlich frei, die für ihn günstigste Herstellungsmethode zu wählen, solange damit der versprochene Erfolg auch herbeigeführt wird[59].

Von diesem Grundkonzept wurde auch durch die Änderungen des SMG nicht abgewichen, lediglich der Erfolg definiert sich nicht mehr nur durch die technisch-sachliche Übereinstimmung der Ist- im Vergleich zur Soll-Beschaffenheit, sondern auch durch die rechtliche Übereinstimmung.

Kein Teil des Werkerfolges, sondern ebenfalls nur Voraussetzung der Abnahmeverpflichtung des Bestellers i. S. d. § 640 Abs.1 BGB ist hingegen die neu

[58] Peters in Staudinger, 2000, § 631 BGB, Rdn. 14; Voit in Bamberger/Roth, Band 2, 2003, § 631 BGB, Rdn. 4; Sprau in Palandt, 65. Auflage 2006, § 631 BGB, Rdn. 18.

[59] vgl. Gliederungspunkt II.1.1.2.

eingefügte Verschaffensverpflichtung, da deren Verletzung nicht zu Gewährleistungsrechten i. S. d. § 633 BGB führen kann und sie damit keinen Einfluss, weder dem Grunde noch der Höhe nach, auf die vereinbarte Vergütung hat. Sie ist demnach nicht mit der Vergütung, sondern ausschließlich mit der Abnahmeverpflichtung synallagmatisch verbunden.

II.1.1.5 Zusammenfassung

Im Ergebnis lässt sich also festhalten, dass der Inhalt eines Werkvertrages wesentlich von der Erfolgshaftung des Unternehmers dominiert wird.
Dessen mangelfreie Herstellung ist primäreres Ziel eines jeden Werkvertrages und Voraussetzung der Abnahmepflicht des Bestellers, so dass der Unternehmer so lange „vorleistungspflichtig" bleibt, bis er den versprochenen Werkerfolg mangelfrei hergestellt hat. Im Rahmen dessen schuldet der Unternehmer alles, was zur Herbeiführung dieses Erfolges erforderlich ist, unabhängig davon, ob bzw. wie er alle hierfür erforderlichen Leistungen vergütet bekommt, da Bezugsobjekt der versprochenen Vergütung ausschließlich der vereinbarte Leistungsumfang ist.

Mit Abnahme des ordnungsgemäß hergestellten Werkes, wird auch der Vergütungsanspruch des Unternehmers fällig.

II.1.2 Besonderheiten bei einem Bauvertrag

Diese Erfolgsorientiertheit des Werkvertrages gilt auch für den Bauvertrag.
So hat der Besteller eines Einfamilienhauses nicht nur Interesse daran, dass der Unternehmer ihm irgendein Haus errichtet, das herzustellende Haus muss vielmehr auch die vereinbarte Beschaffenheit aufweisen oder sich für die im Vertrag vorausgesetzten, sonst für die gewöhnlichen Verwendung eignen, § 633 Abs. 2 BGB.
Diese im Bauwesen hauptsächlich im Hinblick auf Qualität und Funktionalität geforderten Eigenschaften des herzustellenden Werkes[60] können die Parteien eines Bauvertrages in unterschiedlicher Weise festlegen, deren unterste Grenze ebenfalls die Bestimmbarkeit des Werkerfolges ist.

Ebenso wird bei einem Bauvertrag wie bei einem allgemeinen Werkvertrag die vereinbarte Vergütung nicht für den versprochenen Erfolg i. S. d. § 631

[60] Kattenbusch, Baubetriebliche Betrachtungen zur Ausgewogenheit zwischen dem Anordnungsrecht des Auftraggebers und den Vergütungsregelungen beim VOB-Vertrag, in Mitteilungen aus dem Fachgebiet Baubetrieb und Bauwirtschaft, Heft 17, S. 17.

BGB, sondern ausschließlich für den vereinbarten Leistungsumfang geschuldet[61].

Die Besonderheit bei einem Bauvertrag liegt jedoch darin, dass es aufgrund dessen Zukunftsorientiertheit und Komplexität einerseits notwendig ist, die vom Unternehmer zu erbringende Leistung (Herstellungsverpflichtung) in einer Form zu konkretisieren, welche auch dem Unternehmer ermöglicht, den in quantitativer und qualitativer Hinsicht geforderten Leistungsumfang zu überschauen[62]; andererseits ist aber es aus denselben Gründen ungleich schwerer, alle zur Erreichung des werkvertraglich geschuldeten Erfolges erforderlichen Leistungen bereits bei Vertragsschuss zu erfassen, so dass sich bei einem Bauvertrag regelmäßig eine Divergenz zwischen versprochnem Erfolg und vereinbartem Leistungsumfang ergeben wird.

Zentrales Instrument zur Konkretisierung der zu erbringenden Leistung ist die Leistungsbeschreibung[63], deren einziges Wirksamkeitserfordernis wiederum die Bestimmbarkeit der Leistungspflicht ist.

II.1.2.1 Leistungsbeschreibung

Der in verschiedenen Regelungen der VOB[64] erwähnte Begriff der Leistungsbeschreibung bezeichnet nach dem allgemeinen Sprachverständnis eine Beschreibung von den vom Unternehmer auszuführenden Leistungen, kann jedoch in Abhängigkeit von seinem Verwender und der konkreten Situation auch andere Begriffsbestimmungen bezeichnen.

---

[61] einige bezeichnen die vereinbarte Leistung zur besseren Unterscheidung als „Bausoll", vgl. etwa Kapellmann/Schiffers, Vergütung, Nachträge und Behinderungsfolgen beim Bauvertrag, Band 1, 4. Auflage 2000, Rdn. 100; Falk/Maier, Handbuch privates Baurecht, 2003, Kapitel 3, Rdn. 198; Werner in Werner/Pastor, Der Bauprozess, 11. Auflage 2005, Rdn. 1156; Kniffka in ibr-online-Kommentar Bauvertragsrecht, Stand 12.09.2005, § 631 BGB, Rdn. 112; hiergegen Thode, Die Infiltration des Rechts durch metajuristische Begriffe – Erläutert am Beispiel des „Bausolls", in ZfBR 2006, 309 ff.

[62] Dähne, Auftragnehmeransprüche bei lückenhafter Leistungsbeschreibung, in BauR 1999, 289 (299); Mandelkow, Qualifizierte Leistungsbeschreibung als wesentliches Element des Bauvertrages, in BauR 1996, 31 ff. mit weiteren Nachweisen.

[63] Oppler, Nachträge wegen Leistungsänderungen und Störungen im Bauablauf, Skript zum 3. Giessener MTJZ-Baurechtsseminar, Fassung 09.09.2003, S. 5.

[64] z.B. § 9 VOB/A, § 1 VOB/B, Ziff. 0 der jeweiligen DIN (VOB/C), u. v. a.

So ist es möglich, dass als Leistungsbeschreibung der Inhalt des Werkvertrages, der die Gesamtheit der Leistungsverpflichtung des Werkunternehmers ausmacht, bezeichnet wird oder damit lediglich die Verhandlungsgrundlage bei Abschluss des Bauvertrages gemeint wird.
Ebenso können Inhalte des Vertrages, die in technischen Regelwerken als Leistungsbeschreibung definiert werden, und schließlich Produktionsbeschreibungen in dem Sinne, dass dem Unternehmer die Herstellungsschritte des Werks in Umfang und in der Weise aufgegeben werden, wie sie aus technischen und kalkulatorischen Gründen erforderlich werden, von der Leistungsbeschreibung erfasst werden[65].
In der Praxis ist es daher nicht verwunderlich, dass regelmäßig dem als Leistungsbeschreibung überschriebenen Vertragsteil eine umfassende Festlegung des zu erzielenden Werkerfolgs fehlt oder die darin festgelegten Leistungen hinter dem geschuldeten Werkerfolg zurückbleiben[66].

In der hier zu behandelnden Thematik ist unter dem Begriff der Leistungsbeschreibung jedoch ausschließlich die Gesamtheit der Angaben über die nach dem Vertrag zu erbringende Leistung unabhängig davon, ob es sich um zeichnerische, textliche oder konkludente Angaben handelt, zu verstehen.
Die Leistungsbeschreibung kann damit alle zeichnerischen Pläne, schriftlichen Angaben aber auch sonstigen Beschreibungstechniken, aus denen die vereinbarte Leistung zu ermitteln ist, soweit sie Vertragsbestandteil geworden sind, umfassen.

Aus dieser Vielfalt der Beschreibungsmöglichkeiten haben sich über die Jahre im Rahmen der alltäglichen Baupraxis auch bei einem BGB-Bauvertrag drei bedeutende Beschreibungsformen herausgebildet , welche es erforderlich machen, jede für sich im Hinblick auf die Übereinstimmung der vereinbarten Leistung mit dem geschuldeten Werkerfolg gesondert zu untersuchen.
Dabei wird der Frage nach der Art der Leistungsbeschreibung, dem Urheber, der getroffenen Vergütungsvereinbarung und der konkreten Situation besondere Bedeutung zukommen.

Auf die sich gegebenenfalls durch die Vereinbarung der VOB ergebenden Besonderheiten wird im Anschluss daran gesondert einzugehen sein.

---

[65] Quack/Thode, Leistungsbeschreibung und Nachträge, Skript zum Intensivkurs Privates Bau- und Architektenrecht, Stand August 2005, S. 11.

[66] Quack/Thode, Leistungsbeschreibung und Nachträge, Skript zum Intensivkurs Privates Bau- und Architektenrecht, Stand August 2005, S. 6.

II.1.2.1.1 Detailbeschreibung mit Leistungsverzeichnis; Vergütung nach Einheitspreisen; auftraggeberseitig gestellt

Die geringste Übereinstimmung zwischen Werkerfolg und vereinbarter Leistung wird regelmäßig bei einer auftraggeberseitig erstellten Detailbeschreibung mit Leistungsverzeichnis und einer vereinbarten Vergütung nach Einheitspreisen vorliegen.

Dies ist auf zwei Ursachen zurückzuführen.

Zum einen ist diese Beschreibungsmethode meist unvollständig oder qualitativ mangelhaft, so dass durch die beschriebenen Leistungen der versprochene Erfolg nicht zu erreichen ist.

Auf der anderen Seite ist eine auftraggeberseitig gestellte Detailbeschreibung nur eingeschränkt auslegungsfähig, so dass auftretende Mängel der Leistungsbeschreibung auf diesem Weg kaum zu beheben sind.

Die Detailbeschreibungsmethode kennzeichnet sich nämlich dadurch, dass der Auftraggeber auf Basis einer von ihm erstellten und abgeschlossenen Ausführungsplanung[67] ein detailliertes, abgeschlossenes und vermeintlich vollständiges Leistungsverzeichnis für technische und wirtschaftliche Teilleistungen erstellt, deren jeweilige Mengen er nach Maß, Gewicht oder Stückzahl angibt[68].

Für jede dieser Einzelpositionen kalkuliert der Auftragnehmer im Angebot Einheitspreise, aus deren Multiplikation mit den vom Auftraggeber geschätzten Mengen in den einzelnen Positionen sich als Gesamtsumme der vorläufige Endpreis der zu erbringenden Bauleistung ergibt.

Das so gestaltete Leistungsverzeichnis wird bei Annahme durch den Auftraggeber zusammen mit weiteren ergänzenden Angaben Inhalt des Bauvertrages, so dass die darin enthaltenen Leistungen und Einheitspreise insoweit

---

[67] Für die Erörterung der konkreten Problematik ist es unerheblich, ob das Leistungsverzeichnis von dem Auftraggeber oder von dem von ihm beauftragten Architekten erstellt wird, so dass die unterschiedlichen Beschreibungsmethoden an dieser Stelle exemplifiziert werden.

[68] Hofmann/Frickel, Nachträge am Bau, 3. Auflage 2000, S. 19; Keldungs in Ingenstau/Korbion, VOB Teil A und B, 15. Auflage 2004, § 5 VOB/A, Rdn. 9; Kapellmann/Schiffers, Vergütung, Nachträge und Behinderungsfolgen beim Bauvertrag, Band 1, 4. Auflage 2000, Rdn. 104.

verbindlich sind und mangels anderweitiger Vereinbarung nicht mehr einseitig geändert werden können[69].

Diese Verbindlichkeit erstreckt sich jedoch nicht auf die im Leistungsverzeichnis angegebenen Mengen, da diese lediglich dem Unternehmer als Kalkulationsgrundlage zur Ermittlung des Einheitspreises der jeweiligen Teilleistung dienen sollen. Die vom Auftraggeber geschuldete Vergütung richtet sich vielmehr nach den tatsächlich ausgeführten Mengen, welche nach bzw. während Herstellung des Bauwerkes durch ein gesondertes gemeinsames Aufmass zu ermitteln ist[70].

Kommt es zu Mengenabweichungen zwischen den geschätzten und den tatsächlich ausgeführten Massen kann dies somit nur unter den Voraussetzungen des § 313 BGB bzw. § 2 Nr. 3 VOB/B zu einer Anpassung des Einheitspreises führen[71].

Inhaltlich stellt eine Detailleistungsbeschreibung den Weg dar, auf welchem der Auftraggeber glaubt, den werkvertraglichen Erfolg zu erreichen, so dass durch diese Art der Leistungsbeschreibung eher die Herstellungsverpflichtung aus dem Werkvertragsrecht als der versprochene Erfolg konkretisiert wird.

Grundsätzlich ist es möglich, dass aus der Summe der zu erzielenden Teilerfolge, welche durch die Qualitätsanforderungen der einzelnen Teilleistungen charakterisiert werden, der Gesamterfolg zu ermitteln ist[72].
Die Detailleistungsbeschreibung kann dies allerdings nur leisten, soweit die geforderten Qualitäten der Teilleistungen auch zur Erreichung des werkvertraglich geschuldeten Erfolgs geeignet sind und das Leistungsverzeichnis eindeutig und vollständig ist[73].

---

[69] Werner in Werner/Pastor, Der Bauprozess, 11. Auflage 2005, Rdn. 1167; Kapellmann/Schiffers, Vergütung, Nachträge und Behinderungsfolgen beim Bauvertrag, Band 1, 4. Auflage 2000, 105.

[70] Kapellmann/Schiffers, Vergütung, Nachträge und Behinderungsfolgen beim Bauvertrag, Band 1, 4. Auflage 2000, Rdn. 104; Werner in Werner/Pastor, Der Bauprozess, 11. Auflage 2005, Rdn. 1166.

[71] Werner in Werner/Pastor, Der Bauprozess, 11. Auflage 2005, Rdn. 1168, 1173.

[72] Oppler, Nachträge wegen Leistungsänderungen und Störungen im Bauablauf", Skript zum 3. Giessener MTJZ-Baurechtsseminar, Fassung 09.09.2003, S. 9.

[73] vgl. hierzu BGH, Urt. v. 16.07.1998 – VII ZR 350/96, BauR 1999, 37; BGH Urt. v. 11.11.1999 – VII ZR 403/98, BauR 2000, 411 = ZfBR 2000, 121 = NZBau 2000, 74 und 198.

Aufgrund der Komplexität und Zukunftsorientiertheit des Bauvertrages werden diesen Anforderungen in der Praxis nur die wenigsten Detailleistungsbeschreibungen gerecht.

Diese Unzulänglichkeiten der Detailleistungsbeschreibung können auch im Zuge der Auslegung gem. § 133, 157 BGB nur schwerlich behoben werden[74].
Nach ständiger Rechtsprechung des BGH[75] hat sich die Auslegung einer Leistungsbeschreibung nämlich grundlegend daran zu orientieren, wie diese vom Erklärungsempfänger nach Treu und Glauben und nach der Verkehrssitte verstanden werden musste.
Die Leistungsbeschreibung ist dabei als sinnvolles Ganzes auszulegen, so dass insbesondere keinen grundsätzlichen Vorrang des Leistungsverzeichnisses vor den Vorbemerkungen gibt[76].
Umgekehrt kommt aber dem Wortlaut einer schriftlichen Leistungsbeschreibung gegenüber etwaigen Plänen jedenfalls dann eine vergleichsweise größere Bedeutung zu, wenn dort die Leistung im Einzelnen genauer beschrieben wird[77].

Im Falle einer auftraggeberseitig erstellten Detailbeschreibung mit Leistungsverzeichnis spricht die detaillierte Beschreibung der geforderten Leistungen durch den Auftraggeber dafür, dass sich dieser im Rahmen der Umsetzung der Ausführungsplanung um eine umfassende, taugliche und exakte Beschreibung der zur Erreichung des beabsichtigten Erfolgs erforderlichen Leistungen bemüht hat[78].

---

[74] BGH, Urt. v. 18.04.2002 – VII ZR 38/01, BauR 2002, 1394 = ZfBR 2002, 666 = NZBau 2002, 500.

[75] BGH, Urt. v. 25.02.1999 – VII ZR 8/98, BauR 1999, 668 = ZfBR 1999, 210 = IBR 1999, 378; BGH, Urt. v. 05.12.2002 – VII ZR 342/01, BauR 2003, 388 = ZfBR 2003, 253 = NZBau 2003, 149; BGH, Urt. v. 14.05.1998 – VII ZR 184/97, BauR 1998, 872 = ZfBR 1998, 247 = NJW 1998, 456; BGH Urt. v. 09.02.1995 – VII ZR 143/93, BauR 1995, 538 = ZfBR 1995, 191 = IBR 1995, 325.

[76] BGH, Urt. v. 11.03.1999 – VII ZR 179/98, BauR 1999, 897 = ZfBR 1999, 256 = IBR 1999, 300.

[77] BGH, Urt. v. 05.12.2002 – VII ZR 342/01, BauR 2003, 388 = ZfBR 2003, 253 = NZBau 2003, 149.

[78] BGH, Urt. v. 05.12.2002 – VII ZR 342/01, BauR 2003, 388 = ZfBR 2003, 253 = NZBau 2003, 149; ebenso Vygen, Bauvertragsrecht nach VOB, 4. Auflage 2004, S. 28; Poetzsch-Heffter, Global- und Detailpauschalvertrag in Rechtsprechung und Literatur, in ZfBR 2005, 324 ff.; Kniffka/Koeble, Kompendium des Baurechts, 2. Auflage 2004, Teil 5, Rdn. 82, 103; Kapellmann in Kapellmann/Messerschmidt, VOB Teil A und B, 2003, § 2 VOB/B, Rdn. 105 -108.

Ohne sich aufdrängende Zweifel an der Vollständigkeit und Geeignetheit der Leistungsbeschreibung ist der vereinbarte Leistungsumfang für den Auftragnehmer daher ausschließlich der Detailbeschreibung zu entnehmen[79].

Der durch die Beschreibungsart im Rahmen der Auslegung erweckte Eindruck der Vollständigkeit wird noch weiter durch die vom Auftraggeber gewählte Vergütungsart nach Einheitspreisen verstärkt, welche den Auftragnehmer dazu verpflichtet, seine gesamte Kalkulation ausschließlich auf den in der Leistungsbeschreibung geforderten Teilleistungen aufzubauen.

Diese restriktive Auslegung der Leistungsbeschreibung hat zur Folge, dass alle Teilleistungen, die im Leistungsverzeichnis enthalten sind, unabhängig von ihrer Eignung für die Herbeiführung des versprochenen Erfolgs Teil der vereinbarten Leistung gem. § 1 Nr. 3 und 4 VOB/B sind.

Ebenso spricht eine Vermutung dafür, dass alle nicht in der Leistungsbeschreibung enthaltenen Leistungen auch nicht Teil der vereinbarten Leistungspflicht des Unternehmers sind.

Im Leistungsverzeichnis enthaltene Eventualpositionen entfalten nur bei Bedarf Bindungswirkung, bei Alternativpositionen entfällt diese für die nicht beauftragte Leistung nach einer Entscheidung des KG Berlin vom 21. 11. 2002 nachträglich.[80]

II.1.2.1.2 Detailbeschreibung mit Leistungsverzeichnis; auftraggeberseitig gestellt; nachträgliche Pauschalierung (Detailpauschalvertrag)

Im Unterschied zu einer auftraggeberseitig gestellten Detailbeschreibung mit Leistungsverzeichnis und einer vereinbarten Vergütung nach Einheitspreisen wird in diesem Fall der im Angebot für die detailliert beschriebenen Leistungen abgegebene Einheitspreis nachträglich durch Parteivereinbarung auf eine insgesamt für die beschriebenen Leistungen zu zahlende Vergütung pauschaliert.

[79] Dabei kommt sogar den Ausführungen eines technischen Sachverständigen nur begrenzte Funktion zu. Sie beschränkt sich im Wesentlichen darauf, das für die Beurteilung bedeutsame Fachwissen zu vermitteln, also etwa Fachsprachen und Üblichkeiten, vor allem wenn sie sich zu einer Verkehrssitte im Sinne von § 157 BGB verdichtet haben, so BGH, Urt. v. 09.02.1995 – VII ZR 143/93, BauR 1995, 538 = ZfBR 1995, 191 = IBR 1995, 325; ebenso BGH, Urt. v. 23.06.1994 – VII ZR 163/93, BauR 1994, 625 = ZfBR 1994, 222 = IBR 1994, 491.

[80] KG Berlin, Urt. v. 21.11.2002 – 4 U 7233/00.

Dieser Umstand ändert jedoch an den für den Einheitspreis geltenden Grundsätzen nichts, da durch die Pauschalierung der Vergütung im Unterschied zum reinen Einheitspreisvertrag lediglich bewirkt wird, dass diese schon vor Ausführungsbeginn endgültig feststeht, wohingegen sie bei einem Einheitspreisvertrag erst nach Fertigstellung des Werkes durch ein gemeinsames Aufmass ermittelt werden muss[81].

Eine Bedeutung der Pauschalierung dahingehend, dass die detaillierte Leistungsbeschreibung dadurch unscharfe Konturen erhalten soll und der Unternehmer gegebenenfalls auch nicht in der Leistungsbeschreibung enthaltene oder besser zur Herbeiführung des Erfolgs geeignete Leistungen als Vertragsleistungen auszuführen hat, besteht hingegen nicht[82].

Im Gegenteil liegt im Rahmen eines Detailpauschalvertrages die Vermutung näher, dass nach objektivem Empfängerhorizont nicht mit einer Veränderung des Leistungsinhalts bzw. der Leistungsumstände zu rechnen ist, da Paradefall für einen veränderbaren Leistungsumfang im Rahmen der zu erbringenden Massen gerade der Einheitspreisvertrag ist[83].

Dies bedeutet aber nicht, dass es auch bei dieser Art der Vertragsgestaltung regelmäßig zu Abweichungen zwischen dem geschuldete Werkerfolg und der vertraglich vereinbarten Leistung kommen kann, da eine detaillierte Beschreibung aller erforderlichen Leistungen bei Vertragsschluss aufgrund der oben beschriebenen Schwierigkeiten nur in wenigen Fällen gelingen wird. Dieses Verständnis eines Pauschalpreisvertrages hat der BGH bereits in einer Entscheidung aus dem Jahr 1984 zum Ausdruck gebracht[84].

In dem Sachverhalt, welcher der Entscheidung zugrunde lag, erteilte eine Bauherrengemeinschaft, die spätere Beklagte, einem Generalunternehmer, dem späteren Kläger, den Auftrag, eine Eigentumswohnanlage zu einem Pauschalpreis von ca. 2,34 Mio. DM schlüsselfertig zu errichten. Der Vertrag, bei welchem die Geltung der VOB/B allerdings mit mehreren Abweichungen vereinbart wurde, enthält eine detaillierte Leistungsbeschreibung, in welcher eine Kellerabdichtung gegen nicht drückendes Wasser vorgesehen ist; eine

---

[81] Kapellmann, Zur Struktur des Pauschalpreisvertrages, in Festschrift für Soergel, 1993, S. 99 (100); Kapellmann/Schiffers, Band 2, 3. Auflage 2000, Rdn. 32.

[82] Oppler, Nachträge wegen Leistungsänderungen und Störungen im Bauablauf", Skript zum 3. Giessener MTJZ-Baurechtsseminar, Fassung 09.09.2003, S. 9; Kapellmann/Schiffers, Vergütung, Nachträge und Behinderungsfolgen beim Bauvertrag, Band 2, 3. Auflage 2000, Rdn. 34 ff.; Werner in Werner/Pastor, Der Bauprozess, 11. Auflage 2005, Rdn. 1189 ff.

[83] Keldungs in Ingenstau/Korbion, VOB Teile A und B, 15. Auflage 2004, § 5 VOB/A, Rdn. 13.

[84] BGH, Urt. v. 22.03.1984 – VII ZR 50/82, BauR 1984, 395.

alternativ aufgeführte Isolierung gegen drückendes Wasser wurde von Vertretern der Auftraggeber vor Vertragsschluss gestrichen.

Nach Beendigung der Bauarbeiten kam es wiederholt zu Wassereinbrüchen im Keller, da die gewählte Abdichtungsart keinen ausreichenden Schutz gegen das vorhandene drückende Schichtwasser bot.

Die Beklagte verweigerte deshalb die Zahlung des unstreitigen Restwerklohns und setzte dem Kläger eine Frist zur Mangelbeseitigung.

Der BGH billigt hier vom Grundsatz her einen Nachtrag für die zusätzliche Ausführung der Druckwasserisolierung zu.
Der Senat vertritt die Auffassung, dass der Kläger nicht verpflichtet gewesen sei, die unstreitig erforderliche Abdichtung gegen drückendes Wasser ohne gesonderte Vergütung auszuführen.
Der Umfang der vom Pauschalpreis abgegoltenen Leistungen wurde nämlich nicht allein durch das Ziel, ein schlüsselfertiges Bauwerk zu errichten, sondern noch durch weitere Vorgaben der Beklagten bestimmt. Insbesondere habe die detaillierte Leistungsbeschreibung des Architekten der Beklagten zu den ausdrücklich vereinbarten Vertragsbestandteilen gehört. Eine Druckwasserisolierung war darin nicht vorgeschrieben. Vielmehr noch habe die Beklagte durch die Streichung dieser Isolierung vor Vertragsschluss aus dem Leistungsverzeichnis bewusst zum Ausdruck gebracht, dass eine derartige Abdichtung nicht ausgeführt werden sollte.

Etwas anderes ergebe sich auch nicht aus § 2 Nr. 7 Abs. 1 VOB/B (1973), wonach die Vergütung bei einem Pauschalpreis unverändert bleibt.
Danach werden nur solche Erschwernisse und Mehraufwendungen nicht berücksichtigt, die sich im Rahmen des vertraglichen Leistungsumfangs halten. Haben die Parteien die geschuldete Leistung durch Angaben im Leistungsverzeichnis näher bestimmt, so werden später geforderte Zusatzarbeiten von dem Pauschalpreis nicht erfasst[85].
Diese sind vielmehr gem. § 2 Nr. 7 Abs.1 S. 4 VOB/B (1973) i. V. m. § 2 Nr. 6 Abs. 1 VOB/B gesondert zu vergüten.

Der BGH geht demnach davon aus, dass der Kläger zwar ein mangelfreies Bauwerk schulde, er aber für das Anbringen der Druckwasserisolierung jedoch eine Mehrvergütung hätte beanspruchen dürfen, da der Umfang der durch den Pauschalpreis abgegoltenen Leistungen vornehmlich der detaillierten Leistungsbeschreibung zu entnehmen ist.

---

[85] BGH, Urt. v. 14.01.1971 – VII ZR 3/69, BauR 1971, 124; BGH, Urt. v. 23.03.1972 – VII ZR 184/70, S/F Z 2.301 Bl. 46.

II.1.2.1.3 Funktionale Leistungsbeschreibung; Vereinbarung eines Pauschalpreises (Globalpauschalvertrag)

Die größte Übereinstimmung zwischen geschuldetem Werkerfolg und vereinbarter Leistung liegt regelmäßig bei einem so genannten Globalpauschalvertrag vor[86].

Kennzeichen dieser Vertragsart ist, dass die zu erbringende Vertragsleistung nicht in allen Einzelheiten, sondern vom Auftraggeber nur nach und mit der vertraglich erwarteten Funktion bzw. dem erwarteten Erfolg beschrieben wird. Dies macht den Vertrag mangels Kalkulierbarkeit der zu erbringenden Teilleistungen aber nicht unwirksam, da es für die Wirksamkeit des Bauvertrages nach oben gesagtem ausreichend ist, dass der herbeizuführende Werkerfolg zumindest bestimmbar im Vertrag festgelegt ist; dem genügt die Festlegung des Vertragsinhalts durch funktionale Leistungsbeschreibung bei weitem, da auch nach der Konzeption des Werkvertragsrechts der geschuldete Erfolg hauptsächlich durch seine Funktion charakterisiert wird, vgl. § 633 Abs. 2 BGB[87].
In diesem Sinne ist es für die Wirksamkeit des Bauvertrages notwendig aber auch hinreichend, dass lediglich das Ziel oder ein Bezugsobjekt der zu erreichenden Qualität im Vertrag vorgegeben wird.

Konsequenz der funktionalen Leistungsbeschreibung ist, dass die Aufgabe der inhaltlichen und vor allem technischen Planung der Leistung, sowie die Aufgabe der Planung unter Kalkulationsgesichtspunkten mit den sich daraus ergebenden Risiken auf den Auftragnehmer verlagert wird[88], welcher sich

---

[86] Daher sind auch alle Argumentationen bezüglich der Unzulässigkeit einer funktionalen Leistungsbeschreibung hinfällig, da sogar nach den Materialien zum BGB der Gesetzgeber die Vorstellung hatte, dass die geschuldete Leistung als Erfolg, und damit funktional, zu beschreiben sei. Dies hat der BGH in zahlreichen Entscheidungen bestätigt; vgl. BGH, Urt. v. 09.04.1992 – VII ZR 129/91 (Wasserhaltung I), BauR 1992, 759 = ZfBR 1992, 211 = IBR 1992, 349; BGH, Urt. v. 11.11.1993 – VII ZR 47/93 (Wasserhaltung II), BauR 1994, 236 = ZfBR 1994, 115 = IBR 1994, 223; BGH, Urt. v. 27.06.1996 – VII ZR 59/95 (Schleusenkammer), BauR 1997, 126 = ZfBR 1997, 33 = NJW 1997, 61.

[87] Quack/Thode, Leistungsbeschreibung und Nachträge, Skript zum Intensivkurs Privates Bau- und Architektenrecht, Stand August 2005, S. 25; Poetzsch-Heffter, Global- und Detailpauschalvertrag in Rechtsprechung und Literatur, in ZfBR 2005, 324 ff.

[88] Quack/Thode, Leistungsbeschreibung und Nachträge, Skript zum Intensivkurs Privates Bau- und Architektenrecht, Stand August 2005, S. 28; Vygen, Bauvertragsrecht nach VOB, 4. Auflage 2004, S. 30.

nicht darauf berufen kann, dass er diese Risikoverteilung nicht erkannt hat, nicht hätte erkennen können oder nicht hätte zu erkennen brauchen[89]. Vielmehr hat er selbst dafür Sorge zu tragen, dass alle zur Funktionstauglichkeit des Werkes erforderlichen Leistungen ermittelt und gegebenenfalls in ein Leistungsverzeichnis aufgenommen werden, auf dessen Grundlage er einen Pauschalpreis kalkulieren kann.

Auf der anderen Seite eröffnet der Globalpauschalvertrag dem Unternehmer einen weiten Gestaltungsspielraum hinsichtlich des Herstellungsverfahrens, da der Unternehmer, soweit zwei unterschiedliche Herstellungsweisen gleichermaßen zur Herbeiführung des Werkerfolges geeignet sind, grundsätzlich die Wahl hat, welche Herstellungsart er verwenden will[90].

Für den vereinbarten Leistungsumfang bedeutet dies, dass bei einer funktionalen Leistungsbeschreibung alle Leistungen, die zur Erreichung der Funktionstauglichkeit des herzustellenden Werkes erforderlich sind, darin enthalten sind und es deshalb ohne Hinzutreten weiterer Umstände zusätzliche Leistungen i. S. d. § 1 Nr. 4 S. 1 VOB/B nicht geben kann[91].

Ebenso ist das Bestehen eines besonderen Vergütungsanspruches nach §§ 1 Nr. 3, 2 Nr. 5 VOB/B bei einer funktionalen Leistungsbeschreibung, zwar nicht von vornherein ausgeschlossen, aber nur in einem begrenzten Umfang möglich[92].

II.1.2.1.4 Mischformen

Schließlich sind auch Mischformen aus funktionalen Leistungsbeschreibungen und Leistungsbeschreibungen mit Leistungsverzeichnis oder auch be-

---

[89] BGH, Urt. v. 27.06.1996 – VII ZR 59/95 (Schleusenkammer), BauR 1997, 126 = ZfBR 1997, 33 = NJW 1997, 61; BGH, Urt. v. 23.01.1997 – VII ZR 65/96 (Schließen aller Öffnungen), BauR 1997, 464, IBR 1997, 181, NJW 1997, 1772.

[90] Vygen, Bauvertragsrecht nach VOB, 4. Auflage 2004, S. 32 f.

[91] vgl. BGH, Urt. v. 11.11.1993 – VII ZR 47/93 (Wasserhaltung II), BauR 1994, 236 = ZfBR 1994, 115 = IBR 1994, 223.

[92] eigentlich nur bei einer Mischform aus unterschiedlichen Beschreibungsarten möglich, soweit der Auftraggeber einen Teilerfolg ändert, der Gesamterfolg aber erhalten bleibt, da bei rein funktionaler Leistungsbeschreibung nur der Gesamterfolg vereinbart wurde. Beispiel: Der Auftragnehmer will nach Vertragsschluss einen Raum des Kellers als feuchten Weinkeller nutzen und ordnet an, diesen Raum von der funktional beschriebenen Leistung – Herstellung eines trockenen Kellergeschosses – nunmehr auszunehmen.

schränkt funktionale Leistungsbeschreibungen nicht nur möglich, sondern stellen in der täglichen Baupraxis eher den Regelfall dar.

Ein Beispiel hierfür ist eine auftraggeberseitig erstellte Detailleistungsbeschreibung, die in einer Teilleistung nur bestimmte Mindestanforderungen festlegt, im Übrigen aber die Funktionalität der Leistung dem Auftragnehmer überlässt.

In diesem Fall sind die zuvor beschriebenen Grundsätze der jeweiligen Beschreibungsart für den entsprechenden Teil der vereinbarten Leistung anzuwenden.

So geschehen in dem vom BGH entschiedenen Fall aus dem Jahr 1996 (Kammerschleuse)[93].

In der Entscheidung geht es um einen Pauschalpreisvertrag über Sanierungsarbeiten an einer Schleusenkammer, dem ein Leistungsverzeichnis des Auftraggebers zugrunde lag, welches in einer Position vorsah, dass die Flächenbewehrung nach der Zwangsbeanspruchung zu bemessen sei, mindestens aber eine angegebene Stärke aufzuweisen habe. Die für die Bemessung der Zwangsbeanspruchung erforderliche Statik hatte der Unternehmer als Vertragsleistung zu erbringen. Nachdem der Unternehmer diese erstellt hatte, ergab sich hieraus ein erheblich höherer Stahlbedarf als für die konkret ausgeschriebene Mindestbewehrung.
Für diesen Mehrbedarf verlangte der Unternehmer eine zusätzliche Vergütung. Diesem Begehren hat der BGH eine klare Absage erteilt.

Zum einen bestätigt der Senat in seiner Entscheidung nochmals ausdrücklich, dass eine derartige Leistungsbeschreibung den Vertragsinhalt hinreichend bestimmt und dieser wirksam ist.

Insbesondere sei es für den Auftragnehmer, wie zuvor vom Berufungsgericht angenommen, nicht mangels Kalkulierbarkeit des Stahlverbrauchs unzumutbar, eine entsprechende Verpflichtung einzugehen. Für die Wirksamkeit einer Willenserklärung ist es weder von Bedeutung, dass die damit eingegangenen Verpflichtungen kalkulierbar sind, noch gibt es auch nur einen Erfahrungssatz, wonach regelmäßig nur kalkulierbare Verpflichtungen eingegangen werden können oder gar dürfen. Ausreichend sei vielmehr, dass die Leistungspflichten bestimmbar sind.

---

[93] BGH, Urt. v. 27.06. 1996 – VII ZR 59/95 (Schleusenkammer), BauR 1997, 126 = ZfBR 1997, 33 = NJW 1997, 61 .

Hinzu kommt, dass die Leistungen pauschal vergeben wurden und der Unternehmer somit die Verpflichtung in Kenntnis ihrer Bedeutung und den damit verbundenen Mengenrisiken eingegangen ist.

Zum anderen ergibt sich aus der gewählten Beschreibungsart, welche die Mindestanforderungen der Teilleistung detailliert festlegt, darüber hinaus aber nur funktionale Anforderungen vorgibt, dass der Unternehmer im Rahmen der so vereinbarten Leistung alles, was zur Herbeiführung der geforderten Funktionalität erforderlich ist, zumindest aber die vorgegebenen Qualitäten schuldet.
Ein zusätzlicher Vergütungsanspruch wegen vom Unternehmer unzureichend kalkulierter Massen sei demnach nicht gegeben.

Ein weiteres Beispiel für eine Überschneidung der beiden Beschreibungsmöglichkeiten ist eine Detailleistungsbeschreibung, welche in einer Teilleistung des Leistungsverzeichnisses nicht einmal Mindestanforderungen vorgibt, sondern diese Teilleistung ausschließlich funktional festlegt.

Ein derartiger Sachverhalt lag der Entscheidung des BGH aus dem Jahr 1992 zugrunde, welche in die Literatur unter dem Namen „Wasserhaltung I“[94] Einzug hielt.

In dem der Entscheidung des BGH zugrunde liegenden Sachverhalt enthielt ein ansonsten überwiegend detailliert beschriebenes Leistungsverzeichnis hinsichtlich der Wasserhaltung lediglich eine pauschale Vorgabe und konnte somit vom Unternehmer hinsichtlich der Ausführungsart selbst bestimmt werden.
Daher kalkulierte der Unternehmer in seinem Angebot eine von ihm als geeignet erachtete Wasserhaltung, welche sich jedoch nach Vertragsschluss als unzulänglich herausstellte, so dass zur Herbeiführung des geschuldeten Erfolgs, eine trockene Baugrube, eine erheblich teurere Wasserhaltung von ihm ausgeführt werden musste.

Für diesen Mehraufwand verlangte der Unternehmer nun ebenfalls eine zusätzliche Vergütung.

Dies hat der BGH mit der bekannten Begründung abgelehnt, dass zum Inhalt einer funktional beschriebenen Leistung auch Leistungen gehören, welche der Auftragnehmer wohlmöglich nicht oder falsch kalkuliert hat, diese aber zur Erreichung des geschuldeten Erfolgs erforderlich sind.

---

[94] BGH, Urt. v. 09.04.1992 – VII ZR 129/91 (Wasserhaltung I), BauR 1992, 759 = ZfBR 1992, 211 = IBR 1992, 349.

Auf dieser Linie liegt auch das Urteil des BGH vom 23.01.1997 (Schließen aller Öffnungen)[95].

Gegenstand der Entscheidung war wiederum ein Detailpauschalvertrag über den Um- und Ausbau eines ehemaligen Gefängnisses zu einem Hotel, welcher in einer beschriebenen Teilleistung lediglich die Vorgabe enthielt, dass „alle Öffnungen in dem Bauwerk außer drei Außentüren inkl. Endbehandlung und Verglasung mit ISO normal ..." zu schließen sind.
Die Besonderheit des Falles lag darin, dass der Unternehmer sein Angebot lediglich auf den zu renovierenden Altbau abgegeben hatte, Gegenstand des später geschlossenen Vertrages jedoch sowohl die Renovierung des Altbaus als auch die Errichtung eines Anbaus war.
Dennoch korrigierte der Unternehmer seine auf der Sanierung des Altbaus basierende Kalkulation nicht, sondern schloss den Vertrag zu den gleichen Bedingungen mit dem Auftraggeber ab.

Für den durch die Schließung der Öffnungen in dem zu errichtenden Anbau entstandenen Mehraufwand, verlangte der Unternehmer eine zusätzliche Vergütung.

Auch in diesem Fall lehnte dies der BGH mit dem Hinweis ab, dass Gegenstand des Vertrages sowohl die Sanierung des Altbaus, als auch die Errichtung des Anbaus sei. In diesem hat der Unternehmer die Schließung aller Öffnungen pauschal zu einem Festpreis zugesagt und somit bewusst das Massenrisiko übernommen, so dass er sich hiernach an dem zugesagten Preis festhalten lassen muss.

II.1.2.2 Sonderprobleme

Die vorgenannten Auslegungsgrundsätze sind jedoch weder allgemeinverbindlich, noch unerschütterbar, sondern können insbesondere aufgrund individueller Vereinbarungen oder die konkreten Umstände des Einzelfalles, welche bei der Ermittlung der vereinbarten Leistung im Rahmen der Auslegung gem. § 133, 157 BGB ebenfalls zu berücksichtigen sind, zu anderen Ergebnissen führen[96].

---

[95] BGH, Urt. v. 23.01.1997 – VII ZR 65/96 (Schließen aller Öffnungen)), BauR 1997, 464, IBR 1997, 181, NJW 1997, 1772.

[96] so auch der BGH, Urt. v. 11.11.1993 – VII ZR 47/93 (Wasserhaltung II), BauR 1994, 236 = ZfBR 1994, 115 = IBR 1994, 223.

Dies erklärt, dass keine Diskussion über den Bauvertragsinhalt oder die vereinbarte Leistung den Anspruch der Vollständigkeit oder Allgemeinverbindlichkeit für sich erheben kann, so dass im Rahmen dieser Arbeit auch nur die in der Rechtsprechung und Literatur geläufigsten Abweichungen besprochen werden können.

II.1.2.2.1 Umstände des Einzelfalls

Insbesondere kann der weite Leistungsumfang bei einer funktionalen Leistungsbeschreibung durch die Umstände des Einzelfalls auf bestimmte geschuldete Leistungen eingeschränkt werden.
Zu diesem Ergebnis kam der BGH im Rahmen der Auslegung des Bauvertrages in der Entscheidung vom 11.11.1993 (Wasserhaltung II)[97].

In dem der Entscheidung des Senats zugrunde liegenden Sachverhalt versprach der Unternehmer den funktional beschriebenen Erfolg der Wasserhaltung zu einem Pauschalpreis.
Die Grund- und Wasserverhältnisse stellten sich nach Vertragsschluss erheblich ungünstiger heraus als vom Unternehmer angenommen, so dass die notwendige Wasserabsenkung nicht mittels der kalkulierten Filterlanzen erreicht werden konnte, sondern stattdessen aufwändigere Brunnen gebohrt werden mussten.

Im Gegensatz zu der oben als „Wasserhaltung I" vorgestellten Entscheidung verfügte der Unternehmer in diesem Fall aber über mehr oder weniger detaillierte Ausschreibungsunterlagen, aus denen sich keinerlei Anhaltspunkte für über die hierin beschriebenen Grund- und Wasserverhältnisse hinausgehende Risiken ergaben.

Für den so entstandenen Mehraufwand verlangte der Unternehmer vom Auftraggeber wiederum eine zusätzliche Vergütung.

Diese billigte der Senat dem Unternehmer trotz der funktionalen Leistungsbeschreibung im Ergebnis ausnahmsweise zu.
Bei der Ermittlung des Umfangs der vereinbarten Leistung seien nämlich neben dem Wortlaut der Leistungsbeschreibung auch die konkreten Umstände des Einzelfalls zu berücksichtigen. Aus diesen kann sich ergeben, dass Formen der Wasserhaltung, die nach der konkreten Sachlage völlig ungewöhnlich

[97] BGH, Urt. v. 11.11.1993 – VII ZR 47/93 (Wasserhaltung II), BauR 1994, 236 = ZfBR 1994, 115 = IBR 1994, 223.

und von keiner Seite zu erwarten waren, nicht in der vereinbarten Leistung inbegriffen sind, da gemäß § 133 BGB nicht am buchstäblichen Wortlaut zu haften ist, vielmehr der erklärte wirkliche Wille zu erforschen ist.
Dieser ergäbe vorliegend, dass die aufwändigere Wasserhaltung nicht Teil der vereinbarten Leistung war, da aufgrund der vom Auftraggeber zur Verfügung gestellten Pläne und des dem Vertragsschluss vorausgegangenen Vergabeverfahrens nach VOB/A, auf welches noch gesondert einzugehen sein wird, nicht davon auszugehen ist, dass der Unternehmer auch ein derartig ungewöhnliches Wagnis übernehmen wollte.

Zu einem ähnlichen Ergebnis gelangte der BGH in einer weiteren Entscheidung aus dem Jahr 1993 (Sonderfarben)[98].

In dem der Entscheidung zugrunde liegenden Sachverhalt hat die Klägerin für den Neubau der beklagten Rundfunkanstalt in größerem Umfang Ausbauarbeiten ausgeführt, in deren Rahmen die Klägerin unter anderem von ihr einzusetzende Türen mit dekorativen Schichtstoffplatten zu verkleiden hatte.
Die Leistungsbeschreibung der Beklagten enthielt dazu folgende Angaben:

„Für die Bekleidung mit Schichtstoffplatten in allen Losen gilt: ... Oberflächenstruktur: Bütten-matt, Farbton: Uni, nach Wahl des Auftraggebers, Beschaffenheit nach DIN 16926."

Die Beklagte wählte neben der Farbe „weiß" vier weitere Farben, die von der Standartfarbenpalette abwichen. (Sonderfarben).

Hierfür verlangte die Klägerin eine zusätzliche Vergütung.

Diesem Verlangen trat der BGH entgegen.
Neben der besonderen Bedeutung des Wortlauts (vgl. im Folgenden) stellt der BGH bei der Auslegung der Leistungsbeschreibung darauf ab, dass auch der technische und qualitative Zuschnitt des ausgeschriebenen Vorhabens, sein architektonischer Anspruch und die Bestimmung des Gebäudes bedeutsam werden kann. Bestimmte Vorgaben seien in diesem Zusammenhang eines einfachen Industriegebäudes anders zu verstehen als bei einem Repräsentativgebäude. So könne deshalb etwa der zu erwartende Qualitätsstandart nach der Zweckbestimmung des Gebäudes erheblich schwanken. Auch die zu erwartenden Anforderungen an die ästhetische Gestaltung seien bei einem schlichten Bürogebäude anders zu sehen als bei einem Repräsentativbau. Diese Umstände seien für den Bieter erkennbar und dieser habe sich deshalb darauf einzurichten.

---

[98] BGH, Urt. v. 22.04.1993 – VII ZR 118/92 (Sonderfarben), BauR 1993, 595 = IBR 1993, 410.

Vor allem darf der Bieter bestehende Zweifel hinsichtlich der technischen Schwierigkeiten oder hinsichtlich des qualitativen Anspruchs nicht im Sinne der für ihn wirtschaftlich günstigsten Lösung interpretieren. Vielmehr habe er alle für ihn erkennbaren Umstände und Schwierigkeiten zu berücksichtigen.

II.1.2.2.2 Komplettheits- bzw. Vollständigkeitsklauseln

Einfluss auf die Ermittlung des Leistungsumfanges können auch so genannte Vollständigkeitsklauseln bzw. Komplettheitsklauseln nehmen, welche in den verschiedensten Ausgestaltungen besonders häufig in mehrstufigen Vertragsverhältnissen verwendet werden[99].

Allen gemein ist das Bestreben den Unternehmer dazu zu verpflichten, sämtliche Leistungen, die zur Herbeiführung des geschuldeten Erfolgs erforderlich sind, ohne Anspruch auf zusätzliche Vergütung auszuführen, auch wenn sie in der Leistungsbeschreibung nicht ausdrücklich erwähnt sind.

Im Fall einer rein funktionalen Leistungsbeschreibung ohne besondere Hinweise auf einen entgegenstehenden Willen der Parteien sind derartige Klauseln relativ unbedeutend, da sie lediglich das wiederholen, was sich schon aus der erfolgsbezogenen Beschreibungsart ergibt[100].
Hier ist der Unternehmer aufgrund der von ihm selbst zu erstellenden Planung der Bauleistung auch dafür verantwortlich, dass er alle erforderlichen Leistungen in seiner Kalkulation berücksichtigt hat.

In allen anderen Fällen, in welchen der Auftraggeber eine detaillierte Leistungsbeschreibung erstellt und zum Gegenstand seines Vertragsangebot macht, ist die Verwendung derartiger Vollständigkeitsklauseln relativ problematisch, da damit allein der Zweck verfolgt wird, das Risiko etwaiger Versäumnisse des Auftraggebers bei Erstellung der Leistungsbeschreibung auf den Unternehmer abzuwälzen.
Dies widerspricht der durch die Erstellung der Leistungsbeschreibung zum Ausdruck gebrachten Verantwortlichkeit für die Planung und der bei einem VOB/B-Bauvertrag grundsätzlich bestehenden Risikoverteilung zu Lasten des

---

[99] Beispiel hierfür ist die Verwendung des Begriffs „schlüsselfertig“ im Rahmen der Leistungsbeschreibung, wobei Kapellmann/Schiffers, Vergütung, Nachträge und Behinderungsfolgen beim Bauvertrag, Band 2, 3. Auflage 2000, Rdn. 533 ff. zu Recht auf den Unterschied zwischen einer Komplettheitsklausel für nur ein Gewerk und einer Schlüsselfertigkeitsklausel für eine Gewerkezusammenfassung hinweisen.

[100] Vgl. oben Punkt II.1.2.1.3.

Auftraggebers gem. § 3 Abs. 1 VOB/B, welches dadurch einseitig und unangemessen dem Auftragnehmer aufgebürdet wird[101].
Insofern hält die überwiegende Meinung in Rechtsprechung und Literatur derartige Klauseln zumindest in allgemeinen Geschäftsbedingungen wegen eines Verstoßes gegen § 307 ff. BGB für unwirksam[102].

Dem ist in dieser Generalität nicht widerspruchsfrei zuzustimmen, sondern vielmehr der Regelungsgehalt der jeweilig verwendeten Vertragsklausel zu prüfen.

Soweit derartige Klauseln nämlich als Bestandteil der Leistungsbeschreibung anzusehen sind, sind sie gem. § 307 Abs. 3 BGB der Inhaltskontrolle entzogen[103], so dass allenfalls an einen Verstoß gegen das Transparenzgebot gem. §§ 307 Abs. 3 S. 2, Abs. 1 S. 2 BGB zu denken wäre[104].

Dies bedeutet aber nicht, dass sie damit gleichsam wirksam sind oder ihnen die Wirkung zukommt, welche sich der Auftraggeber erhofft hatte.

Als Teil der Leistungsbeschreibung besteht nämlich die Gefahr, dass durch die Verwendung derartiger Klauseln der vom Unternehmer geschuldete Leistungsumfang nicht mehr zu ermitteln ist und die Klausel mangels Bestimm-

---

[101] Kniffka/Koeble, Kompendium des Baurechts, 2. Auflage 2004, Teil 5, Rdn. 130; Poetzsch-Heffter, Global- und Detailpauschalvertrag in Rechtsprechung und Literatur, in ZfBR, 2005, 324 (327).

[102] BGH, Nichtannahme-Beschluss v. 26.02.2004 – VII ZR 96/03, BauR 2004, 995 = ZfBR 2004, 450 = NZBau 2004, 324; OLG München, Urt. v. 22.05.1990 – 9 U 6108/89; Brandenburg. OLG, Urt. v. 09.07.2002 – 11 U 187/01, BauR 2003, 716 = IBR 2003, 57 + 1034; Kniffka/Koeble, Kompendium des Baurechts, 2. Auflage 2004, Teil 5, Rdn. 129 ff.; ausführlich Kapellmann/Schiffers, Band 2, 3. Auflage 2000, Rdn. 496 ff.; Kapellmann in Kapellmann/Messerschmidt, VOB Teil A und B, 2003, § 2 VOB/B, Rdn. 244; Werner in Werner/Pastor, Der Bauprozess, 11. Auflage 2005, Rd. 1196; Roquette, Vollständigkeitsklauseln: Abwälzung des Risikos unvollständiger oder unrichtiger Leistungsbeschreibungen auf den Auftragnehmer, in NZBau, 2001, 57 (60); Voppel, Komplettheitsklauseln im Bauvertrag, in BrBp 2004, 402 mit Überblick über den Stand der Rechtsprechung; a. A. Bolz in IBR 2004, 61 unter Bezugnahme auf OLG Düsseldorf, Urteil v. 16.09.2003 – 23 U 204/02.

[103] BGH, Urt. v. 10.06.1999 – VII ZR 365/98, BauR 1999, 1290 = ZfBR 1999, 291 = IBR 2000, 5.

[104] Der BGH geht offenbar von einem weiten Betrachtungsweise der Leistungsbeschreibung aus, so dass Komplettheitsklauseln in vielen Fällen nicht der Inhaltskontrolle unterliegen werden, vgl. BGH, Urt. v. 26.09.1996 – VII ZR 318/95, BauR 1997, 123 = ZfBR 1997, 33 = NJW 1997, 135; Urt. v. 10.06.1999 – VII ZR 365/98, BauR 1999, 1290 = ZfBR 1999, 291 = IBR 2000, 5; Urt. v. 06.07.2000 – VII ZR 73/00, BauR 2000, 1756 = ZfBR 2000, 546 = NZBau 2000, 466.

barkeit der Hauptleistungspflicht des Unternehmers ebenfalls keine Wirkung entfaltet[105].

In vielen Fällen wird man auch bei der Auslegung derartiger Klauseln zu dem Ergebnis gelangen, dass damit gar keine einseitige Risikoverlagerung zu Lasten des Auftragnehmers beabsichtigt wurde, sondern der Klausel in Abhängigkeit von der konkreten Situation eine andere, mildere Bedeutung zukommt[106].

Schließlich ist es auch möglich, dass durch die Verwendung einer derartigen Klausel bei Hinzutreten weiterer Umstände eine zunächst detaillierte Leistungsbeschreibung nachträglich in eine funktionale Leistungsbeschreibung im Einverständnis beider Vertragsparteien umgewandelt wird, so dass sich die dargestellten Probleme ebenfalls nicht ergeben[107].
Lediglich in Form einer Preis- und Leistungsnebenabrede müssen derartige Klauseln eine Inhaltskontrolle gem. § 307 Abs. 3, Abs. 1, 308, 309 BGB bestehen, welche bei einer einseitigen Verlagerung des Planungsrisikos auf den Auftragnehmer, obwohl diese Aufgabe vom Auftraggeber erbracht wurde, regelmäßig zur Unwirksamkeit der Klausel führen wird, § 307 Abs. 1 S.1 BGB[108].

Individualvertraglich erscheint die Vereinbarung von Komplettheitsklauseln hingegen möglich[109].

Eine generell gültige Aussage über die Auswirkungen von Komplettheits- bzw. Vollständigkeitsklauseln auf die vereinbarte Leistung ist somit nicht möglich, sondern ebenfalls für jeden einzelnen Bauvertrag isoliert zu untersuchen; in den allermeisten Fällen dürfte der Einfluss jedoch eher von untergeordneter Bedeutung sein, da derartige Klauseln meist nur klarstellende Funktion haben werden oder unwirksam sind.

---

105 Kleine-Möller in Kleine-Möller/Merl/Oelmaier, Handbuch des privaten Baurechts, 2. Auflage 1997, § 2 Rdn. 205 f.

106 Schon in der Entscheidung des BGH vom 22.03.1984 – VII ZR 50/82, BauR 1984, 395 misst der Senat der Komplettierung der Leistungspflicht durch den Begriff „schlüsselfertig" in Anbetracht der eindeutigen vertraglichen Festlegung keine eigenständige Bedeutung mehr zu; ebenso Kapellmann/Schiffers, Vergütung, Nachträge und Behinderungsfolgen beim Bauvertrag, Band 2, 3. Auflage 2000, Rdn. 523 ff.

107 vgl. hierzu BGH, Beschl. v. 08.05.2003 – VII ZR 106/02, IBR 2003, 343 mit Anmerkung von Schulze-Hagen.

108 Kniffka/Koeble, Kompendium des Baurechts, 2. Auflage 2004, Teil 5, Rdn. 133.

109 Kapellmann/Schiffers, Vergütung, Nachträge und Behinderungsfolgen beim Bauvertrag, Band 2, 3. Auflage 2000, Rdn. 515 f.

II.1.2.3 Vereinbarung der VOB

Bei wirksamer Vereinbarung könnten auch die Vorschriften der Vergabe- und Vertragsordnung für Bauleistungen (VOB) Einfluss auf den Umfang der vereinbarten Leistung nehmen.

Dies ist für die verschiedenen Teile der VOB unterschiedlich zu beantworten.

II.1.2.3.1 Historische Entwicklung

In ihrer heutigen Fassung reicht die VOB auf den im Jahr 1921 eingesetzten „Reichsverdingungsausschuss" (RVA) zurück, dessen Aufgabe es war, eine auf die Baupraxis ausgerichtete und möglichst weitgehend anerkannte Ordnung für die Vergabe und Ausführung von Bauleistungen zu schaffen[110].

Dieses Bedürfnis nach einer einheitlichen Regelung resultierte aus der im 19. Jahrhundert aufkommenden Submissionspraxis, welche wesentlich durch das Machtgefälle zwischen dem öffentlichen Auftraggeber und dem privaten Auftragnehmer gekennzeichnet war und letzteren im weiten Maße benachteiligte, so dass schon früh von staatlicher Seite vereinzelte Verdingungsordnungen erlassen worden waren[111].
Diese galt es nun in ein einheitliches Regelwerk zu integrieren, was im Mai 1926 mit dem Erlass der ersten einheitlichen Verdingungsordnung für Bauleistungen durch den Reichsverdingungsausschuss nach zähen Verhandlungen endlich erreicht wurde.

Die Geschäftsführung des Reichsverdingungsausschuss oblag bis 1923 dem Reichsschatzministerium und wechselte hiernach auf das Reichsfinanzministerium über, bis die Grundlage des Reichsverdingungsausschusses schließlich mit dem Zusammenbruch von 1945 gänzlich wegfiel.

Bereits 1947 wurde jedoch nach seinem Vorbild ein neuer „Deutscher Verdingungsausschuss für Bauleistungen" (DVA) gebildet, der 1952 eine Neufassung der VOB vorlegte und diese im Laufe der Jahre ständig überarbeitete[112]. Mit ihr wird der Versuch fortgeführt, einen gerechten Ausgleich zwischen den Inte-

[110] Schubert, Zur Entstehung der VOB (Teile A und B) von 1926, in Festschrift für Korbion, 1986, S. 389 (395).

[111] Nicklisch/Weick, VOB Teil B, 3. Auflage 2001, Einl. Rdn. 23 ff.

[112] Bisher wurde jeweils in den Jahren 1952, 1973, 1979, 1988, 1990, 1992, 1996, 1998, 2000 und 2002 eine überarbeitete Fassung der VOB herausgegeben.

ressen des Bauherrn und des Unternehmers durch spezielle bauvertragliche Regelungen bei der Vergabe und Ausführung von Bauleistungen zu erzielen.

Im Jahr 2000 wurde der DVA dann schließlich in „Deutscher Vergabe- und Vertragsausschuss für Bauleistungen" umbenannt. Entsprechend trägt auch die VOB seit der Neufassung im Jahr 2002 nunmehr die Bezeichnung „Vergabe- und Vertragsordnung für Bauleistungen".

II.1.2.3.2 Gliederung

Die VOB in ihrer heutigen Fassung untergliedert sich in drei Teilbereiche, von denen Teil A allgemeine Bestimmungen über die Vergabe von Bauleistungen, Teil B allgemeine Vertragsbedingungen für die Ausführung von Bauleistungen und Teil C allgemeine technische Vertragsbedingungen für Bauleistungen enthält.

Die Regelungen des Teils A der VOB richten sich in erster Linie an den öffentlichen Auftraggeber gem. § 98 Gesetz gegen Wettbewerbsbeschränkungen (GWB), welcher im Bereich der Vergabe von Bauleistungen gem. § 6 Vergabeverordnung (VGV) verpflichtet wird, die in der VOB/A niedergelegten Grundsätze des Vergabeverfahrens einzuhalten[113]. In diesem Sinne hat die VOB/A den Rechtscharakter einer Verwaltungsvorschrift[114].

Für einen privaten Bauherren hingegen hat dieser Teil der VOB bislang nur Empfehlungscharakter und kann allenfalls durch Parteivereinbarung in den Vertrag gem. §§ 145, 146 BGB miteinbezogen werden.
Nur in diesem Fall kann die VOB/A auch bei einem privaten Auftraggeber zur Ermittlung der im Vertrag vereinbarten Leistung in Betracht kommen.

Ähnlich verhält es sich bei dem Teil B der VOB. Dieser richtet sich zwar nicht in erster Linie an einen öffentlichen Auftraggeber, bedarf jedoch als Vertragsrecht im Gegensatz zu dem allgemeinverbindlichen Gesetzesrecht sowohl bei einem öffentlichen als auch bei einem privaten Bauherrn der ausdrücklichen Einbeziehung in den Vertrag.

---

[113] unterhalb der Schwellenwerte des § 2 Nr. 5 VGV und damit außerhalb des Anwendungsbereichs der Vergabeverordnung wird diese Verpflichtung aus dem Haushaltsgrundsätzegesetz und den Bundes- und Landeshaushaltsordungen (55 BHO, LHO) hergeleitet.

[114] BGH, Urt. v. 21.11.1991 – VII ZR 203/90, BauR 1992, 221 = ZfBR 1992, 67 = NJW 1992, 827.

Durch die wirksame Einbeziehung der VOB/B in den Bauvertrag wird grundsätzlich auch der Teil C der VOB Vertragsbestandteil des Bauvertrages, vgl. § 1 Nr. 1 S. 2 VOB/B.

Allerdings können die Vorgaben des Teils C der VOB/B auch ohne ausdrückliche Einbeziehung in den Bauvertrag im Rahmen des § 633 Abs. 2 Nr. 2 BGB bzw. § 157 BGB zu berücksichtigen sein[115].

II.1.2.3.3 Einbeziehung

Die wirksame Einbeziehung der gesamten VOB in den Bauvertrag ist jedoch nicht unproblematisch und im Lichte der jüngsten Rechtsprechung wohl nur noch eingeschränkt möglich[116].

Soweit es sich nämlich bei den Vorschriften der VOB um allgemeine Geschäftsbedingungen gem. § 305 ff BGB handelt, könnten die darin enthaltenen Regelungen einer Inhaltskontrolle nach §§ 307 ff BGB unterliegen und gegebenenfalls unwirksam sein.

Dies ist grundlegend nicht von allen Teilen oder Vorschriften der VOB anzunehmen.

Unberührt hiervon bleiben die Vorschriften der VOB Teil A, da es sich bei den in diesem Teil getroffenen Regelungen entgegen vereinzelter Gegenstimmen in der Literatur keinesfalls um allgemeine Geschäftsbedingungen gem. § 305 ff BGB handelt[117].

Nach der gesetzlichen Definition des § 305 Abs. 1 BGB sind Allgemeine Geschäftsbedingungen alle für eine Vielzahl von Verträgen vorformulierten Vertragsbedingungen, die eine Partei der anderen Partei bei Vertragsschluss stellt.

---

115 vgl. dazu Gliederungspunkt II.1.2.3.6.

116 BGH, Urt. v. 22.01.2004 – VII ZR 419/02, BauR 2004, 668 = ZfBR 2004, 362 = IBR 2004, 179; vgl. hierzu Ulbrich, IBR 2004, 179; BGH, Urt. v. 15. 4. 2004 – VII ZR 129/02, BauR 2004, 1142 = ZfBR 2004, 555 = NZBau 2004, 385; ebenso Hoff, Die VOB/B 2000 und das AGB-Gesetz – Der Anfang vom Ende der Privilegierung, in BauR 2001, 1654; Voppel, Die AGB-rechtliche Bewertung der VOB/B nach dem neuen Schuldrecht, in NZBau 2003, 6.

117 Quack/Thode, Vertragsrechtliche Bedeutung von VOB Teil A, Teil B, Teil C, Skript zum Intensivkurs Privates Bau- und Architektenrecht, Stand August 2005, S. 12.

Einzige Vorschrift, welche innerhalb der VOB/A aber auf den Vertragsschluss Bezug nimmt, ist § 19 VOB/A. Dessen rechtliche Qualifikation als allgemeine Geschäftsbedingung i. S. d. § 305 BGB ist jedoch mit der gleichen Begründung wie bei allen anderen Vorschriften der VOB Teil A abzulehnen, nämlich dass sich das AGB-Recht ausschließlich mit dem Inhalt des geschlossenen Vertrages und nicht mit dem Verfahren bei Vertragsschluss befasst, welches aber gerade in Teil A der VOB/B detailliert beschrieben wird.
Im Übrigen wären auch die ausgeschriebenen Vertragsbedingungen wegen der Verwendung gegenüber mehreren Bietern für einen einzigen Vertrag keine allgemeinen Geschäftsbedingungen i. S. d. § 305 BGB[118].

Hiergegen handelt es sich bei den Regelungen der VOB/B nach ständiger Rechtsprechung[119] des Bundesgerichtshofes und der überwiegenden Meinung in der Literatur [120] um allgemeine Geschäftsbedingungen i. S. d. § 305 BGB, da dieser Teil der VOB für eine Vielzahl von Verträgen vorformulierte Vertragsbedingungen für die Ausführung von Bauleistungen enthält, § 305 Abs. 1 BGB.

---

[118] BGH, Urt. v. 21.11.1991 – VII ZR 203/90, BauR 1992, 221 = ZfBR 1992, 67 = NJW 1992, 827.

[119] BGH, Urt. v. 16.12.1982 – VII ZR 92/82, BauR 1983, 362; BGH, Urt. v. 07.05.1987 – VII ZR 129/86, BauR 1987, 438; BGH Urt. v. 17.09.1987 – VII ZR 166/86, BauR 1987, 702; BGH, Urt. v. 23.05.1996 – VII ZR 245/94, BauR 1996, 542 = ZfBR 1996, 269 = NJW 1996, 2158; BGH, Urt. v. 25.01.1996 – VII ZR 233/94, BauR 1996, 378 = ZfBR 1996, 196 = NJW 1996, 1346; BGH, Urt. v. 02.10.1997 – VII ZR 44/97, BauR 1997, 1027 = ZfBR 1998, 31 = IBR 98, 12; BGH, Urt. v. 10.06.1999 – VII ZR 365/98, BauR 1999, 1290 = ZfBR 1999, 291 = IBR 2000, 5; BGH, Urt. v. 20.04.2000 – VII ZR 458/97, BauR 1489 = ZfBR 2000, 477 = NZBau 2000, 424; BGH, Urt. v. 22.01.2004 – VII ZR 419/02, BauR 2004, 668 = ZfBR 2004, 362 = IBR 2004, 179; BGH, Urt. v. 15.04.2004 – VII ZR 129/02, BauR 2004, 1142 = ZfBR 2004, 555 = NZBau 2004, 385.

[120] Vygen in Ingenstau/Korbion, VOB Teil A und B, 15. Auflage 2004, Einl. Rdn. 26ff.; Heiermann/Riedl/Rusam, VOB Teil A und B, 10. Auflage 2003, B § 1 Rdn. 2 und A § 10 Rdn. 53; Werner in Werner/Pastor, 11. Auflage 2005, Rdn. 1006; Kapellmann/Schiffers, Vergütung, Nachträge und Behinderungsfolgen beim Bauvertrag, Band 1, 4. Auflage 2000, Rdn. 103; Kemper in Franke/Kemper/Zanner/Grünhagen, VOB Teil A und B, § 1 VOB/B, Rdn. 16; Herig, VOB Teile A, B, C,1. Auflage 2001, Einl. Rdn. 31; Nicklisch/Weick, VOB Teil B, 3. Auflage 2001, Einl. Rdn. 52 ff.; Englert/Grauvogl/Maurer, Handbuch des Baugrund- und Tiefbaurechts, 3. Auflage 2004, Rdn. 413; Kleine-Möller in Kleine-Möller/Merl/Oelmaier, Handbuch des privaten Baurechts, 2. Auflage 1997, § 2 Rdn. 40; Vygen, Bauvertragsrecht nach VOB, 4. Auflage 2004, Abschnitt 1.6 ff.; Vygen, Bauvertragsrecht nach VOB und BGB, 3. Auflage 1997, Rdn. 115; Hoff, Die VOB/B 2000 und das AGB-Gesetz: Der Anfang vom Ende der Privilegierung?, in BauR 2001, 1654; Voppel, Die AGB-rechtliche Bewertung der VOB/B nach dem neuen Schuldrecht, in NZBau 2003, 6; Ulbrich, IBR 2004, 179; ausführlich Micklitz, Die Richtlinie 93/13/EWG der Europäischen Gemeinschaft vom 05.04.1993 über missbräuchliche Klauseln in Verbraucherverträgen und ihre Bedeutung für die VOB Teil B, Gutachten im Auftrag des Verbraucherzentrale Bundesverbandes e. V., April 2004, Universität Bamberg; differenziert: Leupertz, Zur Rechtsnatur der VOB – Die Bestimmungen der VOB „als Ganzes" sind keine Allgemeinen Geschäftsbedingungen, in Jahrbuch Baurecht 2004, S. 45ff.

Von dieser Auffassung ist anscheinend auch der Gesetzgeber ausgegangen, da andernfalls ein ausdrücklicher Bezug auf Teil B der VOB in §§ 308 Nr. 5, 309 Nr. 8b ff BGB nicht zu erklären wäre.
Die wenigen Gegenstimmen in der Literatur, zuletzt mit Nachweisen bei *Leupertz*, liefern keine sonderlich überzeugenden Argumente[121].

Bei dem Teil C der VOB muss man hingegen genauer differenzieren[122].
Dieser Teil enthält dem Namen nach ausschließlich allgemeine technische Vertragsbedingungen (ATV), welche als bloße technische Ausführungsregeln grundsätzlich nicht vom Schutzzweck der §§ 305 ff. BGB erfasst werden und somit keine allgemeinen Geschäftsbedingungen i. S. d. § 305 Abs. 1 BGB sein können.

Das Recht der Allgemeinen Geschäftsbedingungen gem. §§ 305 ff. BGB soll nämlich verhindern, dass der AGB-Verwender, der die Vertragsgestaltungsfreiheit allein in Anspruch nimmt, den anderen Teil durch Abbedingung des dispositiven Rechts unangemessen benachteiligt[123]. Diese Gefahr besteht bei technischen Ausführungsregelungen, welche keinen Rechtsnormcharakter besitzen, grundsätzlich nicht.

Der Name des Teils C der VOB ist jedoch irreführend. Denn neben den technischen Ausführungsnormen enthält die VOB/C zahlreiche weitere Bestimmungen, die als Vergaberecht oder als materielles Vertragsrecht einzuordnen sind[124].
Insbesondere die Abrechnungsregelungen, die Vorschriften über Leistungsbeschreibungen (Abschnitt 0), Aufmassvorschriften, Verhandlungspflichten und Regelungen zur Leistungsabgrenzung von Nebenleistungen und zusätzlichen Leistungen (Abschnitt 4) gehen über rein technische Vorschriften weit hinaus.
Demnach können auch diese Regelungen Allgemeine Geschäftsbedingungen gem. § 305 Abs. 1 BGB sein.

---

[121] Leupertz, Zur Rechtsnatur der VOB – Die Bestimmungen der VOB „als Ganzes" sind keine Allgemeinen Geschäftsbedingungen, in Jahrbuch Baurecht 2004, 43 ff.; Siegburg, Zum AGB-Charakter der VOB/B und deren Privilegierung durch das AGB-Gesetz, in BauR 1993, 9 ff.; Jagenburg, Der Einfluss des AGB-Gesetztes auf das private Baurecht, in BauR Sonderheft 1977, 3 ff.

[122] vgl. zum Ganzen Kuffer in Beck´scher VOB-Kommentar, Teil C, 2003, Syst. VII, Rdn. 1 ff.

[123] Heinrichs in Palandt, 65. Auflage 2006, Überbl. v. § 305 BGB, Rdn. 8.

[124] Quack/Thode, Vertragsrechtliche Bedeutung von VOB Teil A, Teil B, Teil C, Skript zum Intensivkurs Privates Bau- und Architektenrecht, Stand August 2005, S. 17; Quack, Vertragsauslegung und Auslegungsvorgaben in technischen Regelwerken, in ZfBR 2002, 641.

Dieser Auffassung ist der Bundesgerichtshof in der Entscheidung vom 17.06.2004 zumindest im Bereich der Abrechnungsregelungen (hier: Abschnitt 5) gefolgt und hat dadurch die vorangegangenen Urteile des OLG Celle vom 15.01.2003[125], des OLG Düsseldorf v. 07.05.1991[126] und des OLG Köln vom 25.06.1981[127] mittelbar bestätigt.

In der Entscheidung stellt der BGH ausdrücklich klar, dass die Abrechnungsregelungen der ATV vertragsrechtliche Regelungen enthalten, welche Einfluss auf die Art der Abrechnung gem. § 14 Abs. 2 S. 2 VOB/B nehmen und damit allgemeine Geschäftsbedingungen darstellen[128].

Dies entspricht auch der überwiegenden Meinung in der Literatur[129], wonach die Regelungen der VOB/B und die vertragsrechtlichen Regelungen der VOB/C allgemeine Geschäftsbedingungen i. S. d. § 305 Abs. 1 BGB sind.
Diese müssen folglich, um vertragsrechtlich überhaupt irgendeine Relevanz zu erlangen, wirksam in den Vertrag einbezogen werden.

Die Einbeziehung von allgemeinen Geschäftsbedingungen richtet sich grundsätzlich nach § 305 Abs. 2 BGB, wonach der Verwender bei Vertragsschluss die andere Partei ausdrücklich oder, wenn ein ausdrücklicher Hinweis wegen der Art des Vertragsschlusses nur unter unverhältnismäßigen Schwie-

---

[125] OLG Celle, Urt. v. 15.01.2003 – 7 U 64/00 (AGB angenommen für Abrechnungsbestimmung gem. Abschnitt 0 Ziff. 0.5), BauR 2003, 1040 = IBR 203, 289 = ZfIR 2003, 508.

[126] OLG Düsseldorf, Urt. v. 07.05.1991 – 23 U 165/90 (AGB angenommen für Aufmass, Abrechnung und über Art und Umfang nicht gesondert zu vergütender Nebenleistungen gem. DIN 18300, Ziff. 5.1.1), BauR 1991, 772 = IBR 1991, 366.

[127] OLG Köln, Urt. v. 25.06.1981 – 18 U 183/77 (AGB angenommen für Aufmass und Berechnung von Erdarbeiten gem. DIN 18300, Ziff. 5.104), BauR 1982, 170.

[128] BGH, Urt. v. 17.06.2004 – VII ZR 75/03, BauR 2004, 1438 = ZfBR 2004, 778 = NZBau 2004, 500.

[129] Locher in Ingenstau/Korbion, VOB Teil A und B, 14. Auflage 2001, A § 10 AGB-Gesetz, Rdn. 47; Ganten in Beck´scher VOB-Kommentar, Teil B, 1997, § 4 Nr. 2 Rdn. 75; Kuffer in Beck´scher VOB-Kommentar, Teil C, 2003, Syst. VII, Rdn. 1ff.; Soergel in Münchener Kommentar, 3. Auflage 1997, § 631 BGB, Rdn. 46; Mantscheff, Die Bestimmungen der VOB/C und ihre vertragsrechtliche Bedeutung, in Festschrift für Korbion, 1986, 295 ff.; Vygen, Bauvertragsrecht nach VOB und BGB, 3. Auflage 1997, Rdn. 136; Gessner/Jäger, Abschied von der Besonderen Leistung?, in Festschrift für Kraus, 1. Auflage 2003, 41 ff. mit weiteren Nachweisen; Vogel, Anmerkung zu BGH, Urt. v. 17.06.2004 – VII ZR 75/03, in ZfIR 2004, 670 (671); Grauvogl, Die VOB Teil C und der Bauvertrag, in Jahrbuch Baurecht 1998, 315 (331); Vogel/Vogel, Die VOB/C und das AGB-Gesetz – terra incognita, in BauR 2000, 345 (347); Tempel, Ist die VOB/B noch zeitgemäß?, in NZBau 2002, 465 (469); Moufang/Klein, Die Bedeutung der VOB Teil C für die Leistungspflichten der Bauvertragspartner, in Jahrbuch Baurecht 2004, 71 (77).

rigkeiten möglich ist, durch deutlich sichtbaren Aushang am Orte des Vertragsschlusses auf sie hinweisen und der anderen Vertragspartei die Möglichkeit verschaffen muss, in zumutbarer Weise von ihrem Inhalt Kenntnis zu nehmen, sowie die Verwendungsgegenseite mit ihrer Geltung einverstanden ist.

Bei der Verwendung gegenüber einem Unternehmer reduzieren sich die Anforderungen an eine wirksame Einbeziehung von allgemeinen Geschäftsbedingungen gem. § 310 Abs. 1 BGB auf die allgemeinen Vertragsgrundsätze des Bürgerlichen Gesetzbuches, so dass eine Einbeziehung in diesem Fall durch übereinstimmende Willenserklärungen i. S. d. §§ 145, 147 BGB möglich ist.

Für die Einbeziehung der Vorschriften der Teile B und C der VOB bedeutet dies, dass der jeweilige Verordnungstext dem Vertragspartner und Verwendungsgegner grundsätzlich bei Vertragsschluss ausgehändigt werden muss. Lediglich im Fall der Verwendung gegenüber einem Unternehmer könnte die Informationsobliegenheit des Verwenders auch mündlich erfüllt werden, was jedoch nicht nur eine genaue Kenntnis des Verordnungstextes erfordert, sondern auch die bekannten Beweisschwierigkeiten nach sich zieht.

Besonderes Augenmerk ist jedoch auch in diesem Fall auf die Person des Erklärungsempfängers zu legen, so dass ein Hinweis auf die allgemeinen Geschäftsbedingungen auf einem Lieferschein in der Regel nicht ausreichend sein wird, da dieser meist nicht zur Kenntnis der zum Vertragsschluss bevollmächtigten Person gelangen wird.

Doch selbst bei einer wirksamer Einbeziehung der Teile A und B der VOB in den Vertrag ist allerdings fraglich, ob die darin enthaltenen Vertragsbedingungen damit auch tatsächlich einer Inhaltskontrolle gem. § 307 ff BGB unterliegen.

Das ist zumindest für den Teil B der VOB zweifelhaft[130].

Betrachtet man die Rechtsprechung des BGH zu diesem Thema, so hat der VII. Senat in einer grundlegenden Entscheidung aus dem Jahre 1982[131] unmissverständlich zum Ausdruck gebracht, dass die Regelungen der VOB Teil B einer Inhaltskontrolle gem. § 10 f. AGBG zwar nicht entzogen sind, aber einzelne an sich kritische Regelungen einer Inhaltskontrolle gleichwohl standhalten

---

[130] Für den Teil C der VOB ist die Privilegierungsrechtsprechung des BGH ohnehin nicht anzuwenden.

[131] BGH, Urt. v. 16.12.1982 – VII ZR 92/82, BauR 1983, 362.

können, soweit die VOB/B als Ganzes ohne Eingriff in den Kernbereich vereinbart wurde[132].
Begründet wurde diese Auffassung damit, dass die VOB/B einen auf die Besonderheiten des Bauvertrages abgestimmten, im Ganzen einigermaßen ausgewogenen Ausgleich der beiderseitigen Interessen enthält, welcher es verbiete einzelne Bestimmungen der VOB/B der Inhaltskontrolle zu unterziehen, da im Falle der Unwirksamkeit dieser Klauseln die Gefahr bestehe, dass der durch das Zusammenspiel sämtlicher Vorschriften erstrebte Interessenausgleich gestört werde.

Spätere Entscheidungen[133] bestätigten dieses Ergebnis, allerdings wurde in der Begründung nicht nur auf die Ausgewogenheit der VOB/B, sondern auch auf die in § 23 Abs. 2 Nr. 5 AGBG getroffene Ausnahmeregelung im sachlichen Anwendungsbereich des AGBG verwiesen. Aus dieser schloss man, dass nicht nur die darin ausgenommenen Regelungen auf die VOB/B keine Anwendung finden, sondern die VOB/B insgesamt privilegiert sei, soweit die VOB/B als Ganzes vereinbart war.

In weiteren Folgeentscheidungen korrigierte man die damals initiierte Kernbereichsrechtsprechung mangels klarer Abgrenzungsmöglichkeit dahingehend, dass nicht nur Eingriffe in den Kernbereich, sondern jeglicher Eingriff in die VOB/B zu einer Störung ihrer Ausgewogenheit führt, sodass in diesem Falle ebenfalls eine Inhaltskontrolle einzelner Vorschriften der VOB/B stattfinden kann[134].

---

[132] Beispiele, in denen ein derartiger Eingriff angenommen wurde finden sich in:
BGH, Urt. v. 28. 11. 2002 – VII ZR 4/00, BauR 2003, 296 + 380 = ZfBR 2003, 248 = NZBau 2003, 150; Urt. v. 20. 12. 1990 – VII ZR 248/89, BauR 1991, 210 = ZfBR 1991, 101 = IBR 1991, 161; Urt. v. 25. 01. 1996 – VII ZR 233/94, BauR 1996, 378 = ZfBR 1996, 196 = NJW 1996, 1346; Urt. v. 28. 09. 1989 – VII ZR 167/88, BauR 1990, 81 = ZfBR 1990, 18 = IBR 1990, 70; Urt. v. 06. 06. 1991 – VII ZR 101/90, BauR 1991, 740 = ZfBR 1991, 253 = IBR 1991, 422; Urt. v. 17. 11. 1994 – VII ZR 245/93, BauR 1995, 234 = ZfBR 1995, 77 = NJW 1995, 526; Urt. v. 21. 06. 1990 – VII ZR 109/89, BauR 1990, 727 = ZfBR 1990, 272 = IBR 1990, 505; Urt. v. 14. 02. 1991 – VII ZR 291/89, BauR 1991, 473 = IBR 1991, 357.

[133] BGH, Urt. v. 10.10.1985 – VII ZR 325/84, BauR 1986, 89; BGH, Urt. v. 17.09.1987 – VII ZR 155/86, BauR 1987, 694; BGH, Urt. v. 14.02.1991 – VII ZR 132/90, BB 1991, 798; BGH, Urt. v. 09.10.2001 – X ZR 153/99, BauR 2002, 775 = IBR 2002,1 + 60.

[134] BGH, Urt. v. 22.01.2004 – VII ZR 419/02, BauR 2004, 668 = ZfBR 2004, 362 = IBR 2004, 179; BGH, Urt. v. 15.04.2004 – VII ZR 129/02, BauR 2004, 1142 = ZfBR 2004, 555 = NZBau 2004, 385.

Das Ergebnis der Überlegungen des BGH erhielt auch in der Literatur[135] – allerdings mit einer leicht abweichenden Begründung – größtenteils Zustimmung und fand scheinbar mit der Integration des AGB-Gesetzes in das Bürgerliche Gesetzbuch seine Bestätigung, wonach die Regelungen der §§ 308 Nr. 5, 309 Nr. 8 b ff BGB nicht auf den Teil B der VOB Anwendung finden, soweit dieser *insgesamt* in den Bauvertrag mit einbezogen ist.

Allerdings wirft die Regelungstechnik des Gesetzgebers auch erhebliche Fragen auf.

Während nämlich im AGB-Gesetz die Privilegierung der VOB/B im sachlichen Anwendungsbereich gem. § 23 AGBG geregelt wurde, findet sie sich nach der Integration in das Bürgerliche Gesetzbuch lediglich in zwei materiellen Einzelbestimmungen im Rahmen der Inhaltskontrolle wieder.
Diese Tatsache wurde von einigen Stimmen in der Literatur zum Anlass genommen, die Anwendbarkeit der Privilegierungstheorie im Rahmen des neu gestalteten AGB-Rechts zu überdenken[136].

Auch der BGH wies in der Entscheidung vom 22.01.2004 – VII ZR 419/02 in einem obiter dictum darauf hin , dass es „offen bleibe, inwieweit die Rechtsprechung des Bundesgerichtshof zur VOB/B als Ganzes auch auf Fälle unter Geltung des Gesetzes zur Modernisierung des Schuldrechts anwendbar ist“[137].

Daneben blieb das Problem der Art der vom Gesetzgeber gewählten Verweisung in § 23 Abs. 2 Nr. 5 AGBG bestehen.
Soweit es sich dabei nämlich um eine statische Verweisung auf die VOB/B in §§ 308 Nr. 5, 309 Nr. 8 b ff BGB bzw. § 23 Abs. 2 Nr. 5 AGBG handeln würde,

---

[135] v. Rintelen in Kapellmann/ Messerschmidt, VOB Teil A und B, 2003, Einl. VOB/B, Rdn. 47 ff.; Locher in Ingenstau/Korbion, VOB Teil A und B, 14. Auflage 2000, A AGB-Gesetz, Rdn. 58, 60; Kutschker, Richterliche Befugnisse zur Einschränkung des § 23 Abs. 2 Nr. 5 AGBG und der bisherigen Gesamtabwägungsrechtsprechung bei Änderungen der VOB/B durch den Verdingungsausschuss, in BauR 1999, 454 (455), jeweils mit weiteren Nachweisen.

[136] Quack, VOB/B als Ganzes und die Modernisierung des Schuldrechts, in ZfBR 2002, 428; Hoff, Die VOB/B 2000 und das AGB-Gesetz – Der Anfang vom Ende der Privilegierung?, in BauR 2001, 1654; Weyer, Die Privilegierung der VOB/B: eine – nur vorerst? – entschärfte Zeitbombe, in BauR 2002, 857; Frikell, Mögliche Auswirkungen der Schuldrechtsreform auf die Rechtsprechung zur „VOB als Ganzes“, in BauR 2002, 671; Schwenker/Heinze, Die VOB/B 2002, in BauR 2002, 1143; Tempel, Ist die VOB/B noch zeitgemäß?, in NZBau 2002, 465; Pauly, Die Privilegierung der VOB/B nach dem Schuldrechtsmodernisierungsgesetz, in MDR 2003, 124ff.; Joussen, Die Privilegierung der VOB nach dem Schuldrechtsmodernisierungsgesetz, in BauR 2002, 1759.

[137] vgl. dazu auch Ulbrich in IBR 2004, 179.

wäre davon nur die VOB/B in der jeweils gültigen Fassung – also der von 1973 bzw. der von 2000 – erfasst[138].

Handelte es sich dagegen um eine dynamische Verweisung, so dass auch spätere Fassungen der VOB/B privilegiert wären, stünden der Zulässigkeit einer derartigen Verweisungstechnik verfassungsrechtliche Bedenken gegenüber[139].

Vor allem *Joussen*[140] versucht mit weitreichenden Argumenten die oben aufgeführten Bedenken zu zerstreuen.

So könne allein aus dem veränderten Standort der Freistellungsregelungen nicht darauf geschlossen werden, dass damit auch eine inhaltliche Änderung einhergegangen wäre, da nach dem Wortlaut sich beide Regelungen kaum unterscheiden.

Eine inhaltliche Änderung sei zudem vom Gesetzgeber nicht beabsichtigt gewesen. Dieser bekräftige in der Gesetzesbegründung ausdrücklich, dass mit der Umstellung keine inhaltliche Änderung einhergehen, sondern lediglich die bestehende Rechtsprechung im Gesetzeswortlaut ihre Entsprechung finden sollte[141]; ebenso sei die systematische Umstellung lediglich aus Gründen der besseren Handhabbarkeit vorgenommen worden.

Zur Frage der Zulässigkeit der vorgenommenen Verweisung führt er aus, dass es darauf für die Annahme der Privilegierung der VOB/B nicht ankomme, da auch der BGH als Initiator dieser Rechtsprechung in seiner Entscheidung aus dem Jahr 1982 nicht darauf abstellt, sondern die Kompensation einzelner bedenklicher Regelungen allein von der Ausgewogenheit der VOB/B abhängig macht.

Da jedoch auch der BGH in den Folgeentscheidung diese causa nicht immer so deutlich herausgestellt hat, legt er zusätzlich dar, dass die vorgenommene

---

[138] Das AGBG trat am 01.04.1977 in Kraft und konnte sich demnach nur auf die VOB/B in der Fassung aus dem Jahr 1973 beziehen. Die darauf folgende Fassung wurde nämlich erst im Jahr 1979 veröffentlicht. Ebenso wurden die §§ 305 ff BGB im Rahmen des SMG in das BGB integriert, welches am 01.01.2002 in Kraft trat, so dass zu diesem Zeitpunkt lediglich die VOB/B in der Fassung von 2000 vorlag.

[139] Kratzenberg, Der Beschluss des DVA Hauptausschusses zur Neuherausgabe der VOB 2002 (Teile A und B), in NZBau 2002, 177; Joussen, Die Privilegierung der VOB nach dem Schuldrechtsmodernisierungsgesetz, in BauR 2002, 1759; Weyer, Die Privilegierung der VOB/B: eine – nur vorerst? – entschärfte Zeitbombe, in BauR 2002, 857; Voppel, Die AGB-rechtliche Bewertung der VOB/B nach dem neuen Schuldrecht, in NZBau 2003, 6 ff.

[140] Joussen, Die Privilegierung der VOB nach dem Schuldrechtsmodernisierungsgesetz, in BauR 2002, 1759 ff.

[141] RegE zum SMG v. 09.05.2001; BT-Drucksache 14/6040.

Verweisung verfassungsrechtlich unbedenklich ist und darüber hinaus selbst als dynamische Verweisung zulässig wäre[142].

Nach seiner Auffassung begibt sich der Gesetzgeber überhaupt keiner Normsetzungskompetenz, indem er die Ausgestaltung der VOB/B dem DVA als privatrechtliche Organisation zuweist, da die VOB/B keine gesetzliche Geltung für einen an einem Bauvorhaben beteiligten Bürger erlangt, sondern dieser sich freiwillig der vorgegebenen VOB/B unterwerfen kann.
Dieses Ergebnis werde eindrucksvoll dadurch belegt, dass im Bereich der öffentlichen Vergabe bestimmten Auftraggebern zwar gem. § 97 Abs. 6 GWB, §§ 7 ff. der Vergabeverordnung die Anwendung der VOB zwingend vorgeschrieben sei, dieser Anwendungszwang sich aber gem. § 6 der Vergabeordnung auf eine bestimmte Fassung der VOB begrenzt, so dass auch hier keine unzulässige dynamische Verweisung vorliege.
Außerdem widerspräche es der Einheit der Rechtsordnung bei öffentlichen Ausschreibungen oberhalb der Schwellenwerte gem. § 97 Abs. 6 GWB i. V. m. § 7 ff. der Vergabeverordnung den Auftraggeber zur Anwendung eines größtenteils unwirksamen Regelwerkes zu zwingen[143].
Ein richterlicher Überprüfungsvorbehalt würde sich demnach auf die Ausgewogenheit der VOB/B beschränken.

Schließlich findet *Joussen* sogar noch eine Rechtfertigung einer möglichen dynamischen Verweisung, welche nach seiner Ansicht auch der Gesetzgeber im Sinn hatte und sich im Umkehrschluss aus § 23 Abs. 2 Nr. 3 AGBG ergebe.
Diese sei zwar im Anklang an die Vorgehensweise des Bundesverfassungsgerichts als statische Verweisung auszulegen[144], so dass lediglich die VOB/B in der Fassung aus dem Jahr 2000 privilegiert wäre.
Nähern sich aber danach folgende Fassungen der VOB dem BGB eher an, als davon noch weiter abweichende Regelungen zu enthalten, dürfte gegen die Fortdauer der Privilegierung ebenfalls nichts einzuwenden sein.

Gegen die Ausführungen wenden sich richtigerweise *Schwenker* und *Heinze*[145] mit dem Hinweis, dass das Bundesverfassungsgericht und die ganz herrschende Meinung in Rechtsprechung und Schrifttum zu Recht die objektive Auslegungstheorie vertritt, wonach bei der Auslegung von Gesetzten nur der im Gesetzeswortlaut objektivierte Wille des Gesetzgebers maßgeblich ist.

---

[142] Joussen, Die Privilegierung der VOB nach dem Schuldrechtsmodernisierungsgesetz, in BauR 2002, 1759 (1766).

[143] vorausgesetzt die Bestimmungen der VOB/B unterlägen der Inhaltskontrolle nach §§ 307 ff BGB wären etliche dort enthaltenen Regelungen nämlich unwirksam.

[144] BVerfGE 47, 285, 311 f. = NJW 1978, 1475.

[145] Schwenker/Heinze, Die VOB/B 2002, in BauR 2002, 1143 ff.

Nicht entscheidend ist hingegen die subjektive Vorstellung der am Gesetzgebungsverfahren beteiligten Organe oder einzelner Mitglieder.
Entsprechend dieser Auslegungsmethode sei dem Gesetzeswortlaut ein wie von *Joussen* vertretenes Ergebnis nicht zu entnehmen, vielmehr spreche die systematische Stellung der Freistellungsregelungen genau gegen dieses Ergebnis.

Darüber hinaus könne es sich wegen den verfassungsrechtlichen Bedenken nur um eine statische Verweisung in §§ 308 Nr. 5, 309 Nr. 8 b ff BGB bzw. § 23 Abs. 2 Nr. 5 AGBG handeln[146].

Meines Erachtens ist eine eindeutige Beantwortung der Frage der Privilegierung der VOB/B derzeit nicht möglich. Die besseren Argumente sprechen wohl dagegen.

Denn neben den schon aufgeführten Überlegungen ist zu beachten, dass das System des AGBG und jetzt der §§ 305 ff BGB an einzelne Vertragsbedingungen anknüpft und diese isoliert auf ihre Wirksamkeit hin überprüft. So geht insbesondere § 306 Abs. 1 BGB davon aus, dass der Vertrag bei Unwirksamkeit einer Klausel im Übrigen wirksam bleibt.
Eine Argumentation anhand einer Gesamtwertung einer Vertragsordnung ist insofern systemfremd und beruht auf einem bestimmten Verständnis des Kompensationsgedankens, welcher sich in dieser Form nicht auf die Richtlinie 93/13/EWG des Rates vom 05.04.1993 über missbräuchliche Klauseln in Verbraucherverträgen zurückführen lässt[147].
Diese sieht zwar in Art. 4 Abs.1 KlauselRL eine Kompensation vor, meint damit aber lediglich die kongruente Kompensation. Ein Ausgleich zwischen zwei nicht vergleichbaren Regelungen wie z.B. der unausgewogenen Schlusszahlungsregelung und der Verjährungsregelung ist davon nicht gedeckt.

Darüber hinaus ergeben sich auch für Verbraucherverträge i. S. d. § 310 Abs. 3 BGB erhebliche Bedenken gegen die Privilegierung der VOB/B, da §§ 13 Nr. 4 Abs. 1 und 2 VOB/B, welche eine Verkürzung der gesetzlichen Gewährleistungsfristen vorsehen, mit Art. 3 Abs.1 der Richtlinie 93/13/ EWG des Rates vom 05.04.1993 über missbräuchliche Klauseln in Verbraucherverträgen kaum zu vereinbaren sind.

---

[146] Schwenker/Heinze, Die VOB/B 2002, in BauR 2002, 1143 (1145) mit weiteren Nachweisen.

[147] So auch Quack, VOB/B als Ganzes und die Modernisierung des Schuldrechts, in ZfBR 2002, 428 (429).

Diese Tatsache und das Faktum, dass in der Praxis regelmäßig in die Regelungen der VOB/B in irgendeiner Form eingegriffen wird, schränken den Anwendungsbereich der Privilegierungsrechtsprechung des BGH enorm ein und verlagern die Diskussion darüber auf eine rein theoretische Basis, was die Funktion und den Sinn einer derartigen Rechtsprechung ebenfalls in Frage stellt.

Quack spricht in diesem Zusammenhang von einem Popanz sowohl in kleiner wie auch in großer Form.[148]

In Anbetracht der europarechtlichen Vorgaben und der durch das SMG und das Gesetz zur Beschleunigung fälliger Zahlungen eingeführten Änderungen kann die Privilegierungsrechtsprechung des BGH somit wohl nicht länger aufrechterhalten werden[149].

Richtigerweise unterliegen demnach alle Bestimmungen der VOB/B einer isolierten Inhaltskontrolle gem. § 307 ff. BGB, welcher zahlreiche Einzelregelungen nicht standhalten und aus diesem Grund zur Ermittlung der vereinbarten Leistung nicht in Frage kommen können.

Der BGH hat dies insbesondere für die Regelungen des § 2 Nr. 8 Abs.1 VOB/B[150], § 12 Nr. 5 Abs. 3 VOB/B, § 13 Nr. 4 VOB/B[151], § 13 Nr. 3 VOB/B[152], § 16 Nr. 3 VOB/B und § 16 Nr. 6 S.1 VOB/B[153] bereits entschieden.
An der Wirksamkeit der §§ 4 Nr. 7, 7, 12 Nr. 4, 15 Nr. 3 S. 5, 13 Nr. 5, 13 Nr. 7 und 16 Nr. 5 Abs. 3 VOB/B bestehen erhebliche Zweifel[154].

---

[148] Quack, VOB/B als Ganzes und die Modernisierung des Schuldrechts, in ZfBR 2002, 428 (429).

[149] So auch Micklitz, Die Richtlinie 93/13/EWG der Europäischen Gemeinschaft vom 05.04.1993 über missbräuchliche Klauseln in Verbraucherverträgen und ihre Bedeutung für die VOB Teil B, Gutachten im Auftrag des Verbraucherzentrale Bundesverbandes e. V., April 2004, Universität Bamberg.

[150] BGH, Urt. v. 31.01.1991 – VII ZR 291/88, BauR 1991, 331 = ZfBR 1991, 146 = IBR 1991, 359.

[151] BGH, Urt. v. 10.10.1985 – VII ZR 325/84, BauR 1986, 89; Urt. v. 21.06.1990 – VII ZR 308/89, BauR 1990, 718 = ZfBR 1990, 289 = IBR 1990, 588; Urt. v. 19.05.1994 – VII ZR 26/93, BauR 1994, 617 = ZfBR 1994, 262 = IBR 1994, 493.

[152] BGH, Urt. v. 19.03.1998 – VII ZR 116/97, BauR 1998, 614 = ZfBR 1998, 193 = IBR 1998, 235.

[153] BGH, Urt. 21.06.1990 – VII ZR 109/89, BauR 1990, 727 = ZfBR 990, 272 = IBR 1990, 505.

[154] Joussen, Die Privilegierung der VOB nach dem Schuldrechtsmodernisierungsgesetz, in BauR 2002, 1759 mit weitern Nachweisen; ebenso Quack/Thode, Recht der Allgemeinen Geschäftsbedingungen am Bau, Skript zum Intensivkurs Privates Bau- und Architektenrecht, Stand August 2005, S. 21 ff.

Auf die Bestimmung der vereinbarten Leistung hat dies jedoch nur wenig Einfluss, da im Teil B der VOB allenfalls die Regelungen der §§ 2 Nr. 1, 1 Nr. 1 und Nr. 2 VOB/B hierfür von Bedeutung sein können.

Im Teil A der VOB ist für die Ermittlung der vereinbarten Leistung insbesondere die Regelung des § 9 VOB/A und daneben die als VOB/C bezeichneten jeweiligen DIN-Normen von Interesse.

II.1.2.3.4 § 1 Nr. 1 und 2 VOB/B i. V. m. § 2 Nr. 1 VOB/B

§ 1 Nr. 1 S. 1 VOB/B stellt ausdrücklich klar, dass bei einem VOB/B-Bauvertrag die auszuführende Leistung des Auftragnehmers nach Art und Umfang durch den Vertrag bestimmt wird.
Dies entspricht dem Grundsatz der Privatautonomie, bei welchen der Leistungsumfang ebenfalls aus dem Vertrag, d.h. aus den übereinstimmenden Willenserklärungen der Bauvertragsparteien gem. §§ 133, 157 BGB zu ermitteln ist. Diese Regelung verdeutlicht den Vertragsparteien, dass der Auftragnehmer alles auszuführen hat, was in den Vertragsunterlagen als Bestandteil der Leistung bestimmt wird, grundsätzlich aber auch nicht mehr[155].

Unterlagen außerhalb der Vertragsurkunde bzw. des Angebot- und Annahmeschreibens müssen demnach rechtswirksam in den Vertrag einbezogen werden, um Einfluss auf den Leistungsumfang haben zu können[156].
Dies gilt insbesondere für die Besonderen Vertragsbedingungen, die zusätzlichen Vertragsbedingungen, die Zusätzlichen Technischen Vertragsbedingungen und Allgemeine Vertragsbedingungen für die Ausführung für Bauleistungen i. S. d. § 1 Nr. 2 VOB/B.

Eine Besonderheit des VOB/B- und des BGB-Bauvertrages ist jedoch, dass der Unternehmer unabhängig von der vereinbarten Herstellungsart bzw. dem vereinbarten Leistungsumfang den Erfolg der Herstellung eines mangelfreien Werkes i. S. d. § 631, 633 BGB schuldet.
Ist mit den in der Leistungsbeschreibung enthaltenen Leistungen des Auftraggebers der versprochene Erfolg nicht zu erreichen, haftet für einen daraus resultierenden Mangel also grundsätzlich der Unternehmer, § 13 Nr. 3 VOB/B.

Allerdings kann sich der Auftragnehmer von dieser Haftung durch eine Mitteilung i. S. d. § 4 Nr. 3 VOB/B weitgehend befreien, sodass es dem Auftragneh-

---

[155] v. Rintelen in Kapellmann/Messerschmidt, VOB Teil A und B, 2003, § 1 VOB/B, Rdn. 2.

[156] v. Rintelen in Kapellmann/Messerschmidt, VOB Teil A und B, 2003, § 1 VOB/B, Rdn. 5.

mer obliegt, die Leistungsbeschreibung auf darin angelegte Mängel des Werkes zu überprüfen und gegebenenfalls Bedenken gegen die dort vorgesehene Art der Ausführung anzumelden. In diesem Sinne ist die Prüf- und Hinweispflicht des Auftragnehmers keine Besonderheit eines VOB/B - Bauvertrages, sondern auch einem BGB-Bauvertrag immanent, welche sich von den Regelungen der VOB/B lediglich dadurch unterscheidet, dass der Auftragnehmer den Auftraggeber auf eventuelle Unzulänglichkeiten seiner Planung auch mündlich hinweisen kann[157].

Nach einem derartigem Hinweis liegt es in der Hand des Auftraggebers den vereinbarten Leistungsumfang i. S. d. § 1 Nr. 3 und Nr. 4 VOB/B zu verändern oder zu erweitern, den Unternehmer durch diese Veränderung der vertraglichen Leistungspflicht zur Ausführung ursprünglich nicht bzw. nicht in dieser Form vereinbarter, aber dennoch erforderlicher Leistungen zu verpflichten, und somit die mangelfrei Herstellung des Werkes i. S. d. § 631 BGB sicherzustellen.

Hält der Auftraggeber dagegen trotz Hinweis des Unternehmers auf dessen Ergänzungs- oder Veränderungsnotwendigkeit am vereinbarten Leistungsumfang i. S. d. § 4 Nr. 1 Abs. 3 VOB/B fest, trifft den Unternehmer bezüglich der grundsätzlich erforderlichen Leistungen auch keine Leistungspflicht, deren Nicht- oder Schlechterfüllung das herzustellende Werk als mangelhaft i. S. d. § 633 BGB i. V. m. § 13 VOB/B qualifizieren würde[158].

Schließlich ist der Unternehmer auch nicht gehindert, ohne vorherigen Hinweis nach § 4 Nr. 3 VOB/B nicht vereinbarte aber erforderliche Leistungen auszuführen. Allerdings trägt er insofern die Vergütungsgefahr gem. § 2 Nr. 8 VOB/B und muss gegebenenfalls nicht vereinbarte, aber ohne Hinweis gem. § 4 Nr. 3 VOB/B ausgeführte Leistungen wieder beseitigen.

Ungeklärt ist dagegen die Rechtslage, soweit der Auftraggeber weder eine Anordnung nach § 1 Nr. 3 und Nr. 4 S. 1 VOB/B, noch nach § 4 Nr. 1 Abs. 3 VOB/B trotz vorherigem Hinweis des Unternehmers nach § 4 Abs. 3 VOB/B vornimmt, da in diesem Fall weder der vereinbarte Leistungsumfang verändert oder erweitert, noch die werkvertragliche Erfolgshaftung i. S. d. § 631 BGB auf die vereinbarten Leistungen konkretisiert wird[159].

Nur die durch die Leistungsbeschreibung, die Besonderen Vertragsbedingungen, die zusätzlichen Vertragsbedingungen, die Zusätzlichen Techni-

---

[157] Ganten in Beck´scher VOB-Kommentar, Teil B, 1997, § 4 Nr. 3 VOB/B, Rdn. 22.

[158] vgl. hierzu Gliederungspunkt II.4.2.

[159] vgl. hierzu Gliederungspunkt II.4.2.

schen Vertragsbedingungen, die Allgemeinen Technischen Vertragsbedingungen für Bauleistungen und schließlich durch die gewerblichen Verkehrssitte als Teil des vereinbarten Leistungsumfangs bestimmbaren Leistungen werden durch die vereinbarte Preise gem. § 2 Nr. 1 VOB/B abgegolten.

Die in der VOB/B verwendete Terminologie ist insoweit missverständlich, als sie den Begriff der vertraglichen Leistung in unterschiedlichen Beziehungen verwendet[160].
So ist insbesondere die vertragliche Leistung i. S. d. § 1 Nr. 4 S. 1 VOB/B nicht mit der in § 2 Nr. 1 VOB/B beschriebenen gleichzusetzen; vielmehr bezieht sich die vertragliche Leistung im Fall des § 1 Nr. 4 S. 1 BGB allein auf den werkvertraglich geschuldeten Erfolg i. S. d. § 631 BGB, wohingegen im Fall des § 2 Nr. 1 VOB/B damit die festgelegte Herstellungsweise, also ausschließlich die vertraglich vereinbarten Leistung i. S. d. § 1 Nr. 1 VOB/B, gemeint sind[161].

Damit korrespondiert die Regelung des § 2 Nr. 1 VOB/B auf Auftragnehmerseite mit der Vorschrift des § 1 Nr. 1 VOB/B, welche wiederum von der auszuführenden Leistung spricht, was insofern konsequent ist, als die vereinbarten Preise bei einem Bauvertrag mit Ausnahme des Stundenlohn- und des Selbstkostenerstattungsvertrages auch immer in Bezug zu einer konkret bestimmbaren Leistung ermittelt werden.

Insofern ergeben sich zu einem BGB-Bauvertrag keine nennenswerten Unterschiede.

Eine Besonderheit des VOB/B-Bauvertrages liegt allerdings darin, dass die VOB/B, soweit durch Auslegung gem. § 133, 157 BGB kein eindeutiger Parteiwille ermittelt werden kann, einen bestimmten Weg bei widersprüchlichen Vertragsunterlagen zur Ermittlung der vertraglichen Leistung i. S. d. §§ 1 Nr. 1 VOB/B vorgibt (§ 1 Nr. 2 VOB/B).

---

[160] Motzke spricht in diesem Zusammenhang von Vertrags- und Erfolgsparametern, vgl. hierzu, Motzke, Parameter für Zusatzvergütung bei zusätzlichen Leistungen, in NZBau 2002, 641 ff.

[161] eine Auslegung des § 1 Nr. 4 S. 1 VOB/B dahingehend, dass sich die vertragliche Leistung ausschließlich auf den vereinbarten Leistungsumfang beziehen würde, ist abwegig, da in diesem Fall der Auftraggeber berechtigt wäre, den Auftragnehmer zur Ausführung für den Werkerfolg nicht erforderlicher Leistungen zu verpflichten, soweit bereits vereinbarte Leistungen selbst hierfür ungeeignet sind. Darüber hinaus modifiziert die VOB/B, orientiert an den Besonderheiten am Bau, zwar die dispositiven Regelungen des Allgemeinen Teils des BGB, des Schuldrechts und des Werkvertragsrechts, enthält aber kein geschlossenes und vollständiges Vertragsmuster, sondern muss durch eine Vielzahl an Regelungen des BGB ergänzt werden, so dass § 1 Nr. 4 S. 1 VOB/B insofern von der Erfolgshaftung i. S. d. § 631 BGB des gesetzlichen Werkvertragsrechts überlagert wird.

Danach gelten bei Widersprüchen im Vertrag nacheinander die Leistungsbeschreibung, die Besonderen Vertragsbedingungen, die zusätzlichen Vertragsbedingungen, die Zusätzlichen Technischen Vertragsbedingungen, die Allgemeinen Technischen Vertragsbedingungen für Bauleistungen und die Allgemeinen Vertragsbedingungen für die Ausführung von Bauleistungen.
Ein ähnlich zwingender Weg wird auch gem. § 2 Nr.1 VOB/B bei der Ermittlung der durch die vereinbarten Preise abgegoltenen Leistungen vorgeschrieben[162], wonach bei Widersprüchen über die abgegoltenen Leistungen zuerst die Leistungsbeschreibung, danach die Besonderen Vertragsbedingungen, die zusätzlichen Vertragsbedingungen, die Zusätzlichen Technischen Vertragsbedingungen, die Allgemeinen Technischen Vertragsbedingungen für Bauleistungen und schließlich die gewerblichen Verkehrssitte bei der Auslegung heranzuziehen sind.
Auffällig daran ist, dass sich die Auslegungsrichtlinien des § 2 Nr. 1 VOB/B von denen des § 1 Nr. 2 VOB/B in einem Kriterium, der gewerblichen Verkehrssitte, unterscheiden, obwohl sich beide auf den vereinbarten Leistungsumfang beziehen.

Keldungs schreibt hierzu, dass die ohnehin über § 157 BGB zu berücksichtigende Verkehrssitte in § 2 Nr. 1 VOB/B besonders hervorgehoben ist, weil es nicht nur um die Frage geht, was mit der vereinbarten Vergütung abgegolten ist, sondern auch darum, was der Auftragnehmer hierfür dem Auftraggeber alles an Leistung schuldig ist[163].
Die von *Keldungs* angebotene Begründung ist nur wenig weiterführend, da es um diese Feststellung auch in § 1 Nr. 1 und 2 VOB/B geht und dies allein somit keine ausreichende Erklärung der unterschiedlichen Auslegungsrichtlinien liefern kann.

Riedl[164] und *Jagenburg*[165] führen aus, dass die gesonderte Erwähnung der gewerblichen Verkehrssitte die Funktion eines Auffangtatbestandes zur Schließung von Lücken zukommt, indem durch sie bestimmt wird, was der Auftragnehmer über die vertraglichen Bestandteile des § 2 Nr. 1 VOB/B hinaus an geringfügigen preislich nicht relevanten Arbeiten schuldet und somit als Auslegungshilfe zur Abgrenzung der abgegoltenen Leistungen des Auftragnehmers heranzuziehen ist.

---

[162] Keldungs in Ingenstau/Korbion, VOB Teil A und B, 15. Auflage 2005, § 2 Nr. 1 VOB/B, Rdn. 1.

[163] Keldungs in Ingenstau/Korbion, VOB Teil A und B, 15. Auflage 2005, § 2 Nr. 1 VOB/B, Rdn. 13.

[164] Riedl in Heiermann/Riedl/Rusam, VOB Teil A und B, 10. Auflage 2003, § 2 VOB/B, Rdn. 64.

[165] Jagenburg in Beck´scher VOB-Kommentar, Teil B, 1997, § 2 Nr. 1, Rdn. 57 ff.

Auch diesen Überlegungen ist entgegenzuhalten, dass die Abgrenzung des vom Unternehmer geschuldeten Leistungsumfangs gerade in § 1 VOB/B zumindest von gleich hoher Bedeutung ist.

Letztendlich ist die unterschiedliche Regelung der zwingenden Auslegungskriterien in § 2 Nr.1 VOB/B und § 1 Nr. 2 VOB/B nicht vollständig aufklärbar und mit hoher Wahrscheinlichkeit auf eine Unachtsamkeit oder eine im Laufe der Überarbeitung und Neufassung der VOB unbeabsichtigte Abweichung zurückzuführen. Vor diesem Hintergrund ist ihr wohl keine besondere Bedeutung zuzumessen, da insbesondere die gewerbliche Verkehrssitte, wie von *Keldungs* zutreffend dargestellt, auch ohne ausdrückliche Erwähnung in § 1 Nr. 2 VOB/B über § 157 BGB zu berücksichtigen ist. Allerdings wird sie in diesem Umfang nicht von der zwingenden Auslegungsreihenfolge erfasst.

Eine weitere Besonderheit des VOB/B-Bauvertrages liegt darin, dass allein durch die Vereinbarung der VOB/B gem. § 1 Nr. 1 S. 2 VOB/B auch die Allgemeinen Technischen Vertragsbedingungen (ATV – VOB Teil C) Vertragsbestandteil werden, ohne dass es auf eine ausdrückliche Einbeziehung ankommt[166].

Gegenüber Verbrauchern stellt sich hier das Problem der wirksamen Einbeziehung gem. § 305 Abs. 2 BGB[167], da es sich nach dem oben gesagten zumindest bei einigen Abschnitten der jeweiligen DIN i. S. d. VOB/ Teil C um allgemeine Geschäftsbedingungen handelt.
Demnach müssen zur wirksamen Einbeziehung der VOB Teil B und C in einem Verbrauchervertrag grundsätzlich sowohl der Text der VOB/B als auch der Text der VOB/C bzw. der jeweiligen DIN dem Verbraucher ausgehändigt werden, sowie die sonstigen Voraussetzungen des § 305 Abs. 2 BGB erfüllt sein[168].
Für den öffentlichen Auftraggeber hat die Regelung des § 2 Nr. 1 S. 2 VOB/B lediglich Auffangfunktion, da nach § 10 Nr. 1 Abs. 2 VOB/A die ATV zwingend zum Bestandteil der Verdingungsunterlagen zu machen sind und dadurch mit Zuschlag gem. § 28 VOB/A auch Vertragsgegenstand werden.

---

[166] vgl. Gliederungspunkt II.1.2.3.3

[167] vgl. hierzu v. Rintelen in Kapellmann/Messerschmidt, VOB Teil A und B, 2003, § 1 VOB/B, Rdn. 20.

[168] Ein Hinweis allein auf die jeweilige DIN dürfte meines Erachtens zur wirksamen Einbeziehung nicht ausreichend sein, da diese dem Verbraucher nicht frei zugänglich sind und nur mit enormen Kostenaufwand erworben werden können.

II.1.2.3.5 § 9 VOB/A

Im Teil A der VOB bestimmt § 9 VOB/A für einen öffentlichen Auftraggeber zwingend, wie dieser die geforderte Bauleistung unterteilt in Allgemeine Vorschriften (Nr. 1 bis Nr. 5), Vorschriften für Leistungsbeschreibungen mit Leistungsverzeichnis (Nr. 6 bis Nr. 9) und Vorschriften für Leistungsbeschreibungen mit Leistungsprogramm (Nr. 10 bis Nr. 12) zu beschreiben hat.

So hat der öffentliche Auftraggeber beispielsweise die Leistung gem. § 9 Nr. 1 S. 1 VOB/A eindeutig und so erschöpfend zu beschreiben, dass alle Bewerber die Beschreibung im gleichen Sinne verstehen müssen und ihre Preise sicher und ohne umfangreiche Vorarbeiten berechnen können.

Ebenso darf dem Auftragnehmer gem. § 9 Nr. 2 VOB/A kein ungewöhnliches Wagnis für Umstände und Ereignisse aufgebürdet werden, auf welche er keinen Einfluss hat und deren Einwirkung auf die Preise und Fristen er nicht im Voraus schätzen kann.

Schließlich hat er gem. § 9 Nr. 3 VOB/A die verschiedensten Umstände festzustellen und in den Verdingungsunterlagen mit den verkehrsüblichen Bezeichnungen anzugeben, § 9 Nr. 4 VOB/A.

Hervorzuheben ist, dass der öffentliche Auftraggeber Leistungen, die nach den Vertragsbedingungen, den Technischen Vertragsbedingungen oder der gewerblichen Verkehrssitte zu der geforderten Leistung gehören (§2 Nr. 1 VOB/B), nicht besonders in einer Leistungsbeschreibung mit Leistungsverzeichnis aufzuführen braucht, § 9 Nr. 8 VOB/A.

Alle Regelungen des § 9 VOB/A können insoweit Einfluss auf die vereinbarte Bauleistung haben, als mit Zuschlag gem. § 28 VOB/A die nach Maßgabe des § 9 VOB/A gestaltete Leistungsbeschreibung auch Vertragsgegenstand wird.

Ein wesentlicher Unterschied zu einem privaten Auftraggeber ergibt sich hieraus jedoch nicht unbedingt, da anzunehmen ist, dass auch ein privater Auftraggeber die geforderte Leistung beispielsweise widerspruchsfrei beschreiben will[169].
Allerdings ist letzterer ausschließlich durch die Bestimmbarkeit der Bauleistung gebunden[170].

---

169 BGH, Urt. v. 05.12.2002 – VII ZR 342/01 (Kellertreppe), BauR 2003, 388 = ZfBR 2003, 253 = NzBau 2003, 149.

170 Quack, Über die Verpflichtung des Auftraggebers zur Formulierung der Leistungsbeschreibung nach den Vorgaben von § 9 VOB/A, in BauR 1998, 381 (383).

Dieser Umstand kann bei der Ermittlung der vereinbarten Leistung aus der Leistungsbeschreibung zu unterschiedlichen Auslegungsergebnissen führen. Indem dem öffentlichen Auftraggeber nämlich zwingende Vorgaben bezüglich der Art, der Form und sogar der dabei zu verwendenden Wortwahl vorgeschrieben werden, kommt dem Wortlaut der Leistungsbeschreibung eines öffentlichen Auftraggebers ein verhältnismäßig größeres Gewicht zu als dem einer Leistungsbeschreibung eines privaten Auftraggebers, welcher gesetzlich nur durch die Bestimmbarkeit der Leistung in seinen Angaben limitiert ist.

Diese Auffassung entspricht der mittlerweile gefestigten Rechtsprechung des BGH, welcher erstmals in seiner Entscheidung aus dem Jahr 1993 (Sonderfarben) hierzu in aller Deutlichkeit ausführt[171], dass die Ausschreibung nach VOB/A ein den Vertragsschluss regelndes Vorbereitungs- und Abschlussverfahren ist, bei dem von den beteiligten Kreisen zu erwarten ist, dass sie die Regeln des Verfahrens kennen und sich auf sie als Grundlage der Vertragsverhandlungen einstellen.
Deshalb ist für die Auslegung der Leistungsbeschreibung der objektive Empfängerhorizont, also die Sicht der Bieter, maßgebend. Dabei ist gem. § 9 Nr. 1 VOB/A nicht auf einen einzelnen Bieter, sondern auf den angesprochenen Empfängerkreis insgesamt abzustellen, so dass bei der danach maßgeblichen Auslegung dem Wortlaut der Erklärung besondere Bedeutung zukommt.
Nicht ausgesprochene Einschränkungen sind zwar nicht grundsätzlich zu vernachlässigen, doch können sie nur zum Tragen kommen, wenn sie jeder der gedachten Empfänger als solche verstehen konnte und im Zweifel auch so verstehen musste. Dies ergebe sich aus dem erklärten Zweck der Ausschreibung, gleiche Wettbewerbsbedingungen der Anbieter herzustellen.

Bestätigung erfuhr die Entscheidung durch ein weiteres Urteil des BGH aus demselben Jahr.

In dem Urteil des BGH vom 11.11.1993 (Wasserhaltung II)[172], welchem ebenfalls ein nach VOB/A ausgeschriebener Bauvertrag zu Grunde lag, heißt es dazu:

Die Klärung der vertraglichen Ansprüche erfordert eine umfassende Auslegung der Leistungsbeschreibung nach dem objektiven Empfängerhorizont der potentiellen Bieter. Dabei kommt dem Wortlaut eine besondere Bedeutung zu. Daneben sind auch die Umstände des Einzelfalls, der Verkehrssitte sowie Treu und Glauben heranzuziehen.

---

[171] BGH, Urt. v. 22. 04. 1993 – VII ZR 118/92 (Sonderfarben), BauR 1993, 595 = IBR 1993, 410.

[172] BGH, Urt. v. 11. 11. 1993 – VII ZR 47/93 (Wasserhaltung II), BauR 1994, 236 = ZfBR 1994, 115 = IBR 1994, 223.

Bei öffentlichen Ausschreibungen muss sich der Auftraggeber im Rahmen der Auslegung der Leistungsbeschreibung nach Treu und Glauben daran festhalten lassen, dass er nach eigenen Bekunden den Auftragnehmern kein ungewöhnliches Wagnis auferlegen will (§ 9 VOB/A). Im Zweifelsfall brauchen die Auftragnehmer ein solches Wagnis nicht ohne weiteres zu erwarten.

Noch einen Schritt weiter ging der BGH in den Folgeurteilen vom 09. 01. 1997 (Bodenpositionen)[173] und 18. 04. 2002 (Nassbaggerarbeiten)[174], in denen er die besondere Bedeutung des Wortlauts einer nach VOB/A ausgeschriebenen Bauleistung noch einmal bestätigt hat.
In den jeweiligen Urteilsbegründungen führt der zuständige Senat dazu aus:

Der Bieter einer nach VOB/A ausgeschriebenen Bauleistung darf das Leistungsverzeichnis im Zweifel nicht nur so verstehen, dass es den Anforderungen des § 9 VOB/A entspricht. Es bedarf vielmehr einer besonderen Begründung, warum dem Wortlaut auch unter den Bedingungen einer Ausschreibung letztlich kein Gewicht zukommen soll.

Schließlich ist bei der Ermittlung der vereinbarten Leistung in dieser Form nach der Entscheidung des BGH[175] aus dem Jahr 1994 (Spanngarnituren) weiterhin zu berücksichtigen, dass potentielle Bieter als Baufachleute ein anderes Verständnis von der in der Leistungsbeschreibung getroffenen Wortwahl haben können als Nicht-Fachleute, so dass eine Auslegung des Wortlauts nach allgemeinem Sprachverständnis dann nicht von Bedeutung ist, wenn die verwendete Formulierung von den angesprochenen Fachleuten in einem spezifischen technischen Sinn verstanden wird (§ 133 BGB) oder wenn für bestimmte Aussagen Bezeichnungen verwendet werden, die in den maßgeblichen Fachkreisen verkehrsüblich sind oder für deren Verständnis und Verwendung es gebräuchliche technische Regelungen (z.B. DIN-Normen) gibt (§ 157 BGB).

Die besondere Bedeutung des Wortlauts einer nach VOB/A ausgeschriebenen Leistung liegt, wie die exemplarisch aufgeführten Entscheidungen des BGH belegen, somit vor allem in der Vermutung, dass sie den Anforderungen des § 9 VOB/A entspricht und bekannte Risiken benennt.

---

[173] BGH, Urt. v. 09.01.1997 – VII ZR 259/95 (Bodenpositionen), BauR 1997, 466 = ZfBR 1997, 188 = IBR 1997, 180.

[174] BGH, Urt. v. 18. 04. 2002 – VII ZR 38/01 (Nassbaggerarbeiten), BauR 2002, 1394 = ZfBR 2002, 666 = NZBau 2002, 500.

[175] BGH, Urt. v. 23.06.1994 – VII ZR 163/93 (Spanngarnituren), BauR 1994, 625 = ZfBR 1994, 222 = IBR 1994, 491.

Dies bedeutet nicht, dass eine Leistungsbeschreibung eines öffentlichen Auftraggebers, welche den Anforderungen des § 9 VOB/A nicht entspricht, etwa weil sie lückenhaft bzw. unvollständig ist, vom Auftragnehmer durch eigene, für ihn günstige Kalkulationsmaßnahmen ausgefüllt werden kann[176].
Dieser wäre bei erkennbar lückenhafter Leistungsbeschreibung vielmehr gehalten, sich beim Auftraggeber hinsichtlich der für seine Kalkulation erforderlichen Einzelheiten zu erkundigen und gegebenenfalls die Boden- und Wasserverhältnisse zu erfragen, Schalungs- und Bewehrungspläne anzufordern oder sonstige Auskünfte einzuholen[177]. Der öffentliche Auftraggeber wäre dann sogar verpflichtet, diese Informationen auch den anderen Bewerbern zur Verfügung zu stellen, § 17 Nr. 7 VOB/A.

Ebenso kann die durch § 9 VOB/A indizierte Vermutungswirkung durch andere Anhaltspunkte überlagert werden[178].

II.1.2.3.6 VOB/C

Die in Teil C der VOB enthaltenen DIN-Vorschriften können Einfluss ebenfalls auf die Ermittlung der vereinbarten Bauleistung haben.
Dies ist wie schon oben angedeutet in verschiedenen Formen möglich.

Soweit es sich bei den einzelnen Abschnitten der jeweiligen DIN um Allgemeine Vertragsbedingungen handelt, können diese bei wirksamer Einbeziehung der VOB/C in den Bauvertrag dessen Inhalt insofern beeinflussen, als sie in Abschnitt 4 der anwendbaren DIN einzelne Bauleistungen in Nebenleistungen und besondere Leistungen unterteilen, von denen erstere nach den allgemeinen Regelungen für Bauarbeiten jeder Art gem. DIN 18299 auch ohne ausdrückliche Erwähnung im Vertrag zur vertraglichen Leistung (B 2 Nr. 1) gehören sollen (vgl. Abschnitts 4.1) , wohingegen besondere Leistungen nach Abschnitt 4.2 ausschließlich dann zur vertraglichen Leistung zu zählen sind, wenn sie in der Leistungsbeschreibung besondere Erwähnung gefunden haben.

Diese in ihrer Bedeutung und Wirkung nicht eindeutigen Regelungen sind nicht erst seit der „Konsoltraggerüstentscheidung[179]" des BGH aus dem Jahr 2002 in Literatur und Rechtsprechung umstritten.

---

[176] Dähne, Auftragnehmeransprüche bei lückenhafter Leistungsbeschreibung, in BauR 1999, 289 (302).

[177] BGH, Urt. v. 25. 06. 1987 – ZR VII 107/86 (Universitätsbibliothek), BauR 1987, 683.

[178] vgl. hierzu bereits Gliederungspunkt II.1.2.2., sowie im Folgenden.

Dieser Entscheidung des BGH vom 28.02.2002 – VII ZR 376/00 lag folgender Sachverhalt zu Grunde:

Die Klägerinnen, eine ARGE, erhielten im Januar 1994 von der Beklagten den Zuschlag für die nach VOB/A ausgeschriebene Sanierung der Bundesautobahn 18 zwischen der AS Einöd und der AS Limbach.
Gegenstand des VOB/B-Einheitspreisvertrages war unter anderem die Herstellung neuer Brückenkappen, der seitlichen Abschlüsse des Randes der Autobahnbrücken, welche im Bereich der überhängenden Teile der Kappen eine Schalung zur Unterstützung des Betoniervorganges erforderten.
Die vom Auftraggeber erstellte Leistungsbeschreibung umfasste elf Gewerke, von denen bei drei Gewerken eine Position für die Erstellung von Konsoltraggerüsten vorgesehen war, bei den übrigen acht dagegen nicht.
Der Auftragnehmer errichtete auch dort Traggerüste, für welche er eine Zusatzvergütung von insgesamt 250.045,75 DM verlangt.

Er ist der Auffassung, dass die Errichtung der Traggerüste bei acht der herzustellenden Bauwerke nicht von der vereinbarten Leistung i. S. d. § 1 Nr. 4 VOB/B umfasst war.

Das Berufungsgericht[180] hat, wie auch schon die Vorinstanz[181], einen Anspruch des Klägers aus § 1 Nr. 4 VOB/B anerkannt und deshalb die Berufung des Beklagten gegen das Urteil des Landgerichtes zurückgewiesen.

In den diese Entscheidung tragenden Gründen führt es aus, dass die notwendigen Traggerüste bei acht Einzelgewerken zusätzliche Leistungen i. S. d. § 1 Nr. 4 VOB/B seien, für welche der Klägerin eine zusätzliche Vergütung zusteht (§ 2 Nr.6 VOB/B).

Dies ergebe sich insbesondere aus der Auslegung der Leistungsbeschreibung, bei welcher aufgrund des Empfängerkreises die spezifisch technische Bedeutung der Fachbegriffe maßgeblich sei.
Danach seien die Traggerüste zur Herstellung neuer Brückenkappen nicht durch die Verwendung des Begriffes Schalung mitausgeschrieben worden.
Vielmehr hätten diese nach dem Inhalt aller drei in Betracht kommenden DIN, als besondere Leistungen im Leistungsverzeichnis in gesonderten Positionen erwähnt werden müssen, um Bestandteil der vertraglichen Leistung zu sein.

---

[179] BGH, Urt. v. 28.02.2002 – VII ZR 376/00 (Konsoltraggerüst), BauR 2002, 1247 = ZfBR 2002, 315 = NZBau 2002, 324.

[180] Saarländisches Oberlandesgericht, Urt. v. 24.08.200 – 8 U 893/99 – 209 –, unveröffentlicht.

[181] Landgericht Saarbrücken, Urt. v. 21.09.1999 – 1 O 25/97, unveröffentlicht.

Lediglich das Stellen der Schutz- und Arbeitsgerüste sei eine Nebenleistung, die nach den maßgeblichen DIN-Vorschriften nicht besonders vergütungspflichtig sei.

Dem tritt der BGH entgegen und folgt damit entgegen anders lautender Stimmen in der Literatur[182] seiner bisherigen Rechtsprechung.
Unter ausdrücklichem Hinweis auf die vorangegangene Rechtsprechung[183] führt er aus, dass es für die Abgrenzung zwischen unmittelbar vertraglich geschuldeten und zusätzlichen Leistungen auf den Inhalt der Leistungsbeschreibung ankomme und nicht auf die Unterscheidung in den DIN-Vorschriften zwischen Nebenleistungen und besonderen Leistungen.
Zur Klärung der Frage, welche Leistung durch die Leistungsbeschreibung erfasst ist, ist die Vereinbarung der Parteien nach den § 133, 157 BGB auszulegen. Beruht der Vertragsschluss auf einem Vergabeverfahren nach VOB/A, ist die Ausschreibung mit dem Inhalt der Auslegung zu Grunde zu legen, wie ihn der Empfängerkreis verstehen muss. Grundlage der Auslegung ist der objektive Empfängerhorizont dieser potentiellen Bieter. Neben dem Wortlaut der Ausschreibung sind die Umstände des Einzelfalls, unter anderem die konkreten Verhältnisse des Bauwerks zu berücksichtigen.

Nach diesen Grundsätzen sei im konkreten Fall der Ausschreibungstext dahingehend auszulegen, dass die als zusätzliche Leistung berechneten Gerüste von der Leistungsbeschreibung erfasst und von den Klägerinnen folglich vertraglich geschuldet waren. Insbesondere habe das Berufungsgericht den maßgeblichen Umstand, die Besonderheiten des Bauwerks, bei der Auslegung der Leistungsbeschreibung nicht hinreichend berücksichtigt. Aus der Sicht der potentieller Bieter ergebe dieser, dass die in der Ausschreibug bezeichnete Bauleistung auch die für die Herstellung notwendige Abstützung durch Gerüste als eine der technischen Möglichkeiten, die Schalung abzustützen, umfasse.
Die Ausschreibung hatte demnach nicht nur die Schalung von hergestellten Brückenkappen zum Gegenstand. Sie bezog sich auf die Herstellung der Kappen durch bewehrten Beton einschließlich Schalung für Autobahnbrücken, die hoch über dem Talgrund liegen, so dass die Herstellung der Brückenkap-

---

[182] Gessner/Jaeger, Abschied von der „Besonderen Leistung" ?, in Festschrift für Kraus, 1 Auflage 2003 S. 41 ff.; Kapellmann, Der BGH und die „Konsoltraggerüste" – Bausollbestimmung durch die VOB/C oder die konkreten Verhältnisse?, in NJW 2005, 182 ff mit weiteren Nachweisen; a. A. Moufang/Klein, Die Bedeutung der VOB Teil C für die Leistungspflichten der Bauvertragsparteien, in Jahrbuch Baurecht 2004, S. 73 ff.

[183] BGH, Urt. v. 23.06.1994 – VII ZR 163/93, BauR 1994, 625 = ZfBR 1994, 222 = IBR 1994, 491; Urt. v. 11.11.1993 – VII ZR 47/93 (Wasserhaltung II), BauR 1994, 236 = ZfBR 1994, 115 = IBR 1994, 223; Urt. v. 22.04.1993 – VII ZR 118/92 (Sonderfarben), BauR 1993, 595 = IBR 1993, 410.

pen ohne eine Abstützung von deren Unterseite nicht möglich war. Die Wahl der Abstützungsart wurde dem Bieter überlassen.

Diese Entscheidung des BGH hat in der Literatur[184] erhebliche Kritik erfahren, welche sich nicht so sehr gegen das Ergebnis, sondern hauptsächlich gegen die vom BGH dargestellte Begründung richtete.

Zuletzt hat *Kapellmann*[185] den Versuch unternommen, die Begründung des BGH anzugreifen. Seine Ausführungen sind zwar durchaus verständlich, bezogen auf den konkreten Fall in dieser Eindeutigkeit jedoch im Ergebnis nicht haltbar[186].
So interpretiert er das „erste" Argument des BGH, wonach es für die Abgrenzung zwischen unmittelbar vertraglich geschuldeter Leistung und zusätzlicher Leistung auf den Inhalt der Leistungsbeschreibung und nicht auf die Unterscheidung in den DIN-Vorschriften zwischen besondere Leistung und Nebenleistung ankomme, dahingehend, dass dieser Satz richtigerweise wie folgt zu verstehen sei.
„Die VOB/C-Bestimmungen über Nebenleistungen und Besondere Leistungen bestimmen beim VOB-Vertrag das Bausoll nicht, weil sie nicht Vertragsinhalt sind."[187]
Folgerichtig lehnt er dann diese Aussage mit dem einfachen Hinweis auf § 1 Nr. 1 S. 2 VOB/B ab.

Nach seiner Ansicht kann der Teil C der VOB nur dann nicht zur Ermittlung der vereinbarten Leistung herangezogen werden, soweit die Vertragsparteien individuell die Anwendung der VOB/C ausdrücklich ausgeschlossen haben. Enthalte dagegen der VOB/B-Vertrag eine solche Ausschlussklausel nicht, ist die VOB/C Vertragsinhalt und bestimme das „Bausoll" mit. Ein konkludenter

---

[184] Keldungs in BauR 2002, 1247 (Anmerkung 1); Asam in BauR 2002, 1247 (Anmerkung 3); Kapellmann, „Der BGH und die „Konsoltraggerüste" – Bausollbestimmung durch die VOB/C oder die „konkreten Verhältnisse"?", in NJW 2005, 182 ff; Moufang/Klein, Die Bedeutung der VOB Teil C für die Leistungspflichten der Bauvertragsparteien, in Jahrbuch Baurecht 2004, 73 ff.; Motzke, Parameter für Zusatzvergütung bei zusätzlichen Leistungen, in NZBau 2002, 641ff.; Gessner/Jaeger, Abschied von der „Besonderen Leistung" ?, in Festschrift für Kraus, 1. Auflage 2003, S. 41 ff; a. A. Quack in BauR 2002, 1247 (Anmerkung 2); Schwenker in IBR 2003, 289; Turner in ZfIR 2003, 511.

[185] Kapellmann, „Der BGH und die „Konsoltraggerüste" – Bausollbestimmung durch die VOB/C oder die „konkreten Verhältnisse"?", in NJW 2005, 182 ff.

[186] vgl. Thode in IBR 2005, 1148; Gottwald, Mit der Entscheidung des BGH vom 28.2.2002 – Konsoltraggerüst – ist der Einheitspreisvertrag i. S. des § 5 Nr. 1a VOB/A gestorben, in BauR 2003, 1259.

[187] Kapellmann, Der BGH und die „Konsoltraggerüste" – Bausollbestimmung durch die VOB/C oder die „konkreten Verhältnisse?, in NJW 2005, 182 (183).

Ausschluss der VOB/C sei zwar theoretisch denkbar, jedoch praktisch kaum vorstellbar, da dieser Fall nur „unter Auswertung der gesamten sonstigen Vertragsumstände" zu konstruieren wäre oder sich eine eindeutige vorrangige allgemeine Verkehrssitte herausgebildet haben müsste, welche grundsätzlich gem. § 2 Nr.1 i. V. m. § 1 Nr. 2 f VOB/B gegenüber der VOB/C nachrangig wäre.

Dieses Ergebnis ist zwar konsequent ermittelt, jedoch basiert es auf einer Fehlinterpretation der vom BGH gewählten Begründung.
Zunächst stellt sich die Frage, warum der BGH etwas anderes geschrieben haben soll als er eigentlich gemeint hat.

Kapellmann versucht dies damit zu begründen, dass in der vom BGH formulierten Version des „ersten Arguments" die Aussage keinen Sinn ergebe oder zumindest keinen Regelungsgehalt aufweise und somit nur in seinem Sinne zu verstehen sei.

Dem kann nicht gefolgt werden.
Zum einen gibt es keine Vorschrift wonach Aussagen ohne Regelungsgehalt unzulässig wären oder so zu interpretieren sind, dass ihnen ein entsprechender, dem BGH gebührender, Gehalt zukomme.
Zum anderen ist die Aussage des BGH in keiner Weise gehaltlos, sondern Ausdruck eines der Grundprinzipien des BGB bei der Auslegung von Willenserklärungen und Verträgen, §§ 133, 157 BGB.
Danach ist bei der Auslegung einer Willenserklärung der wirkliche Wille zu erforschen und nicht an dem buchstäblichen Sinn des Ausdrucks zu haften, § 133 BGB. Ebenso sind Verträge so auszulegen, wie Treu und Glauben es mit Rücksicht auf die Verkehrssitte es erfordern, § 157 BGB[188].

Bezogen auf die Konsoltraggerüst-Entscheidung des BGH bedeutet dies, dass die vereinbarte Leistung entgegen der verwendeten Terminologie auch besondere Leistungen i. S. d. Abschnitts 4.2 der DIN 18299 (VOB/C) umfassen kann, soweit der Wille der Parteien diese Auslegung rechtfertigt.
Ein derartiger Wille der Parteien ist wenn überhaupt der Leistungsbeschreibung zu entnehmen, da diese allein individuelle Willensäußerungen der Parteien enthalten kann.
Dies und nichts anderes hat der BGH durch seine Begründung zum Ausdruck gebracht.[189]

---

[188] so auch schon BGH, Urt. v. 20. 01.1994 – VII ZR 174/92, BauR 1994, 363 = ZfBR 1994, 123 = IBR 1994, 183.

[189] Zustimmend Moufang/Klein, Die Bedeutung der VOB Teil C für die Leistungspflichten der Bauvertragsparteien, in Jahrbuch Baurecht 2004, 73 (92); Motzke, Parameter für Zusatzvergütung bei zusätzlichen Leistungen, in NZBau 2002, 641 (643).

Die Erwägungen des BGH beruhen auf der Überlegung, dass es sich bei den Regelungen des Abschnitts 4 der jeweiligen DIN um allgemeine Vertragsbedingungen i. S. d. § 305 BGB handelt, welche zu jeder abweichenden Individualvereinbarung im Subsidiaritätsverhältnis stehen, vgl. § 305b BGB.
Folge davon ist, dass die Regelungen der VOB/C trotz des Fehlens einer eindeutigen Ausschlussvereinbarung im Vertrag selbst dann keine Geltung erlangen können, soweit die Vertragsparteien individuell eine von der VOB/C abweichende Aufteilung der vereinbarten Leistung in Nebenleistungen und besonderen Leistungen in der Leistungsbeschreibung konkret vorgenommen haben, welche im Rahmen der Auslegung gem. § 133, 157 BGB vorrangig zu berücksichtigen wäre[190].

Diese Möglichkeit erkennt zwar auch *Kapellmann* an, weist aber darauf hin, dass es an einer derartigen ausdrücklichen Regelung im dem der Konsoltraggerüst-Entscheidung zu Grunde liegenden Bauvertrag mangele und eine konkludent abweichende Regelung ebenfalls nachrangig zu den Bestimmungen der VOB/C wäre, vgl. § 2 Nr.1 i. V. m. § 1 Nr. 2 f VOB/B.

Moufang/Klein gehen sogar noch darüber hinaus indem sie erklären, dass § 305 b BGB nicht eingreife, soweit die Individualvereinbarung selbst auslegungsbedürftig sei[191].

Beiden Ansichten sind meines Erachtens nicht nachvollziehbar.

Zu den Ausführungen von *Moufang/Klein* ist anzumerken, dass ein derartiger Grundsatz nicht besteht und weder vom BGH[192] noch von der herrschenden Meinung in der Literatur[193] anerkannt wird.
So hat der 3. Zivilsenat des BGH bereits in einem Urteil aus dem Jahr 1986 ausdrücklich festgestellt, dass auch konkludente, d.h. nur durch Auslegung

---

[190] so wohl auch Vogel in Beck'scher VOB-Kommentar, Teil C, 2003, Syst. V, Rdn. 12; Quack, Über die Untauglichkeit aller Versuche, die VOB/C vor der Auslegung des Einzelvertrages zu retten, in ZfBR 2005, 427ff.

[191] Moufang/Klein, Die Bedeutung der VOB Teil C für die Leistungspflichten der Bauvertragsparteien , in Jahrbuch Baurecht 2004, 73 (95).

[192] BGH, Urt. v. 06.03.1986 – III ZR 234/84, NJW 1986, 1807 = DB 1986, 1274 = WM 1986, 577; Urt. v. 19.05.1988 – III ZR 38/87, NJW-RR 1988, 1259 = DB 1988, 2048 = ZIP 1988, 1136; Urt. v. 06.02.1996 – XI ZR 121/95, WM 1996, 2233.

[193] Basedow in Münchener Kommentar, Band 2a, 4. Auflage 2003, § 305b BGB, Rdn. 5; Heinrichs in Palandt, 65. Auflage 2006, § 305b BGB, Rdn. 2; Schmidt in Bamberger/Roth, Band 1, 2003, § 305b BGB, Rdn. 6; Ulmer in Ulmer/Brandner/Hensen, AGB-Gesetz, 9. Auflage 2001, § 4 Rdn. 10a, 9 ; a. A. wohl Vygen, Bauvertragsrecht nach VOB und BGB, 3. Auflage 1997, Rdn. 121.

überhaupt ermittelbare Individualabreden Formularbestimmungen verdrängen können[194].

Kapellmann ist zu erwidern, dass die Rangfolgeregelung des § 1 Nr. 2 VOB/B bei der Ermittlung der nur konkludent vereinbarten Individualvereinbarungen keine Rolle spielt.
Nach dem Wortlaut des § 1 Nr. 2 VOB/B findet die Rangfolgeregelung nämlich nur bei Widersprüchen im Vertrag Anwendung. Dies setzt in dem hier diskutierten Fall denknotwendig voraus, dass der Inhalt der Individualvereinbarung bereits ermittelt wurde und dieser im Widerspruch zu den Bestimmungen der VOB/C steht. Muss dagegen der Inhalt der konkludenten Individualvereinbarung erst noch durch Auslegung ermittelt werden, gelten dafür allein §§ 133, 157 BGB.

Zuzugeben ist *Kapellmann* allerdings, dass der BGH in der Begründung der Entscheidung vom 28.02.2002 den Vorrang der Individualvereinbarung explizit nicht ausgeführt hat.
Das braucht er aber auch gar nicht, da sich das von ihm vertretene Ergebnis bereits im Rahmen der Auslegung der Leistungsbeschreibung gem. § 133, 157 BGB ergibt, welche gem. § 1 Nr. 2 VOB/B zu den Bestimmungen der VOB/C vorrangig ist.

Den dort vom BGH ausgeführten Erwägungen tritt *Kapellmann*[195] ebenfalls entgegen.
So gibt er zu bedenken, dass dem Vertragsschluss ein Vergabeverfahren nach VOB/A vorausgegangen war, in welchem der öffentliche Auftraggeber gem. § 9 VOB/A gehalten ist, die geforderte Bauleistung umfassend und erschöpfend zu beschreiben. Dies schaffe ein schutzwürdiges Vertrauen potentieller Bieter in die Vollständigkeit der Leistungsbeschreibung, so dass eventuell auftretende Auslegungszweifel zugunsten eines VOB/A-konformen Verständnisses der Leistungsbeschreibung zu lösen sind.
Für einen öffentlichen Auftraggeber verbiete sich daher eine Auslegung der Ausschreibung dahingehend, dass in der Ausschreibung überhaupt nicht genannte Kriterien Bausoll bestimmend sein sollen.
Dazu trete der Umstand, dass dem Bauvertrag eine Einheitspreisausschreibung mit detaillierter Leistungsbeschreibung zu Grunde lag, welche die Vermutung der Richtigkeit und Vollständigkeit in sich trage, so dass sich aus diesem Gesichtspunkt eine Auslegung der Ausschreibung entgegen des eindeutigen Wortlauts auch bei einem privaten Auftraggeber verbiete.

---

[194] BGH, Urt. v. 06.03.1986 – III ZR 234/84, NJW 1986, 1807 = DB 1986, 1274 = WM 1986, 577.

[195] Kapellmann, Der BGH und die „Konsoltraggerüste" – Bausollbestimmung durch die VOB/C oder die „konkreten Verhältnisse", in NJW 2005, 182 (185).

Die konkreten Verhältnisse des Bauwerks seien allenfalls für konkrete Auslegungserkenntnisse in einem unbrauchbaren Zusammenhang für das vertragliche Verständnis des Bausolls von Bedeutung.

Schließlich könne auch die Notwendigkeit der Konsoltraggerüste nicht wie vom BGH angenommen zu einer Erweiterung des Bausolls führen, da dadurch Erfolgs- und Vertragsparameter miteinander vermischt würden, welche jedoch nach der Konzeption des Werkvertragsrechts strikt voneinander zu trennen sind.

Letzteren Ausführungen *Kapellmanns* zur Auslegung von Leistungsbeschreibungen ist, wie oben gezeigt, zuzustimmen, jedoch geht Kapellmann auch hier bei den von ihm angeführten Punkten in seinen Schlussfolgerungen zu weit.
So kann ein grundsätzlich anzuerkennendes schutzwürdiges Vertrauen potentieller Bieter gem. § 9 VOB/A oder die Vermutungswirkung zugunsten der Vollständigkeit einer detaillierten Leistungsbeschreibung selbstverständlich, insbesondere durch die konkreten Umstände des Einzelfalls, erschüttert werden, so dass sich eine Auslegung der Leistungsbeschreibung entgegen dieser Vertrauenstatbestände nicht kategorisch verbietet.
Allerdings wäre für eine derartige Abweichung eine besondere Begründung wünschenswert, welche der BGH in der Entscheidung vom 28.02.2002 teilweise schuldig geblieben ist und sich aus der offensichtlichen Notwendigkeit der Traggerüste zumindest nicht zweifelfrei ergibt.

Dies bedeutet jedoch nicht, dass die vom BGH dem Urteil vom 28.02.2002 zu Grunde gelegte Begründung systemwidrig ist oder, wie von zahlreichen Stimmen in der Literatur angenommen, der bisherigen eigenen Rechtsprechung zu wider läuft.
Vielmehr kann auch diese Entscheidung in Bestätigung der bisherigen Rechtsprechung des BGH als Einzelfallentscheidung vertreten und aufrechterhalten werden[196].

In diesem Verständnis der Entscheidung des BGH vom 28.02.2002 bleibt festzustellen, dass die Regelungen des 4. Abschnitts der jeweiligen DIN im Teil C der VOB als allgemeine Vertragsbedingungen den vereinbarten Leistungsumfang in Abhängigkeit zu den oben genannten Grundsätzen sehr wohl beeinflussen kann.

---

[196] vgl. auch Anmerkung von Gottwald zum Thema, Mit der Entscheidung des BGH vom 28.02.2002 – Kosoltraggerüst – ist der Einheitspreisvertrag i. S. des § 5 Nr. 1 a VOB/A gestorben, in BauR 2003, 1259.

Insbesondere entsteht durch die Einbeziehung der VOB Teil C eine starke Vermutung dahin gehend, dass in der jeweiligen DIN genannte Nebenleistungen (Abschnitt 4.1) auch ohne ausdrückliche Erwähnung im Vertrag zur vereinbarten Leistung gehören, wohingegen besondere Leistungen (Abschnitt 4.2) nur dann zur vereinbarten Leistung zu zählen sind, soweit sie in der Leistungsbeschreibung besondere Erwähnung gefunden haben.
Diese Vermutung kann jedoch, wie in jedem anderen zuvor beschriebenen Fall, durch individualvertragliche Abweichungen oder bei der Auslegung des jeweiligen Vertrages zu berücksichtigende Umstände gem. § 133, 157 BGB erschüttert werden.

Eine allgemein verbindliche zwingende Regelung oder Auslegungsrichtlinie kann deshalb auch aus den Bestimmungen der VOB/C nicht erst seit der Konsoltraggerüstentscheidung des BGH nicht abgeleitet werden.
Vielmehr ist der Inhalt der vereinbarten Leistung nach wie vor für jeden Bauvertrag isoliert zu betrachten.

Den interessenorientierten Stimmen in der Literatur[197] ist somit gemeinsam mit *Quack* zu begegnen, dass nicht der DIN-Ausschuss sondern die Vertragsparteien den Inhalt eines Bauvertrages bestimmen[198] und dem Auftragnehmer bei Unstimmigkeiten in den Ausschreibungsunterlagen der Weg einer aufklärenden Nachfrage beim Auftraggeber vor Angebotsabgabe offen steht[199].

Schließlich sind die in der VOB/C enthaltenen DIN-Vorschriften als anerkannte Regel der Technik im Rahmen des § 633 Abs. 2 Nr. 2 BGB bzw. § 4 Nr. 2 Abs. 1 VOB/B selbst dann zu berücksichtigen, soweit die VOB/C insgesamt nicht wirksam in den Vertrag miteinbezogen wurde. In dem Fall sind jedoch nicht die vertragsnormativen Abschnitte, sondern ausschließlich die technischen Ausführungsvorschriften von Bedeutung, welche damit zwar Einfluss auf den zu erzielenden Erfolg, nicht aber auf die vereinbarte Leistung haben können.

---

[197] Keldungs in BauR 2002, 1247 (Anmerkung 1); Grauvogl, Bauvertrag – Risikoverlagerung vom Auftraggeber zum Auftragnehmer, in Jahrbuch Baurecht 2003, 31 ff., mit weiteren Nachweisen.

[198] Quack in BauR 2002, 1247 (Anmerkung 2); ders., Vertragsauslegung und Auslegungsvorgaben in technischen Regelwerken, in ZfBR 2002, 641; ders., Über die Untauglichkeit aller Versuche, die VOB/C vor der Auslegung des Einzelvertrages zu retten, in ZfBR 2005, 427ff.

[199] vgl. hierzu BGH, Urt. v. 25. 06. 1987 – VII ZR 107/86 (Universitätsbibliothek), BauR 1987, 683; ebenso Putzier in IBR 2002, 231.

II.1.2.4 Zusammenfassung

Zusammenfassend lässt sich für den Inhalt des Bauvertrages folgendes feststellen:

Auch bei einem Bauvertrag wird dessen Inhalt wesentlich von der werkvertraglichen Erfolgshaftung des Unternehmers i. S. d. § 631 BGB bestimmt. Im Rahmen dessen ist er verpflichtet, unabhängig vom vereinbarten Leistungsumfang bzw. der vereinbarten Herstellungsart ein mangelfreies Werk i. S. d. § 633 BGB zu erbringen.
Die vereinbarte Vergütung bezieht sich hingegen ausschließlich auf den vereinbarten Leistungsumfang, so dass er für die Ausführung nicht vereinbarter Leistungen ohne gesonderte Vergütungsvereinbarung allenfalls gem. § 632 BGB eine Vergütung erhält.
Diese Unterscheidung zwischen der Erfolgshaftung des Unternehmers und vereinbartem Leistungsumfang findet sich auch im allgemeinen Werkvertragsrecht wieder.

Im Unterschied zum allgemeinen Werkvertragsrecht ist es bei einem Bauvertrag aufgrund dessen Zukunftsorientiertheit und Komplexität aber einerseits unbedingt erforderlich, die vom Unternehmer zu erbringende Leistung in einer Form zu konkretisieren, welche es ihm ermöglicht, den geforderten Leistungsumfang zu überschauen, um danach die von ihm zu fordernde Vergütung kalkulieren zu können[200]; andererseits ist aber es aus denselben Gründen ungleich schwerer, alle zur Erreichung des werkvertraglich geschuldeten Erfolges erforderlichen Leistungen bereits bei Vertragsschuss zu erfassen, so dass sich bei einem Bauvertrag regelmäßig eine Divergenz zwischen versprochnem Erfolg und vereinbartem Leistungsumfang ergeben wird.

Zentrales Instrument zur Konkretisierung der zu erbringenden Leistung ist die Leistungsbeschreibung[201], deren einziges Wirksamkeitserfordernis wiederum die Bestimmbarkeit der Leistungspflicht ist.

Kommt es bei Ausführung der Bauleistung zu Streitigkeiten über den Umfang der vereinbarten Leistung, ist dieser für jeden einzelnen Bauvertrag isoliert durch Auslegung des Vertrages zu ermitteln, §§ 133, 157 BGB.

---

[200] Dähne, Auftragnehmeransprüche bei lückenhafter Leistungsbeschreibung, in BauR 1999, 289 (299); Mandelkow, Qualifizierte Leistungsbeschreibung als wesentliches Element des Bauvertrages, in BauR 1996, 31 ff. mit weiteren Nachweisen.

[201] Oppler, Nachträge wegen Leistungsänderungen und Störungen im Bauablauf, Skript zum 3. Giessener MTJZ-Baurechtsseminar, Fassung 09.09.2003, S. 5.

Dabei kommt der Art der Leistungsbeschreibung, der Art des Bauvertrages (BGB- oder VOB-Bauvertrag), dem konkreten Auftraggeber, eventuell auch der Art der Vergütung und den sonstigen Vertragsumständen (Komplettheitsklauseln etc.) eine besondere Bedeutung zu.
All diese Faktoren können Anhaltspunkte für den wirklichen Willen der Parteien bei der Auslegung des Vertrages hinsichtlich des vereinbarten Leistungsumfangs liefern.

Als Grundregel gilt:
Je detaillierter die Leistungsbeschreibung ist bzw. je mehr Vertrauen der Auftraggeber in die Vollständigkeit der Leistungsbeschreibung erweckt hat, desto schwieriger ist es, dieses Vertrauen zu erschüttern.
Entscheidend ist, was von zahlreichen Stimmen in der Literatur regelmäßig übersehen wird, dass es durchaus möglich ist, von diesen Auslegungsrichtlinien im Einzelfall abzuweichen.
Folgerichtig ist es nicht möglich allgemeinverbindliche Aussagen über den Inhalt des Bauvertrages bzw. der vereinbarten Leistung zu machen; dieser ist vielmehr für jeden Bauvertrag individuell zu bestimmen.
Insofern ist es nur konsequent, dass sich ein Bauunternehmer nicht unbedingt auf die Unterscheidungen, welche durch DIN-Vorschriften über den Inhalt der vereinbarten Leistung getroffen werden, verlassen kann, sondern gehalten ist, bei Zweifeln, Unklarheiten oder Widersprüchen in der Leistungsbeschreibung den Weg einer aufklärenden Nachfrage vor Angebotsabgabe beim Auftraggeber zu suchen.

Dies ändert jedoch nichts an der Erfolgsbezogenheit des Bauvertrages, so dass der Bauunternehmer unabhängig von den vereinbarten Leistungen zur Herstellung eines mangelfreien Werkes i. S. d. § 13 VOB/B i. V. m. § 633 BGB verpflichtet bleibt.
Ist dieser Erfolg nur durch eine Veränderung der vereinbarten Leistung oder durch zusätzliche bislang nicht vereinbarte Maßnahmen zu erreichen, muss der Auftraggeber die hierzu erforderlichen Maßnahmen allerdings nur auf ausdrückliche Anordnung des Bestellers ausführen.

II.2 Funktion von § 1 Nr. 3 VOB/B und § 1 Nr. 4 S. 1 VOB/B

Aus dem dargestellten Spannungsverhältnis zwischen Werkerfolg und vereinbartem Leistungsumfang ergibt sich die beabsichtigte Funktion des § 1 Nr. 3 VOB/B und des § 1 Nr. 4 VOB/B.

Allgemein lässt sich sagen, dass diese Regelungen der VOB/B den Bauvertragsparteien ein Instrumentarium zur Hand geben sollen, mit welchem sie etwaigen Problemen, welche sich vor allem aus der Komplexität und Zukunftsorientiertheit des Bauvertrages ergeben, besser begegnen können.

II.2.1 § 1 Nr. 4 S.1 VOB/B

Insbesondere wird aufgrund der Zukunftsorientiertheit und Komplexität des Bauvertrages schon objektiv eine vollumfängliche und fehlerfreie Prognose der Leistungen, welche zu Erreichung des werkvertraglich geschuldeten Erfolgs gem. § 631 BGB erforderlich werden, in der Regel nicht gelingen, da sich nicht alle Leistungsfaktoren bei Vertragsschluss exakt bestimmen lassen bzw. angenommene Voraussetzungen sich nachträglich als ungenügend oder untauglich herausstellen können.

Ein klassisches Beispiel ist die gutachterlich ermittelte Bodenklasse 3, welche sich bei der Bauausführung als tatsächlich vorhandene Bodenklasse 6 entpuppt, so dass zusätzliche Maßnahmen erforderlich werden, welche bei Vertragsschluss von den Parteien objektiv nicht vorhersehbar waren und daher nicht in den vertraglich vereinbarten und damit auszuführenden Leistungsumfang einbezogen werden konnten.
Dennoch sind diese zur Erreichung des vom Unternehmer werkvertraglich geschuldeten Erfolgs i. S. d. § 631 BGB erforderlich.
Wird dieser Misstand bei der Bauausführung deutlich, muss es dem Auftraggeber im Interesse beider Parteien möglich sein, hierauf zu reagieren und die bestehende Leistungspflicht des Unternehmers um die erforderlichen zusätzlichen Leistungen i. S. d. § 1 Nr. 4 S. 1 VOB/B zu erweitern.

Ebenso kann es aufgrund der Vielzahl von erforderlichen Einzelleistungen insbesondere bei einer Detailbeschreibung mit Leistungsverzeichnis vorkommen, dass eine Teilleistung schlicht vergessen wurde in den vereinbarten Leistungsumfang mit einzubeziehen, diese aber wiederum zur mangelfreien Herstellung des Werkes i. S. d. § 13 VOB/B i. V. m. § 631 BGB zu erbringen wäre.
Auch in diesem Fall ist ein Interesse beider Bauvertragsparteien an einer schnellen Klarstellung der auszuführenden Leistung, d.h. an einer nachträglichen Leistungserweiterung bzw. Konkretisierung der Leistungspflicht des Auftragnehmers i. S. d. § 1 Nr. 4 S. 1 VOB/B anzuerkennen[202].

---

[202] Auf etwaige Bedenken wegen einer gegen den Grundsatz von Treu und Glauben i. S. d. § 242 BGB verstoßenden Verlagerung des Planungsrisikos auf eine der Parteien durch § 1 Nr. 4 S. 1 BGB wird im Anschluss einzugehen sein.

Im Ergebnis dient § 1 Nr. 4 S. 1 VOB/B damit in beiden Anwendungsbereichen der verursachungsunabhängigen Fehlerkorrektur, da losgelöst von jeglicher Planungsveranwortlichkeit dem Auftraggeber das Recht zugestanden wird, Unzulänglichkeiten in der Leistungsbeschreibung bzw. der vereinbarten Leistung nach Vertragsschluss zum Zwecke der Herstellung eines mangelfreien Werkes i. S. d. § 13 VOB/B i. V. m. § 633 BGB zu korrigieren.

II.2.2 § 1 Nr. 3 VOB/B

Die Frage nach der Funktion des § 1 Nr. 3 VOB/B kann hingegen nicht so einfach beantwortet werden. Eine Erklärung ergibt sich allerdings aus den oben dargestellten Überlegungen.

So kann es aufgrund der Zukunftsorientiertheit und der Komplexität des Bauvertrages nicht nur vorkommen, dass tatsächlich erforderliche Leistungen nicht vorherzusehen waren bzw. vergessen wurden, ebenso ist es möglich, dass sich in den vereinbarten Leistungsumfang i. S. d. § 1 Nr. 1 i. V. m. § 2 Nr. 1 VOB/B einbezogene Leistungen während Bauausführung als objektiv untauglich erweisen und durch taugliche ersetzt werden müssen, um den werkvertraglich geschuldeten Erfolg i. S. d. § 631 BGB zu erreichen.
Auch auf diese veränderten Gegebenheiten muss der Auftraggeber im Interesse beider Vertragsparteien durch die Änderung des Bauentwurfs gem. § 1 Nr. 3 VOB/B angemessen reagieren können.

In diesem Sinne hat § 1 Nr. 3 VOB/B eine ähnliche Funktion wie § 1 Nr. 4 S.1 VOB/B, welche sich lediglich dadurch unterscheidet, dass im Fall des § 1 Nr. 3 VOB/B eine bereits vereinbarte Leistung nach Vertragschluss geändert werden muss, um den versprochenen Erfolg gem. § 633 BGB zu erreichen, wohingegen die erforderliche Leistung im Fall des § 1 Nr. 4 S. 1 VOB/B nicht in den vertraglichen Leistungsumfang einbezogen war.

Darüber hinaus kommt dem Änderungsrecht des §1 Nr. 3 VOB/B noch eine weitere Funktion zu, da ein Abstellen auf die „Erforderlichkeit" der Leistung dem Wortlaut des § 1 Nr. 3 VOB/B im Gegensatz zu § 1 Nr. 4 S. 1 VOB/B nicht zu entnehmen ist[203].
In diesem Sinne eröffnet § 1 Nr. 3 VOB/B dem Auftraggeber nicht nur die Möglichkeit, eine bereits vereinbarte Leistung durch eine zur Erreichung des versprochenen Werkerfolgs i. S. d. § 631 BGB erforderliche Leistung zu erset-

---

[203] Die Grenzen des § 1 Nr. 4 S. 1 VOB/B sind auch insbesondere nicht auf § 1 Nr. 3 VOB/B übertragbar, vgl. hierzu Gliederungspunkt II.6.1.2.

zen, sondern den Bauentwurf nach freiem Belieben im Rahmen des § 1 Nr. 3 VOB/B zu verändern[204].

Als Begründung für eine derartige Ausdehnung des Anordnungsrechts des Auftraggebers lässt sich wiederum der Charakter eines Bauvertrages als zukunftsorientierter Langzeitvertrag[205] anführen, bei welchem es neben Fehlplanungen, auch zu allein subjektiv motivierten Änderungswünschen des Bauherrn kommen kann, da sich eine genaue Vorstellung des herzustellenden Bauwerks trotz fortschreitender technischer Visualisierungsmöglichkeiten erst mit wachsendem Baufortschritt realisieren kann bzw. an die Funktionalität des Bauwerks anfänglich gestellte Anforderungen sich aufgrund der zumeist langen Bauzeit wieder ändern können.
In beiden Fällen erscheint es gerechtfertigt, den Auftraggeber nicht an der vereinbarten Leistung festzuhalten, sondern ihm in Anbetracht des zumeist sehr hohen Auftragsvolumens und der für ihn nachteiligen Alternativen – insbesondere im Vergleich zu der Möglichkeit einer Teilkündigung i. S. d. § 8 VOB/B – ein Änderungsrecht i. S. d. § 1 Nr. 3 VOB/B zu gewähren.

Dies wirft jedoch zahlreiche rechtliche Probleme auf, welchen in den folgenden Kapiteln nachzugehen sein wird.

II.3 Rechtsnatur von § 1 Nr. 3 VOB/B und § 1 Nr. 4 VOB/B

Aus der beabsichtigten Funktion des § 1 Nr. 3 VOB/B und des § 1 Nr. 4 S.1 VOB/B, sowie aus dem Wesen des Werkvertrages lassen sich Rückschlüsse auf die Rechtsnatur der einzelnen Regelungen ziehen.

II.3.1 § 1 Nr. 4 S. 2 VOB/B

Die Vorschrift des § 1 Nr. 4 S.2 VOB/B besitzt keinen eigenständigen Regelungscharakter, sondern hat als Ausdruck des Grundsatzes der Vertragsfreiheit lediglich klarstellende Funktion.

---

[204] zu den Grenzen von § 1 Nr. 3 VOB/B vgl. Gliederungspunkt II.4.

[205] BGH, Urt. v. 13.05.2004 – VII ZR 363/02, BauR 2004, 1285 = ZfBR 2004, 684 = NZBau 2004, 432.

Nach dem Prinzip der Vertragsfreiheit, welches wesentliche Ausdrucksform des Grundsatzes der Privatautonomie ist, unterliegen Abschluss und Inhalt von Verträgen der freien Parteivereinbarung.[206]
Demnach kann ein gegenseitiger Vertrag nur durch ein Angebot zum Vertragsschluss gem. § 145 BGB des einen Teils und durch die Annahme dieses Angebots durch den anderen Teil geschlossen werden, § 146 BGB.
Im Umkehrschluss bedeutet dies allerdings auch, dass niemandem gegen seinen Willen eine Verpflichtung auferlegt werden kann. (sog. negative Abschlussfreiheit)
Dies stellt § 1 Nr. 4 S. 2 VOB/B für Leistungen, welche nicht Teil der bereits vereinbarten Leistung i. S. d. § 1 Nr. 1, 2 Nr. 1 VOB/B und nicht für diese erforderlich sind oder auf welche der Betrieb des Unternehmers nicht eingerichtet ist, nochmals ausdrücklich klar.

II.3.2 § 1 Nr. 4 S. 1 VOB/B

Im Unterschied hierzu soll es dem Auftraggeber nach der Regelung des § 1 Nr. 4 S. 1 VOB/B möglich sein, den Auftragnehmer durch einseitiges „Verlangen" dazu zu verpflichten, nicht vereinbarte Leistungen, welche zur Ausführung der vertraglichen Leistung erforderlich werden, mit auszuführen, ohne dass es hierfür auf eine gesonderte oder nochmalige Zustimmung des Auftragnehmers aufgrund des eindeutigen Wortlauts des § 1 Nr. 4 S. 1 VOB/B und im Umkehrschluss zu der Regelung des § 1 Nr. 4 S. 2 VOB/B, welche das Zustimmungserfordernis ausdrücklich erwähnt, ankäme.

Nach der Terminologie des § 1 Nr. 4 S. 1 VOB/B wird ein bloßes *Verlangen* des Auftraggebers, welches nach natürlichem Sprachgebrauch lediglich ein unverpflichtendes starkes inneres Bedürfnis darstellt, für die Vertragserweiterung als ausreichend erachtet; bei der Interpretation dieses Begriffes ist aber zu beachten, dass die VOB/B im Wesentlichen nicht von Juristen entwickelt wurde, sondern überwiegend Baupraktiker an ihrem Entstehen beteiligt waren[207], so dass eine weite, Ergebnis orientierte und unjuristische Auslegung stattzufinden hat.
Hieraus ergibt sich die unmittelbare Verpflichtung des Auftragnehmers zur Ausführung der zusätzlichen Leistung, was im weiteren Wortlaut des § 1 Nr. 4 S.1 VOB/B, welcher den Auftragnehmer imperativisch zur Vornahme der ge-

---

[206] Medicus, BGB AT, 8. Auflage 2002, Rdn. 174 f.

[207] Jagenburg, 100 Jahre „Kölner VOB", in BauR 1989, 17 ff.; Schubert, Zur Entstehung der VOB (Teile A und B) von 1926, in Festschrift für Korbion, 1986, S 389 ff.

forderten Handlungen anhält („hat ....auszuführen"), nochmals ausdrücklich klargestellt wird.

Eine derartige Auslegung wäre eine eklatante Durchbrechung des Prinzips der Vertragsfreiheit.
Hierfür in Betracht kommende rechtliche Konstruktionen begrenzen sich im Wesentlichen auf die Verpflichtungsermächtigung, den Kontrahierungszwang oder die Vereinbarung eines einseitigen Leistungsbestimmungsrechts i. S. d. § 315 BGB.

Aber selbst die vorgenannten Gestaltungsmöglichkeiten verzichten auf das Erfordernis einer Zustimmung nicht gänzlich, sondern verlagern lediglich den Zeitpunkt der nachträglichen Zustimmung auf den ursprünglichen Vertragsschluss (Leistungsbestimmungsrecht, Verpflichtungsermächtigung) bzw. konstruieren eine Zustimmungsverpflichtung (Kontrahierungszwang), so dass die nach dem Prinzip der Vertragsfreiheit erforderliche Zustimmung dennoch erteilt werden muss.

Im Folgenden gilt es also zu überprüfen, ob die Regelung des § 1 Nr. 4 S. 1 VOB/B einer dieser unterschiedlichen rechtlichen Konstruktionen zugeordnet werden kann.

II.3.2.1 Verpflichtungsermächtigung

Diese Frage kann für die Rechtsfigur der Verpflichtungsermächtigung grundlegend verneint werden, da die Existenz dieser Rechtsfigur in Übereinstimmung mit der überwiegenden Auffassung in der Literatur und der in diesem Punkt nahezu einheitlichen Rechtsprechung mit überaus gewichtigen Gründen abzulehnen ist[208].

Charakterisierendes Merkmal einer Verpflichtungsermächtigung ist nämlich, dass ein Dritter eine andere Person ermächtigt, für ihn durch einen Vertrag eine Verpflichtung zu begründen, ohne dass die ermächtigte Person dabei als Stellvertreter gem. § 164 BGB auftritt[209].

---

[208] BGHZ 114, 96, 100; 34, 122, 125; Flume, BGB AT, § 57 1, S. 905 ff.; Medicus, BGB AT, 8. Auflage 2002, Rdn. 1006; Larenz, Schuldrecht AT, 14. Auflage 1987, IV § 17 S. 233; Larenz/Wolf, BGB AT, 9. Auflage 2004, § 46 Rdn. 53; Bork, AT des BGB, 2001, Rdn. 1737;Peters, Zur Rechtsfigur der Verpflichtungsermächtigung, in AcP 171, 234ff.; Schwarck, Rechtsprobleme der mittelbaren Stellvertretung, in JuS 1980, 777 (778).

[209] Larenz, Schuldrecht AT, 14. Auflage 1987, IV § 17 S. 233.

Im Gegensatz zur Stellvertretung schließt der Ermächtigte bei der Verpflichtungsermächtigung also in eigenem Namen einen Vertrag, aus welchem ausschließlich der Dritte verpflichtet werden soll.

Eine derartige Konstellation widerspricht schon der Wertung des Gesetzgebers, welcher in § 164 Abs. 2 BGB dem Handeln im eigenen Namen auf Grund des Verstoßes gegen das Offenkundigkeitsprinzip die Fremdwirkung verweigert.
Grund hierfür ist, dass dem Gläubiger bei Anerkennung einer derartigen Rechtsfigur unbewusst der Schuldner, mit welchem er den Vertrag zu schließen glaubt, entzogen und er mit dem Insolvenzrisiko und sonstigen Risiken des wirklichen, ihm aber unbekannten Schuldners belastet werden würde.
Einzige von der Rechtsprechung von diesem Grundsatz zugelassene Ausnahme ist das sog. „Geschäft für den, den es angeht", bei welchem der Verstoß gegen das Offenkundigkeitsprinzip durch das mangelnde Interesse des Gläubigers an der Identität des Schuldners hingenommen werden kann[210].

Mit dieser Situation ist ein Bauvertrag jedoch nicht vergleichbar, da gerade die Leistungsfähigkeit der jeweiligen anderen Seite ein wesentliches Kriterium bei der Auswahl des Vertragspartners ist.

Darüber hinaus besteht für die Anerkennung der Rechtsfigur einer Verpflichtungsermächtigung kein Bedürfnis, da einen Dritten verpflichtende Rechtsgeschäfte ebenso im Wege der offenen Stellvertretung gem. § 164 I BGB begründet werden können.
Mithin lassen sich einer Verpflichtungsermächtigung ähnliche Rechtsfolgen auch durch einen Vertrag zugunsten Dritter gem. § 328 BGB bewirken.

Schließlich widerspricht eine Verpflichtungsermächtigung in einem 2-Personen Verhältnis, von welchem das Anordnungsrecht des § 1 Nr. 4 S. 1 VOB/B ausgeht, der gesetzlichen Wertung des § 181 BGB.

Etwas anderes ergibt sich auch nicht aus der Möglichkeit der Vereinbarung einer Verfügungsermächtigung i. S. d. § 185 BGB, da beiden Rechtsfiguren aufgrund des Abstraktionsprinzips ein grundlegend anderer Regelungsgehalt zukommt und die Vertragsparteien deshalb in unterschiedlichen Intensitäten belastet werden.

Bei der Verfügung über einen Gegenstand kraft einer Ermächtigung geht es darum, dass allein die rechtliche Zugehörigkeit eines Gegenstandes verändert wird, wofür im Ergebnis die Unterscheidung, ob der Verfügende im eigenen

---

210 Heinrichs in Palandt, 65. Auflage 2006, § 164 BGB, Rdn. 8 mit weitern Nachweisen.

Namen oder im fremden Namen verfügt, für den anderen Teil eigentlich unerheblich ist[211]. Letzterer hat als Gläubiger lediglich Interesse daran, die sachliche Berechtigung an dem Verfügungsgegenstand zu erlangen.
Im Gegensatz dazu ist die Unterscheidung, für wen der Schuldner handeln will, bei einer Verpflichtungsermächtigung geradezu essentiell, da hierdurch nicht nur eine einzelne Verpflichtung, sondern ein ganzes Schuldverhältnis mit dem daraus resultierenden Bündel an Rechten und Pflichten begründet wird, so dass der Person des Vertragspartners auch aus diesem Grund neben den bereits genannten Risiken ein bedeutend höheres Gewicht zukommt.

Nach der Systematik des Bürgerlichen Gesetzbuches und zum Schutze der Privatautonomie besteht somit für die Anerkennung der Rechtsfigur der Verpflichtungsermächtigung kein Raum.

II.3.2.2 Kontrahierungszwang

Eine in Literatur und Rechtsprechung dagegen durchaus anerkannte und in der Legislatur mehrfach angewandte Rechtsfigur, welche ebenfalls zu einer Durchbrechung des Prinzips der Vertragsfreiheit führt, ist der sog. Kontrahierungszwang[212].
Dieser beschreibt eine Situation, in welcher eine Partei zur Annahme eines ihr angetragenen Angebots aus unterschiedlichen Erwägungen heraus und innerhalb gewisser Grenzen verpflichtet sein soll.

Hierzu kommt es wie folgt:
Ausgehend von dem oben beschriebenen Grundsatz der negativen Abschlussfreiheit, haben alle Rechtssubjekte grundsätzlich das Recht, ihnen angebotene Verträge abzulehnen[213].
Dieses Recht besteht jedoch nicht unbeschränkt, sondern findet dort seine Grenzen, wo sich die Ablehnung des Vertragsangebots als Missbrauch der negativen Abschlussfreiheit erweisen würde, vgl. § 826 BGB.

---

[211] Flume, BGB AT, 3. Auflage 1979, § 57 1, S. 907.

[212] Gesetzliche Regelungen eines Kontrahierungszwanges finden sich im Recht der Personen- und Güterbeförderung (z.B. § 10 Allg. Eisenbahngesetz, u.a.), in § 5 II PflVersG, § 10 Energiewirtschaftsgesetz, § 78 a BetrVerfG, § 9 BPersVG, § 4 SchwerbehindertenG und § 110 I SGB XI. Noch deutlicher wird aber ein Kontrahierungszwang aus den Regelungen der §§ 20, 33 GWB abgeleitet.

[213] Bork, AT des BGB, 2001, Rdn. 664; Köhler, BGB AT, 28. Auflage 2004, § 8, Rdn. 44.

In diesem Sinne erlangt der Kontrahierungszwang vor allem in zwei Bereichen Bedeutung, welche jeweils von einer gewissen Abhängigkeit des antragenden Vertragspartners gekennzeichnet sind.
Zum einen ist an einen Missbrauch der negativen Abschlussfreiheit in Fällen zu denken, in denen ein erhebliches Ungleichgewicht zwischen den Vertragsparteien besteht, etwa weil eine Partei eine Monopolstellung inne hat und dadurch für den anderen Teil keine Möglichkeit besteht, die begehrte Leistung anderweitig zu erlangen.
Zum anderen kann sich die Verweigerung des Vertragsschlusses im Bereich der Daseinsvorsorge als rechtsmissbräuchlich erweisen.
Im Vordergrund steht dabei der durch das Sozialstaatsprinzip untermauerte Gedanke, jedermann an den grundlegenden Leistungen zur Lebensführung teilhaben zu lassen[214].

In beiden Bereichen sah sich jedenfalls der Gesetzgeber veranlasst, der bestehenden Ausschlussgefahr präventiv durch die ausdrückliche Normierung geeigneter Regelungen entgegenzutreten.
Exemplarisch sei an dieser Stelle nur auf § 10 Allg. Eisenbahngesetz, § 10 Energiewirtschaftsgesetz, sowie auf §§ 20, 33 GWB hingewiesen.

Die Verpflichtung der überlegenen Partei beschränkt sich aber nicht nur auf den Abschluss des Vertrages, sondern beeinflusst in gewissen Umfang auch dessen Inhalt, da es andernfalls für die überlegene Partei möglich wäre, den Abschluss des Vertrages durch unzumutbare Vertragsbedingungen zu verhindern[215].
Aus diesem Grund wird letztere im Rahmen eines Kontrahierungszwanges verpflichtet, nicht nur irgendeinen Vertrag, sondern einen Vertrag zu angemessenen und allgemein üblichen Konditionen mit der antragenden Partei abzuschließen und hierdurch eine eigenständige Verpflichtung zu begründen.
Eine derartige Rechtsnatur ist bei der Regelung des § 1 Nr. 4 S. 1 VOB/B jedoch nicht anzunehmen.

Zum einen unterscheidet sich schon die Ausgangslage bei einem Bauvertrag wesentlich von den oben aufgezeigten Situationen, welche durch die überragende Stellung einer Vertragspartei und der Abhängigkeit der anderen geprägt sind[216].

---

[214] Larenz/Wolf, BGB AT, 9. Auflage 2004, § 34 Rdn. 31.

[215] Bork, AT des BGB, 2001, Rdn. 665.

[216] so auch Quack, Theorien zur Rechtsnatur von § 1 Nr. 3 und 4 VOB/B und ihre Auswirkungen auf die Nachtragsproblematik, in ZfBR 2004, 107.

So ist bei einem Bauvertrag grundsätzlich von einem Gleichgewicht zwischen den Parteien auszugehen, auch wenn aus der Natur der Sache eine höhere fachliche Kompetenz auf Auftragnehmerseite vermutet werden kann.
Diese führt jedoch keinesfalls zu einer monopolartigen Stellung des Auftragnehmers, da es dem Auftraggeber freisteht, aus der großen Anzahl potentieller Auftragnehmer den seinen Vorstellungen entsprechenden Unternehmer mit der Ausführung der Bauleistung zu beauftragen.

An dieser Betrachtungsweise ändert sich auch nichts durch die Überlegung, dass der Auftragnehmer aufgrund der Erfolgshaftung aus dem Bauvertrag gem. § 631 BGB verpflichtet ist, den vertraglich vereinbarten Leistungsumfang auf seine Tauglichkeit für die mangelfreie Herstellung des versprochenen Werkes zu überprüfen und gegebenenfalls den Auftraggeber auf diesbezügliche Mängel hinzuweisen, so dass der Auftraggeber zu Teil von dessen Sorgfalt und Kompetenz abhängig ist. Diese Abhängigkeit wurde jedoch ebenfalls bereits bei Vertragsschluss begründet, bei welchem der Auftraggeber in seiner Entscheidung bezüglich der Wahl des Auftragnehmers noch ungebunden war.
Daneben stehen dem Auftraggeber, soweit der Auftragnehmer seiner Verpflichtung i. S. d. § 13 Nr. 3 VOB/B nicht nachgekommen ist, diesbezügliche Gewährleistungerechte zur Verfügung, § 13 Nr. 1 VOB/B i. V. m. § 633 BGB.

Ebenso handelt es sich bei einem Bauvertrag nicht um eine grundlegende Leistung aus dem Bereich der Daseinsvorsorge.

Nach der Definition der Europäischen Kommission sind Leistungen der Daseinsvorsorge (oder gemeinwohlorientierte Leistungen) vornehmlich marktbezogene oder nicht-marktbezogene Tätigkeiten, die im Interesse der Allgemeinheit erbracht und daher von den Behörden mit spezifischen Gemeinwohlverpflichtungen verknüpft werden[217].

Ein derartiges Interesse besteht bei einem privaten Auftraggeber aber grundsätzlich nicht, da dieser zwar der Sozialbindung seines Eigentums unterworfen ist, die Bauleistung aber nicht im Interesse der Allgemeinheit, sondern ausschließlich in seinem eigenen Interesse erbringen lässt.
Bei einem öffentlichen Auftraggeber sollte sich die Interessenlage im Vergleich zu einem privaten Auftraggeber zwar grundsätzlich umkehren; die Qualifikation einer Maßnahme vom jeweiligen Auftraggeber abhängig zu machen, läuft jedoch jeder juristischen Betrachtungsweise zuwider.

---

[217] vgl. Anhang des Berichtes der Kommission für den Europäischen Rat in Laeken (KOM2001) 598 endgültig vom 17.10.2001.

Die Gefahr des Missbrauchs der negativen Abschlussfreiheit besteht somit in beiden Fällen nicht.

Zum anderen kann der Wortlaut des § 1 Nr. 4 S. 1 VOB/B die Annahme eines Kontrahierungszwanges nicht bekräftigen, da dieser im Umkehrschluss zu § 1 Nr. 4 S. 2 VOB/B ausdrücklich auf ein erneutes, wenn auch verpflichtendes Zustimmungserfordernis verzichtet.
Die Zustimmung des Auftragnehmers wäre aber für die Annahme eines Kontrahierungszwangs zwingend erforderlich[218], da nur so eine neue Verpflichtung zwischen den Parteien begründet werden kann.

Grundsätzlich ist es zwar möglich, auch im Rahmen eines Kontrahierungszwangs die verpflichtende Zustimmung zu verweigern; damit würde der Auftragnehmer aber lediglich pflichtwidrig i. S. d. § 280 BGB handeln und gegebenenfalls Schadensersatzansprüche auslösen; in keinem Fall würde ein derartiges Verhalten jedoch zu einem neuen Vertragsverhältnis führen, aus welchem der Auftragnehmer zur Ausführung der zusätzlichen Leistungen verpflichtet sein würde.

Im Gegenteil gibt § 1 Nr. 4 S. 1 VOB/B genau vor unter welcher Voraussetzung die Leistungspflicht des Auftragnehmers entfällt bzw. gehemmt ist. Nämlich ausschließlich, soweit die angeordneten Leistungen nicht zur mangelfreien Herstellung des versprochenen Werkes erforderlich sind oder der Betrieb des Auftragnehmers nicht auf derartige Leistungen eingerichtet ist.
Von der Möglichkeit der Verweigerung der Zustimmung zum Abschluss eines Vertrages ist dort keine Rede.

Desgleichen geht auch § 2 Nr. 6 Abs. 1 VOB/B, welcher die vergütungsrechtliche Seite des § 1 Nr. 4 S. 1 VOB/B regelt, nach seinem Wortlaut davon aus, dass allein durch die Forderung einer nicht vorhergesehenen Leistung die andere Vertragspartei einen Anspruch auf besondere Vergütung hat. Dies setzt aber voraus, dass die causa der besonderen Vergütung i. S. d. § 2 Nr. 6 VOB/B bereits besteht und nicht erst noch durch die Zustimmung des Auftraggebers begründet werden muss.

Schließlich widersprechen auch systematische Überlegungen der dogmatischen Einordnung des § 1 Nr. 4 S. 1 VOB/B als Kontrahierungszwang.

Unterstellt es handele sich bei dem Anordnungsrecht des § 1 Nr. 4 S. 1 VOB/B um einen Kontrahierungszwang, wäre davon ausgehen, dass durch den erzwungenen Vertragsschluss eine neue, eigenständige Verpflichtung begrün-

---

[218] Köhler, BGB AT, 28. Auflage 2004, § 8, Rdn. 48.

det wird, die Regelung des § 1 Nr. 4 S. 1 VOB/B unter Berücksichtigung der Erfolgsbezogenheit des Bauvertrages nur als konstitutives Schuldanerkenntnis zu werten.

Dies ist aus den unterschiedlichsten Gründen abzulehnen.
So hat der BGH den Ausnahmecharakter eines konstitutiven Schuldanerkenntnis in den Entscheidungen vom 14.10.1998[219] und vom 21.01.1976[220] betont. Danach sei eine selbständige Verpflichtung nur dann anzunehmen, wenn die mit dem Versprechen übernommene Verpflichtung von ihren wirtschaftlichen und rechtlichen Zusammenhängen losgelöst und rein auf den Leistungswillen des Schuldners gestellt werden soll, so dass der Gläubiger sich zur Begründung seines Anspruchs nur auf das Versprechen oder Anerkenntnis zu berufen braucht.

Eine derartige Unabhängigkeit der übernommenen Verpflichtung liegt bei der Regelung des § 1 Nr. 4 S. 1 VOB/B nicht vor, da sowohl ein enger rechtlicher Zusammenhang zwischen den zusätzlichen Leistungen und dem zu erreichenden Erfolg[221], als auch ein enger wirtschaftlicher Zusammenhang zwischen der zusätzlichen und vereinbarten Leistung im Hinblick auf die vom Auftraggeber zu entrichtende Vergütung besteht.
So bestimmt sich die Vergütung für die im Sinne der werkvertraglichen Erfolgshaftung bereits geschuldeten, aber gem. § 1 Nr. 4 S. 1 VOB/B zusätzlichen Leistungen nach den Grundlagen der Preisermittlung für die vertragliche Leistung und den besonderen Kosten der geforderten Leistung, so dass keine Neukalkulation stattzufinden hat, sondern die besondere Vergütung aus der Ursprungskalkulation des bestehenden Werkvertrages zu entwickeln ist, § 2 Nr. 6 Abs. 2 VOB/B.

Darüber hinaus wird auch der Haftungsgrund im Wortlaut der Regelung des § 1 Nr. 4 S. 1 VOB/B, in dem auf die Erforderlichkeit der zusätzlichen Leistung für die vertragliche Leistung abgestellt wird, explizit genannt, was nicht nur nach den Auslegungsgrundsätzen des KG Berlin gegen eine selbstständige Verpflichtung spricht[222].

---

[219] BGH, Urt. v. 14.10.1998 – XII ZR 66/97.

[220] BGH, Urt. v. 21.01.1976 – VIII ZR 148/74.

[221] vgl. schon Gliederungspunkt II.1.1. ff.

[222] KG Berlin, Urt. v. 06.03.1975 – 12 U 2550/74.

Schließlich ist zu bedenken, dass es sich bei den Vorschriften der VOB/B um allgemeine Vertragsbedingungen i. S. d. § 305 BGB handelt, in welchen die Regelung eines konstitutiven Schuldanerkenntnis bedenklich erscheint[223].

Im Ergebnis ist die dogmatische Einordnung der Regelung des § 1 Nr. 4 S. 1 VOB/B als Kontrahierungszwang somit ebenfalls abzulehnen.

II.3.2.3 einseitiges Leistungsbestimmungsrecht

Bleibt nur noch der Schluss, dass es sich bei § 1 Nr. 4 S. 1 BGB um ein einseitiges Leistungsbestimmungsrecht ähnlich dem, welches in § 315 BGB vorausgesetzt wird, handelt.

Dies bestätigen folgenden Überlegungen:
Grundsätzlich setzt ein wirksamer Vertragsschluss voraus, dass sich beide Parteien über alle Vertragswesentlichkeiten (essentialia negotii) der von ihnen gewählten Vertragsart in der Weise geeinigt haben[224], dass sich hieraus die geschuldete Leistung und Gegenleistung zumindest im Wege der Auslegung i. S. d. § 133, 157 BGB bestimmen lassen.
Haben sich die Parteien nicht über die essentialia negotii geeinigt, ist der Vertrag mangels Bestimmtheit unwirksam, § 154 BGB.

Dieser Grundsatz erfährt durch die Vereinbarung eines einseitigen Leistungsbestimmungsrechts i. S. d. § 315 BGB insofern eine Ausnahme, als die Parteien in diesem Fall bewusst einen Gegenstand des Vertrages zunächst ungeregelt lassen, aber schon bei Vertragsschluss vereinbaren, dass diese noch unbestimmte Leistung zu einem Zeitpunkt nach Vertragsschluss durch eine der Vertragsparteien im Wege einer einseitigen empfangsbedürftigen Willenserklärung konkretisiert werden soll.
Hierbei muss es sich nicht zwangsläufig um eine Vertragswesentlichkeit (essentialia negotii) handeln; ebenso kann sich das Leistungsbestimmungsrecht auch auf Leistungspflichten beziehen, welche erst im Laufe der Vertragsdurchführung oder typischerweise erst bei Vertragsabwicklung entstehen[225]. (naturalia negotii, accidentialia negotii)

---

[223] vor allem ist an einen Verstoß gegen das Transparenzgebot i. S. d. § 307 Abs. 1 S. 2 BGB zu denken.

[224] Flume, BGB AT, 3. Auflage 1979, § 6 1, S. 80.

[225] Gehrlein in Bamberger/Roth, Band 1, 2003, § 315, Rdn. 1; so bereits RGR-Kommentar, 12. Auflage 1976, § 315 BGB, Rdn. 4; a. A. Medicus, 16. Auflage 2005, § 21, Rdn. 199, mit weiteren Nachweisen.

Dies bedeutet nicht, dass alle zunächst noch unbestimmten Leistungen auch erst mit Ausübung der Leistungsbestimmung i. S. d. § 315 BGB geschuldet werden.
Vielmehr verhält es sich zumindest im Fall noch unbestimmter Vertragswesentlichkeiten so, dass die causa der zunächst noch unbestimmten Leistungspflicht bereits mit Vertragsschluss begründet wird, allerdings erst durch die Leistungsbestimmung i. S. d. § 315 BGB, vergleichbar mit dem Procedere bei einer Gattungsschuld, auf eine bestimmte Leistung konkretisiert wird.

Diese Form verstößt zwar augenscheinlich ebenfalls gegen das Prinzip der Vertragsfreiheit, da auf eine Willenseinigung beider Parteien bei der Leistungsbestimmung selbst verzichtet wird[226]. Die Zulässigkeit einer derartigen Konstruktion ist jedoch durch die Überlegung zu rechtfertigen, dass sich beide Parteien zumindest auf die Vereinbarung des Leistungsbestimmungsrechtes durch übereinstimmende Willenserklärungen geeinigt haben[227].

Nach seiner Rechtsnatur handelt es sich bei einem einseitigen Leistungsbestimmungsrecht um ein Gestaltungsrecht in Form eines einseitigen Regelungsrechtes, dessen Kehrseite das Unterworfen-Sein des anderen Teils unter die Leistungsbestimmung ist[228].
Als Folge dieser unmittelbaren vertragsgestaltenden Wirkung ist eine einmal ausgeübte Leistungsbestimmung unwiderruflich[229] und verbraucht sich grundsätzlich mit erstmaliger Ausübung[230].
Insbesondere bei Dauerschuldverhältnissen kann ein Leistungsbestimmungsrecht aber auch während der gesamten Vertragslaufzeit bestehen bleiben und mehrmals ausgeübt werden[231].

Mit einem derartigen Leistungsbestimmungsrecht i. S. d. § 315 BGB ist das Anordnungsrecht des § 1 Nr. 4 S. 1 VOB/B am ehesten vergleichbar.

So wird durch die Ausübung des Anordnungsrechts i. S. d. § 1 Nr. 4 S. 1 VOB/B die bereits bestehende vertragliche Leistungspflicht des Unternehmers nach-

---

226 Gottwald in Münchener Kommentar, Band 2a, 4. Auflage 2003, § 315, Rdn. 4.

227 Zu den weitern Wirksamkeitsvoraussetzungen vgl. Gliederungspunkt II.6.1.

228 Larenz, Schuldrecht AT, 14. Auflage 1987, § 6 II, S. 80.

229 Motive II, §§ 353, 354, S. 192.

230 Rieble in Staudinger, Buch II, 2001, § 315 BGB, Rdn. 209.

231 Medicus, BGB AT, 8. Auflage 2002, § 12 Rdn. 88; Gottwald in Münchener Kommentar, Band 2a, 4. Auflage 2003, § 315 BGB, Rdn. 34; Quack, Theorien zur Rechtsnatur von § 1 Nr. 3 und 4 VOB/B und ihre Auswirkungen auf die Nachtragsproblematik, in ZfBR 2004, 107 (108).

träglich erweitert und kein neuer Schuldgrund im eigentlichen Sinne geschaffen, da aufgrund der werkvertraglichen Erfolgshaftung i. S. d. § 631 BGB der Unternehmer mit Abschluss des Bauvertrages ohnehin verpflichtet ist, unabhängig von dem vertraglichen Leistungsumfang ein mangelfreies Werk herzustellen.
Aus bereits zuvor erläuterten Gründen wird es nur in den wenigsten Fällen gelingen, alle zur Herstellung eines mangelfreien Werkes erforderlichen Leistungen bereits bei Vertragsschluss mit der notwendigen Bestimmtheit in der Leistungsbeschreibung festzulegen, so dass ein Teil dieser Leistungen regelmäßig nicht bzw. nicht in der erforderlichen Form im vereinbarten Leistungsumfang enthalten sein wird.
In diesem Bewusstsein einigen sich die Parteien durch die Vereinbarung des § 1 Nr. 4 S. 1 VOB/B bereits zum Zeitpunkt des Vertragsschlusses darauf, dass dem Auftraggeber das einseitige Recht zustehen soll, diese zur Erreichung des Werkerfolges erforderlichen Leistungen nachträglich zu bestimmen, so dass in diesem Sinne auch das Anordnungsrecht i. S. d. § 1 Nr. 4 S. 1 VOB/B der nachträglichen Konkretisierung eines Teiles einer bereits seit Vertragsschluss bestehenden Verpflichtung des Unternehmers dient.

Das Verlangen des Auftraggebers stellt dabei eine einseitige empfangsbedürftige Willenserklärung dar, welche die vereinbarte Leistungspflicht i. S. d. § 1 Nr. 1 VOB/B unmittelbar erweitert ohne dass hierfür entgegen dem Grundsatz der Vertragsfreiheit die Zustimmung des Auftragnehmers erforderlich wäre[232].

Dieses Bestimmungsrecht bleibt aufgrund der Erfolgsbezogenheit, ähnlich der Rechtslage bei Dauerschuldverhältnissen, bestehen und kann demnach beliebig oft ausgeübt werden, soweit die zusätzlichen Leistungen zur Ausführung der vertraglichen Leistung erforderlich sind und der Betrieb des Auftragnehmers auf derartige Leistungen eingerichtet ist.

II.3.3 § 1 Nr. 3 VOB/B

Eine dem Leistungsbestimmungsrecht aus § 1 Nr. 4 S. 1 BGB ähnliche Regelung enthält § 1 Nr. 3 VOB/B, nach dessen Wortlaut es dem Auftraggeber vorbehalten bleibt, Änderungen des Bauentwurfs anzuordnen.
Im Unterschied zu § 1 Nr. 4 S. 1 VOB/B schweigt dieser jedoch über die Rechtsfolgen einer derartigen Anordnung, so dass sich hieraus keine unmittelbaren

---

232 Dies ergibt sich, wie oben dargelegt, aus dem eindeutigen Wortlaut des § 1 Nr. 4 S.1 VOB/B und im Umkehrschluss aus der Regelung des § 1 Nr. 4 S. 2 VOB/B.

Rückschlüsse auf den Regelungsgehalt und damit die Rechtsnatur des § 1 Nr. 3 VOB/B ziehen lassen.

Ausgehend vom Grundsatz der Vertragsfreiheit kann man allerdings nur zu folgendem Ergebnis gelangen:

Gem. § 311 Abs. 1 BGB ist zur Begründung sowie zur Änderung des Inhalts eines bereits bestehenden Schuldverhältnisses ein Vertrag zwischen den Beteiligten erforderlich.
Ein wirksamer Vertragsschluss wiederum setzt zwei übereinstimmende Willenserklärungen der Parteien in der Form voraus, dass eine Seite ein ihr angetragenes Angebot i. S. d. § 145 BGB zum Abschluss des Vertrages fristgerecht und unverändert annimmt, § 147 BGB.

Unter der Prämisse, dass es sich bei der Anordnung gem. § 1 Nr. 3 VOB/B lediglich um ein Vertragsänderungsangebot i. S. d. § 145 BGB des Auftraggebers handeln würde, welches der Auftragnehmer zur Begründung einer wirksamen vertraglichen Ausführungsverpflichtung i. S. d. § 147 BGB annehmen müsste, hätte die Vorschrift des § 1 Nr. 3 VOB/B ähnlich der des § 1 Nr. 4 S. 2 VOB/B keinen eigenständigen Regelungsgehalt.
Während dies im Rahmen des § 1 Nr. 4 S. 2 VOB/B noch damit erklärt werden kann, dass dadurch eine bessere Abgrenzbarkeit der einzelnen Sätze des § 1 Nr. 4 VOB/B untereinander erzielt bzw. die Sonderstellung des § 1 Nr. 4 S. 1 VOB/B hervorgehoben werden soll, wäre § 1 Nr. 3 VOB/B als bloße Wiederholung eines gesetzlichen Prinzips funktionslos und damit eigentlich obsolet.

Anhaltspunkte für das Verständnis der Regelung des § 1 Nr. 3 VOB/B ergeben sich aus der der Entwicklungsgeschichte.

Betrachtet man die VOB/B[233] in der Fassung aus dem Jahr 1926, fällt auf, dass sich ursprünglich lediglich ein Absatz des § 1 VOB/B mit einseitigen Leistungsbestimmungsrechten des Auftraggebers befasste.

In § 1 Abs. 3 VOB/B heißt es dort:

„Abänderungen des Bauentwurfes anzuordnen, bleibt dem Auftraggeber vorbehalten; Leistungen, die im Vertrage nicht vorgesehen sind, können dem Auftraggeber nur mit seiner Zustimmung übertragen werden."

Erst in der Fassung[234] aus dem Jahr 1952 wurde im Rahmen der Überarbeitung der VOB in § 1 VOB/B die neue Nr. 4 eingeführt und der ehemalige § 1 Abs. 3

---

[233] Verdingungsordnung für Bauleistungen, Mai 1926, S. 28.

Hs. 2 VOB/B in leicht veränderter Form an die Neuregelung des § 1 Nr. 4 VOB/B angefügt.

Dies lässt ebenso wie bei § 1 Nr. 4 S. 1 VOB/B in der Fassung von 2002 darauf schließen, dass die Verfasser der VOB durch die ausdrückliche Erwähnung des Zustimmungserfordernisses in § 1 Abs. 3 Hs. 2 VOB/B (1926) *e contrario* davon ausgingen, dass es bei der Abänderung des Bauentwurfes gerade nicht erforderlich sei, sondern die Ausübung des Abänderungsverlangens die vereinbarte Leistungspflicht unmittelbar modifiziert.
An dieser Wertung hat sich durch die Umgestaltung des § 1 Nr. 3 VOB/B und die Einfügung des § 1 Nr. 4 VOB/B im Rahmen der Überarbeitung der VOB/B im Jahre 1952 nachweislich der leider nur noch spärlich vorhandenen Quellen[235] wohl nichts verändert.

In Anerkennung eines eigenständigen Regelungsgehalts und unter Hinzuziehung der rechtsgeschichtlichen Entwicklung der VOB kann dies für die Anordnung gem. § 1 Nr. 3 VOB/B in der heutigen Fassung allerdings nur bedeuten, dass es ebenso wie bei § 1 Nr. 4 S. 1 VOB/B auf ein Zustimmungserfordernis des Auftragnehmers nicht ankommen kann, sondern der Auftragnehmer durch das einseitige Verlangen unmittelbar zur Ausführung der geänderten Leistung verpflichtet wird.

II.3.3.1 Verpflichtungsermächtigung

Die Rechtsfigur der Verpflichtungsermächtigung wird zu Recht von allen Seiten aus Gründen des Gläubigerschutzes abgelehnt[236].
Darüber hinaus besteht für eine derartige Rechtsfigur, wie oben dargelegt, auch überhaupt kein Bedürfnis.

---

[234] Verdingungsordnung für Bauleistungen, Ausgabe 1958, Fassung 1952, S. 21.

[235] Hereth/Ludwig/Naschold, Kommentar zur VOB, Band II, 1954, B § 1.2,3, Ez. 1.14 f.; Weilbier, Bauvergabe und Bauverträge, 3. Auflage 1953, B § 1 Ziffer 3, S. 216 f.; Ingenstau/Korbion, VOB Teile A und B, 4. Auflage 1966, B § 1,3, Rdn. 17ff.; Erläuterungen bzw. Erwägungsgründe zur Neufassung der VOB im Jahr 1952 des Deutschen Verdingungsausschusses selbst konnten trotz umfangreicher Recherche nicht mehr ausfindig gemacht werden.

[236] BGHZ 114, 96, 100; 34, 122, 125; Flume, BGB AT, § 57 1, S. 905 ff.; Medicus, BGB AT, 8. Auflage 2002, Rdn. 1006; Larenz, Schuldrecht AT, 14. Auflage 1979, IV § 17 S. 233; Bork, AT des BGB, 2001, Rdn. 1737;Peters, Zur Rechtsfigur der Verpflichtungsermächtigung, in AcP 171, 234ff.; Schwarck, Rechtsprobleme der mittelbaren Stellvertretung, in JuS 1980, 777 (778).

Folglich kommt sie auch zur dogmatischen Einordnung der Änderungsbefugnis i. S. d. § 1 Nr. 3 VOB/B nicht in Betracht.

II.3.3.2 Kontrahierungszwang

Ebenso wenig kann die Rechtsnatur der Regelung des § 1 Nr. 3 VOB/B als Kontrahierungszwang bestimmt werden.

Diese gravierende Ausnahme bzw. Einschränkung des Grundsatzes der Privatautonomie ist nur in den zuvor ausgeführten Ausnahmen gerechtfertigt, welche dadurch geprägt sind, dass einer der Vertragsparteien ein derartiges Übergewicht zukommt, dass die Verweigerung des Vertragsschlusses rechtsmissbräuchlich wäre, § 826 BGB[237].
Eine derart dominante Stellung kann insbesondere bei einer monopolartigen Marktstellung eines Vertragspartners oder aufgrund der Abhängigkeit der anderen Partei von einer Grundleistung aus dem Bereich der Daseinsvorsorge anzunehmen sein.

Ein derartiges Ungleichgewicht liegt jedoch bei einer Leistungsänderung gem. § 1 Nr. 3 VOB/B ebenfalls nicht vor.

Denn auch im Fall von Bauentwurfsänderungen gem. § 1 Nr. 3 VOB/B hat der Auftraggeber bei Abschluss des Werkvertrages grundsätzlich die Wahl, welchen Unternehmer er mit der Ausführung der Bauleistung beauftragen will, so dass eine durch die werkvertragliche Erfolgshaftung indizierte Abhängigkeit von der Sorgfalt und Kompetenz des Auftragnehmer bei einer erforderlichen Bauentwurfsänderung keinesfalls die Annahme einer überragende Stellung des Auftragnehmers im Sinne eines monopolartigen Übergewichts rechtfertigen kann.

Im Bereich nicht erforderlicher Bauentwurfsänderungen würde sich keine davon abweichende Beurteilung ergeben, da dem Auftraggeber in diesem Fall die Möglichkeit offen steht, den Vertrag hinsichtlich der zu ändernden Leistung gem. § 8 Nr. 1 Abs. 1 VOB/B zu kündigen und die veränderte Leistung neu zu vergeben.
Insbesondere der Einwand, die aus einer Kündigung resultierende nachteilige Kostenfolge gem. § 8 Nr. 1 Abs. 2 VOB/B könnte den Auftraggeber von einem derartigen Vorgehen abhalten, rechtfertigt es nicht, diese faktische Bindung

---

[237] Armbrüster in Erman, Band 1, 11. Auflage 2004, Vor § 145 BGB, Rdn. 28 ff.; Kramer in Münchener Kommentar, Band 1, 4. Auflage 2001, Vor § 145 BGB, Rdn. 13.

mit der Abhängigkeit bei einer monopolartigen Marktstellung des Auftragnehmers zu vergleichen; erstere ist viel mehr Ausdruck des vertragsrechtlichen Grundsatzes *pacta sunt servanda.*

Darüber hinaus kann die Verpflichtung zur Ausführung der geänderten Leistung auch im Fall des § 1 Nr. 3 VOB/B, wie die rechtshistorische Entwicklung der VOB Teil B zeigt, nicht von der Zustimmung des Auftragnehmers abhängen, da andernfalls dieser Paragraph des Teils B der VOB gegenstandslos wäre.
Die Zustimmung der anderen Partei wäre jedoch bei Annahme eines Kontrahierungszwangs zur Begründung einer Leistungspflicht des Auftragnehmers zwingend erforderlich[238].

II.3.3.3 einseitiges Leistungsbestimmungsrecht

Somit muss es sich auch im Falle des § 1 Nr. 3 VOB/B um eine einseitiges Leistungsbestimmungsrecht ähnlich dem, welches in § 315 BGB vorausgesetzt wird, handeln.

Im Unterschied zu der Situation bei § 1 Nr. 4 S. 1 VOB/B bezieht sich das Leistungsbestimmungsrecht i. S. d. § 1 Nr. 3 VOB/B aber ausdrücklich auf den Bauentwurf, worunter, ohne nachfolgende Ausführungen vorwegnehmen zu wollen, ein Teil der verbindlich festgelegten Leistungspflicht des Unternehmers zu verstehen ist, so dass durch das Leistungsbestimmungsrecht i. S. d. § 1 Nr. 3 VOB/B augenscheinlich nicht der Konkretisierung, sondern der Änderung einer bereits bestehende Leistungspflicht dient.

Eine Vergleichbarkeit ergibt sich jedoch zumindest für einen Teil des Anwendungsbereiches des Bestimmungsrechtes § 1 Nr. 3 VOB/B wiederum durch die mit Abschluss des Bauvertrages bestehende Erfolgshaftung des Auftragnehmers, welche ähnlich wie bei § 1 Nr. 4 S. 1 VOB/B durch eine Änderungsanordnung auf die erforderliche Leistung „konkretisiert" wird.

Im Fall nicht erforderlicher Änderungsanordnungen, zu welchen das Leistungsbestimmungsrecht i. S. d. § 1 Nr. 3 VOB/B den Besteller ebenfalls ermächtigt, besteht diese Vergleichbarkeit allerdings nicht.

Nach überwiegender Meinung in der Literatur kann aber ein Leistungsbestimmungsrecht nicht nur zum Zwecke der Konkretisierung einer Leistungs-

---

[238] vgl. oben.

pflicht aus dem Vertrag, sondern insbesondere im Rahmen von Dauerschuldverhältnissen auch zum Zwecke der Anpassung des Vertrages an veränderte Umstände vereinbart werden[239].
Ein derartiges Leistungsbestimmungsrecht modifiziere den beidseitigen Anspruch aus Störung der Geschäftsgrundlage gem. § 313 BGB in ein einseitiges Gestaltungsrecht des Auftraggebers, welches sich nicht durch die einmalige Ausübung des Rechts verbraucht, sondern während des gesamten Bestehens des Schuldverhältnisses vom Auftraggeber in entsprechender Anwendung des § 315 BGB beliebig oft ausgeübt werden kann.

Zwar handelt es sich bei einem Bauvertrag nicht um ein Dauerschuldverhältnis i. S. d. § 314 BGB, der BGH spricht aber in diesem Zusammenhang von einem Langzeitvertrag[240], bei welchem ein mehrfaches Änderungsrecht des Auftraggebers zumindest teilweise ähnlichen Zwecken dienen kann. So ist eine Veränderung objektiver Umstände bei einem Bauvertrag nur selten zu erwarten, aufgrund subjektiver Fehleinschätzungen bzw. Nachlässigkeiten oder Weiterentwicklungen ist dies aber aus bereits zuvor erläuterten Gründen nahezu der Regelfall[241] .
In beiden Fällen ist ein Anspruch i. S. d. § 313 Abs. 1 und Abs. 2 BGB und damit die Vereinbarung eines Leistungsbestimmungsrechts grundsätzlich möglich[242].

Allerdings ergeben sich auch erhebliche Unterschiede[243], welche jedoch im Rahmen der Bestimmung der Rechtsnatur vernachlässigt werden können, da es auch bei dem Anordnungsrecht des § 1 Nr. 3 VOB/B, wie bereits gezeigt, auf die nochmalige Zustimmung des Auftragnehmers zur Leistungsänderung nicht ankommen kann, so dass auch aus diesem Grund die Qualifikation als Leistungsbestimmungsrecht ähnlich dem, welches in § 315 BGB vorausgesetzt wird, gerechtfertigt werden kann.

---

[239] Heinrichs in Palandt, 65. Auflage 2006, § 315 BGB, Rdn. 2; Rieble in Staudinger, Buch II, 2001, § 315 BGB, Rdn. 210; Gottwald in Münchener Kommentar, Band 2a, 4. Auflage 2003, § 315 BGB, Rdn. 34 mit weitern Nachweisen.

[240] BGH, Urt. v. 13.05.04 – VII ZR 363/02, BauR 2004, 1285 = ZfBR 2004, 684 = NZBau 2004, 432.

[241] vgl. hierzu Punkt II.2.2.

[242] zu den Grenzen eines derartigen Rechts vgl. im Gliederungspunkt II.6.1.

[243] vgl. Gliederungspunkt II.6.1.

II.3.4 Literatur und Rechtsprechung

In Literatur und Rechtsprechung wird die Rechtsnatur der §§ 1 Nr. 3 und Nr. 4 VOB/B seit jeher unterschiedlich beurteilt.

II.3.4.1 Literatur

Die in der Literatur vertretenen Ansichten lassen sich im Wesentlichen auf drei Hauptaussagen unterschiedlicher Autoren zusammenfassen.

Bereits *Hereth/Ludwig/Naschold*[244] erkannten dem bis heute nur kaum veränderten § 1 Nr. 3 VOB/B die Rechtsnatur eines einseitigen Gestaltungsrechtes zu, da es nach ihrer Ansicht ebenfalls für eine Entwurfsänderung auf eine Willenserklärung des Auftragnehmers nicht ankommen könne; diese sei vielmehr bereits bei Abschluss des VOB-Werkvertrages von vornherein erteilt worden.
Die konsequente Schlussfolgerung auf ein einseitiges Leistungsbestimungsrecht und eine rechtliche Einordnung des ebenfalls bis heute unveränderten § 1 Nr. 4 VOB/B bleiben sie jedoch schuldig.

Jagenburg[245] differenziert da schon genauer.
Er deklariert die Möglichkeit der Bauentwurfsänderung gem. § 1 Nr. 3 VOB/B als einseitiges Änderungsrecht, bei welchem eine Willenserklärung des Auftragnehmers entbehrlich wäre.
Im Unterschied hierzu könne auf diese im Rahmen des § 1 Nr. 4 S. 1 VOB/B wegen der vertragserweiternden Wirkung der Anordnung nicht verzichtet werden, so dass es sich bei § 1 Nr. 4 S. 1 VOB/B um eine Übernahmepflicht nach Art eines Kontrahierungszwangs handeln müsse.

Letztere These *Jagenburgs* ist in dieser Form nicht haltbar.
Dass es nämlich im Falle des § 1 Nr. 4 S. 1 VOB/B nicht auf eine Zustimmung des Auftragnehmers ankommen kann, wurde bereits durch Vergleich mit dem Wortlaut der Regelung des § 1 Nr. 4 S. 2 VOB/B widerlegt.

---

244 Hereth/Ludwig/Naschold, Kommentar zur VOB 1952, Band II, B § 1.2, 3, S. 41.

245 Jagenburg in Beck´scher VOB-Kommentar, Teil B, 1997, § 1 Nr.3, Rdn. 1f. und § 1 Nr. 4, Rdn. 3; so auch Keldungs in Ingenstau/Korbion, VOB Teil A und B, 15. Auflage 2004, § 1 Nr. 3 VOB/B, Rdn. 2 und § 1 Nr. 4, Rdn. 2; ebenso Kemper in Franke/Kemper/Zanner/Grünhagen, VOB Teil A und B, 1. Auflage 2002, § 1 VOB/B, Rdn. 59 + 67; Schoofs in Leinemann, VOB/B Kommentar, 2002, § 1 VOB/B, Rdn. 24 + 31.

Daneben kann nur nochmals darauf hingewiesen werden, dass in gewissem Sinne zwar eine vertragserweiternde Wirkung bei einer Anordnung nach § 1 Nr. 4 S. 1 VOB/B vorliegt, der Auftragnehmer aber im Rahmen der werkvertraglichen Erfolgshaftung verpflichtet ist, ein mangelfreies Werk herzustellen, so dass die Anordnung zusätzlicher Leistungen diese Erfolgshaftung nachträglich auf die Ausführung ursprünglich nicht vereinbarter Leistungen konkretisiert.

Nach Ansicht *von Rintelens*[246] schließlich handelt es sich im Fall des § 1 Nr. 3 VOB/B und im Fall des § 1 Nr. 4 S. 1 VOB/B jeweils um einen vertraglich vereinbarten Änderungsvorbehalt, auf welchen die Regelungen des § 315 BGB zumindest im Fall der Leistungserweiterung gem. § 1 Nr. 4 S. 1 VOB/B entsprechend anzuwenden seien.

Im Fall des § 1 Nr. 3 VOB/B scheitere eine umfassende Anwendung der § 315 ff. BGB daran, dass das Leistungsbestimmungsrecht i. S. d. § 315 BGB der notwendigen Konkretisierung des Leistungsinhalts diene, der Leistungsinhalt eines Bauvertrages nach dem Ausgangspunkt der VOB aber bereits bei Vertragsabschluss regelmäßig festliege.
Darüber hinaus verbrauche sich das Änderungsrecht des § 1 Nr. 3 VOB/B nicht mit erstmaliger Ausübung, so dass der Auftrageber an die einmal getroffene Leistungsänderung nicht gebunden sei.

Die Auffassung *v. Rintelens* enthält einige beachtenswerte Aspekte, jedoch ist nicht ganz nachvollziehbar, weshalb es sich im Fall der zusätzlichen Leistungen i. S. d. § 1 Nr. 4 S. 1 VOB/B trotz der für möglich gehaltenen Anwendbarkeit des § 315 BGB nicht um ein Leistungsbestimmungsrecht, sondern ebenfalls um ein Änderungsvorbehalt handeln soll.
Denn in diesem Fall dient das Anordnungsrecht des § 1 Nr. 4 S. 1 VOB/B der Konkretisierung einer zur mangelfreien Herstellung erforderlichen, bei Vertragsschluss aber nicht vereinbarten Leistung, so dass nach der eigenen Argumentation die Annahme eines Leistungsbestimmungsrechts eigentlich nahe liegen würde.

Insbesondere scheitert die rechtliche Qualifikation des § 1 Nr. 4 S. 1 VOB/B als Leistungsbestimmungsrecht nicht daran, dass nach Auffassung *von Rintelens* eine mehrmalige Ausübung des Anordnungsrechts gem. § 1 Nr. 4 S. 1 VOB/B

---

[246] von Rintelen in Kapellmann/Messerschmidt, VOB Teile A und B, 2003, § 1 VOB/B, Rdn. 49 und 113; ebenso Kapellmann/Schiffers, Vergütung, Nachträge und Behinderungsfolgen beim Bauvertrag, Band 1, 4. Auflage 2000, Rdn. 776; Weick in Nicklisch/Weick, VOB Teil B, 3. Auflage 2001, § 1 VOB/B, Rdn. 23 + 32a; ähnlich Groß/Kromik/Motzke/Schwager, VOB für Architekten und Ingenieure, Stand: März 2004,Teil 12, Kapitel 4.3, S.1 ff. und Teil 6, Kapitel 3, S. 1 ff.

möglich sein soll und daher keine Bindung bezüglich bereits getroffener Leistungsbestimmungen eintrete.

Eine Bindung an die einmal getroffene Anordnung ergibt sich nämlich zum einen schon daraus, dass es sich bei den Anordnungserklärungen gem. § 1 Nr. 3 VOB/B und § 1 Nr. 4 S. 1 VOB/B um Willenserklärungen handelt, auf welche die allgemeinen Bestimmungen des Bürgerlichen Gesetzbuches i. S. d. § 116 ff. BGB Anwendung finden. Insbesondere kann danach eine Willenserklärung nur bis zu ihrem Zugang frei widerrufen werden, § 130 Abs. 1 S. 2 BGB.
Zudem haben derartige Anordnungen als Gestaltungserklärungen unmittelbar vertragsändernde Wirkung, welche durch einen späteren Widerruf ebenfalls nicht mehr beseitigt werden kann.

Zum anderen lässt sich auch aus der werkvertraglichen Erfolgshaftung des Auftragnehmers gem. § 631 BGB eine gewisse Bindung an eine Anordnung i. S. d. § 1 Nr. 4 S. 1 VOB/B ableiten, da die Erforderlichkeit einer Leistung nach objektiven Kriterien zu beurteilen ist, auf welche der Auftraggeber nach Vertragsschluss grundsätzlich keinen Einfluss mehr nehmen und daher die angeordnete Leistung nicht beliebig austauschen kann.
Dies wäre allenfalls dann anzunehmen, wenn durch zwei unterschiedliche Leistungen derselbe Erfolg zu erreichen wäre.
In diesem Fall würde sich die Änderung der nach § 1 Nr. 4 S. 1 VOB/B angeordneten Leistung allerdings nach § 1 Nr. 3 VOB/B und nicht nach § 1 Nr. 4 S. 1 VOB/B beurteilen, da durch die Anordnung einer zusätzlichen Leistung nach § 1 Nr. 4 VOB/B die vereinbarte Leistungspflicht des Auftragnehmers i. S. d. §§ 1 Nr. 1, § 2 Nr. 1 VOB/B um die angeordnete Leistung unmittelbar erweitert wurde.

Somit ist eine bindungslose mehrfache Ausübung des Anordnungsrechtes gem. § 1 Nr. 4 S. 1 VOB/B allenfalls unter dem Gesichtspunkt möglich, dass sich die Anordnungen auf unterschiedliche Leistungen beziehen.
Doch selbst dies steht der Annahme eines Leistungsbestimmungsrechts dem § 315 BGB ähnlichem Leistungsbestimmungsrechts nicht zwingend entgegen, da im Bereich von Dauerschuldverhältnissen ebenso verfahren wird[247].

Die von *v. Rintelen* vertretene rechtliche Einstufung des Anordnungsrechts des Auftraggebers i. S. d. § 1 Nr. 4 S. 1 VOB/B als Änderungsvorbehalt ist danach zwar durchaus vertretbar, jedoch liegt die Einordnung als Leistungsbestimmungs-recht i. S. d. § 315 BGB meines Erachtens wesentlich näher.

---

[247] Gottwald in Münchener Kommentar, Band 2a, 4. Auflage 2003, § 315 BGB, Rdn. 34 + 69.

Im Bereich des Anordnungsrechts gem. § 1 Nr. 3 VOB/B hingegen mag sich die Argumentation *Jagenburgs* als zutreffend erweisen.
Hier dient das Anordnungsrecht des § 1 Nr. 3 VOB/B nicht der Konkretisierung sondern der Änderung einer bereits bestimmten Leistungspflicht des Auftragebers, so dass das Leistungsbestimmungsrecht wohl auch als Änderungsvorbehalt interpretiert werden kann.

Eine in jeder Hinsicht integre Zuordnung zu einer dieser Rechtsfiguren kann allerdings von keiner Seite geleistet werden.
Da beide Rechtsfiguren hinsichtlich ihrer Anwendungsvoraussetzungen und Wirksamkeitsgrenzen nahezu identisch behandelt werden, ist die Unterscheidung zwischen Leistungsbestimmungsrecht und Änderungsvorbehalt auch weitgehend dogmatischer Natur.
Beide Aspekte werden unter dem Gesichtspunkt der Vollständigkeit in der vorliegenden Arbeit angesprochen.

II.3.4.2 Rechtsprechung

Der Bundesgerichtshofes hat, wenn auch noch nicht so deutlich, in einer Entscheidung aus dem Jahr 1992 zur Rechtsnatur einer Anordnung nach § 2 Nr. 5 VOB/B Stellung genommen, aus welcher mittelbar Rückschlüsse auf die Qualität einer Anordnung nach § 1 Nr. 3 VOB/B gezogen werden können.[248]

In den bereits oben auszugsweise vorgestellten Entscheidungsgründen führt der BGH unter Bezugnahme auf ein Urteil[249] aus dem Jahr 1969 weiter aus:

„... Aus einer Anordnung nach § 2 Nr. 5 VOB/B ergeben sich für den Auftragnehmer zusätzliche vertragliche Leistungspflichten. Deshalb müssen solche Anordnungen für den Auftragnehmer eindeutig als Vertragerklärungen verpflichtend sein. Sie sind von bloßen Wünschen des Auftraggebers zu unterscheiden, die nicht zwingend befolgt werden müssen und die den Auftragnehmer lediglich zur Überprüfung seines Verfahrens veranlassen sollen.

Als Anordnung in diesem Sinne kommt nur eine Erklärung in Frage, die die vertragliche Leistungspflicht erweitert, die also eine neue Verbindlichkeit des Auftragnehmers begründen soll."

---

[248] BGH, Urt. v. 09.04.1992 – VII ZR 129/91 (Wasserhaltung I), BauR 1992, 759 = ZfBR 1992, 211 = IBR 1992, 349.

[249] BGH, Urt. v. 09.06.1969 – VII ZR 67/67, S/F/H Z 2.414 Bl. 219.

Der BGH ging also schon damals davon aus, dass es bei Anordnungen nach § 2 Nr. 5 VOB/B auf eine Zustimmung des Auftragnehmers nicht ankommen kann, sondern diese einseitig den Unternehmer zur Ausführung der zusätzlichen Leistung unmittelbar verpflichten.

Rückschlüsse auf die Rechtsnatur des § 1 Nr. 3 VOB/B lassen sich hieraus allerdings nur bedingt ziehen, da die Begründung zwar grundsätzlich richtig ist, aber systematisch an falscher Stelle erging.

So wird aus der Entscheidung nicht klar, auf welche Anordnungen i. S. d. § 2 Nr. 5 VOB/B der BGH sich bezog, da in § 2 Nr. 5 VOB/B sowohl Bauentwurfsänderungen als auch andere Anordnungen behandelt werden.
Ebenso werden die Konsequenzen einer derartigen rechtlichen Einordnung nicht bedacht. Soweit die Anordnungen nach § 2 Nr. 5 VOB/B nämlich einseitig verpflichtende Vertragserklärungen sind, handelt es sich bei § 2 Nr. 5 VOB/B um eine reine Rechtsfolgeregelung, welche gerade derartige Anordnungen voraussetzt, diese aber nicht selbst konstituiert[250].

Diese Entscheidung hat der BGH in der Entscheidung vom 09. 04. 1992 und in einer Folgeentscheidung aus dem Jahr 1994 weiterentwickelt[251].

Dort stellt der BGH in den Entscheidungsgründen dar, dass

„... die hier in Frage stehenden Erklärungen des Auftraggebers zur Erweiterung oder Veränderung des Auftrags nach § 1 Abs. 3 und Abs. 4 VOB/B (gemeint war wohl § 1 Nr. 3 und Nr. 4 VOB/B) ändern die vertraglichen Pflichten des Auftragnehmers. Sie sind deshalb rechtsgeschäftliche Willenserklärungen."

Diese Aussage allein lässt zwar noch nicht zweifelsfrei erkennen, dass es auf eine Zustimmung des Auftraggeber in beiden Fällen nicht ankommen kann, der BGH nahm jedoch an gleicher Stelle Bezug auf eine Fundstelle im Münchener Kommentar, welche die Regelungen der §§ 1 Nr. 3 und Nr. 4 VOB/B als einseitige Gestaltungsrechte deklarierte, so dass die rechtliche Einordnung damit eigentlich schon geklärt war, allerdings noch nicht explizit genannt wurde[252].

---

[250] vgl. Gliederungspunkt II.5.2.

[251] BGH, Urt. v. 14.07.1994 – VII ZR 186/93, BauR 1994, 760 = ZfBR 1995, 15 = IBR 1994, 447.

[252] Thode in Münchener Kommentar, Band 1, 3. Auflage 1994, § 305 BGB, Rdn. 31 a und 31b.

Diesen Schritt vollzog der BGH allerdings in einer Entscheidung aus dem Jahr 1996, in welcher er erstmals selbst die Rechtsnatur des Anordnungsrechts zumindest für den Bereich des § 1 Nr. 4 S. 1 VOB/B klarstellte[253].

Während die Vorinstanz noch in § 1 Nr. 4 S. 1 VOB/B einen formularmäßigen Kontrahierungszwang, der dem Grundsatz der Vertragsfreiheit entgegenstehe und daher gegen § 9 Abs.2 Nr. 1 AGBG verstoße, sah, führte der BGH folgendes aus:

„Nach § 1 Nr. 4 S. 1 VOB/B hat der Auftragnehmer auf Verlangen des Auftraggebers nicht vereinbarte Leistungen, die zur Ausführung der vertraglichen Leistung erforderlich werden, unter bestimmten Voraussetzungen mit auszuführen. Danach hat der Auftraggeber das Recht, durch einseitige Erklärung die vertraglichen Leistungen zu erweitern; die Regelung stellt sich der Sache nach als ein vertraglich vereinbartes Leistungsbestimmungsrecht ähnlich wie § 315 BGB dar."

Diese Auffassung hat der BGH jüngst in den Entscheidungen vom 24.07.2003[254] und vom 27.11.2003[255] nochmals ausdrücklich bestätigt.

Die Rechtsprechung der Oberlandesgerichte bringt keine neuen, darüber hinausgehenden Erkenntnisse, da im Wesentlichen auf die oben dargestellten Entscheidungen des Bundesgerichtshofes Bezug genommen wird bzw. eventuell abweichende Rechtsauffassungen nicht begründet werden.
Sie kann deshalb an dieser Stelle vernachlässigt werden[256].

II.4 Grenzen von § 1 Nr. 3 VOB/B und § 1 Nr. 4 S.1 VOB/B

Aus der rechtlichen Einordnung der Anordnungsrechte i. S. d. § 1 Nr. 3 VOB/B und i. S. d. § 1 Nr. 4 S.1 VOB/B als Leistungsbestimmungsrechte, anhand ihres konkreten Wortlauts, aus einem Vergleich mit dem übrigen Regelungszusammenhang, sowie anhand allgemeiner Grundsätze lassen sich deren Grenzen ableiten.

---

[253] BGH, Urt. v. 25.01.1996 – VII ZR 233/94, BauR 1996, 378 = ZfBR 1996, 196 = NJW 1996, 1346.

[254] BGH, Urt. v. 24.07.2003 – VII ZR 79/02, BauR 2003, 1892 = ZfBR 2004, 37 = NZBau 2004, 31.

[255] BGH, Urt. v. 27.11.2003 – VII ZR 346/01, BauR 2004, 495 = ZfBR 2004, 254 = IBR 2004, 121.

[256] als Beispiel etwa: OLG München, Urt. v. 23.03.2004 – 9 U 4089/03, BauR 2004, 1316 = IBR 2004, 566.

II.4.1 Inhaltliche Grenzen

Zuerst sollen die dem Wortlaut des § 1 Nr. 3 VOB/B und des § 1 Nr. 4 S. 1 VOB/B zu entnehmenden inhaltlichen Beschränkungen genauer untersucht werden.

II.4.1.1 § 1 Nr. 4 S. 1 VOB/B

So besteht das Leistungsbestimmungsrecht des § 1 Nr. 4 S. 1 VOB/B nach seinem eindeutigem Wortlaut nur insoweit, wie sich die Anordnung auf eine nicht vereinbarte aber erforderliche Leistung bezieht, auf welche der Betrieb des Unternehmers eingerichtet ist.

II.4.1.1.1 Vereinbarte Leistung – vertragliche Leistung

Inhaltlich unterscheidet das Leistungsbestimmungsrecht des § 1 Nr. 4 S. 1 VOB/B zunächst zwischen vereinbarter und vertraglicher Leistung.

Damit greift das Anordnungsrecht selbst eine der Besonderheiten eines Bauvertrages auf, bei welchem der vereinbarte Leistungsumfang und der versprochene Erfolg streng voneinander zu trennen sind, da erstere lediglich den Weg darstellt, auf welchem die Parteien versuchen, den versprochenen Erfolg zu erreichen, und nur diese im Synallagma zu der versprochenen Vergütung stehenden Leistungen grundsätzlich von Unternehmer auszuführen sind[257].

Beide Leistungsmerkmale werden mit Abschluss des Bauvertrages vom Unternehmer geschuldet, müssen zur Wirksamkeit des Vertrages zumindest bestimmbar festgelegt werden und können in Abhängigkeit von der Qualität der Leistungsbeschreibung übereinstimmen, aber auch erheblich abweichen.

Der Ermittlung der vereinbarten Leistung und des Werkerfolges kommt somit eine erhebliche Bedeutung zu, welche für jeden Bauvertrag individuell zu erfolgen hat und sich an den zuvor beschriebenen Auslegungsrichtlinien orientieren kann.

---

[257] Diese Unterscheidung findet sich auch in den Vorschriften des gesetzlichen Werkvertrages, insbesondere in § 631 Abs. 1 BGB, wieder, wonach der Auftragnehmer zur Herstellung (Weg) des versprochenen Werks (Erfolg) verpflichtet ist.

Als Grundregel für den Anwendungsbereich des § 1 Nr. 4 S. 1 VOB/B gilt:

- *Leistungen, welche explizit Teil der Leistungsbeschreibung sind oder zumindest durch Auslegung gem. § 133, 157 BGB als Teil der Leistungsbeschreibung bzw. der vereinbarten Leistung zu ermitteln sind, können nicht Gegenstand einer Anordnung nach § 1 Nr. 4 S. 1 VOB/B sein.*

- *Ebenso ist die Anwendung des § 1 Nr. 4 S. 1 VOB/B ausgeschlossen, soweit die angeordneten Leistungen nicht als notwendiger Teil des zu erreichenden Werkerfolges zu qualifizieren sind.*

Beides soll anhand eines vom BGH im Jahr 2001 entschiedenen Falles verdeutlicht werden[258].

In dem Sachverhalt, welcher der Entscheidung des VII. Senats zu Grunde lag, hatten die Parteien Anfang des Jahres 1994 einen VOB-Bauvertrag über die Errichtung des Rohbaus eines aus Keller, Erd- und zwei Obergeschossen bestehenden Möbelverkaufsgebäudes in Berlin geschlossen.
Während der Bauarbeiten Ende Juli 1994 verlangte der Bauherr die Aufstockung des Möbelhauses um ein Dachgeschoss, worüber die Parteien in den folgenden Tagen verhandelten, sich aber über ein Angebot des Rohbauunternehmers mit Leistungsverzeichnis nicht einigen konnten. Gleichwohl wurde das Dachgeschoss gebaut.

Entgegen der Auffassung des Berufungsgerichts nimmt der BGH im Fall der Aufstockung um ein zusätzliches Dachgeschoss einen eigenständigen Vertrag i. S. d. § 1 Nr. 4 S. 2 VOB/B an, da diese Leistung in keinem Zusammenhang mit dem Leistungsziel des ersten Vertrages stehe. Insbesondere habe der Vertrag über die Aufstockung des Dachgeschosses den Vertrag über die übrigen Rohbauarbeiten nicht um zusätzliche Leistungen i. S. d. § 1 Nr. 4 S. 1 VOB/B ergänzt, da die Aufstockung zur Herstellung des ursprünglich vereinbarten Werkerfolgs weder erforderlich, noch notwendig gewesen sei.
Dem ist uneingeschränkt zuzustimmen.

---

[258] BGH, Urt. v. 13.12.2001 – VII ZR 28/00, BauR 2002, 618 = ZfBR 2002, 350 = NZBau 2002, 215.

II.4.1.1.2 Eingerichteter Betrieb

Aber selbst bei innerhalb dieser Grenzen liegenden und damit rechtmäßigen Anordnungen gem. § 1 Nr. 4 S. 1 Hs. 2 BGB kann der Auftragnehmer die Ausführung der angeordneten Leistungen verweigern, soweit sein Betrieb hierauf nicht eingerichtet ist.

Die Betriebsbezogenheit der Ausführungsverpflichtung macht deutlich, dass eine allgemeine gültige Definition des eingerichteten Betriebes nicht möglich ist, sondern die Einrichtung des Betriebes von den tatsächlichen Verhältnissen des jeweiligen Auftragnehmers abhängig und daher für jeden Unternehmer individuell ermittelt werden muss.
Maßstab ist dessen betriebliches Leistungsvermögen, welches sich aus den Faktoren Sachmittel, Personalbestand und deren fachlicher Qualifikation zusammensetzt, so dass er grundsätzlich weder gewerkefremde Leistungen, noch aufwendige Spezialverfahren durchführen muss, hinsichtlich derer er nicht über die notwendige Erfahrung oder Zulassung verfügt[259].

Ebenso ist er im Rahmen eines Standartbauvertrages nicht verpflichtet, auf Nachunternehmer zurückzugreifen; soweit dies der Bauvertrag gem. § 4 Nr. 8 VOB/B allerdings auch zur Ausführung der vereinbarten Leistung gestattet, wird dem Auftragnehmer dessen betriebliche Einrichtung zugerechnet[260].
Der Generalunternehmer wird deshalb erforderliche Zusatzleistungen in aller Regel nicht mit dem Hinweis auf seine fehlende betriebliche Einrichtung verweigern können, dessen Nachunternehmer als Ausdruck des Generalunternehmerrisikos hingegen schon[261].

Rechtlich handelt es sich um ein Leistungsverweigerungsrecht des Unternehmers, welches zwar nicht die Erweiterung des vereinbarten Leistungsumfanges, aber eine diesbezügliche Ausführungsverpflichtung des Unternehmers hemmt, so dass ein dementsprechend hergestelltes Werk bei berechtigter Geltendmachung dieser Einrede mangels Ausführungsspflicht des Unter-

---

[259] Keldungs in Ingenstau/Korbion, VOB/B Teil A und B, 15. Auflage 2004, § 1 Nr. 4 VOB/B, Rdn. 5; Jagenburg in Beck´scher VOB-Kommentar, Teil B, 1997, § 1 Nr. 4 VOB/B, Rdn. 14; v. Rintelen in Kapellmann/Messerschmidt, VOB Teil A und B, 2003, § 1 VOB/B, Rdn. 109; Riedl in Heiermann/Riedl/Rusam, VOB Teil A und B, 10. Auflage 2003, § 1 VOB/B, Rdn. 42.

[260] v. Rintelen in Kapellmann/Messerschmidt, VOB Teil A und B, 2003, § 1 VOB/B, Rdn. 110; Riedl in Heiermann/Riedl/Rusam, VOB Teil A und B, 10. Auflage 2003, § 1 VOB/B, Rdn. 42.

[261] vgl. hierzu v. Rintelen in Kapellmann/Messerschmidt, 2003, VOB Teil A und B, § 1 VOB/B, Rdn. 110 a. E.

nehmers ebenfalls mangelfrei i. S. d. § 633 BGB i. V. m. § 13 VOB/B und damit erfüllungstauglich ist[262].
In diesem Fall ist der Auftraggeber darauf beschränkt, die angeordnete Leistung selbst an einen anderen Unternehmer i. S. d. § 1 Nr. 4 S. 2 VOB/B zu vergeben oder im Rahmen eines mit dem bereits bekannten Unternehmer abzuschließenden Zusatzauftrages die Weitervergabe i. S. d. § 4 Nr. 8 S. 2 VOB/B zu gestatten.

Allerdings wird dadurch dem Unternehmer die Möglichkeit eröffnet, seine Erfolgshaftung aus dem Bauvertrag i. S. d. § 631 BGB einzuschränken, ohne dass der Auftraggeber die Leistungspflicht i. S. d. § 4 Nr. 1 Abs. 3 VOB/B dahingehend modifiziert hätte[263].

II.4.1.2 § 1 Nr. 3 VOB/B

Das Leistungsbestimmungsrecht des § 1 Nr. 3 VOB/B erfährt dem Wortlaut entsprechend durch die Begriffe des Bauentwurfes und dessen Änderung seine inhaltliche Eingrenzung.

II.4.1.2.1 Bauentwurf

Die Bedeutung und Reichweite der Begrenzung der Änderungsbefugnis auf den Bauentwurf gem. § 1 Nr. 3 VOB/B ist eine der weitgehend ungeklärten Fragen im gesamten Bereich der Nachtragsproblematik.

Dies ist vor allem darauf zurückzuführen, dass der Begriff des Bauentwurfes weder legal definiert wird, noch in irgendeiner anderen vertraglichen oder gesetzlichen Regelung überhaupt Erwähnung findet, aber auch keine Materialien, Begründungen oder Motive zur VOB/B aus dem Jahr 1926, auf welche das Änderungsrecht des § 1 Nr. 3 VOB/B zurückreicht, mehr erhalten sind, welche Aufschluss über Bedeutung und Reichweite des Begriffes des Bauentwurfes liefern könnten[264].

---

262 vgl. Gliederungspunkt II.1.2.3.4. und II.4.2.

263 vgl. Gliederungspunkt II.6.2.1.1.2.

264 Schubert, Zur Entstehung der VOB (Teile A und B) von 1926, in Festschrift für Korbion, 1986, S. 390.

Folglich ist es nicht verwunderlich, dass in der einschlägigen Literatur dem Begriff des Bauentwurfes die unterschiedlichsten Inhalte zugeordnet werden.

Keldungs meint hierzu etwa, da es sich bei dem Begriff des Bauentwurfes um etwas handeln muss, was die Leistung für das Auge anschaulich macht, sei darunter zunächst die zeichnerische Darstellung der Bauaufgabe zu verstehen[265].
Er verweist hierzu auf § 19 Nr. 1 b der Gebührenordnung für Architekten (GOA), wonach der Bauentwurf die endgültige zeichnerische Lösung der Bauaufgabe in solcher Durcharbeitung gewesen sei, dass danach die weitere Entwicklung ohne grundsätzliche Änderung erfolgen kann; ähnliches treffe auf die Entwurfsplanung nach § 15 Abs. 2 Nr. 3 der geltenden Honorarordnung für Architekten und Ingenieure (HOAI) zu, welche um Detailänderungen z. B. der Ausführungsplanung und die dem Vertrag zu Grunde liegende schriftliche Leistungsbeschreibung (§ 9 VOB/A), aber auch mündliche Erläuterungen der Beschreibung zu ergänzen wäre.
In diesem Sinne könne Gegenstand der Änderungsanordnung gem. § 1 Nr. 3 VOB/B alles sein, was im konkreten Bauvertrag den Inhalt der bauvertraglichen Leistungspflicht ausmacht und nach außen darstellt[266].
Andere Vertragsbestandteile, wie z.B. Vertragsbedingungen oder technische Vertragsbedingungen, sollen dagegen von § 1 Nr. 3 VOB/B nicht erfasst sein.

Mit ganz ähnlichen Überlegungen kommt auch *Jagenburg* zu dem Ergebnis, den Bauentwurf i. S. d. § 1 Nr. 3 VOB/B als die gesamte bautechnische Leistung, wie sie, vor allem auch textlich, durch die Leistungsbeschreibung bestimmt und umrissen ist, zu qualifizieren[267].
Vom Anwendungsbereich des § 1 Nr. 3 VOB/B konkludent ausgeschlossen sind damit ebenfalls andere Vertragsbestandteile, deren genau Bezeichnung er allerdings offen lässt[268].

Ein darüber hinausgehendes, wesentlich erweitertes Verständnis des Bauentwurfbegriffs vertritt *Schulze-Hagen*.

---

[265] Keldungs in Ingenstau/Korbion, VOB Teil A und B, 15. Auflage 2004, § 1 Nr. 3 VOB/B, Rdn. 7 mit weiteren Nachweisen.

[266] so auch Riedl in Heiermann/Riedel/Rusam, VOB Teil A und B, 10. Auflage 2003, § 1 VOB/B, Rdn. 31; Korbion/Hochstein/Keldungs, Der VOB-Vertrag, 8. Auflage 2002, Rdn. 163;; ebenso v. Rintelen in Kapellmann/Messerschmidt, VOB Teil A und B, 2003, § 1 VOB/B, Rdn. 51.

[267] Jagenburg in Beck´scher VOB Kommentar, Teil B, 1997, § 1 Nr. 3 VOB/B, Rdn. 9;

[268] Jagenburg bezeichnet diese als sonstige Vertragsbestandteile und nennt exemplarisch den vertragsrechtlichen Teil der Parteivereinbarung.

Nach seiner Auffassung umfasst das Anordnungsrecht des § 1 Nr. 3 VOB/B nicht nur den bautechnischen Leistungsinhalt, sondern auch die Änderung sonstiger Bauumstände, was insbesondere systematische Überlegungen nahe legen würden.
Er verweist hierzu auf § 2 Nr. 5 VOB/B, welcher ausdrücklich auch „andere Anordnungen" erwähnt, was nur dann einen Sinn ergebe, soweit zu den Änderungen des Bauentwurfes gem. § 1 Nr. 3 VOB/B auch diese „anderen Anordnungen" gem. § 2 Nr. 5 VOB/B zu zählen seien, da andernfalls der Auftragnehmer eine Vergütungsanpassung für Anordnungen hinnehmen müsste, auf deren Anordnung der Auftraggeber kein Recht hätte.
Dass diese „anderen Anordnungen" i. S. d. § 2 Nr. 5 VOB/B in § 1 Nr. 3 VOB/B nicht ausdrücklich genannt sind, sei zwar nicht recht verständlich, man könne aus diesem Umstand aber nur folgern, dass man den Begriff des Bauentwurfes recht weit verstehen muss, so dass jede Änderung der vorhergesehenen Leistung, also nicht nur hinsichtlich des bautechnischen Leistungsinhalts, erfasst werde[269].

Zu einem vergleichbarem Ergebnis gelangen auch *Zanner* und *Keller*, welche ihr weites Verständnis des Bauentwurfbegriffes im Gegensatz zu *Schulze-Hagen* aber aus der systematischen Erwägung ableiten, dass das Änderungsrecht des § 1 Nr. 3 VOB/B an einer Stelle in der VOB/B zu finden ist, in welchem die vereinbarte Leistung i. S. d. § 1 Nr. 1 und Nr. 2 VOB/B i. V. m. § 2 Nr. 1 VOB/B – in ihrer Terminologie als Bausoll bezeichnet – definiert wird, so dass sich der Begriff des Bauentwurfs auch auf diese gesamte Leistungspflicht des Unternehmers beziehen müsse; hierzu seien sowohl der technische Bauinhalt, als auch die sonstigen Bauumstände zu zählen[270].

Bestätigung findet ihre Auffassung in jüngster Zeit durch die Ausführungen von *Wirth/Würfele*[271], welche ausgehend von dieser systematischen Erwägung

---

[269] Schulze-Hagen, Zur Anwendung der §§ 1 Nr. 3, 2 Nr. 5 VOB/B einerseits und §§ 1 Nr. 4, 2 Nr. 6 VOB/B andererseits", in Festschrift für Soergel, 1993, S. 259 (263); ähnlich Vygen, Bauvertragsrecht nach VOB, 4. Auflage 2004, S. 153; im Ergebnis auch Schottke, Änderung der Art und Weise der Ausführung als Folge einer Anordnung, in Festschrift für Vygen, 1999, S. 267 (269).

[270] Zanner/Keller, Das einseitige Anordnungsrecht des Auftraggebers zur Bauzeit und Bauablauf und seine Vergütungsfolgen, in NZBau 2004, S. 353 (355); Kniffka in ibr-online-Kommentar Bauvertragsrecht, Stand 12.09.2005, § 631 BGB, Rdn. 295 f; zuletzt Oppler, Thesendiskussion im Rahmen der 25. ARGE -Baurechtstagung des Deutschen Anwaltsvereins in Essen.

[271] Wirth/Würfele, Bauzeitverzögerung: Mehrvergütung gemäß § 2 Nr. 5 VOB/B oder Schadensersatz gemäß § 6 Nr. 6 VOB/B?, in Jahrbuch Baurecht 2006, 119 (154); zuvor schon Wirth/Würfele, Änderungen der Bauzeit unterliegen dem Anordnungsrecht nach § 1 Nr. 3 VOB/B, in BrBp 2005, 214 (216).

mit einer isoliert auf die Bauzeit bezogenen Argumentation zu beweisen versuchen, dass das Änderungsrecht i. S. d. § 1 Nr. 3 VOB/B insbesondere auch unmittelbare Änderungen der Bauzeit erfassen müsse.
Eine wie von *Keldungs* und *Jagenburg* vertretene enge Auslegung des Bauentwurf-Begriffes i. S. d. § 1 Nr. 3 VOB/B sei nach dem Sinn der Vorschrift und der VOB heutzutage nicht mehr interessengerecht, da das Bedürfnis die Planung zu verändern und die Bedeutung der zeitliche Bemessung eines Bauvorhabens im Laufe der Jahre immer größeren Umfang angenommen haben. So hänge die Erstellung der Bauleistung und insbesondere die Kalkulation des dafür zu zahlenden Preises ganz wesentlich von einer vom Auftraggeber vorgegebenen oder vom Auftragnehmer zugrunde gelegten Zeitdauer ab, weshalb ein erheblicher Teil der zu kalkulierenden Kosten aus so genannten zeitabhängigen Kosten bestehe. Wird die geplante Zeitdauer überschritten, entstehen folglich zusätzliche Kosten, welche es nahe legen, dass der Auftraggeber nicht nur ein Interesse daran hat, den geschuldeten Erfolg überhaupt zu erlangen, sondern diesen auch in der dafür vereinbarten oder kalkulierten Zeit.
In diesem Sinne sei der vom Unternehmer geschuldete Leistungserfolg nicht notwendig durch die Summe der Vertragsunterlagen begrenzt, sondern durch die sich aus den Vertragsunterlagen ergebende und gewollte Gesamtleistung, auch wenn letztere erst aus dem Zusammenhang der einzelnen Vertragsbestandteile zu ermitteln ist[272].
Die vereinbarte Leistung i. S. d. § 1 Nr. 1 und 2 VOB/B, sowie § 2 Nr. 1 VOB/B als nach Bauinhalt und Bauumständen näher bestimmte Leistung des Auftragnehmers zur Erreichung dieses vertraglich geschuldeten Leistungserfolges umfasse daher ebenfalls den Zeitfaktor, auf welchen sich, wie die systematische Stellung zeigt, der Begriff des Bauentwurfes i. S. d. § 1 Nr. 3 VOB/B beziehe.

Jede andere Auslegung widerspreche ihrer Auffassung nach dem Sinn und Zweck des § 1 Nr. 3 VOB/B und der VOB/B, welcher vornehmlich darin liege, durch ein im Vergleich zu einer Vertragskündigung milderes Mittel den weitgehend störungsfreien Ablauf des Bauvorhabens zu gewährleisten[273].

Schließlich lege auch ein Vergleich zu dem Rechtsgedanken des Vergaberechts ein derart weites Verständnis des Bauentwurf-Begriffes nahe, nach welchem zeitliche Verzögerungen im Vergabeverfahren nicht zu Lasten des

---

[272] Wirth/Würfele, Bauzeitverzögerung: Mehrvergütung gemäß § 2 Nr. 5 VOB/B oder Schadensersatz gemäß § 6 Nr. 6 VOB/B?, in Jahrbuch Baurecht 2006, 119 (152).

[273] Wirth/Würfele, Bauzeitverzögerung: Mehrvergütung gemäß § 2 Nr. 5 VOB/B oder Schadensersatz gemäß § 6 Nr. 6 VOB/B?, in Jahrbuch Baurecht 2006, 119 (153f.).

Bieters gehen dürfen, so dass verzögerungsbedingte Mehrkosten dem Auftragnehmer nach Zuschlag ebenfalls gem. § 2 Nr. 5 VOB/B zu ersetzen wären.

Meines Erachtens sind alle vorangestellten Herleitungsversuche für die Ermittlung des Inhalts des Bauentwurfbegriffs mit Ausnahme der Ausführungen von *Zanner/Keller* und *Wirth/Würfele* ohne größeren Erkenntniswert, da sie weitgehend auf untauglichen Ansatzpunkten beruhen, selbst wenn vereinzelt vertretbare Ergebnisse erzielt werden.
Daneben liefert der Großteil dargestellten Meinungen keine klaren Abgrenzungskriterien hinsichtlich der Leistungen, welche in ihrem Sinne vom Bauentwurfsbegriff umfasst sein sollen und welche gerade nicht, da die meisten Autoren keine einheitliche und vor allem juristische Terminologie verwenden, um die von ihnen ein- bzw. ausgeschlossenen Leistungen zu bezeichnen.
Vielmehr werden die Worte des Bauinhalts, der Bauumstände, des sonstigen Vertragsinhalts, des vertragsrechtlichen und des bautechnischen Teils des Bauvertrages weitgehend parallel verwendet, aber nicht definiert und nur anhand zum Teil spärlicher Beispiele erläutert[274].

Bezug nehmend auf die Ausführungen von *Keldungs* ist dem zu entgegnen, dass eine Verweisung auf die GOA oder die HOAI keinesfalls möglich ist.

Sie scheitert zum einen schon daran, dass der Begriff des Bauentwurfes der ursprünglichen Fassung der VOB/B aus dem Jahr 1926 entstammt und zeitlich somit nicht aus dem in den wesentlich später in Kraft getretenen Honorarordnungen[275] verwendeten Begriff hergeleitet werden kann[276].

Zum anderen hat die Verwendung des Begriffes der Entwurfsplanung im Architektenrecht eine gänzlich andere Funktion[277].

Diese liegt vermutlich darin, die Leistungspflicht des Architekten bestimmbar festlegen und die einzelnen Gebührentatbestände (sog. Leistungsphasen) eines Architektenvertrages i. S. d. HOAI im Rahmen der Honorarermittlung von einander abgrenzen zu können, beschreibt aber keinesfalls eine vom Unternehmer verbindlich auszuführende Leistung, wie dies jedoch in § 1 Nr. 3 VOB/B vorausgesetzt wird.

---

[274] Thode, Die Infiltration des rechts durch metajuristische Begriffe – Erläutert am Beispiel des „Bausolls" –, in ZfBR 2006, 309ff.

[275] Die GOA trat im Jahr 1950, die HOAI im Jahr 1971 in Kraft.

[276] so auch v. Rintelen in Kapellmann/Messerschmidt, VOB Teil A und B, 2003, § 1 VOB/B, Rdn. 51.

[277] ebenso Weick in Nicklisch/Weick, VOB Teil B, 3. Auflage 2001, § 1 VOB/B, Rdn. 25, der aber einer Begründung seiner Auffassung schuldig bleibt.

Der standardisierte Architektenvertrag leidet nämlich an einem schwerwiegenden Problem. So wird es sich regelmäßig bei einem Architektenvertrag um einen Werkvertrag i. S. d. § 631 BGB handeln, wodurch der Architekt nicht nur zu einer reinen Dienstleistung, sondern ebenfalls zur Herbeiführung eines Erfolges, das Entstehenlassen eines mangelfreien Bauwerkes, verpflichtet wird.
Die hierfür erforderlichen Leistungen können aber im Gegensatz zu einem Bauvertrag aufgrund der dynamischen Leistungsbeziehungen zwischen den Parteien bei Vertragsschluss nicht in einer Art konkretisiert werden, welche die Leistungspflicht des Architekten bestimmbar macht. Bestimmbar wäre die Leistungspflicht des Architekten nur dann, wenn sich deren Inhalt im Rahmen der Auslegung i. S. d. §§ 133, 157 BGB ermitteln ließe. Hierzu wären aber zumindest objektive oder subjektive Anhaltspunkte für den Umfang der Leistungspflicht des Architekten im Vertrag erforderlich. Diese werden jedoch erst im Laufe der Durchführung des Vertrages von den Parteien entwickelt bzw. konkretisiert.
Damit wäre es bei Vertragsschluss auch nahezu unmöglich, die endgültige Höhe der vom Auftraggeber zu entrichtenden Vergütung zu bestimmen.
Aus diesem Grund ist es erforderlich, die auszuführende Leistung und damit auch die Vergütung des Architekten dem Grund und der Höhe nach zu pauschalieren und in einzelne Gebührentatbestände bzw. Leistungsphasen i. S. d. § 15 HOAI zu unterteilen.
In diesem Sinne bezeichnet die Entwurfsplanung gem. § 15 Abs. 2 HOAI zwar das Erarbeiten der endgültigen Lösung der Planaufgabe durch den Architekten, hieran schließen sich jedoch noch weitere Leistungsphasen i. S. d. § 15 Abs. 2 HOAI an, deren Ergebnis erst eine ausführungsreife Planlösung ist, so dass die Entwurfsplanung keinesfalls eine verbindliche Darstellung der vom Unternehmer auszuführenden Leistung beschreibt, sondern regelmäßig noch behördlichen oder bautechnischen (z.B. statischen) Änderungsvorgaben unterliegt.

Dem gegenüber muss es sich bei dem in § 1 Nr. 3 VOB/B verwendeten Begriff des Bauentwurfes um einen Teil der vertraglich vereinbarten und damit verbindlichen Leistungspflicht des Unternehmers handeln, welche mit dem versprochenen Erfolg aus dem Architektenvertrag identisch sein, aber auch hinter ihm zurückbleiben kann. Jedenfalls macht es gerade diese Verbindlichkeit erforderlich, dem Auftraggeber insoweit ein einseitiges Leistungsbestimmungsrecht einzuräumen.
Insofern entspricht dem in § 1 Nr. 3 VOB/B verwendeten Begriff des Bauentwurfes eher die in § 15 HOAI ebenfalls beschriebene Ausführungsplanung, da diese im Gegensatz zur Entwurfsplanung als Grundlage der Leistungsbeschreibung auch verbindlicher Vertragsgegenstand werden kann.

Schulze-Hagen erkennt das Problem der Herleitung des Bauentwurfbegriffes aus einer zeitlich nachfolgenden Gebührenregelung des Architektenvertrages, jedoch ist sein auch Lösungsansatz nicht frei von einigen Unklarheiten.
Ausgehend von der systematisch nachvollziehbaren Überlegung, dass der Auftragnehmer im Rahmen des § 2 Nr. 5 VOB/B verpflichtet sein muss, auch „andere Anordnungen" auszuführen, gelangt er im Weiteren, obwohl im Wortlaut des § 2 Nr. 5 VOB/B ausdrücklich zwischen Bauentwurfsänderungen und anderen Anordnungen unterschieden wird, zu der zweifelhaften Schlussfolgerung, dass beide Varianten unter den Begriff des Bauentwurfes i. S. d. § 1 Nr. 3 VOB/B zu subsumieren seien.
Diese Überlegung ist nicht überzeugend, da die Vermutung, dass durch die Verwendung derart unterschiedlicher Begriffe innerhalb ein und derselben Regelung auch inhaltlich etwas Anderes zum Ausdruck gebracht werden soll, wesentlich näher liegt[278].
Und selbst wenn man dieser ersten, nahe liegenden Vermutung zuwider die Auffassung vertreten würde, dass sich beide Begriffe inhaltlich entsprechen, wäre es nach juristischen Grundsätzen eher üblich, die abstrakt/generellere Bezeichnung in das Anordnungsrecht des § 1 Nr. 3 VOB/B aufzunehmen als umgekehrt.
Vor diesem Hintergrund erscheint die nicht nur von *Schulze-Hagen* vertretene These Ausdruck eines ergebnisorientierten Versuchs zu sein, das Leistungsbestimmungsrecht des § 1 Nr. 3 VOB/B auch auf Bauumstandsänderungen, insbesondere im Hinblick auf die Bauzeit, zu erstrecken.

Dieser Umstand scheint auch *Zanner/Keller* und ebenso *Wirth/Würfele* zu ihrem weiten Verständnis des Bauentwurfes zu bewegen.
Im Gegensatz zu den Herleitungsversuchen der anderen Autoren basiert ihre am Sinn und Zweck orientierte Argumentation auf systematisch korrekten und durchaus nachvollziehbaren Gesichtspunkten.
So ist es für die Ermittlung des Inhalts des Bauentwurfes zweifelsfrei mitentscheidend, dass der Begriff unmittelbar im Anschluss an die Beschreibung der vereinbarten Bauleistung § 1 Nr. 1 VOB/B i. V. m § 2 Nr. 1 VOB/B zu finden ist.
Ebenso ist in Übereinstimmung mit *Wirth/Würfele* die Bedeutung der Bauzeit bei der Kalkulation der Baupreise keinesfalls zu unterschätzen.

Daneben darf aber nicht die ursprüngliche Bedeutung des Bauentwurfbegriffes, der übrige Regelungszusammenhang sowie die sich hieraus ergebenden Konsequenzen außer Acht gelassen werden.

---

[278] vgl. hierzu Kapellmann/Schiffers, Vergütung, Nachträge und Behinderungsfolgen beim Bauvertrag, Band 1, 4. Auflage 2000, Rdn. 787.

Insoweit fehlt es den Beiträgen von *Zanner/Keller* an Konsistenz, da Sie zwar noch die sich aus der Verbindung des § 1 Nr. 3 VOB/B mit § 2 Nr. 5 VOB/B ergebenden systematischen Schwierigkeiten durch die Annahme einer synallagmatischen Verbindung zwischen der Pflicht zur fristgerechten Leistung und der versprochenen Vergütung bei einem Bauvertrag meistern, die sich hieraus ergebenden weiteren Folgen bei der Darstellung ihrer Auffassung jedoch weitgehend unbeachtet lassen.
Insbesondere können auch Sie keine Erklärung für die abweichende Terminologie zwischen der vereinbarten Leistung i. S. d. § 1 Nr. 1, 2 Nr. 1 VOB/B und dem Bauentwurf i. S. d. § 1 Nr. 3 VOB/B liefern[279].

Zur Vermeidung dieser Probleme ist es daher für eine dogmatisch konsistente Herleitung des Bauentwurfbegriffs möglicherweise hilfreich, trotz aller Schwierigkeiten bei der Quellenbeschaffung den historischen Ansatz zu ergründen.
Denn nur soweit die ursprüngliche Motivation der Begrenzung des Anordnungsrechts des Auftraggebers i. S. d. § 1 Nr. 3 VOB/B durch die Verwendung des Bauentwurfbegriffes ermittelt wurde, kann im Anschluss daran zu überlegen sein, das so gewonnene Ergebnis aufgrund teleologischer, systematischer oder anderer Erwägungen zu korrigieren.

Unglücklicherweise sind nach meinen Recherchen keine Dokumente über die ursprünglichen Motive der Normierung des § 1 Nr. 3 VOB/B in bis heute nahezu unveränderter Gestalt mehr erhalten, was auch andere Vertreter der dargestellten Meinungen diesbezüglich zu einem Verweis auf ältere Kommentarliteratur veranlasst[280].

Dieser Verweis ist jedoch als Hinweis auf die ursprünglichen Motive bei Schaffung des § 1 Nr. 3 VOB/B weitgehend untauglich und führt in den meisten Fällen zu keinem befriedigenden Ergebnis, da die dort dargestellten Ansichten zumeist unbegründet bleiben und zudem das gleiche zeitliche Abfolgeproblem wie bei dem Herleitungsversuch aus der GOA oder HOAI besteht [281].

---

279 Zanner/Keller, Das einseitige Anordnungsrecht des Auftraggebers zur Bauzeit und Bauablauf und seine Vergütungsfolgen, in NZBau 2004, 353ff.; Wirth/Würfele, Bauzeitverzögerung: Mehrvergütung gemäß § 2 Nr. 5 VOB/B oder Schadensersatz gemäß § 6 Nr. 6 VOB/B?, in Jahrbuch Baurecht 2006, 119ff.

280 Schubert, Zur Entstehung der VOB (Teile A und B) von 1926, in Festschrift für Korbion, 1986, S. 390.

281 beispielhaft Ingenstau/Korbion, VOB Teil A und B, 1. Auflage 1960, S. 321.; Hereth/Ludwig/Naschold, 1954, Band II, VOB Teil B, § 1.3 VOB/B, Rdn 19.; Weilbier, Bauvergabe und Bauverträge, Bautechnischer Kommentar, 3. Auflage 1953, S. 216.

In diesem Sinne ist gerade wegen des Mangels an konkreten Nachweisen über die Motive zu § 1 Nr. 3 VOB/B vor allem entscheidend, welche grundlegende bzw. allgemeine Bedeutung dem wohl nicht zufällig verwendeten Begriff des Bauentwurfes in der Zeit vor 1926 zugekommen ist.

Eine allgemeine Darstellung hierzu findet sich im Konversationslexikon von Brockhaus aus dem Jahr 1898. Dort heißt es:

„In der Baukunst nennt man Entwurf die in allen Teilen wohl durchdachte und dem späteren Bau zu Grunde zu legende Darstellung eines Gebäudes in verjüngtem Maßstab."[282]

Eine sachbezogene Definition findet sich im „Illustrierten Baulexikon" von Mothes[283] aus dem Jahr 1882, welcher in diesem Zusammenhang von der zu Papier gebrachten Idee des Bauwerkes spricht, für welche er zugleich eine Entwicklungsanleitung liefert. Hiernach sei mit dem Grundriss zu beginnen, diesen aber mit der Anordnung für die Benutzung und dem Zweck des Gebäudes wichtigsten Geschosses und in diesem wiederum mit dem wichtigsten Raum; hierum solle man unter Zweckmäßigkeitsgesichtspunkten die anderen Räume verteilen und die Anzahl, Größe und Lage der Fenster und Türen bestimmen; erst danach sei mit der Vertikalprojektion fortzufahren.

Beide Fundstellen machen deutlich, dass nach dem damaligen allgemeinen Verständnis ein Entwurf die rein zeichnerische Darstellung des herzustellenden Bauwerkes gewesen sein muss, welche dem späteren Bau der Systematik des § 1 Nr. 3 VOB/B entsprechend verbindlich zugrunde gelegt sein musste.

Dieses Verständnis wird durch die schon seit dem Ende des 17. Jahrhunderts unter dem Einfluss des französischen und holländischen Vergaberechts fortschreitende Entwicklung eines zumindest für umfangreiche Bauvorhaben und Materiallieferungen eigenständigen, wenn auch nicht einheitlichen Submissionsrechtes in Deutschland bestätigt[284].
Insbesondere die Grundstrukturen der ersten Verdingungsordnungen der 30er Jahre wurden wesentlich durch das französische Recht geprägt, da das Submissionswesen in Frankreich nicht nur auf eine lange, bis auf das Spätmittelalter zurückreichende Tradition zurückblicken konnte, sondern spätestens

---

[282] Brockhaus, Konversationslexikon, 14. Auflage 1898, 6. Band, S. 185.

[283] Mothes, Illustriertes Baulexikon, Band II, 4. Auflage 1882, S.257.

[284] Schubert, Zur Entstehung der VOB (Teile A und B) von 1926, in Festschrift für Korbion, 1986, S. 391.; Lampe-Helbig, Die Verdingungsordnung für Bauleistungen (VOB) und der Bauvertrag, in Festschrift für Korbion, 1986, S. 249. (250).

seit der Julirevolution von 1830 einen bedeutsamen Teil des formalen Verwaltungsrechtes Frankreichs darstellte[285].
An diesen konnte sich somit das deutsche Verdingungs- und Vergaberecht orientieren, so dass für die Herleitung des Bauentwurfbegriffes auch ein Blick auf das französische Verdingungsrecht zu werfen ist.

Hier scheint die Regelung des Art. 2 des Cahiers des Clauses Administratives Générales (C.C.A.G.)aus dem Bereich des öffentlich-rechtlichen Bauvertragswesen dem Auftraggeber ein mit § 1 Nr. 3 VOB/B vergleichbares Anordnungsrecht zu gewähren[286], welches der Bauunternehmer trotz eventuell anzubringender Vorbehalte grundsätzlich streng zu befolgen hat[287].

Art. 2.52 C.C.A.G. bestimmt:

„Lorsque l´entrepreneur estime que les prescriptions d´un ordre de service appellent les réserves de sa part, il doit, sous peine de forclusion, les présenter par écrit au maître d´œuvre dans un délai de quinze jours décompté ainsi qu´il est précisé à l´article 5."[288]

---

[285] Schubert, Zur Entstehung der VOB (Teile A und B) von 1926, in Festschrift für Korbion, 1986, S. 391, mit weiteren Nachweisen.

[286] Das französische Privatrecht zeigt eine Fülle von Vertragsmustern, welche zumeist stark an die öffentlich-rechtlichen Vertragsmuster angelehnt sind. Besondere Bedeutung kommt den Regelungen der Association Francaise de Normalisation (AFNOR) zu, welche mit der Norm 03-001 den Bauvertragsparteien ein Instrumentarium zur Anpassung des Vertrages zur Hand gibt. Die darin enthaltenen Regelungen sind jedoch weitgehend nicht so präzise, als dass daraus Erkenntnisse für die in dieser Arbeit behandelte Thematik gewonnen werden können. Insbesondere lässt die Norm die Gewährung eines ausdrücklichen Leistungsänderungsrecht i. S. d. § 1 Nr. 3 VOB/B vermissen, vgl. hierzu: Poesch, Planänderungen durch den Bauherrn – eine rechtsvergleichende Untersuchung zum deutschen und französischen Recht, S. 112 ff.

[287] Das C.C.A.G. in der vorliegenden Fassung stammt zwar nur aus dem Jahr 1976, dessen Wurzeln lassen sich doch bis zur französischen Revolution zurückverfolgen, vgl. hierzu Poesch, Planänderungen durch den Bauherrn – eine rechtsvergleichende Untersuchung zum deutschen und französischen Recht, S. 63 ff. und S. 101 ff.

[288] *„Wenn der Unternehmer der Ansicht ist, dass eine ihm bekannt gegebene Anordnung (des Bauherren) seinerseits Vorbehalte erfordert, muss er sie, unter Androhung des Rechtsausschlusses, dem Bauherrn schriftlich innerhalb einer Frist von 15 Tagen, die, wie im Artikel 5 aufgeführt ist, berechnet wird, vorbringen."*

Gegenstand des Anordnungsrechts i. S. d. Art. 2 C.C.A.G. kann jegliche Veränderung an dem herzustellenden Werk sein, was sowohl eine Vergrößerung als auch eine Verkleinerung des Auftragwertes mit einschließt[289].
Allerdings nennt Art. 2.5 C.C.A.G. im Unterschied zu § 1 Nr. 3 VOB/B keine materielle Voraussetzung, an welche die Ausübung des Anordnungsrechts gebunden ist, sondern lässt lediglich das Bestehen eines öffentlich-rechtlichen Vertrages, in welchen die C.C.A.G. einbezogen sind, genügen.

Stellt man also allein auf den Wortlaut beider Regelungen ab, fällt auf, dass das Anordnungsrecht des § 1 Nr. 3 VOB/B wesentlich enger als das des Art. 2.5 C.C.A.G. formuliert ist.
Dies liefert Grund zu der Annahme, dass damit auch bewusst ein Unterschied zum französischen Recht ausgedrückt werden sollte, welcher nach dem damaligen Sprachverständnis im Gegensatz zu Art. 2.5. C.C.A.G in einer inhaltlichen Konkretisierung des Leistungsbestimmungsrechts zu suchen ist.

Andererseits ist es auch möglich, dass es sich bei der verwendeten Begrifflichkeit des Bauentwurfs um eine rein formelle Begrenzung des Anordnungsrecht des § 1 Nr. 3 VOB/B handelt.
Anlass zu dieser Vermutung liefert wiederum das französische Recht, welche als formelle Voraussetzung in Art. 2.52 C.C.A.G die Schriftlichkeit der Anordnung des Auftraggebers vorschreibt.
Ein derartiges ausdrückliches Formerfordernis enthält das deutsche Verdingungsrecht nicht, könnte aber in dem Begriff des Bauentwurfes zum Ausdruck gelangt sein. Soweit nämlich unter dem Begriff des Bauentwurfes die zeichnerische Darstellung des herzustellenden Bauwerkes verstanden wird, muss jede Änderung der Zeichnung zwangsläufig auch schriftlich bzw. zeichnerisch erfolgen.

Diese Vermutung wird jedoch relativ schnell durch einen Blick in die Allgemeinen Vertragsbedingungen für die Ausführungen für Hochbauten der Regierung zu Köln aus dem Jahr 1889, in denen ebenfalls ein Änderungsrecht enthalten ist, relativiert[290].

Dort heißt es in § 1 Abs. 3 der Allgemeinen Vertragsbedingungen für die Ausführungen für Hochbauten zunächst:

„Abänderungen der Bau-Entwürfe anzuordnen, bleibt der bauleitenden Behörde vorbehalten."

---

[289] Poesch, Planänderungen durch den Bauherrn – eine rechtsvergleichende Untersuchung zum deutschen und französischen Recht, Dissertation, 1988, S. 101.

[290] Abgedruckt in BauR 1989, S. 24.

Zusätzlich wurde auch das bereits in Art. 2.5 C.C.A.G. enthaltene Schriftformerfordernis in § 3 der Allgemeinen Vertragsbedingungen für die Ausführungen für Hochbauten gesondert aufgenommen.

Sollte es sich bereits bei der Verwendung des Begriffs des Bauentwurfs um eine rein formelle Beschränkung des Anordnungsrechts des § 1 Nr. 3 VOB/B handeln, wäre die nochmalige Normierung dieses Formerfordernisses nur durch den Willen der Urheber der VOB/B zu rechtfertigen, diese formelle Voraussetzung besonders zu betonen, da sie andernfalls als bloße Wiederholung weitgehend bedeutungslos wäre.

Dies bestätigende Dokumente lassen sich jedoch ebenso wenig in den Archiven finden, wie diejenigen, welche Aufschluss über die Motivationen zur VOB/B aus dem Jahr 1926 geben könnten, würden aber meines Erachtens auch nicht zu dem erhofften Ergebnis führen, da ein anderer Gedanke wesentlich näher liegt.

Die Verfasser der Allgemeinen Vertragsbedingungen für die Ausführungen für Hochbauten der Regierung zu Köln aus dem Jahr 1889 erachteten die explizite Normierung des Schriftformerfordernisses als notwendig, weil nach ihrem Verständnis eine derartige formelle Begrenzung im Anordnungsrecht des § 1 Abs. 3 der Allgemeinen Vertragsbedingungen für die Ausführungen für Hochbauten noch nicht enthalten war.

Eine formelle Begrenzung des Anordnungsrechts des § 1 Nr. 3 VOB/B durch die Verwendung des Bauentwurfbegriffs liegt somit fern.

Ebenso ist eine im Wortlaut bedeutungslose Abweichung im Vergleich zu der Regelung des französischen Öffentlichen Rechtes unwahrscheinlich, da das Änderungsrecht des § 1 Abs. 3 i. V. m. § 3 der Allgemeinen Vertragsbedingungen für die Ausführungen für Hochbauten trotz der weit größeren Übereinstimmung mit der Regelung des Art. 2 C.C.A.G. als das Anordnungsrecht gem. § 1 Abs. 3 VOB/B (Fassung 1926), dennoch einen vom Wortlaut abweichenden Anwendungsbereich definiert.

Bleibt somit nur der Schluss, dass es sich auch im Vergleich mit dem wesentlich älteren französischen Recht bei der Verwendung des Bauentwurfbegriffs um eine inhaltliche Begrenzung des Anwendungsbereiches des § 1 Nr. 3 VOB/B handeln muss.

Zugleich scheint der Nachweis eines mit Art. 2 C.C.A.G. vergleichbaren Änderungsrechtes in den Allgemeinen Vertragsbedingungen für die Ausführungen für Hochbauten der Regierung zu Köln aus dem Jahr 1889 die Vermutung einiger Autoren zu widerlegen, wonach der Begriff des Bauentwurfes entweder aus nationalsozialistischen Gedankengut oder der Deutschtümelei der 20 Jahre entstammen müsse[291].

Dem ist zwar zuzugestehen, dass sich der im Jahr 1883 gegründete Allgemeine Deutsche Sprachverein, dessen Ziele es waren, die Reinigung der deutschen Sprache von unnötigen fremden Bestandteilen zu fördern, die Erhaltung und Wiederherstellung des echten Geistes und eigentümlichen Wesens der deutschen Sprache zu pflegen und auf diese Weise das allgemeine nationale Bewusstsein im deutschen Volke zu kräftigen[292], sich im Jahr 1925 unter der Rubrik „Sprachhilfe" im Auftrag der Reichsbauverwaltung mit den Allgemeinen Vergebungs- und Vertragsbestimmungen für die Ausführung von Bauleistungen zu befassen hatte[293]; soweit der Begriff aber schon in den Allgemeinen Vertragsbedingungen für die Ausführungen für Hochbauten der Regierung zu Köln aus dem Jahr 1889 Verwendung gefunden hatte, kann dergleichen nicht auf Bereinigungsvorschläge des Allgemeinen Deutschen Sprachvereins zurückgeführt werden[294].

Fasst man alle historischen Auslegungsansätze also zusammen, gelangt man für die Herleitung des Bauentwurfbegriffes in § 1 Nr. 3 VOB/B somit zu dem Ergebnis, dass im Gegensatz zum französischen Recht das Anordnungsrecht des Auftraggebers eines VOB-Bauvertrags nicht unbegrenzt besteht.
Vielmehr beschränkt die aus dem Wortlaut zu entnehmende Grenze des Bauentwurfes das Anordnungsrecht des § 1 Nr. 3 VOB/B nach dem allgemeinen Sprachverständnis der 20er Jahre, auf die Änderung der dem Bauvertrag verbindlich zugrunde gelegte und zu Papier gebrachte, graphische Darstellung des herzustellenden Bauwerkes in verjüngtem Maßstab, was nach allgemeinen Auslegungsgesichtspunkten i. S. d. §§ 133, 157 BGB auch textliche Erläuterungen der dargestellten Leistungen, etwa als Teil der Leistungsbeschreibung, mit einschließt.

Vom ursprünglichen Anwendungsbereich des § 1 Nr. 3 VOB/B hingegen nicht erfasst sind Änderungsanordnungen bezüglich sonstiger Leistungen, welche mangels graphischer Darstellung des Bauwerkes kein Teil des Bauentwurfes

---

291 Quack/Thode, Vertragsrechtliche Bedeutung der VOB Teil A – B – C, Skript zum Intensivkurs Privates Bau- und Architektenrecht, Stand August 2005, S. 9.

292 Wiechers, „Die Gesellschaft für deutsche Sprache", in Sprache in der Gesellschaft, Beiträge zur Sprachwissenschaft, Band 28, 2004, S. 16.

293 Nachweis in Muttersprache, Zeitschrift des deutschen Sprachvereins, 41. Jahrgang 1926, Heft 11, S. 331.

294 Nachweise über den Umfang der Änderungsvorschläge sind bei der Gesellschaft für deutsche Sprache als Rechtsnachfolger des Allgemeinen deutschen Sprachvereins leider ebenfalls nicht mehr erhalten.

bilden, so dass auch im Rahmen der Auslegung eventuell heranzuziehende textliche Erläuterung dieser Leistungen ebenfalls nicht vom Bauentwurfsbegriff umfasst sein können[295].

Auf konkrete Fallgestaltungen bezogen bedeutet dies, dass das Leistungsbestimmungsrecht des § 1 Nr. 3 VOB/B unter dem hier untersuchten Gesichtspunkt den Auftraggeber somit zu allen unmittelbaren Änderungen an den verbindlichen Bauwerksplänen berechtigt, so dass dieser nach Vertragsschluss insbesondere die vorgesehene Raumaufteilung, die Lage der Fenster und Türen wieder verändern, sowie sonstige Änderungen am Grundriss des Bauwerkes vornehmen kann.

Ist für eine in den Bauplänen dargestellte Leistung, z.B. das Dach, eine bestimmte Ausführungsart in der Leistungsbeschreibung vereinbart, berechtigt § 1 Nr. 3 VOB/B den Bauherrn auch ausnahmsweise dazu, diese nach Vertragsschluss einseitig zu verändern, da die Ausführungsart im Rahmen der Auslegung gem. § 133, 157 BGB als textliche Erläuterung einer planerisch dargestellten Leistung in den Bauentwurf einbezogen ist[296].

Wurde dagegen keine besondere Ausführungsart vereinbart, ist der Bauherr gem. § 1 Nr. 3 VOB/B nicht berechtigt, eine seinen Vorstellungen entsprechende Art nach Vertragsschluss festzulegen, da die Art und Weise der Herstellung des Bauwerks nach dem Wesen des Werkvertrages im Gegensatz zum Dienstvertrag grundsätzlich der alleinigen Entscheidungsgewalt des Auftragnehmers unterliegt[297] und darüber hinaus der Anwendungsbereich des § 1 Nr. 3 VOB/B mangels vereinbarter Leistung schon gar nicht eröffnet wäre.

Dergleichen sind Änderungen in den zum Teil als Bauumstände bezeichneten Bereichen des Bauvertrages[298] mangels graphischer Darstellung in den Bauwerksplänen oder Bezug zu einer Leistung in den illustrierten Bauwerksplänen vom Leistungsbestimmungsrecht des § 1 Nr. 3 VOB/B nicht umfasst, so dass die Verlegung von Baustraßen und anderen Zu- und Abfahrtswegen, ein abweichender Geräteeinsatz, sowie sonstige den Bauablauf betreffende Än-

---

295 so wohl auch schon Hereth/Ludwig/Naschold, Kommentar zur VOB, Band II, Fassung 1952, § 1. 3 VOB/B, Rdn. 16-19; ebenso im Ergebnis: Keldungs in Ingenstau/Korbion, VOB Teil A und B, 15. Auflage 2004, § 1 Nr. 3 VOB/B, Rdn.787; Jagenburg in Beck´scher VOB Kommentar, Teil B, 1997, § 1 Nr. 3 VOB/B, Rdn. 9; v. Rintelen in Kapellmann/Messerschmidt, VOB Teil A und B, 2003, § 1 VOB/B, Rdn. 54f.

296 vgl. hierzu BGH, Urt. v. 11.03.1999 – VII ZR 179/98, BauR 1999, 897 = ZfBR 1999, 179 = IBR 1999, 300.

297 vgl. zuvor schon Gliederungspunkt II.1.1.2.; vgl. auch § 4 Nr. 2 VOB/B.

298 v. Rintelen in Kapellmann/Messerschmidt, VOB Teil A und B, 2003, § 1 VOB/B, Rdn. 54.

derungen, insbesondere auch unmittelbare zeitliche Verschiebungen oder Unterbrechungen, nicht einseitig vom Auftraggeber gem. § 1 Nr.3 VOB/B angeordnet werden können.

Gleiches gilt auch für die als sonstige Vertragsbestandteile bezeichneten Leistungen, wie etwa vertragsrechtliche Regelungen, da diese ebenfalls nicht unmittelbar der Erläuterung einer graphisch dargestellten Leistung dienen.

In diesem Sinne deckt sich das aus der historischen Auslegung gewonnene Ergebnis mit den Feststellungen von *Keldungs* und *Jagenburg*, welches meines Erachtens entgegen den verschiedenen angestrengten Zweckmäßigkeitserwägungen oder aufgrund systematischer Gesichtspunkte nicht zu korrigieren ist[299].

Eine am Sinn und Zweck orientierte Auslegung des Bauentwurfsbegriffes kann nämlich nur dann zu einem anderen Ergebnis als dem aus der historischen Auslegung gewonnenen führen, wenn dem Anordnungsrecht bereits im Jahr 1926 entgegen dem allgemeinen Verständnis eine weiterer Sinn zugekommen ist bzw. sich dieser im Laufe der Jahre verändert hat.

Hierfür ist jedoch nichts ersichtlich und wurde bereits durch den Vergleich mit der Regelung im französischen Recht widerlegt, von welcher der deutsche Verordnungsgeber meines Erachtens bewusst abgewichen ist.

Insbesondere überzeugen aber auch die von *Wirth/Würfele*[300], *Zanner/Keller*[301] sowie *Kniffka*[302] vorgebrachten Bedenken nicht, wonach eine derartige Beschränkung des Anordnungsrechts des § 1 Nr. 3 VOB/B nicht interessengerecht wäre, da sie dem Sinn und Zweck der VOB, einen nahezu störungsfreien Ablauf des Bauvorhabens zu ermöglichen, zuwider laufe.

So ist schon die Argumentationskette der Verfasser, welche sie zu einem dem überaus weiten Anwendungsbereich des § 1 Nr. 3 VOB/B führt, in sich unge-

---

[299] Wirth/Würfele, Bauzeitverzögerung: Mehrvergütung gemäß § 2 Nr. 5 VOB/B oder Schadensersatz gemäß § 6 Nr. 6 VOB/B?, in Jahrbuch Baurecht 2006, 119ff.; Schulze-Hagen, Zur Anwendung der §§ 1 Nr. 3, 2 Nr. 5 VOB/B einerseits und §§ 1 Nr. 4, 2 Nr. 6 VOB/B andererseits, in Festschrift für Soergel, 1993, S. 259.

[300] Wirth/Würfele, Bauzeitverzögerung: Mehrvergütung gemäß § 2 Nr. 5 VOB/B oder Schadensersatz gemäß § 6 Nr. 6 VOB/B?, in Jahrbuch Baurecht 2006, 119 ff.

[301] Zanner/Keller, Das einseitige Anordnungsrecht des Auftraggebers zur Bauzeit und Bauablauf und seine Vergütungsfolgen, in NZBau 2004, 353ff.

[302] Kniffka in ibr-online-Kommentar Bauvertragsrecht, Stand 12.09.2005, § 631 BB, Rdn. 295 f.

nau. Es ist nämlich nicht nur die Frage zu stellen, ob der Sinn und Zweck der VOB ein weites Verständnis des Bauentwurfbegriffes erfordert, sondern vielmehr, ob dieser Zweck die Einräumung eines derart weitreichenden einseitigen Leistungsbestimmungsrechts zugunsten des Auftraggebers rechtfertigen kann.

Dies ist unter den verschiedensten Gesichtspunkten abzulehnen.

Als erstes kann der eigentliche Zweck der VOB, einen störungsfreien Arbeitsablauf zu gewährleisten, auch bei Einbeziehung der soeben ausgeschlossenen Leistungen in den Anwendungsbereich des Anordnungsrechts des §1 Nr. 3 VOB/B in gleicher Weise beeinträchtigt werden, wie bei der hier vertretenen Auffassung.
Wenn der Auftraggeber nämlich während der Bauausführung aus finanziellen oder sonstigen Aspekten berechtigterweise anordnen könnte, die Arbeiten für Monate einzustellen, müsste der Auftragnehmer dieser Anordnung ohne Verweigerungsmöglichkeit Folge leisten, was den Stillstand der Arbeiten und eben nicht den zügigen Fortgang des Bauvorhabens bedeuten würde.

Noch viel entscheidender ist aber, dass die VOB/B nicht nur diesen einen Zweck verfolgt, sondern in erster Linie einen gerechten Ausgleich zwischen den gegenläufigen Interessen der Bauvertragsparteien schaffen soll[303], so dass bei der Auslegung jedes Paragraphen die Vorteile und Belastungen für beide Vertragsparteien zu untersuchen sind.

Dieser Zusammenhang wird von *Zanner/Keller*, sowie von *Kniffka* mit dem Hinweis auf die Regelung des § 2 Nr. 5 VOB/B zu lösen versucht.
Dass dieser Hinweis aber weitgehend untauglich ist und in Fällen der berechtigten Bauumstandsänderung gem. § 1 Nr. 3 VOB/B, insbesondere in Form der oben exemplarisch aufgeführten Unterbrechungsanordnung, zum Teil nicht zu interessengerechten Ergebnissen führt, zeigen folgende Überlegungen:

So korrespondiert das Interesse des Auftraggebers an einer möglichst weiten Anordnungsbefugnis nämlich nicht, wie von *Zanner/Keller* behauptet, mit dem Vergütungsanspruch, sondern, als Ausdruck der Wahrung seiner vertrag-

---

[303] Korbion/Hochstein/Keldungs, Der VOB-Vertrag, 8. Auflage 2002, Rdn. 22ff., 47; v. Rintelen in Kapellmann/Messerschmidt, VOB Teil A und B, 2003, Einleitung VOB/B, Rdn. 1ff.; Keldungs in Ingenstau/Korbion, VOB Teil A und B, 15. Auflage 2004, Vor VOB/B, Rdn. 1ff.; Nicklisch/Weick, VOB Teil B, 3. Auflage 2001, Einl., Rdn. 23 ff.; Motzke in Beck´scher VOB-Kommentar, Teil B, 1997, Einleitung I, Rdn. 42; Ganten in Beck´scher VOB-Kommentar, Teil B, 1997, Einleitung II, Rdn. 1ff.

lichen Entscheidungsfreiheit, mit dem Interesse des Auftragnehmers an einer möglichst engen Sicht der einseitigen Anordnungsbefugnis[304].
Denn gerade die Wahl der Art und Weise der Herstellung unterliegt nach der Konzeption des Werkvertrags im Unterschied zum Dienstvertrag grundsätzlich dem alleinigen Willen des Auftragnehmers, sofern eine bestimmte Herstellungsart oder anderer Bauumstand nicht ausdrücklich vereinbart wurde[305]. Dieser Grundkonzeption würde es widersprechen und der VOB/B-Bauvertrag würde weitgehend dienstvertragliche Züge annehmen, wenn dem Auftraggeber durch die Vereinbarung der VOB/B ein materiell unbeschränktes „Weisungsrecht" i. S. d. § 1 Nr. 3 VOB/B zustehen würde.

Dieses Interesse des Auftragnehmers wiegt umso schwerer, weil bei Zugestehen einer zeitlichen Anordnungsbefugnis im Rahmen des § 1 Nr. 3 VOB/B dem Auftraggeber damit gleichzeitig die Möglichkeit eröffnet wird, das Risiko der Verschlechterung oder des Untergangs bereits erbrachter Bauleistungen, nahezu unbegrenzt auf den Auftragnehmer zu verlagern, ohne letzterem hierfür einen finanziellen Ausgleich gem. § 2 Nr. 5 VOB/B zahlen zu müssen[306]. Diese Möglichkeit würde nicht nur der Konzeption des Bürgerlichen Gesetzbuches und insbesondere des Werkvertragsrechts, sondern auch der Konzeption der VOB/B widersprechen, nach welcher der Unternehmer nur bis zur Fertigstellung und Abnahme der Werkleistung die Leistungsgefahr zu tragen hat[307].

Die Vergütungsanpassung i. S. d. § 2 Nr. 5 VOB/B richtet sich nämlich im Wesentlichen nach der Auftragskalkulation des Auftraggebers, soweit diese Vertragsbestandteil geworden ist, da anhand der dort zu Grunde gelegten Kalkulationsfaktoren die geänderte Vergütung zu entwickeln ist[308].

---

[304] Quack in IBR 2004, 558f.

[305] v. Rintelen in Kapellmann/Messerschmidt, VOB Teil A und B, 2003, § 1 VOB/B, Rdn. 55; ebenso Langen in Kapellmann/Messerschmidt, VOB Teil A und B, 2003, § 5 VOB/B, Rdn. 78.; Ganten in Beck'scher VOB-Kommentar, Teil B, 1997, § 4 Nr. 2 VOB/B, Rdn. 7 f.; Motzke in Beck'scher VOB-Kommentar, Teil B, 1997, § 6 Nr. 4 VOB/B, Rdn. 28.

[306] Bei bereits fertig gestellten und in sich abgeschlossenen Teilgewerken kann diese Möglichkeit zwar durch die Rechtsfigur der fiktiven Abnahme gem. § 12 Nr. 5 Abs. 1 VOB/B eingeschränkt werden, soweit die Leistung jedoch noch nicht vollständig hergestellt ist bzw. es sich um keine Teilleistung i. S. d. § 12 Nr. 5 Abs. 1 VOB/B handelt, ist ein derartiges Vorgehen wenig Erfolg versprechend.

[307] vgl. hierzu § 300 BGB, § 644 BGB und § 12 Nr. 6 VOB/B (§ 7 VOB/B kann wegen des begrenzten Anwendungsbereich nur in absoluten Ausnahmefällen zu einem anderen Ergebnis führen).

[308] Zum genauen Vorgehen vgl. Gliederungspunkt II.5.2.

Der nach § 2 Nr. 5 VOB/B zu ermittelnde neue Preis kann somit nicht unter Berücksichtigung sämtlicher kostenrelevanter Faktoren festgelegt werden, sondern nur soweit, wie eine Veränderung an den Kalkulationsfaktoren der ursprünglich vereinbarten Leistung mit der Anordnung nach § 1 Nr. 3 VOB/B einhergeht.
Faktoren für zeitliche Unterbrechungen sind dort aber regelmäßig nicht enthalten, so dass auch der Einfluss einer Unterbrechungsanordnung des Auftraggebers auf die dort enthaltenen leistungsabhängigen Kalkulationsgrundlagen in nur sehr begrenzten Umfang zu erwarten ist. Insbesondere tangiert eine derartige Anordnung grundsätzlich nicht die kalkulierte Ausführungszeit, da durch die Unterbrechung die kalkulierte Gesamtdauer bis auf wenige Ausnahmen nicht verändert wird.
Aber auch an den zuvor kalkulierten Massen, dem notwendigen Arbeitseinsatz und dem Großteil der Gemeinkosten der Baustelle würde sich keine Änderung ergeben[309].
Allenfalls die Kosten für aufwendigere oder längere Sicherungs- bzw. Sicherheitsmaßnahmen oder Kosten für die längere Bereitstellung der Arbeitsgeräte bzw. der sonstigen Baustelleneinrichtung, sowie laufende Gehaltszahlungen wären im Rahmen des § 2 Nr. 5 VOB/B unter Umständen anpassungsfähig; diese stellen aber ebenfalls keinen Ausgleich für die längere Gefahrtragung des Unternehmers dar, sondern decken lediglich deren Vorhaltekosten ab[310].
Verschlechtert sich das Werk trotz vorgenommener Sicherungsmaßnahmen oder geht es sogar gänzlich unter, bleibt der Unternehmer zur Mangelbeseitigung bzw. Neuherstellung ohne Anspruch auf besondere Vergütung verpflichtet.

Mit der Möglichkeit der einseitigen Risikoverlagerung zu Lasten des Auftragnehmers geht die Tatsache einher, dass sich durch die oben exemplarisch ausgewählte Unterbrechungsanordnung mittelbar auch die vereinbarte Gewährleistungsfrist des Unternehmers verlängert, was dazu führen kann, dass dem Unternehmer ausgleichslos jeglicher Regressanspruch gegen seine Baustofflieferanten genommen wird.
Denn üblicherweise vereinbart der Hauptunternehmer mit seinen Baustofflieferanten bzw. seinen Subunternehmern eine Gewährleistungsfrist, welche die von ihm gegenüber seinem Auftraggeber gewährte um eine kurze Zeit über-

[309] zur Kalkulation von Baupreisen vgl. Drees/Paul, Kalkulation von Baupreisen, 5. Auflage 1998, S.39 ff.

[310] ebenso kann der aufgrund der zeitlichen Verschiebung fehlenden anderweitigen Erwerbsmöglichkeit wohlmöglich entgangene Gewinn im Rahmen des § 2 Nr. 5 VOB/B nicht berücksichtigt werden.

steigt, um sich mögliche Regressansprüche für erst kurz vor Ablauf der Hauptgewährleistung gerügte Mängel zu erhalten[311].
Wäre es dem Auftraggeber nun möglich die Bauausführung gem. § 1 Nr. 3 VOB/B berechtigterweise für Monate zu unterbrechen, wäre die Rückgriffsmöglichkeit des Unternehmers damit hinfällig und er bliebe auf eventuell anfallenden Mangelbeseitigungskosten sitzen.
Ein hiermit korrespondierendes einseitiges Gewährleistungsverlängerungsrecht z.B. des Generalunternehmers gegenüber seinen Subunternehmern soll wohl nicht ernsthaft diskutiert werden.

Schließlich würde sich bei einer berechtigten Unterbrechungsanordnung auch der Zeitpunkt der Fälligkeit der Schlussrechnung hinausschieben, was für den Unternehmer nicht nur längere Unsicherheit hinsichtlich bereits erhaltener Abschlagszahlungen, sondern auch eine längere Kapitalbindung oder mögliche Zinsverluste bedeuten würde. Auch die Auswirkungen im Bürgschaftsfall sind höchst problematisch[312].

Dem angeblich dem Auftragnehmer erwachsenden Druckpotential[313], welcher bei eingeschränktem Verständnis des Bauentwurfbegriffs die Ausführung zeitlicher Anordnungen verweigern könnte, steht im umgekehrten Fall also die Möglichkeit des Auftraggebers zur einseitigen Verlagerung des Verwendungsrisikos auf den Auftragnehmers, mit der damit einhergehenden Gefahr des Verlustes jeglicher Regressmöglichkeit und längerer Vergütungsunsicherheit gegenüber.

Unter diesen Voraussetzungen von einem einzigen nach Sinn und Zweck der VOB interessengerechten Ergebnis zu sprechen, erscheint somit relativ gewagt[314].

Das aus der historischen Auslegung gewonnene Ergebnis ist auch nicht aufgrund des systematischen Zusammenhangs, in welchen das Anordnungsrecht des § 1 Nr. 3 VOB/B eingebettet ist, zu korrigieren.

---

311 Eine solche Vereinbarung ist allerdings in Allgemeinen Geschäftsbedingungen nur in sehr begrenztem Umfang möglich. vgl. hierzu Nachweise bei Glatzel/Hoffmann/Frikel, Unwirksame Bauvertragsklauseln, 9. Auflage 2000, Ziffer 2.13.1.3 a, d und f.

312 vgl. allein Weise, Bürgenhaftung für Nachträge, in NJW-Spezial 2005, 549 ff.

313 vgl. hierzu Kniffka in ibr-online-Kommentar Bauvertragsrecht, Stand 12.09.2005, § 631 BB, Rdn. 293.

314 Vgl. exemplarisch Kniffka in ibr-online-Kommentar Bauvertragsrecht, Stand 12.09.2005, § 631 BB, Rdn. 293; Zanner/Keller, Das einseitige Anordnungsrecht des Auftraggebers zur Bauzeit und Bauablauf und seine Vergütungsfolgen, in NZBau 2004, 354f.

Insbesondere kann die vermeintliche synallagmatische Verbindung des Zeitfaktors bei einem Bauvertrag mit der versprochenen Vergütung nicht nachvollzogen werden[315].
Denn neben der Normierung des Anordnungsrechts des § 1 Nr. 3 VOB/B im Rahmen des § 1 VOB/B sind für eine systematische Herleitung des Bauentwurfbegriffes auch der restliche Regelungszusammenhang und die sich daraus ergebenden Folgen zu berücksichtigen.

In diesem wird zunächst als Rechtsfolge einer Anordnung nach § 1 Nr. 3 VOB/B die Anpassung der Vergütung gem. § 2 Nr. 5 VOB/B vorgesehen[316], welche unter systematischen Gesichtspunkten nur dann angezeigt ist, wenn durch eine Änderungsanordnung i. S. d. § 1 Nr. 3 VOB/B auch das ursprüngliche Gleichgewicht zwischen Leistung und Gegenleistung gestört wird.
Eine Änderungsanordnung i. S. d. § 1 Nr. 3 VOB/B kann damit ausschließlich Tatbestände erfassen, welche im Synallagma zu der versprochenen Vergütung stehen.

Diese Stellung nimmt im allgemeinen Werkvertragsrecht, wie bereits gezeigt, dem Grunde und der Höhe nach allein die vereinbarte Herstellung (Leistungsumfang) ein, welche sich als Teil der Sachleistungspflicht des Unternehmers aus dem Werkvertrag grundsätzlich nach dem definiert, was der Auftraggeber vom Unternehmer zu erhalten hat (Leistungserfolg), so dass die als Bauumstände bezeichneten Leistungen, insbesondere im Hinblick auf die Ausführungszeit, mangels Verschaffung an den Auftraggeber davon nicht erfasst werden[317].

Von dieser Systematik wird auch bei einem BGB-, sowie bei einem VOB/B-Bauvertrag nicht abgewichen, so dass bei einem VOB/B-Bauvertrag Bezugsobjekt der Vergütung in Übereinstimmung mit *Zanner/Keller* und *Wirth/Würfele* ebenfalls die vereinbarte Leistung i. S. d. § 1 Nr. 1 VOB/B i. V. m. § 2 Nr.1 VOB/B ist[318].

---

[315] so aber Zanner/Keller, Das einseitige Anordnungsrecht des Auftraggebers zur Bauzeit und Bauablauf und seine Vergütungsfolgen, in NZBau 2004, 353 (358); Wirth/Würfele, Bauzeitverzögerung: Mehrvergütung gemäß § 2 Nr. 5 VOB/B oder Schadensersatz gemäß § 6 Nr. 6 VOB/B?, in Jahrbuch Baurecht 2006, 119ff.

[316] zur Rechtsnatur der Vergütungsregelung des § 2 Nr. 5 VOB/B vergleiche Gliederungspunkt II.5.1.1.

[317] vgl. hierzu allgemein Thode, Werkleistung und Erfüllung im Bau- und Architektenvertrag, in ZfBR 1999, 116 ff.

[318] Zanner/Keller, Das einseitige Anordnungsrecht des Auftraggebers zur Bauzeit und Bauablauf und seine Vergütungsfolgen, in NZBau 2004, 353 (354).

Innerhalb dieser obliegt es aber den Parteien, eine von der Konzeption des Werkvertragsrechts abweichende Vereinbarung zu treffen, da die zum Teil als Bauumstände bezeichneten Leistungen auch bei einem VOB/B-Bauvertrag entgegen der Auffassung *Wirth/Würfele* und *Zanner/Keller* keinen Teil des Leistungserfolges darstellen, aber auch in keiner anderen Weise synallagmatisch mit der Vergütung verbunden sind, sondern als einseitige Nebenpflichten dem allgemeinen Leistungsstörungsrecht zugeordnet sind[319].

Dies erschließt sich insbesondere, wenn man einen Blick auf die Rechtsfolgen einer synallagmatischen Verknüpfung der als Bauumstände bezeichneten Leistungen mit der Vergütung außerhalb der VOB/B wirft.

So wäre am Beispiel des Zeitfaktors verdeutlicht bei einer synallagmatischen Verbindung zwischen der Vergütung und diesem die Pflicht zur fristgerechten Leistung damit nicht nur Regelungsgegenstand des Synallagmas zwischen Sachleistung und Vergütung, sondern auch Teil des Leistungserfolges. Dies entspräche der Situation bei einem absoluten Fixgeschäft[320], bei welchem die Einhaltung der vereinbarten Leistungszeit nach dem Zweck des Ver-

---

[319] Thode, Nachträge wegen gestörten Bauablaufs im VOB/B-Vertrag, in ZfBR 2004, 214 (225).

[320] Die Verknüpfung der Leistungszeit im Sinne einer relativen Fixschuld, welche dadurch charakterisiert wird, dass mit zeitgerechter Leistung das Rechtsgeschäft stehen und fallen soll, ist dagegen nicht möglich, da der Zeitfaktor in diesem Fall nicht mit dem Leistungserfolg als Synallagma der Vergütung verbunden ist, was durch einen Blick auf die Rechtsfolgen einer Überschreitung der Ausführungsfrist deutlich wird. So wird bei einer relativen Fixschuld im Zeitpunkt des Ablaufes der Ausführungsfrist die Hauptleistungspflicht (Leistungserfolg) aus dem Bauvertrag nicht unmöglich i. S. d. § 275 BGB, dem Auftraggeber steht vielmehr ein sofortiges, verschuldensunabhängiges Rücktrittsrecht i. S. d. § 323 Abs. 1, Abs. 2 Nr. 2 VOB/B BGB zu, welches als Gestaltungsrecht erst mit Ausübung Einfluss auf die Hauptleistungspflicht nehmen kann; daneben können zwar auch noch Schadensersatzansprüche i. S. d. § 280, 286 BGB bestehen, aber auch diese lassen den Leistungserfolg unberührt, vgl. Heinrichs in Palandt, § 323 BGB, Rdn. 20.
Zudem würde auch eine derartige Einordnung des Zeitfaktors bei einem Bauvertrag zu nicht interessengerechten Ergebnissen im Bauvertrag führen. So widerspricht die Einräumung eines verschuldensunabhängigen, fristlosen Rücktrittsrechts des Auftraggebers i. S. d. § 323 BGB vor allem der Kooperationspflicht der Bauvertragsparteien. Insbesondere bei einer kurzzeitigen Verspätung der Fertigstellung könnte sich der Auftraggeber ohne Fristsetzung und Aufforderung zur Erfüllung vom Vertrag lösen, ohne dass die Interessen des Auftraggebers hierbei von belang wären oder er sich dagegen zu Wehr setzten könnte. Dies erscheint schon auf Grund der teilweise jahrelangen Herstellungsphase, der Komplexität des Bauvorhabens, dem dadurch nur schwer zu kalkulierenden Zeitbedarf für einzelne Gewerke, und der Abhängigkeit der einzelnen Faktoren von unvorhersehbaren bzw. unkontrollierbaren Einflüssen für den Auftragnehmer unzumutbar. Daneben besteht die Gefahr, dass das Rücktrittsrecht zu einem Druckmittel des Auftraggebers mutieren würde, da dieses nach Eintritt des Verzuges oder der Verzögerung bestehen bliebe und dessen

trages oder der gegebenen Interessenlage für den Gläubiger von derart entscheidender Bedeutung ist, dass eine verspätete Leistung keine Erfüllung mehr darstellen soll[321].
Exemplarisch werden hierfür die Taxenbestellung für einen bestimmten Zug, die Buchung einer Flugreise, sowie die Bestellung von Leistungen für eine bestimmte terminlich festliegende Veranstaltung genannt[322].

Eine derart entscheidende Bedeutung kann der Leistungszeit bei einem VOB-Bauvertrag vorbehaltlich ausdrücklicher Vereinbarung meines Erachtens aber nur in Ausnahmefällen zugemessen werden[323].

So ist es grundsätzlich für die Erfüllung eines Werkvertrages notwendig aber auch hinreichend, dass der Auftragnehmer ein abnahmefähiges und damit mangelfreies Werk i. S. d. § 633 BGB bzw. § 13 Nr. 1 VOB/B erstellt.

Bei Einbeziehung der zeitlichen Komponente im Sinne einer absoluten Fixschuld wäre ein Werk, welches nicht in der vereinbarten Ausführungsfrist fertig gestellt wird, aber nicht nur erfüllungsuntauglich, die Erfüllung wäre vielmehr gänzlich unmöglich i. S. d. § 275 Abs. 1 BGB, so dass der Besteller aus dem Werkvertrag keine Möglichkeit mehr hätte, das verspätet hergestellte Werk noch zu erlangen.
Im Gegenteil wäre der Auftraggeber, abgesehen von der Opportunität einer einvernehmlichen Vertragsänderung, rechtlich darauf beschränkt, gegebenenfalls Schadensersatz gem. § 275 Abs. 4 BGB i. V. m. §§ 280, 283 BGB zu verlangen, in jedem Fall aber den Vertrag rückabzuwickeln, § 275 Abs. 4 BGB i. V. m. §§ 280, 283 S.2, 281 Abs.5 BGB bzw. § 326 Abs. 5 BGB.

Diese Rechtsfolge widerspricht nicht nur dem grundsätzlich anzunehmenden Interesse des Auftraggebers, welcher bei einem Bauvertrag aufgrund der zum Teil sehr langen Herstellungsphase das fertig gestellte Werk auch bei einer Verspätung, insbesondere bei einer relativ geringen, erhalten will, ohne hierfür auf die Vorteile des Werkvertragsrechts bzw. der VOB/B verzichten zu

---

Ausübung somit von Zugeständnissen des Auftragnehmers abhängig gemacht werden könnte, da auch bei einer nachträglichen Ausübung keine Gründe für Rücktritt außer Verzögerung angegeben werden müssen, vgl. zur Kooperationspflicht BGH, Urt. 28.10.1999 – VII ZR 393/98, BauR 2000, 409 = ZfBR 2000, 170 = NZBau 2000, 130.

[321] Heinrichs in Palandt, 65. Auflage 2006, § 271 BGB, Rdn. 16ff.

[322] Grothe in Bamberger/Roth, Band 1, 2003, §§ 1 – 610 BGB, § 323, Rdn. 25.

[323] so aber Zanner/Keller, Das einseitige Anordnungsrecht des Auftraggebers zur Bauzeit und Bauablauf und seine Vergütungsfolgen, in NZBau 2004, 353 (358); Wirth/Würfele, Bauzeitverzögerung: Mehrvergütung gemäß § 2 Nr. 5 VOB/B oder Schadensersatz gemäß § 6 Nr. 6 VOB/B?, in Jahrbuch Baurecht 2006, 119ff.

müssen; vielmehr widerstrebt das Ergebnis gerade dem von *Wirth/Würfele* und *Zanner/Keller* als Begründung für das weite Verständnis des Bauentwurfbegriffs angeführten Sinn und Zweck der VOB/B, einen möglichst störungsfreien Ablauf des Bauvorhabens zu ermöglichen, da ohne Änderungsbereitschaft des Auftragnehmers der Bauvertrag im Fall der Überschreitung der Ausführungsfrist nicht durchgeführt, sondern rückabgewickelt werden muss.

Dies wiederum kann in Abhängigkeit von der konkreten Vertragsgestaltung und dem Grad der Fertigstellung des Werkes zu unüberschaubaren Problemen im Rahmen des Schadensersatz statt Leistung gem. § 283, 280 BGB i. V. m. § 275 Abs. 4 BGB oder des Rücktritts gem. § 326 Abs. 5, 323, 346 BGB i. V. m. § 275 Abs. 4 BGB führen, über welche auch ein diesbezügliches Leistungsbestimmungsrecht i. S. d. § 1 Nr. 3 VOB/B des Auftraggebers nur auf den ersten Blick hinweghelfen kann.

So erhält der Auftraggeber um die aus der Unmöglichkeit drohenden Gefahren zu vermeiden durch § 1 Nr. 3 VOB/B im Sinne von *Wirth/Würfele* zwar die Möglichkeit, die Ausführungsfristen einseitig zu verlängern, allerdings ist die Leistungsbestimmung dann unabhängig vom Grund der drohenden Verzögerung zwingend mit einer Kostensteigerung i. S. d. § 2 Nr. 5 VOB/B verbunden, da die Berücksichtigung eines Mitverschuldensanteils oder sogar ein alleiniges Verschulden des Auftragnehmers im Rahmen des Vergütungsanspruchs i. S. d. § 2 Nr. 5 VOB/B weder dem Wortlaut zu entnehmen ist, noch unter dogmatischen und systematischen Gesichtspunkten möglich ist[324].
Insofern wird es sich der Auftraggeber genau überlegen müssen, welche Rechtsfolgen er eintreten lassen will.

Nicht nur aus diesem Grund erwächst dem Auftragnehmer aus einer Verknüpfung des Zeitfaktors mit der versprochenen Vergütung ein weitaus größeres „Druckpotential" als nach der hier vertretenen Auffassung, da auch bei Ablehnung eines derart weitreichenden Leistungsbestimmungsrechts i. S. d. § 1 Nr. 3 VOB/B, der Eintritt derart ultimativer Rechtsfolgen von der Zustimmung des Auftragnehmers abhinge.

Im Gegensatz dazu ist bei Ausschluss des Zeitfaktors vom Leistungserfolg des Bauvertrages die Verlängerung der Ausführungsfrist zwar ebenfalls nur durch eine Einigung beider Vertragspartner möglich, bei Scheitern der Verhandlungen bliebe das Vertragsverhältnis bei Überschreitung der Ausführungsfrist jedoch bestehen und die Ursachen der Verzögerung könnten bei einem eventuell eintretenden Schadensersatzanspruch i. S. d. § 280, 286 BGB bzw. Ent-

[324] vgl. hierzu Gliederungspunkt II.5.1.2.

schädigungsanspruch i. S. d. § 642 BGB systematisch konsistent diskutiert werden.

Die Bedeutung des Zeitfaktors bei einem Bauvertrag wird darüber hinaus durch die alltägliche Baupraxis relativiert.
Unterstellt man eine synallagmatische Verknüpfung zwischen dem Zeitfaktor und der Vergütung, wäre es nahe liegend, dass die Bauvertragsparteien in Anbetracht dieser besonderen Bedeutung der Leistungszeit bis ins kleinste Detail durchdachte und minutiös geplante Bauzeitenpläne dem Bauvertrag zugrunde legen, um einen störungsfreien Bauablauf zu gewährleisten.

Das Gegenteil ist aber der Fall.
So wird sich regelmäßig in einem Bauvertrag zwar eine angestrebte Ausführungsfrist wieder finden, eine verbindliche Vereinbarung i. S. d. § 5 Nr. 1 VOB/B über deren Beginn und Ende bzw. ein verbindlicher Plan i. S. d. § 5 Nr. 1 VOB/B für die zeitlich Abfolge einzelner Teilgewerke wird man jedoch in den allermeisten Fällen vermissen[325].
Insbesondere die weit verbreiteten Balkendiagramm-Zeitpläne werden der angeblich so besonderen Bedeutung der Leistungszeit nicht gerecht[326], sondern bergen ihrerseits erhebliche rechtliche Probleme in sich.

Als essentialia negotii und Teil des Leistungserfolges aus dem Bauvertrag müsste der Zeitfaktor zur Wirksamkeit desselben nämlich zumindest bestimmbar i. S. d. § 133, 157 BGB im Vertrag enthalten sein, was in Ansehung der diesen Plänen immanenten Ungenauigkeit regelmäßig zur unbewussten vertragslosen Durchführung von Bauvorhaben führen könnte.
Im Übrigen werden genauere Zeit- bzw. Bauablaufpläne erst zeitlich nach Vertragsabschluss fest- bzw. fortgeschrieben.

Schließlich belegt auch § 636 BGB a. F. die Einordnung der Pflicht zur fristgerechten Leistung als nicht synallagmatische Nebenpflicht bei einem Bauvertrag.
Diese von Beginn an im Bürgerlichen Gesetzbuch enthaltene Vorschrift gewährte dem Auftraggeber ein den Gewährleistungsrechten entsprechendes verschuldensunabhängiges Rücktrittsrecht bei nicht fristgerechter Fertigstellung des Gewerkes durch den Auftragnehmer, welches ausdrücklich neben den im Falle des Verzugs des Auftragnehmers dem Auftraggeber zustehenden Rechten bestehen sollte, vgl. § 636 Abs. 1 S. 2 BGB a. F.

---

[325] Roquette, Praktische Erwägungen zur Bauzeit bei Vertragsgestaltung und baubegleitender Rechtsberatung, in Jahrbuch Baurecht 2006, 33 (39).

[326] Roquette, Praktische Erwägungen zur Bauzeit bei Vertragsgestaltung und baubegleitender Rechtsberatung, in Jahrbuch Baurecht 2006, 33 (43).

Die Normierung dieser Regelung im Rahmen des Werkvertragsrechts wurde bereits bei der Schaffung des Bürgerlichen Gesetzbuches als notwendig erachtet, da schon damals ein Werkvertrag im Zweifel nicht als Fixschuld qualifiziert wurde[327], man der Einhaltung der Zeit in einem Werkvertrag aber dennoch eine erhöhte Bedeutung zumaß, weshalb man die verschuldensabhängigen Verzugfolgen als nicht ausreichend erachtete[328].
Diese Rechtsfolgen des § 636 BGB a. F. wurden im Rahmen der Umgestaltung des allgemeinen Leistungsstörungsrechts durch das SMG nicht nur übernommen, sie wurden vielmehr noch dahingehend verschärft, dass nun beiden Vertragsparteien ein verschuldensunabhängiges, grundsätzlich fristgebundenes Rücktrittsrecht i. S. d. § 323 BGB bei Verletzung von Vertragspflichten zusteht.

Beide Faktoren belegen auf der einen Seite, dass seit Bestehen des Bürgerlichen Gesetzbuches der Pflicht zur fristgerechten Leistung bereits im allgemeinen Werkvertragsrecht besondere Bedeutung zugekommen ist, welche die jeweiligen Schöpfer veranlasste, für derartige Pflichtverletzungen gesonderte Rechtsfolgen eintreten zu lassen bzw. die damaligen noch zu verschärfen.
Auf der anderen Seite sind sie Indiz dafür, dass die Pflicht zur fristgerechten Leistung dennoch nur nicht-synallagmatische Nebenpflicht des Werkvertrages ist, da nur eine derartige Einordnung die ausdrückliche Normierung eines gewährleistungsrechts-ähnlichen Rücktrittsrechts i. S. d. § 636 BGB a. F. notwendig machte[329].
Für den Bauvertrag kann daraus jedenfalls nur gefolgert werden, dass der Leistungszeit bei diesem Vertragstyp nach der Argumentation von *Zanner/Keller* eine über die schon beim allgemeinen Werkvertragsrecht gehobene Bedeutung zukommen müsse, welche meines Erachtens nicht nur in Anbetracht der weitreichenden Konsequenzen nicht nachvollzogen werden kann.

Daher ist die Pflicht zur fristgerechten Leistung auch bei einem Bauvertrag nicht Teil des Leistungserfolgs und daher nicht synallagmatisch mit der versprochenen Vergütung verbunden.

Und selbst, wenn man von einer derartigen Verknüpfung des Zeitfaktors mit der Vergütung ausgehen würde, könnte der Auftraggeber die Ausführungszeit nach der hier vertretenen Auffassung aufgrund des eindeutigen Wort-

---

[327] Motive II, § 569, S. 483f. und § 576, S. 496f.

[328] Motive II, § 569, S. 483.

[329] als Teil des Leistungserfolges wären derartige Rechte nämlich im Fall der Verzögerung ohnehin dem Auftraggeber zugestanden.

lauts des § 1 Nr. 3 VOB/B und des insoweit nahe liegenden Regelungsgehalts des § 2 Nr. 5 Alt. 2 VOB/B, welcher die Einräumung eines derartigen Leistungsbestimmungsrechts voraussetzt, nicht einseitig ändern[330].

Im Fall der synallagmatischen Verknüpfung der sonstigen Bauumstände mit der vereinbarten Vergütung würde die Nicht- bzw. Schlechterfüllung derselben zwar nicht unbedingt zur Unmöglichkeit des Leistungserfolges führen, die Leistung müsste jedoch in jedem Fall als mangelhaft i. S. d. § 633 BGB gelten[331].

Neben der Tatsache, dass der Mangelbegriff des Bürgerlichen Gesetzbuches i. S. d. § 633 BGB und der der VOB i. S. d. § 13 VOB/B auf die Schlechtleistung bei der Errichtung einer Baustrasse nicht zugeschnitten ist, da sich die Mangelhaftigkeit ausschließlich über die Funktionstauglichkeit des Bauwerkes definiert, würde ein derartiger „Mangel" zu der dogmatischen Schwierigkeit führen, dass das vertragsgemäße und damit eigentlich mangelfreie Gewerk unter Umständen dadurch nicht abnahmefähig ist, § 640 BGB i. V. m. § 12 VOB/B bzw. Gewährleistungsansprüche des Auftraggebers i. S. d. § 634 BGB i. V. m. §13 BGB begründen würde.

Somit bleibt es also auch unter diesem Gesichtspunkt dabei, dass die als Bauumstände bezeichneten Leistungen keinen Teil des Leistungserfolgs bei einem Bauvertrag darstellen, sondern dieser sich, wie im allgemeinen Werkvertragsrecht auch, ausschließlich nach dem definiert, was der Auftraggeber vom Unternehmer zu erhalten hat , so dass insbesondere die Leistungszeit mangels Verschaffung an den Auftraggeber nicht synallagmatisch mit der versprochenen Vergütung verbunden ist.
Die als Bauumstände bezeichneten Leistungen stellen vielmehr einseitige Nebenpflichten des Bauvertrages dar, deren Verletzung keinen Einfluss auf die Hauptleistungspflicht aus dem Bauvertrag haben, sondern allenfalls eine Vertragspartei zum Rücktritt gem. § 323 BGB berechtigen und gegebenenfalls Schadensersatzansprüche i. S. d. § 280 BGB nach sich ziehen.

Von dieser Systematik weicht die VOB/B insgesamt, vor allem aber die darin enthaltenen Klauseln, nicht ab, vielmehr bestätigen gerade einzelne Bestimmungen das Gegenteil.

---

330 vgl. hierzu Gliederungspunkt II.5.1.1.

331 hievon gehen aber offenbar Zanner und Keller aus, vgl. Zanner/Keller, Das einseitige Anordnungsrecht des Auftraggebers zur Bauzeit und Bauablauf und seine Vergütungsfolgen, in NZBau 2004, 354f.

Insbesondere kann eine Abweichung von der Systematik des BGB nicht aus §§ 1 Nr. 1, 2 Nr. 1 VOB/B abgeleitet werden, welche bestimmen, dass durch die vereinbarten Preise alle Leistungen abgegolten werden, welche nach der Leistungsbeschreibung, den Besonderen Vertragsbedingungen, den Zusätzlichen Vertragsbedingungen, den Zusätzlichen Technischen Vertragsbedingungen, den Allgemeinen Technischen Vertragsbedingungen für Bauleistungen und der gewerblichen Verkehrssitte zu der vertraglichen Leistung i. S. d. § 1 Nr. 1 VOB/B gehören.

Beide Regelungen bestätigen nämlich lediglich allgemeine zivilrechtliche Vertragsgrundsätze i. S. d. § 311, 241 BGB, wonach es den Parteien freisteht, die Leistungen zu vereinbaren, für welche der Auftragnehmer eine Vergütung erhalten soll[332]. In diesem Sinne können die in § 1 Nr. 1, 2 Nr. 1 VOB/B abschließend aufgezählten Vertragsbedingungen zwar als Auslegungsregeln bei Ermittlung der vereinbarten Leistung herangezogen werden.
Einen Aussagegehalt dahingehend, dass in jedem VOB/B-Bauvertrag die Pflicht zur fristgerechten Leistung oder andere einseitige Nebenpflichten des Auftragnehmers durch eine der in §§ 1 Nr. 1, 2 Nr. 1 VOB/B genannten Vertragsbedingungen synallagmatisch mit der Vergütung verbunden wäre, enthalten beiden Regelungen dagegen nicht.
Die Regelungen des § 2 Nr. 1 VOB/B und des § 1 Nr.1 VOB/B an sich weichen insofern nicht von der Konzeption des allgemeinen Werkvertragsrechts ab, sondern bestätigen diese noch im Sinne der Vertragsfreiheit.

Die Einordnung der zeitlichen Komponente als essentialia negotii des Bauvertrages kann auch aus keiner anderen Vorschrift der VOB/B entnommen werden.

So widerspricht insbesondere die Regelung des § 5 Nr. 4 VOB/B, welche im Fall des Verzugs der Fertigstellung des Bauwerkes dem Auftraggeber unter Aufrechterhaltung des Vertrages einen Schadensersatzanspruch gem. § 6 Nr. 6 VOB/B oder ein fristgebundenes Kündigungsrecht gem. § 8 Nr. 3 VOB/B gewährt, explizit der Auffassung von *Zanner/Keller* einer synallagmatischen Beziehung zwischen der Pflicht zur rechtzeitigen Leistung und der versprochenen Vergütung, da andernfalls die Hauptleistungspflicht aus dem Bauvertrag unmöglich würde[333].

Ebenso bestimmt § 5 Nr. 2 VOB/B für den Fall, dass für den Beginn der Ausführung keine Frist vereinbart ist, eine Vorgehensweise, welche ebenfalls der Be-

---

[332] vgl. hierzu Gliederungspunkt II.1.2.3.4.

[333] vgl. bereits zuvor.

deutung der Leistungszeit im Vergleich zu einer absoluten Fixschuld zuwiderläuft.

Schließlich widersprechen auch die übrigen Regelungen der §§ 5, und 6 VOB/B einer Verknüpfung des Zeitfaktors mit der versprochenen Vergütung[334].

Bestätigung erhält dieses relative Verständnis des Zeitfaktors in der VOB/B durch die Rechtsprechung des BGH, in welcher insbesondere verzögerungsbedingte Nachteile ausschließlich im Rahmen des Schadensersatzes i. S. d. § 6 Nr. 6 VOB/B ausgeglichen werden[335].

Die fristgerechte Herstellung des Bauwerks ist somit sowohl nach der Konzeption des Werkvertragsrechts, als auch nach der Systematik der VOB/B Nebenleistungspflicht des Bauvertrages, welche in keinem synallagmatischen Abhängigkeitsverhältnis zu der versprochenen Vergütung steht.
Insbesondere ist ein Werkvertrag nicht mit der Situation bei einer Fixschuld vergleichbar, so dass nach systematischen Gesichtspunkten unmittelbare Anordnungen bezüglich der Bauzeit auch aus diesem Grund nicht vom Anordnungsrecht des Bauherrn i. S. d. § 1 Nr. 3 VOB/B gedeckt sein können.

Die zuvor ausgeführten Überlegungen sind auf jede sonstige werkvertragliche Nebenpflicht, insbesondere die als Bauumstände bezeichneten Leistungen, des Auftragnehmers, welche keine synallagmatischen Beziehung zur versprochenen Vergütung vorweisen, zu übertragen, so dass diese ebenfalls durch eine einseitige Anordnung des Auftraggebers gem. § 1 Nr. 3 VOB/B nicht verändert werden können.

Zusammenfassend lässt sich also feststellen, dass das Änderungsrecht des Bauherrn i. S. d. § 1 Nr. 3 VOB/B durch die Verwendung des Bauentwurfbegriffs nach historischer, systematischer und Zweck gerichteter Auslegung auf die Änderung des technischen Teils der verbindlich festgelegten Hauptleistungspflicht in Form der zu Papier gebrachten, graphischen Darstellung des herzustellenden Bauwerks in verjüngten Maßstab beschränkt ist.

---

334 Thode, Nachträge wegen gestörten Bauablaufs im VOB/B-Vertrag, in ZfBR 2004, 214 (225).

335 vgl. zuletzt BGH, Urt. v. 24.02.2005 – VII ZR 225/03, BauR 2005, 861 = NZBau 2005, 335 = NJW 2005, 1650; BGH, Urt. v. 24.02.2005 – VII ZR 141/03, BauR 2005, 857 = NZBau 2005, 387 = NJW 2005, 1653; BGH, Urt. v. 19.12.2002 – VII ZR 440/01, BauR 2003, 431 = ZfBR 2003, 254 = NZBau 2003, 325; BGH, Urt. v. 21.10.1999 – VII ZR 185/98, BauR 2000, 722 = ZfBR 2000, 248 = NZBau 2000, 187; BGH, Urt. v. 18.12.1997 – VII ZR 342/96, BauR 1998, 330 = ZfBR 1998, 146 = IBR 1998, 105.

Hierzu zählen nach allgemeinen Auslegungsgesichtspunkten i. S. d. §§ 133, 157 BGB insbesondere auch textliche Erläuterungen der dargestellten Leistungen, etwa als Teil der Leistungsbeschreibung.

Vom Anwendungsbereich des § 1 Nr. 3 VOB/B hingegen nicht erfasst sind Nebenpflichten aus dem Werkvertrag, welche in einem dem Bauvertrag zu Grunde liegenden Plan weder graphisch dargestellt sind, noch als Nebenleistungspflichten in synallagmatischer Beziehung zur versprochenen Vergütung stehen.
Dies sind vor allem die von einigen Autoren als Bauumstände bezeichneten Leistungen, insbesondere auch im Hinblick auf unmittelbare zeitliche Anordnungen.

Allerdings steht es den Bauvertragsparteien frei, die fristgerechte Herstellung des Bauwerks oder einzelner Gewerke individuell und explizit zur Hauptleistungspflicht des Werkvertrages zu erheben oder in sonstiger Weise mit der versprochenen Vergütung zu verbinden, § 311 BGB i. V. m. § 1 Nr. 1, 2 Nr. 1 VOB/B.
Hierzu ist jedoch eine ausdrückliche Vereinbarung, welche der besonderen Bedeutung der Zeit gerecht wird und die Einbeziehung eines nach Datum eindeutigen Bauzeitenplanes in den Bauvertrag zwingend erforderlich[336].
Soll dem Auftraggeber auch diesbezüglich ein Leistungsbestimmungsrecht i. S. d. § 315 BGB bzw. § 1 Nr. 3 VOB/B zustehen, ist dessen ausdrückliche Vereinbarung unabhängig von der Vereinbarung der VOB/B notwendig[337].

II.4.1.2.2 Änderung

Ebenso erfährt das Leistungsbestimmungsrecht des § 1 Nr. 3 VOB/B durch die Verwendung des Begriffs der Änderung eine gewisse Einschränkung, als nach dem natürlichen Sprachgebrauch bei einer Änderung im Gegensatz zu einer Neuanfertigung das Bezugsobjekt in gewissem Umfang erhalten bleibt.

---

[336] In der alltäglichen Baupraxis wird ein dementsprechender Bauzeitenplan aber aus Kostengründen regelmäßig nicht erstellt wird. Insbesondere genügen diesen Anforderungen nicht die weit verbreiteten Balkendiagramm-Pläne, vgl. hierzu Roquette, Praktische Erwägungen zur Bauzeit bei Vertragsgestaltung und baubegleitender Rechtsberatung, in Jahrbuch Baurecht 2006, 33ff.

[337] Aufgrund dieser Möglichkeit ist ein funktionell weites Verständnis des Bauentwurfbegriffes i. S. d. § 1 Nr. 3 VOB/B unnötig.

Diese Begrenzung des Änderungsrechts wird noch deutlicher, wenn man einen Blick auf die VOB/B in der ursprünglichen Fassung aus dem Jahr 1926 wirft. Dort heißt es noch:

„Abänderungen des Bauentwurfes anzuordnen, bleibt dem Auftraggeber vorbehalten[338];"

Erst in der überarbeiteten Version der VOB/B[339] aus dem Jahr 1952 wurde der Begriff der Abänderung durch den der Änderung ersetzt, mit welcher aber keine inhaltliche Erweiterung der Änderungsbefugnis des § 1 Nr. 3 VOB/B zum Ausdruck gebracht werden sollte[340].
Wie weitreichend die Änderungsbefugnis des Auftraggebers im Rahmen des § 1 Nr. 3 VOB/B damit aber de facto gestaltet ist und welcher Kern des Bauentwurfes dagegen unverändert bleiben muss, um von dem Leistungsbestimmungsrecht gem. § 1 Nr. 3 VOB/B noch gedeckt zu sein, erschließt sich dadurch jedoch nicht unmittelbar und wird auch in der Literatur kontrovers diskutiert.

Keldungs[341] führt hierzu aus, dass der Begriff der Änderung von der geringfügigen Abänderung des im Bauentwurf enthaltenen Leistungsinhalts (z.B. Versetzen von Eingängen und kleineren Wänden) bis zur weitgehenden Umgestaltung des Projekts (z.B. Veränderungen am Grundriss oder eine andere Raumaufteilung) reichen könne und daher die Grenzziehung, wann im Einzelfall noch eine Änderung oder bereits eine Neuplanung vorliege, schwierig sei.
Jedenfalls sei das objektive berechtigte Interesse des Auftragnehmers als Leistungsschuldner maßgebend, wozu vor allem die Sicherung seines nach § 2 Nr. 5 VOB/B veränderten Vergütungsanspruches gehöre.
Daneben sei zu berücksichtigen, dass sich der Auftragnehmer um eine bestimmte Bauleistung beworben und auf dieser Grundlage den Bauvertrag abgeschlossen habe, so dass ein im Leistungsinhalt (Art und Umfang) entscheidend veränderte Arbeit wider Treu und Glauben i. S. d. § 242 BGB unzulässig wäre.

---

[338] Verdingungsordnung für Bauleistungen, Mai 1926, S. 28

[339] Verdingungsordnung für Bauleistungen, Ausgabe 1958, Fassung 1952, S. 21.

[340] Ingenstau/Korbion, VOB Teil A und B, 4. Auflage 1966, B § 1, 3, Rdn. 17 ff.

[341] Keldungs in Ingenstau/Korbion, VOB Teil A und B, 15. Auflage 2004, § 1 Nr. 3 VOB/B, Rdn. 9; so auch Schulze-Hagen, Zur Anwendung der §§ 1 Nr. 3, 2 Nr. 5 VOB/B einerseits und §§ 1 Nr. 4, 2 Nr. 6 VOB/B andererseits, in Festschrift für Soergel, 1993, S. 259 (263);

Dem schließt sich *Jagenburg*[342] weitgehend an, weist aber darauf hin, dass nicht nur das objektiv berechtigte Interesse des Auftragnehmers sondern das beider Vertragsparteien zu berücksichtigen sei, da sich die Intensität der Änderung für beide Vertragsparteien unterschiedlich darstellen könne.
Insbesondere sei für die Beurteilung der Frage, ob eine Änderung von § 1 Nr. 3 VOB/B noch erfasst ist oder bereits eine Neuplanung vorliegt, nicht so sehr die Art und der Umfang der Änderung entscheidend, sondern ob der Betrieb des Auftragnehmers auf die Änderung eingerichtet ist.

V. Rintelen[343] hingegen versucht die Grenze zwischen Änderung und Neuplanung aus dem Vergleich mit der Regelung des § 1 Nr. 4 VOB/B abzuleiten.
Auf den ersten Blick müsse danach das Änderungsrecht des § 1 Nr.3 VOB/B durch die Regelung des § 1 Nr. 4 VOB/B stark eingeschränkt werden, da es nicht einzusehen sei, dass Bauentwurfsänderungen ohne jede Einschränkung zulässig sein sollte, während auch kleinste Zusatzleistungen verweigert werden dürfen, soweit sie nicht zur mangelfreien Herstellung des Bauwerkes erforderlich sind.
Es läge daher nahe, den Widerspruch zwischen dem Wortlaut beider Regelungen dadurch zu harmonisieren, dass § 1 Nr. 3 VOB/B nur Änderungen erfasst, die zwar das vertraglich geschuldete Leistungsergebnis ändern, aber der Art nach mit den beauftragten Teilleistungen erbracht werden können.
Führt die Änderungen dagegen zur Notwendigkeit der Erbringung von Leistungen, welche im Vertrag nicht vorgesehen waren, würde § 1 Nr. 4 VOB/B als Spezialregelung insoweit eingreifen und zusätzliche Erfordernisse für die Verbindlichkeit der Leistungsänderung aufstellen.
Dieses Ergebnis könne so jedoch nicht zutreffen, da es mittelbar dazu führen würde, dass § 1 Nr. 3 VOB/B nur noch angeordnete Mengenverschiebungen erfasst, was insbesondere dem weiten Rahmen des § 2 Nr. 5 VOB/B und der ursprünglichen Fassung des § 1 Nr. 3 VOB/B aus dem Jahr 1926 zu wider laufen würde. Deshalb müssen Bauentwurfsänderungen auch zu im Vertrag nicht vorgesehenen Leistungen führen können.

Allerdings erkennt auch *v. Rintelen* an, dass eine exakte a priori Abgrenzung der beiden Fallgruppen des § 1 Nr. 3 VOB/B und § 1 Nr. 4 VOB/B nicht möglich ist[344]. Dies sei insbesondere Folge des Umstandes, dass das Tatbestandsmerkmal „Bauentwurf" kein abstrakt-allgemeiner Begriff sei, welcher eine exakte Subsumption ermögliche, sondern ein so genannter Typusbegriff, wel-

---

[342] Jagenburg in Beck'scher VOB-Kommentar, Teil B, 1997, § 1 Nr. 3 VOB/B, Rdn. 17; ebenso Weick in Nicklisch/Weick, VOB Teil B, 3. Auflage 2001, § 1 VOB/B, Rdn. 28; ähnlich Riedl in Heiermann/Riedl/Rusam, VOB Teil A und B, 10. Auflage 2003, § 1 VOB/B, Rdn. 31c.

[343] v. Rintelen in Kapellmann/Messerschmidt, VOB Teil A und B, 2003, § 1 VOB/B, Rdn. 60 ff.

[344] v. Rintelen in Kapellmann/Messerschmidt, VOB Teil A und B, 2003, § 1 VOB/B, Rdn. 66.

cher nicht begriffsjuristisch gebildet, sondern dem alltäglichen Leben entnommen sei. Der Typus werde deshalb durch verschiedene Merkmale bestimmt, welche in unterschiedlicher Intensität zutreffen können, wobei die schwächere Ausprägung eines Umstandes durch einen anderen kompensiert werden kann.
Für die Abgrenzung zwischen § 1 Nr. 3 VOB/B und § 1 Nr. 4 VOB/B seien daher im Einzelfall die Merkmale der Bauentwurfsänderung denen der zusätzlichen Leistung gegenüberzustellen, was er anhand zahlreicher Fallgruppen zu illustrieren versucht.

Alle dargestellten Meinungen enthalten durchaus beachtenswerte Ansatzpunkte, tragen jedoch zu einer klaren Abgrenzbarkeit zwischen Neuplanung und Änderung nur wenig bei, da sie deren Unterscheidung hauptsächlich von Wertungsgesichtspunkten abhängig machen, deren Gewichtung allerdings offen bleibt und zudem erst bei der Ausübung des Anordnungsrechts von Bedeutung sein können.
Denn erst wenn festgestellt ist, dass die Anordnung des Bauherrn überhaupt eine Änderung des Bauentwurfes i. S. d. § 1 Nr. 3 VOB/B darstellt, kann sich im Anschluss daran die Frage stellen, ob die Ausübung der Befugnis gegen Treu und Glauben i. S. d § 242 BGB verstößt oder in dieser Form zulässig ist[345].

Ihre Ursache dürfte die Paraphrasierung der Abgrenzungskriterien durch die zuvor zitierten Autoren in der Tatsache haben, dass die Unterscheidung zwischen Neuplanung und Änderung von dem jeweils konkret vereinbarten Vertragsinhalt abhängig ist und somit nur im Einzelfall getroffen werden kann.
Das bedeutet aber nicht, dass die Aufstellung allgemein verbindlicher objektiver Kriterien damit insgesamt unmöglich ist.
Hier hilft wiederum ein Blick auf den dogmatischen Hintergrund der Regelung des § 1 Nr. 3 VOB/B, welchen die zitierten Autoren mit Ausnahme von *v. Rintelen* jedoch weitgehend vermissen lassen, entscheidend weiter.

So entspricht es der Konzeption des Bauvertrages als Werkvertrag i. S. d. § 631 ff. BGB, dass der Auftragnehmer durch Abschluss des Vertrages einen bestimmten Erfolg verspricht.
Dieser ist wesentliches und damit charakterisierendes Merkmal (essentialia negotii) des Werkvertrages und kann somit nach Vertragsschluss durch die Ausübung eines einseitigen Leistungsbestimmungsrechts gem. § 1 Nr. 3 VOB/B nicht derart verändert werden, dass die Änderung mit dem Abschluss eines wesentlich anderen Werkvertrages i. S. d. § 631 BGB oder gar eines anderen Vertragstypus gleich zusetzten wäre, da kraft Leistungsbestimmung

---

[345] Weyer, Bauzeitverlängerungen aufgrund Änderungen des Bauentwurfes durch den Auftraggeber, in BauR 1990, 138 (141).

weder die Begründung eines neuen Schuldverhältnisses, noch eine Novation möglich ist[346].

Die Abgrenzung zwischen Änderung und Neuplanung hat sich also hauptsächlich am versprochenen Werkerfolg i. S. d. § 631 BGB und nicht an dem Vergleich zu der Regelung des § 1 Nr. 4 VOB/B zu orientieren[347], so dass auch unter diesem Gesichtspunkt der Vereinbarung des Werkerfolgs eine besondere Bedeutung zukommt.

Den Werkerfolg können die Bauvertragsparteien, wie bereits erwähnt, individuell festlegen, im Allgemeinen definiert er sich aber nach der Konzeption des Werkvertragsrechts und der VOB/B durch die rechtliche und sachliche Funktionalität des herzustellenden Bauwerks.
In diesem Sinne handelt es sich im Rahmen des §1 Nr. 3 VOB/B um eine zulässige Änderung des Bauentwurfes, soweit der Charakter des herzustellenden Bauwerks, insbesondere dessen vereinbarte oder im Vertrag vorausgesetzte Beschaffenheit oder dessen gewöhnliche Verwendungseignung dadurch nicht umgestaltet, sondern lediglich in Teilbereichen modifiziert wird.

Die Intensität des Eingriffes beurteilt sich also nach der funktionellen Umgestaltung des Werkerfolgs durch die angeordnete Änderung, für welche vor allem das Verhältnis der Änderung zum gesamten Vertragsvolumen als Spiegelbild des individuell vereinbarten Werkerfolges wertvolle Anhaltspunkte liefern kann. Dies bedeutet jedoch nicht, dass die Zulässigkeit der Änderung von der quantitativen Umgestaltung abhängig ist; diese ist vielmehr Indikator einer damit einhergehenden funktionellen Änderung.
Als Grundsatz gilt: Je weiter sich beide Faktoren überdecken, desto eher wird es sich um eine Neuplanung und nicht mehr um eine zulässige Änderung des Bauentwurfes gem. § 1 Nr. 3 VOB/B handeln.

Aus diesem Grund ist es möglich, dass eine inhaltlich identische Anordnung in Abhängigkeit von dem konkreten Vertragsverhältnis unterschiedlich zu bewerten ist[348].

---

[346] Staudinger, Band II, 2001, § 315 BGB, Rdn. 87.

[347] zur Verdeutlichung sei nochmals erwähnt, dass sich § 1 Nr. 4 VOB/B und § 1 Nr. 3 VOB/B abgesehen von den Begrenzungen im Wortlaut, ausschließlich dadurch unterscheiden, dass im Fall § 1 Nr. 3 VOB/B eine bereits vereinbarte Leistungen geändert wird, wohingegen im Fall des § 1 Nr. 4 S. 1 VOB/B eine nicht vereinbarte, aber geschuldete Leistung konkretisiert wird.

[348] anders Jagenburg in Beck´scher VOB-Kommentar, Teil B, 1997, § 1 Nr. 3 VOB/B, Rdn. 19.

An einem Beispiel verdeutlicht richtet sich demnach die Zulässigkeit der Änderung der Ausführungsart einer Treppe von Holz in Metall im Rahmen des § 1 Nr. 3 VOB/B danach, ob dieses Werk als Einzelvergabe oder lediglich als Teilleistung dem Bauvertrag zu Grunde gelegt wurde[349].

Im Fall der Einzelvergabe wäre die Anordnung als Neuplanung zu beurteilen, da von der vereinbarten Ausführungsart die Gesamtkonstruktion der Treppe abhängig ist und deren Änderung somit die komplette Neubeplanung derselben erforderlich machen würde, was die Beschaffenheit der herzustellenden Treppe als wesentliches Merkmal des unveränderbaren Kern des vereinbarten Werkerfolgs erscheinen lässt.

Ist die Treppe dagegen lediglich Teil eines vom Auftragnehmer herzustellenden Einfamilienhauses, führt die Änderung der Herstellungsart zwar ebenfalls zu dem Erfordernis der Neubeplanung der Treppe, hiervon wird jedoch die funktionelle Beschaffenheit des Gesamtwerkes, der zu erzielende Werkerfolg, nur peripher betroffen, so dass von einer zulässigen Änderung auszugehen sein wird.

Diese unterschiedliche Beurteilung „derselben" Änderung ist entgegen den von *Jagenburg* geäußerten Bedenken, welcher unter Bezugnahme auf ein Urteil des BGH aus dem Jahr 1985 den Vertragsumfang als untaugliches Abgrenzungskriterium betrachtet, auch gerechtfertigt[350].
Denn neben der Tatsache, dass der Vertragsumfang den *individuell* vereinbarten Werkerfolg weitgehend wieder spiegelt, welcher aus zuvor erläuternden Gründen nicht einseitig ausgetauscht werden kann, ist auch das Interesse der Auftragnehmers an der Unveränderlichkeit der Leistung im Fall eines Generalunternehmers und seines Subunternehmers, der ausschließlich eine Teilleistung erbringen soll, Grund verschieden.

Während der Generalunternehmer nämlich ein ganzes Bündel aus den verschiedensten Leistungen durch den Abschluss des Werkvertrages verspricht, er also von vornherein kein gesteigertes Interesse an einer bestimmten Einzelleistung sondern nur an dem Gesamterfolg vorweisen kann, beabsichtigt der Subunternehmer nur eine bestimmte Teilleistung aus diesem Bündel, auszuführen, so dass deren Bestand und Unveränderlichkeit für ihn in besonderem Maße Bedeutung gewinnt.

---

[349] so auch Schulze-Hagen, Zur Anwendbarkeit der §§ 1 Nr. 3, 2 Nr. 5 VOB/B einerseits und §§ 1 Nr. 4, 2 Nr. 6 VOB/B andererseits, in Festschrift für Soergel, 1993, S. 259 (265).

[350] Jagenburg in Beck´scher VOB-Kommentar, Teil B, 1997, § 1 Nr. 3 VOB/B, Rdn. 19 unter Bezugnahme auf BGH, Urt. v. 10.10.1985 – VII ZR 303/84.

Ebenso wird sich ein Subunternehmer auch ausschließlich um eine Leistung bemühen, auf welche sein Betrieb speziell eingerichtet ist, da die Leistungserbringung im Rahmen des VOB/B-Subunternehmervertrages grundsätzlich „höchstpersönlich" zu erfolgen hat, eine Weitervergabe im Gegensatz zum Generalunternehmervertrag also gerade nicht erfolgen soll (§ 4 Nr. 8 Abs.1 VOB/B), so dass auch aus diesem Grund ein gesteigertes Interesse an der Unveränderlichkeit der Leistung in qualitativer und quantitativer Hinsicht anzuerkennen ist.
So wäre es wohl ausgeschlossen, dass sich im oben angesprochenen Fall der Änderung der Ausführungsart der Treppe von Holz in Metall der Auftragnehmer, unterstellt es handele sich um einen kleineren Zimmerreibetrieb, auch um die Herstellung einer Metalltreppe beworben hätte, da anzunehmen ist, dass er weder zur Planung noch zur Ausführung derselben das technische Know-how besitzt, wohingegen dieselbe Tatsache bei einem Generalunternehmervertrag durch die Möglichkeit der Weitervergabe der Leistung an einen geeigneten Betrieb relativ unbedeutend wäre.

In diesen Zusammenhang wirkt auch die Art der Leistungsvereinbarung mit hinein, da das Vertrauen eines sich um eine Bauleistung bewerbenden Auftragnehmers in deren Unveränderlichkeit nur insoweit schützenswert ist, wie die zu erbringende Leistung im Einzelnen beschrieben und vertraglich vereinbart wurde.
Im Fall einer rein funktionalen Ausschreibung der Bauleistung dürfte dieses Vertrauen des Auftragnehmers relativ gering sein, da durch diese Art der Leistungsbeschreibung lediglich der Erfolg durch den Auftraggeber vorgegeben wird, die zu dessen Erreichung erforderlichen Teilleistungen vom Auftragnehmer aber selbst eingeschätzt werden müssen, so dass das Risiko einer Fehleinschätzung oder nachträglicher Konkretisierungen durch den Auftraggeber i. S. d. § 4 Nr. 3 VOB/B und der damit einhergehenden Notwendigkeit zur Veränderung der vom Unternehmer kalkulierten Leistungen und angestellten Planung dieser Beschreibungsart immanent ist.

Im Fall einer Detailbeschreibung mit Leistungsverzeichnis und einer Vergütung nach Einheitspreisen hingegen, wiegt dieses Interesse des Auftragnehmers relativ schwer, da bereits bei Vertragsschluss für ihn erkennbar ist, welche Leistungen exakt von ihm gefordert werden und er grundsätzlich in die Vollständigkeit und Tauglichkeit der Leistungsbeschreibung vertrauen darf[351].

---

[351] Allerdings darf nicht vergessen werden, dass mit wirksamer Einbeziehung der VOB/B in den Bauvertrag dem Auftragnehmer das Änderungsrecht des Auftraggebers gem. § 1 Nr. 3 VOB/B bekannt sein sollte, so dass diese Grundsätze nicht uneingeschränkt Geltung beanspruchen können.

Zusammenfassend lässt sich feststellen, dass der materielle Anwendungsbereich des Anordnungsrecht gem. § 1 Nr. 3 VOB/B durch den Begriff der Änderung umfänglich in der Form begrenzt wird, dass der insgesamt geschuldete Werkerfolg funktionell so erhalten bleiben muss, wie der jeweilige Auftragnehmer aufgrund des individuellen Vertrages und der Beschreibungsart darauf vertrauen konnte.
Überschreitet der Auftraggeber diese Grenze, so dass ein wesentlich anderer Werkerfolg Ergebnis der Anordnung des Auftraggebers ist, handelt es sich um eine von § 1 Nr. 3 VOB/B nicht erfasste und im Rahmen eines Leistungsbestimmungsrechts unzulässige Neuplanung.

Neben dieser funktionellen bzw. qualitativen Beschränkung des Anwendungsbereichs erfährt das Anordnungsrecht des § 1 Nr. 3 VOB/B durch die Verwendung des Vokabulars der Änderung allerdings auch noch eine zeitliche Einschränkung hinsichtlich dessen Ausübungsmöglichkeit.

Eine Änderung einer durch den Bauentwurf verkörperten Leistungspflicht des Auftragnehmers ist nur solange möglich, wie diese auch noch besteht, so dass mit Abnahme der Werkleistung gem. § 640 BGB bzw. § 12 VOB/B und dem damit verbundenen Erlöschen der Primärleistungspflicht auch deren Änderungsmöglichkeit i. S. d. § 1 Nr. 3 VOB/B untergeht[352].
Das Anordnungsrecht des § 1 Nr. 3 VOB/B kann somit nur ab Vertragsschluss bis zur Abnahme des fertig gestellten Bauwerks ausgeübt werden.

Ähnliche Überlegungen führen auch im Fall des § 1 Nr. 4 S. 1 VOB/B, obschon es an einem ausdrücklichen Bezugspunkt im Wortlaut der Regelung mangelt, zu dem Schluss, das dieses Recht ebenfalls nur bis zur Abnahme der Werkleistung gem. § 12 VOB/B ausgeübt werden kann, da eine Erweiterung der vertraglichen Leistungspflicht nur solange möglich ist, wie diese überhaupt besteht.

Darüber hinaus ist in Erwägung zu ziehen, ob die zeitliche Begrenzung des § 1 Nr. 3 VOB/B auch auf Fälle auszudehnen ist, in denen das geschuldete Bauwerk oder ein in sich abgeschlossener Teil desselben zwar bereits abnahmefähig hergestellt wurde, tatsächlich vom Auftraggeber aber noch nicht abgenommen wurde.

---

[352] zu den Wirkungen der Abnahme vgl. Thode/Quack, Abnahme und Gewährleistung im Bau- und Bauträgervertrag, RWS-Skript 293, 2003, Rdn. 158 ff; vgl. auch Thode, Werkleistung und Erfüllung im Bau- und Architektenvertrag, in ZfBR 1999, 116ff.

Hierfür sprechen durchaus beachtenswerte Argumente:

Zunächst wäre durch derartige Beschränkung des Änderungsrechtes i. S. d. § 1 Nr. 3 VOB/B hinsichtlich der Zeit die Gefahr des Missbrauchs weitgehend beseitigt, da es dem Auftraggeber wie schon im zuvor erläuterten Fall der Unterbrechungsanordnung dann nicht mehr möglich wäre, durch Änderungsanordnungen an der bereits hergestellten Leistung die Abnahme vorsätzlich hinauszuzögern, um sich damit den Rechtsfolgen der Abnahme des Bürgerlichen Gesetzbuches und der VOB/B zu entziehen.

Einem derartigen Vorgehen des Auftraggebers hätte der Auftragnehmer wenig entgegen zusetzten, da durch eine derartige Anordnung die in Frage stehende Leistung aufgrund der unmittelbaren vertragsgestaltenden Wirkung eines Leistungsbestimmungsrechts die Eigenschaft der Abnahmereife wieder verlieren würde, und somit weder eine Aufforderung zur Abnahme gem. § 12 Nr. 1 VOB/B noch eine Anzeige der Fertigstellung der Leistung gem. § 12 Nr. 5 Abs. 1 VOB/B dem Auftragnehmer weiterhelfen könnten.
Dies widerspricht nicht nur dem Zweck der VOB/B – unter Berücksichtigung der gegenläufigen Interessen beider Bauvertragsparteien ein ausgeglichenes, den besonderen Erfordernissen eines Bauvorhabens entsprechendes dispositives Bauvertragsrecht zu schaffen[353]. Darüber hinaus erhielte der Auftragnehmer für die längere Gefahrtragung im Rahmen des § 2 Nr. 5 VOB/B keine besondere Vergütung[354], mit der die einseitige Verlagerung des Verwendungsrisikos auf den Auftragnehmer eventuell noch zu rechtfertigen wäre.

Daneben würde bei bereits ausgeführter Leistung auch die Möglichkeit zur Weitervergabe der geänderten Leistung, an einen speziell dafür eingerichteten Betrieb, beispielsweise im Rahmen eines Generalunternehmervertrages wesentlich eingeschränkt werden, da neben der Herstellung der geänderten Leistung auch die teilweise Beseitigung der bereits ausgeführten Leistung vom Auftragnehmer zu erbringen wäre.
Letzteres kann insbesondere bei Spezialgewerken zu der Problematik führen, dass der Betrieb des Auftragnehmers zwar auf die Herstellung der geänderten Leistung nicht aber auf den Rückbau der bereits fertig gestellten Teilleistung eingerichtet ist, so dass lediglich die Möglichkeit einer separaten Weiterver-

---

[353] Korbion/Hochstein/Keldungs, Der VOB-Vertrag, 8. Auflage 2002, Rdn. 22ff., 47; v. Rintelen in Kapellmann/Messerschmidt, VOB Teil A und B, 2003, Einleitung VOB/B, Rdn. 1ff.; Keldungs in Ingenstau/Korbion, VOB Teil A und B, 15. Auflage 2004, Vor VOB/B, Rdn. 1ff.; Nicklisch/Weick, VOB Teil B, 3. Auflage 2001, Einl., Rdn. 23 ff.; Motzke in Beck´scher VOB-Kommentar, Teil B, 1997, Einleitung I, Rdn. 42; Ganten in Beck´scher VOB-Kommentar, Teil B, 1997, Einleitung II, Rdn. 1ff.

[354] vgl. hierzu schon Punkt II.4.1.2.1.

gabe der Herstellungs- und Abrissleistung bliebe, was vor allem bei letzterer unter systematischen Gesichtspunkten bedenklich erscheint[355].

Schließlich sprechen auch systematische Gesichtspunkte gegen eine Änderungsmöglichkeit an bereits fertig gestellten Leistungen.
Nach dem Wortlaut der Regelung des § 2 Nr. 5 VOB/B werden die Parteien zur Vereinbarung eines neuen Preises unter Berücksichtigung der Mehr- oder Minderkosten nur insoweit verpflichtet, wie auch die Grundlagen des Preises für eine im Vertrag vorgesehene Leistung durch Änderungen des Bauentwurfes oder andere Anordnungen geändert wurden.
Diese Abhängigkeit der Vergütungsanpassung von einer Veränderung in einer vereinbarten Leistung in § 2 Nr. 5 VOB/B macht deutlich, dass sich auch das Änderungsrecht des § 1 Nr. 3 VOB/B ausschließlich auf vertraglich vereinbarte Leistungen beziehen kann, die mit der versprochenen Vergütung synallagmatisch verknüpft sind.

Aus diesem Grund ist es dem Auftraggeber im Rahmen des § 1 Nr. 3 VOB/B nicht möglich, verbindliche Anordnungen hinsichtlich nicht vereinbarter Leistungen zu treffen.

Beabsichtigt beispielsweise der Auftraggeber die anfänglich vereinbarte raumhohe und bereits ausgeführte Fließung der Bäder bei der Errichtung eines Einfamilienhauses nur noch bis zu einer Höhe von 1,80 m auszuführen, wäre seine ausdrückliche Anordnung, die dementsprechend zuviel verbauten Fließen wieder herauszureißen, im Sinne des § 1 Nr. 3 VOB/B unzulässig, da diese Leistung im ursprünglich vereinbarten Vertragsinhalt nicht enthalten war und dementsprechend auch kein Bezugsobjekt der versprochenen Vergütung darstellen kann[356].

Dem Einwand, dass diese Erklärung als reine Auftragsreduzierung gem. §§ 133, 157 BGB auszulegen sei, dass also anstatt der vollständigen Fließung der Bäder diese Leistung nur noch in verringerten Umfang ausgeführt werden soll[357], ist folgendes zu entgegnen:

---

[355] vgl. im Folgenden.

[356] gleiches gilt für die Berechtigung zur Leistungsänderung nach § 1 Nr. 4 S. 1 VOB/B, da die Beseitigung der Fließen zur Erreichung des werkvertraglich geschuldeten Erfolgs nicht erforderlich ist, so dass nur der Weg über eine Zusatzvereinbarung gem. § 1 Nr. 4 S. 2 VOB/B bliebe.

[357] vor Fertigstellung der Leistung wäre diese Anordnung i. S. d. § 1 Nr. 3 VOB/B bedenkenlos zulässig, da sie eine ursprünglich vereinbarte Leistung, welche synallagmatisch mit der dafür versprochenen Vergütung verknüpft ist, ändert.

Allen voran ist schon fraglich, ob eine Auslegung einer derartigen Anordnung als Auftragsreduzierung überhaupt möglich ist, da die Leistung ja bereits fertig gestellt wurde und eine zukünftige Ausführung in verringertem Umfang damit eigentlich nicht mehr in Frage kommt.

Und selbst bei Außerachtlassung dieses Umstandes würde sich die Anordnung zwar noch auf eine vereinbarte Leistung beziehen, die tatsächlich vom Auftragnehmer zu erbringende Leistung beschränkte aber sich auf das Herausreißen der bereits eingebauten Fließen.
Ob er die allein für den Abriss oder Rückbau erforderlichen Aufwendung vom Auftraggeber im Rahmen des § 2 Nr. 5 VOB/B ersetzt bekommen kann, ist jedoch insbesondere im Vergleich zu § 2 Nr. 6 Abs. 2 VOB/B und § 2 Nr. 3 Abs. 2 VOB/B zumindest zweifelhaft.

Nach dem Wortlaut der Regelung des § 2 Nr. 5 VOB/B werden die Parteien zur Vereinbarung eines neuen Preises unter Berücksichtigung der Mehr- oder Minderkosten nur insoweit verpflichtet, wie auch die Grundlagen des Preises für eine im Vertrag vorgesehene Leistung durch Änderungen des Bauentwurfes oder andere Anordnungen geändert wurden.
Da es im vorgezeichneten Fall für die Beseitigung der umfänglich zuviel eingebauten Fließen keinen im Vertrag vorgesehenen Preis gibt, sondern ausschließlich den für den anfänglich geplanten Einbau, könnten die Aufwendungen zur Entfernung der Fließen allenfalls als Mehrkosten im Rahmen des § 1 Nr. 3 VOB/B berücksichtigt werden[358].
Deren Inhalt gilt es somit im Folgenden insbesondere im Vergleich zu den Regelungen der § 2 Nr. 3 VOB/B und § 2 Nr. 6 VOB/B genauer zu untersuchen.

Im Allgemeinen ist der Begriff der Kosten bei Bauverträgen weit auszulegen, so dass hierunter Lohnkosten, Baustoffkosten, Kosten für Rüst-, Schal-, und Verbaustoffe, Gerätekosten, Fremdarbeitskosten, Kosten für Nachunternehmerleistungen sowie zahlreiche weitere Kostenarten zu verstehen sind[359].

Im Fall des § 2 Nr. 3 Abs. 2 VOB/B sind diese Mehr- bzw. Minderkosten so zu ermitteln, als wäre zur Zeit der Angebotsabgabe und dem darauf beruhenden Vertragsschluss die erhöhte Ausführungsmenge bekannt gewesen und die Preise auf deren Grundlage gebildet worden, so dass sich die durch Massenänderungen verursachten Mehrkosten unmittelbar und ausschließlich auf die

---

[358] Auf die Problematik der Rechtsnatur der Regelung des § 2 Nr. 5 VOB/B wird an dieser Stelle bewusst nicht eingegangen, da in dem beschriebenen Beispiel selbst zusätzliche Anspruchsvoraussetzungen einer Vergütungsanpassung erfüllt wären.

[359] Drees/Paul, Kalkulation von Baupreisen, 5. Auflage 1998, S. 42.

Einzelkosten der Teilleistung und den darin anteilig umgelegten Gemeinkosten auswirken können[360].
Die im Rahmen des § 2 Nr. 3 VOB/B berücksichtigungsfähigen Mehrkosten können somit als sachverwandt zu der bei Vertragsschluss vereinbarten Leistung bezeichnet werden.

Im Gegensatz dazu bestimmt sich die Vergütung für eine zusätzliche Leistung i. S. d. § 1 Nr. 4 S. 1 VOB/B dem Wortlaut des § 2 Nr. 6 Abs. 2 S. 1 VOB/B entsprechend nach den Grundlagen der Preisermittlung für die vertragliche Leistung und den besonderen Kosten der geforderten Leistung, wodurch eine klare Trennung zwischen der Vergütung für vereinbarte Leistungen und nicht vereinbarten Leistungen zum Ausdruck gebracht wird.
Dies bedeutet, dass die besonderen Kosten der zusätzlichen Leistung keinen engeren Bezug zu der vertraglichen Leistung haben und insofern sachfremd sind.

Diese im Wortlaut der § 2 Nr. 3 VOB/B und § 2 Nr. 6 Abs. 2 S. 1 VOB/B getroffene Unterscheidung der berücksichtigungsfähigen Kosten wird auch bei der Regelung des in der Rechtsfolge identischen § 2 Nr. 5 VOB/B beibehalten, der ebenfalls von den Mehr- bzw. Minderkosten der veränderten Leistung spricht. Demnach wären derartige Kosten, wie auch im Fall des § 2 Nr. 3 VOB/B, nur insoweit berücksichtigungsfähig, wie sie Auswirkungen auf die konkret vereinbarte Einzelposition haben[361]. Dies ist von den durch die Beseitigung der zuviel eingebauten Fließen entstandenen Kosten aber gerade nicht anzunehmen.
Der Auftragnehmer erspart sich durch die Reduzierung des Vertragsumfangs bei bereits eingebauten Fließen weder Materialkosten, noch Gerätekosten oder Lohnkosten für den Einbau, da diese ja bereits angefallen sind und eine Wiederverwendung der ausgebauten Fließen ebenfalls ausgeschlossen ist.
Vielmehr führt dieser Umstand allein zu zusätzlichen Kosten, welche mit dem Einbau in keinerlei Zusammenhang stehen und damit ausschließlich im Rahmen des § 2 Nr. 6 VOB/B berücksichtigungsfähig wären.

Auch *Kapellmann/Schiffers* [362] vertreten, dass eine modifizierte Leistung dann keine Änderung im Sinne von § 2 Nr. 5 VOB/B, sondern gegebenenfalls eine

---

[360] Keldungs in Ingenstau/Korbion, VOB Teil A und B, 15. Auflage 2004, § 2 Nr. 3 VOB/B, Rdn. 19 mit weiteren Nachweisen; siehe auch Drees/Paul, Kalkulation von Baupreisen, 5. Auflage 1998, S. 44.

[361] So auch Keldungs in Ingenstau/Korbion, VOB Teile A und B, 15. Auflage 2004, § 2 Nr. 5 VOB/B, Rdn. 6.

[362] Kapellmann/Schiffers, Vergütung, Nachträge und Behinderungsfolgen beim Bauvertrag, Band 1, Rdn. 790 f.

zusätzliche Leistung i. S. d. § 2 Nr. 6 VOB/B ist, wenn sich die modifizierte Leistung zwar noch aus einer schon im Vertrag vorgesehenen Leistung entwickeln lässt, die alten Preiselemente aber keinen unmittelbaren praktisch verwendbaren Ansatzpunkt zur Ermittlung des neuen Preises geben.

Besonders problematisch wird die Begründung eines Sachbezuges zwischen vereinbarter Leistung und durch die Änderung entstandenen Mehrkosten schließlich im Fall der Weitervergabe der isolierten Beseitigungsleistung an einen Subunternehmer, da dieser keine Berührungspunkte mit der Ursprungskalkulation des Auftragnehmers vorweisen, sondern seine Preise frei festlegen kann, so dass es also auch in dieser Hinsicht gerechtfertigt erscheint, die zeitliche Begrenzung des Änderungsrechts des § 1 Nr. 3 VOB/B auf bereits fertig gestellte, aber noch nicht abgenommene (Teil-)Leistungen auszudehnen.

Allerdings hat die vorangestellte Auffassung auch ihre Schwächen.
Sie setzt zum einen voraus, dass die bereits fertig gestellte, aber noch nicht abgenommene Leistung überhaupt abnahmefähig ist.
Diese Eigenschaft wird nach der Konzeption des Werkvertragsrecht und der VOB/B grundsätzlich nur dem mangelfrei hergestellten Gesamtbauwerk zuerkannt, § 640 Abs. 1 S. 1 BGB bzw. § 12 Nr. 1 VOB/B.
Einzige Ausnahme von diesem Grundsatz bildet im Rahmen eines VOB/B-Bauvertrages die Möglichkeit der Teilabnahme gem. § 12 Nr. 2 VOB/B, welche auf in sich abgeschlossene Teile der Leistung beschränkt ist.
Wann ein derartig abgeschlossener Leistungsteil vorliegt, beurteilt sich nach der überwiegenden Auffassung in der Literatur richtigerweise danach, ob die betreffenden Teile von der Gesamtleistung funktionell abtrennbar sind und unabhängig von den übrigen Leistungen gebrauchsfähig sind[363].
Werden die vorangestellten Voraussetzungen von der betreffenden Teilleistung erfüllt, handelt es sich um einen werkvertraglich geschuldeten Teilerfolg i. S. d. §§ 631, 633 BGB, welcher den Auftragnehmer auch nach den Regelungen des Bürgerlichen Gesetzbuches zur Forderung von Abschlagszahlung berechtigt, § 632 a BGB.

Diese Anforderungen werden jedoch nur von den wenigsten Leistungen erfüllt werden, da der Begriff der „in sich abgeschlossenen Teilleistung" auf-

---

[363] Havers in Kapellmann/Messerschmidt, VOB Teile A und B, 2003, § 12 VOB/B, Rdn. 72; Jagenburg in Beck'scher VOB-Kommentar, Teil B, 1997, § 12 Nr. 2 Rdn. 12f.; Oppler in Ingenstau/Korbion, VOB Teil A und B, 15. Auflage 2004, § 12 Nr. 2 VOB/B, Rdn. 6f.; Riedl in Heiermann/Riedl/Rusam, VOB Teil A und B, 10. Auflage 2003, § 12 VOB/B Rdn. 32; Nicklisch in Nicklisch/Weick, VOB Teil B, 3. Auflage 2001, § 12 VOB/B, Rdn. 51; kritisch Thode, Werkleistung und Erfüllung im Bau- und Architektenvertrag, in ZfBR 1999, 116 (118).

grund der Gefahr des abweichenden Ablaufs der Gewährleistungsfristen eng auszulegen ist[364].
Durch den Bundesgerichtshof als Teilleistung i. S. d. § 12 Nr. 2 VOB/B anerkannt wurde bisher unter anderem der vertragsgemäße Einbau einer Heizungsanlage in einen Neubau[365], sowie die vertragsgemäße Herstellung eines Wohnhauses oder einer Wohneinheit von mehreren vertraglich geschuldeten[366].
Das oben gewählte Beispiel der Auftragsreduzierung hinsichtlich der Fließung der Bäder dürfte dagegen keines dieser Kriterien erfüllen.

Somit besteht die Gefahr der missbräuchlichen Verzögerung der Abnahme durch stetige Änderungen an bereits fertig gestellten Leistungen und der damit verbundenen Verlagerung des Verwendungsrisikos auf den Auftragnehmer allenfalls mittelbar, nämlich nur insoweit dadurch auch die Gesamtabnahme hinausgezögert wird.

Dies allein rechtfertigt aber die Erweiterung der zeitlichen Begrenzung des Anordnungsrechts des § 1 Nr. 3 VOB/B nicht, da auch mit einer zulässigen Bauentwurfsänderung regelmäßig eine Verzögerung der Abnahme einhergehen wird.

Daneben versagt die vorangestellte Theorie auch in den Fällen, in welchen eine Teilleistung des Vertrages bereits fertig gestellt ist, deren Änderung aber keinen Rückbau oder Beseitigung der fertig gestellten Teilleistung erfordert.

Ordnet der Bauherr beispielsweise bei einem vereinbarten Erdaushub bis zu einer Tiefe von 1,20 m an, diesen auf 1,50 cm zu erweitern, wären zu dessen Erfüllung keinerlei weitere Maßnahmen an der bereits fertig gestellten Leistung erforderlich, wodurch sich auch das Problem der Berücksichtigung der damit verbundenen Kosten erst gar nicht stellt.

Schließlich sind auch trotz des identischen Wortlauts der Rechtsfolge in den Regelungen des § 2 Nr. 3 Abs. 2 VOB/B und des § 2 Nr. 5 VOB/B die Anforde-

---

364 Oppler in Ingenstau/Korbion, VOB Teil A und B, 15. Auflage 2004, § 12 Nr. 2 VOB/B, Rdn. 6.

365 BGH, Urt. v. 10.07.1975 – VII ZR 46/73, BauR 1975, 423.

366 BGH, Urt. v. 24.10.2002 – IX ZR 355/00, BauR 2003, 246 = ZfBR 2003, 143 = NJW 2003, 352.

rungen an die Berücksichtigungsfähigkeit der Mehr- oder Minderkosten unterschiedlich zu beurteilen[367].
Während im Fall des § 2 Nr. 3 Abs. 2 VOB/B die Mehr- bzw. Minderkosten so zu ermitteln sind, als wäre zur Zeit der Angebotsabgabe und dem darauf beruhenden Vertragsschluss die erhöhte Ausführungsmenge bekannt gewesen und die Preise auf deren Grundlage gebildet worden, kann im Fall des § 2 Nr. 5 VOB/B nur der Zeitpunkt der Ausführung der veränderten Leistung entscheidend sein, da die dabei anfallenden Mehr- oder Minderkosten im Gegensatz zu der Situation bei reinen Massenänderungen auf einer Einwirkung des Auftraggebers, einer Bauentwurfsänderung oder anderen Anordnung i. S. d. § 2 Nr. 5 VOB/B, beruhen[368].
Daher können von den Mehr- oder Minderkosten i. S. d. § 2 Nr. 5 VOB/B wohl auch „sachfremde" Kosten erfasst werden.

Diese Unterscheidung im Beurteilungszeitpunkt und der daraus resultierenden Kostenfolge liefert Anhaltspunkte für den Grund der abweichenden Terminologie der berücksichtigungsfähigen Kosten im Vergleich der Regelungen des § 2 Nr. 5 VOB/B und des § 2 Nr. 6 VOB/B.
Beiden gemein ist, dass die Kosten nicht notwendig, im Fall des § 2 Nr. 6 VOB/B sogar unter zwingendem Ausschluss, mit der vereinbarten Leistung verbunden sind.
Besonderheit des § 2 Nr. 6 VOB/B ist allerdings, dass die Anordnung einer zusätzlichen Leistung i. S. d. § 1 Nr. 4 S.1 VOB/B ausschließlich zu Mehrkosten führen kann, wohingegen eine Änderung des Bauentwurfes i. S. d. § 1 Nr. 3 VOB/B sowohl eine Erhöhung aber auch eine Ermäßigung der versprochenen Vergütung nach sich ziehen kann.

Diese Überschneidung in den Kostenfolgen belegt, dass sich der Ansatz von *Kapellmann/Schiffers*[369] nur bedingt zur Unterscheidung zwischen Anordnungen nach § 1 Nr. 3 VOB/B und § 1 Nr. 4 VOB/B eignet und darüber hinaus zu der dogmatischen Schwierigkeit führt, dass eine derartige Unterscheidung nicht anhand der zu erwartenden Kosten, sondern ausschließlich anhand des vereinbarten Leistungsinhalts zu erfolgen hat.
Erstere können allenfalls als Auslegungshilfe bei der Ermittlung der vereinbarten Leistung eine Rolle spielen.

---

367 Jagenburg in Beck´scher VOB-Kommentar, Teil B, 1997, § 2 Nr. 5 VOB/B, Rdn. 106 und § 2 Nr. 3 VOB/B, Rdn. 24; Keldungs in Ingenstau/Korbion, VOB Teil A und B, 15. Auflage 2004, § 2 Nr. 3 VOB/B, Rdn. 19 mit weiteren Nachweisen.

368 Jagenburg in Beck´scher VOB-Kommentar, Teil B, 1997, § 2 Nr. 5 VOB/B, Rdn. 106 mit weiteren Nachweisen.

369 Kapellmann/Schiffers, Vergütung, Nachträge und Behinderungsfolgen beim Bauvertrag, Band 1, Rdn. 790 f.

Unter Abwägung aller dargestellten Gesichtspunkte erscheint es daher nicht möglich, die zeitliche Begrenzung des Anordnungsrechts i. S. d. § 1 Nr. 3 VOB/B durch die Verwendung des Begriffes der Änderung auch auf bereits fertig gestellte, aber noch nicht abgenommene Teilleistungen auszudehnen, so dass das Leistungsbestimmungsrecht i. S. d. § 1 Nr. 3 VOB/B erst Abnahme der Werkleistung untergeht.

II.4.2 Systematische Grenzen

Eine weitere Grenze der Leistungsbestimmungsrechte i. S. d. § 1 Nr. 3 VOB/B und des § 1 Nr. 4 S. 1 VOB/B ergibt sich aus dem übrigen Regelungszusammenhang der VOB/B.

In diesem Zusammenhang ist die Regelung des § 4 Nr. 1 Abs. 3 S. 1 VOB/B von Bedeutung, wonach der Auftragnehmer ebenfalls befugt ist, unter Wahrung der dem Auftragnehmer zustehenden Leitung gem. § 4 Nr. 2 VOB/B Anordnungen zu treffen.

Diese Anordnungsbefugnis erstreckt sich ausschließlich auf die zur vertragsgemäßen Ausführung der Leistung notwendigen Anweisungen, welche der Auftragnehmer gem. § 4 Nr. 1 Abs. 4 VOB/B mit Ausnahme entgegenstehender gesetzlicher und behördlicher Bestimmungen auf Verlangen unbedingt zu befolgen hat.

Bei der Anordnung gem. § 4 Nr. 1 Abs. 3 S. 1 VOB/B, sowie bei dem Verlangen i. S. d. § 4 Nr. 1 Abs. 4 S. 1 VOB/B handelt es sich nach einhelliger Auffassung in der Literatur jeweils um eine keine Wahl lassende, eindeutige, nach Befolgung heischende einseitige empfangsbedürftige Willenserklärungen des Auftraggebers, welche den Auftragnehmer zur Ausführung der angeordneten Maßnahme unmittelbar verpflichtet[370].
Es liegt daher nahe, dass es sich von der Rechtsnatur her bei dem Anordnungsrecht des § 4 Nr. 1 Abs. 3 VOB/B damit ebenfalls um ein bei Vertragsschluss bei wirksamer Vereinbarung der VOB/B eingeräumtes Leistungsbe-

---

[370] eine eindeutige Stellungnahme zur Rechtsnatur des § 4 Nr. 1 Abs. 3 VOB/B ist in der einschlägigen Literatur und Rechtsprechung nicht zu finden; in der Literatur allgemein anerkannt ist lediglich, dass es sich bei der Anordnung um eine einseitige empfangsbedürftige Willenserklärung handeln müsse, was im Besonderen auf ein einseitiges Leistungsbestimmungsrecht ähnlich dem, welches in § 315 BGB vorausgesetzt wird, hinweist; Oppler in Ingenstau/Korbion, VOB Teil A und B, 15. Auflage 2004, § 4 Nr. 1 VOB/B, Rdn. 73; Hofmann in Beck'scher VOB-Kommentar, Teil B, 1997, § 4 Nr. 1 VOB/B, Rdn. 194; Riedl in Heiermann/Riedl/Rusam, VOB Teil A und B, 10. Auflage 2003, § 4 VOB/B, Rdn. 21; Merkens in Kapellmann/Messerschmidt, VOB Teil A und B, 2003, § 4 VOB/B, Rdn. 24.

stimmungsrecht i. S. d. § 315 BGB ähnlich dem in § 1 Nr. 3 VOB/B und § 1 Nr. 4 VOB/B dem Auftraggeber Gewährten handelt, dessen unmittelbare vertragsgestaltende Wirkungen jedoch erst durch das nochmalige Verlangen i. S. d. § 4 Nr. 1 Abs. 4 VOB/B ausgelöst werden.

Der Anwendungsbereich dieses Anordnungsrechts gem. § 4 Nr. 1 Abs. 3 VOB/B unterscheidet sich jedoch von vorgenannten Rechten wesentlich, wodurch die bereits zuvor entwickelte Vermutung, dass der Begriff der vertraglichen Leistung innerhalb der VOB/B nicht einheitlich verwendet wird[371], nochmals bestätigt wird.
Denn trotz des wiederum indifferenten Wortlauts hinsichtlich der *vertragsgemäßen* Ausführung der Leistung kann in diesem Fall die gewählte Terminologie unter Anerkennung eines eigenständigen Regelungsgehalts nur so zu verstehen sein, dass der Auftraggeber im Rahmen des § 4 Nr. 1 Abs. 3 VOB/B berechtigt ist, die vertragsgemäße und mangelfreie Ausführung des vereinbarten Leistungsumfanges i. S. d. § 1 Nr. 1, 2 Nr. 1 VOB/B durch Anordnungen sicherzustellen bzw. zu konkretisieren[372], aber gerade nicht diesen i. S. d. § 1 Nr. 3 VOB/B zu ändern oder i. S. d. § 1 Nr. 4 S. 1 VOB/B um erforderliche Leistungen zu erweitern.

Mithin erstreckt sich der Anwendungsbereich des § 4 Nr. 1 Abs. 3 VOB/B damit in Abhängigkeit von der konkreten Vertragsgestaltung, insbesondere der Art der Leistungsvereinbarung (detaillierte oder funktionelle Leistungsbeschreibung), auf Weisungen, die den Auftragnehmer zur Erbringung der vertraglich geschuldeten Leistung oder zur Einhaltung von, selbstverständlich auch technischen, Vorschriften, die Bestandteil des Bauvertrages sind, anhalten, können sich aber auch auf die Art und Weise der Ausführung beziehen[373]. Insofern handelt es sich also um Vertragserfüllungsanordnungen[374], welche damit einen Eingriff in die dem Werkvertrag typische Weisungsungebundenheit des Auftragnehmers darstellen, aber insoweit die in der VOB/B enthalte-

---

[371] vgl. schon Gliederungspunkt II.1.2.3.4.

[372] Hofmann in Beck´scher VOB-Kommentar, Teil B, 1997, § 4 Nr. 1 VOB/B, Rdn. 200; Merkens in Kapellmann/Messerschmidt, VOB Teil A und B, 2003, § 4 VOB/B, Rdn. 25.

[373] so geschehen in dem zuvor als „Wasserhaltung I" bezeichneten und vom BGH entschiedenen Fall aus dem Jahr 1992 – VII ZR 192/91 – in welchem die vom Unternehmer geschuldete Wasserhaltung funktional beschrieben war, der Unternehmer zunächst eine zur Erreichung des werkvertraglich geschuldeten Erfolgs untaugliche Ausführungsart (offene Wasserhaltung) gewählt hatte, so dass sich der Auftraggeber veranlasst sah, die Ausführung einer tauglichen Art der Wasserhaltung (geschlossene Wasserhaltung) anzuordnen.

[374] Hofmann in Beck´scher VOB-Kommentar, Teil B, 1997, § 4 Nr. 1 VOB/B, Rdn. 200.; Oppler in Ingenstau/Korbion, VOB Teil A und B, 15. Auflage 2004, § 4 Nr. 1 VOB/B, Rdn. 78.

nen übrigen Anordnungsrechte des Auftraggebers (§§ 1 Nr. 3 und Nr. 4 S. 1 VOB/B) konsequent ergänzen bzw. vervollständigen.

Soweit eine (detailliert) vereinbarte Leistung zur Erreichung des werkvertraglichen Erfolges untauglich ist und der Unternehmer deswegen Bedenken i. S. d. § 4 Nr. 3 VOB/B angemeldet hat, kann die Anordnung des Auftraggebers zur Ausführung der vereinbarten Leistung i. S. d. § 4 Nr. 1 Abs. 3 VOB/B trotz Kenntnis der Untauglichkeit damit auch zur teilweisen Veränderung des werkvertraglich geschuldeten Erfolges i. S. d. § 631 BGB führen, da hierdurch die herzustellende Beschaffenheit des Werkes oder der durch die Herstellung zu erzielende Erfolg auf den vereinbarten Leistungsumfang nachträglich konkretisiert wird, so dass ein nach dieser Anweisung hergestelltes Werk erfüllungstauglich i. S. d. § 13 Nr. 1 S. 1 VOB/B i. V. m. § 633 Abs. 1 S. 1 BGB ist[375].

Grenze dieser einseitigen Anordnungsbefugnis i. S. d. § 4 Nr. 1 Abs. 3 VOB/B ist damit wiederum der Gesamtwerkerfolg als *essentialia negotii* des Werkvertrages, da kraft Leistungsbestimmung weder die Begründung eines neuen Schuldverhältnisses, noch eine Novation möglich ist[376].

Für die Leistungsbestimmungsrechte i. S. d. § 1 Nr. 3 VOB/B und § 1 Nr. 4 S. 1 VOB/B ergibt sich hieraus folgendes[377]:

- **Tritt durch eine Anordnung des Auftraggebers keine Veränderung hinsichtlich der Art und des Umfangs der auszuführenden Leistungen i. S. d. §§ 1 Nr. 1, 2 Nr. 1 VOB/B ein, sondern stellt der Auftrag-**

[375] nach anderer Ansicht führt die Anordnung des Auftraggebers i. S. d. § 4 Nr. 1 Abs. 3 VOB/B dennoch an der untauglichen Leistung festzuhalten, lediglich zu einer diesbezüglichen Risikoübernahme oder einem Haftungsausschluss.

[376] vgl. hierzu schon Gliederungspunkt II.4.1.2.2.; ebenso Staudinger, Band II, 2001, § 315 BGB, Rdn. 87.

[377] Der verschuldensunabhängigen Mehrkostenerstattungsanspruch i. S. d. § 4 Nr. 1 Abs. 4 S. 2 VOB/B ist für die Reichweite der Leistungsbestimmungsrechte i. S. d. §§ 1 Nr. 3 und Nr. 4 VOB/B unerheblich. Zudem ist dessen Anspruchsvoraussetzungen weitgehend unklar und bedürften ebenfalls einer genaueren Untersuchung bedürften, welche den Rahmen dieser Arbeit jedoch erheblich übersteigen würde. An dieser Stelle sei nur darauf hingewiesen, dass die systematische Stellung nahe legt, dass er sich ausschließlich auf etwaige Mehrkosten bezieht, welche aus dem in § 4 Nr. 1 Abs. 4 S. 1 VOB/B dargestellten Verfahren resultieren. Sollten dagegen auch Mehrkosten aus einer Anordnung i. S. d. § 4 Nr. 1 Abs. 3 S. 1 VOB/B davon erfasst werden, wäre dies nur in dem Fall denkbar, dass unter den Voraussetzungen des Sachverhaltes aus dem Urteil des BGH vom 09.04.1992 – VII ZR 129/91 – (Wasserhaltung I) der Auftraggeber zwar eine ebenfalls geeignete, aber noch aufwendigere Wasserhaltung als die gewählte Art der geschlossenen Wasserhaltung angeordnet hätte.

geber hierdurch lediglich deren vertragsgemäße Ausführung sicher, handelt es sich um einen Fall des § 4 Nr. 1 Abs. 3 VOB/B.

- **Wird dagegen durch eine Anordnung des Auftraggebers eine detailliert beschriebene und vereinbarte Leistung i. S. d. §§ 1 Nr. 1, 2 Nr. 1 VOB/B inhaltlich oder umfänglich verändert, ist der Anwendungsbereich des § 1 Nr. 3 VOB/B eröffnet.**

- **Wirkt sich die angeordnete Leistung schließlich weder auf eine detailliert im Leistungsverzeichnis beschriebene, noch im Wege der Auslegung nach §§ 133, 157 BGB als Teil der vereinbarten Leistung i. S. d. § 2 Nr. 1VOB/B zu ermittelnde Leistung aus, sondern erweitert die angeordnete Leistung den vereinbarten Leistungsumfang i. S. d. §§ 1 Nr. 1, 2 Nr. 1 VOB/B, ist eine derartige Befugnis des Auftraggebers allenfalls aus § 1 Nr. 4 S. 1 VOB/B zu entnehmen.**

II.4.3 Zusammenfassung

Zusammenfassend kann also festgestellt werden, dass sowohl das Leistungsbestimmungsrecht des § 1 Nr. 3 VOB/B als auch das Leistungsbestimmungsrecht des § 1 Nr. 4 S. 1 VOB/B inhaltlich durch den Werkerfolg i. S. d. § 631 BGB beschränkt werden.
So sind im Rahmen des § 1 Nr. 3 VOB/B ausschließlich Änderungen zulässig, welche den Gesamtwerkerfolg lediglich in Teilbereichen modifizieren, im übrigen diesen in seiner Identität als funktionelle Einheit aber unberührt lassen, während die Anordnung zusätzlicher Leistungen gem. § 1 Nr. 4 VOB/B nur dann für den Auftragnehmer verpflichtend ist, soweit sie zur Erreichung des versprochenen Erfolges erforderlich sind.

Ebenso ist beiden Leistungsbestimmungsrechten gemein, dass sie vom Bestand der Hauptleistungspflicht des Auftragnehmers aus dem Werkvertrag abhängig sind, da eine Änderung i. S. d. § 1 Nr. 3 VOB/B oder Erweiterung i. S. d. § 1 Nr. 4 S. 1 VOB/B derselben nur insoweit möglich ist, wie diese auch existiert, so dass die mit Vertragsschluss unter Einbeziehung der VOB/B bestehenden einseitigen Anordnungsrechte des Auftraggebers mit Abnahme der Werkleistung gem. § 12 VOB/B bzw. § 640 BGB enden.

Schließlich sind § 1 Nr. 3 VOB/B und § 1 Nr. 4 VOB/B nur anwendbar, soweit mit der Anordnung des Auftraggebers eine inhaltliche oder qualitative Veränderung der vereinbarten Leistung i. S. d. § 2 Nr. 1 VOB/B einhergeht; bleibt die Art und der Umfang der vereinbarten Leistung i. S. d. §§ 1 Nr. 1, 2 Nr. 1

VOB/B durch die Anordnung dagegen unverändert, handelt es sich um eine Vertragserfüllungsanordnung gem. § 4 Nr. 1 Abs. 3 VOB/B.

Hier hören die offensichtlichen Gemeinsamkeiten aber schon auf.

Während das Leistungsbestimmungsrecht des § 1 Nr. 4 S. 1 VOB/B nach seinem ausdrücklichen Wortlaut dem Auftragnehmer noch ein Leistungsverweigerungsrecht bei mangelnder betrieblicher Einrichtung gewährt, besteht diese Grenze bei dem Änderungsrecht des § 1 Nr. 3 VOB/B offensichtlich nicht.

In der Praxis wird sich dieser Umstand allerdings nur in Ausnahmefällen realisieren, da durch die Beschränkung auf die Änderung des Werkerfolges, im Gegensatz zu Neuplanung, ein weitgehend vergleichbares Ergebnis erzielt wird.
Die Abgrenzung zwischen Änderung und Neuplanung hat sich, wie bereits dargelegt, an dem individuell vereinbarten Werkerfolg zu orientieren, so dass die Zulässigkeit einer inhaltlich gleich lautenden Änderungsanordnung des Auftraggebers gem. § 1 Nr. 3 VOB/B in Abhängigkeit zum konkreten Vertragsverhältnis unterschiedlich beurteilt werden kann.
Indiz für die Leistungsfähigkeit des Unternehmers ist der konkrete Inhalt des Vertrages, da grundsätzlich nicht anzunehmen ist, dass sich der Auftragnehmer um einen Auftrag bemühen wird, welchen er vom technischen oder personellen Aufwand nicht bewältigen kann, mit anderen Worten sein Betrieb auf die zu erbringende Leistung nicht eingerichtet ist, § 4 Nr. 8 S. 1 VOB/B.

Beispielsweise wird sich ein Schreiner ausschließlich für Schreinerarbeiten bewerben, so dass in dem oben gewählten Beispiel die Änderung der Ausführungsart der herzustellenden Treppe von Holz in Metall nicht nur eine wesentliche Änderung des zu erzielenden Erfolgs darstellt, sondern diese auch im Hinblick auf die Leistungsfähigkeit von dem Auftragnehmer nicht erfüllt werden könnte.
Im Gegensatz dazu wird sich der zu erzielende Erfolg im Fall des Generalunternehmers zumeist aus einer Vielzahl von Einzelgewerken zusammensetzen, so dass auch die damit verbundene Änderungsmöglichkeit i. S. d. § 1 Nr. 3 VOB/B weitreichender ist, dieser aber aufgrund der Möglichkeit zur Weitervergabe einzelner Teilleistungen gem. § 4 Nr. 8 Abs. 1 S. 2 VOB/B als wesentlich leistungsfähiger zu betrachten ist, da die ihm die Betriebseinrichtung seiner Subunternehmer zugerechnet wird[378].

---

[378] vgl. Teil I, Gliederungspunkt II.4.1.1.2.

Einzig wesentlicher Unterschied zwischen dem Leistungsbestimmungsrecht des § 1 Nr. 3 VOB/B und dem des § 1 Nr. 4 S. 1 VOB/B ist somit die Abhängigkeit letzteren von der Erforderlichkeit der zusätzlichen Leistung für den Werkerfolg i. S. d. § 631 BGB, welche dem Wortlaut des § 1 Nr. 3 VOB/B nicht zu entnehmen ist.

II.5 § 2 Nr. 5 VOB/B und § 2 Nr. 6 VOB/B

Nachdem die Regelungen des § 2 Nr. 5 VOB/B und des § 2 Nr. 6 VOB/B schon bei der Analyse der Leistungsbestimmungsrechte i. S. d. § 1 Nr. 3 und Nr. 4 VOB/B regelmäßig in Erscheinung getreten sind, soll der dadurch gewonnene Eindruck im Folgenden nun weiter vertieft werden.
Hierbei wird wiederum den Fragen nach deren Rechtsnatur, deren Funktion sowie deren Grenzen besondere Bedeutung zukommen[379].

II.5.1 Rechtsnatur des § 2 Nr. 5 VOB/B und des § 2 Nr. 6 VOB/B

Primäre Bedeutung ist der Frage der Rechtsnatur der Regelungen des § 2 Nr. 5 VOB/B und § 2 Nr. 6 VOB/B zuzumessen, da sich hieraus sich alle weiteren Ergebnisse erschließen werden.

---

[379] Zum besseren Verständnis der nachfolgenden Ausführungen sei an dieser Stelle nochmals ausdrücklich auf den Wortlaut der §§ 2 Nr. 5 Und Nr. 6 VOB/B hingewiesen:

§ 2 Nr. 5 VOB/B
„Werden durch Änderungen des Bauentwurfs oder andere Anordnungen des Auftraggebers die Grundlagen des Preises für eine im Vertrag vorgesehene Leistung geändert, so ist ein neuer Preis unter Berücksichtigung der Mehr- oder Minderkosten zu vereinbaren. Die Vereinbarung soll vor der Ausführung getroffen werden."

§ 2 Nr. 6 VOB/B
„(1) Wird eine im Vertrag nicht vorhergesehene Leistung gefordert, so hat der Auftragnehmer Anspruch auf besondere Vergütung. Er muss jedoch den Anspruch dem Auftraggeber ankündigen, bevor er mit der Ausführung der Leistung beginnt.

(2) Die Vergütung bestimmt sich nach den Grundlagen der Preisermittlung für die Vertragliche Leistung und den besonderen Kosten der geforderten Leistung. Sie ist möglichst vor Beginn der Ausführung zu vereinbaren."

II.5.1.1 Rechtsnatur des § 2 Nr. 5 VOB/B

Nach einer weit verbreiteten Ansicht in der Literatur handelt es sich bei der Regelung des § 2 Nr. 5 VOB/B um eine Anspruchsgrundlage[380], welche jeder der beiden Bauvertragsparteien die Möglichkeit eröffne, eine Preisanpassung von der anderen Seite zu verlangen, soweit sich durch eine Änderung des Bauentwurfes oder eine andere Anordnung des Auftraggebers die Grundlagen des Preises für eine im Vertrag vorgesehene Leistung geändert haben.

Daher sei eine Preisanpassung nach § 2 Nr. 5 VOB/B bei Vorliegen der übrigen Anspruchsvoraussetzungen nicht verpflichtend, sondern hänge von dem Verlangen bzw. der Geltendmachung des Preisanpassungsanspruches durch mindestens eine Partei ab[381].
In diesem Fall solle der vereinbarte Preis jedoch unmittelbar seine Gültigkeit verlieren und beide Seiten verpflichtet sein, einen neuen Preis unter Berücksichtigung der Mehr- oder Minderkosten zu vereinbaren.
Dem Anspruchssteller erwachse auf Grund des insofern eindeutigen Wortlauts des § 2 Nr. 5 VOB/B kein einseitiges Preisbestimmungsrecht in der Form, dass er allein den neuen Preis nach seinen Vorstellungen festlegen könne.

Die Bedeutung der Vereinbarungsverpflichtung relativiere sich jedoch sogleich dadurch, dass deren Erfüllung für die Entstehung und Durchsetzbarkeit des Anspruches i. S. d. § 2 Nr. 5 VOB/B eigentlich unerheblich ist, da zum einen die in § 2 Nr. 5 S. 2 VOB/B enthaltene zeitliche Vorgabe als „Soll"-Vorschrift lediglich Empfehlungscharakter habe, und auf der anderen Seite der neue Preis notfalls durch das Gericht oder einen Dritten bestimmt werden könne[382].

---

[380] Riedl in Heiermann/Riedl/Rusam, VOB Teil A und B, 10. Auflage 2003, § 2 VOB/B, Rdn. 101; Weick in Nicklisch/Weick, VOB Teil B, 3. Auflage 2001, § 2 VOB/B, Rdn. 63; Kapellmann/Schiffers, Vergütung, Nachträge und Behinderungsfolgen beim Bauvertrag, Band I, Rdn. 993; Jagenburg in Beck'scher VOB-Kommentar, Teil B, 1997, § 2 Nr. 5 VOB/B, Rdn. 117; Keldungs in Ingenstau/Korbion, VOB Teil A und B, 15. Auflage 2004, § 2 Nr. 5 VOB/B, Rdn. 5; Vygen in Vygen/Schubert/Lang, Bauverzögerung und Leistungsänderung, 4. Auflage 2002, Rdn. 155; Locher, Das private Baurecht, 7. Auflage 2005, Rdn. 315; Korbion/Hochstein/Keldungs, Der VOB-Vertrag, 8. Auflage 2002, Rdn. 760; Stassen/Grams, Zur Kooperationspflicht des Auftragnehmers gemäß § 2 Nr. 5 VOB/B 2002 bei Mehrkosten, in BauR 2003, 943 (946).

[381] exemplarisch Jagenburg in Beck'scher VOB-Kommentar, Teil B, 1997, § 2 Nr. 5 VOB/B, Rdn. 116 mit weiteren Nachweisen.

[382] Werner in Werner/Pastor, Der Bauprozess, 11. Auflage 2005, Rdn. 1150 mit weiteren Nachweisen.

In diesem Sinne können also nicht nur Bauentwurfsänderungen i. S. d. § 1 Nr. 3 VOB/B, sondern auch andere Anordnungen des Auftraggebers i. S. d. § 2 Nr. 5 VOB/B zu einem Anspruch auf Anpassung der Vergütung i. o. S. führen, solange hierdurch nur die Grundlagen des Preises für eine im Vertrag vorgesehene Leistung geändert werden.

Allerdings ist innerhalb der Gruppe, welche von dem Rechtscharakter einer Anspruchsgrundlage im Falle des § 2 Nr. 5 VOB/B ausgehen, unklar, was unter die Anspruchsvoraussetzung der „anderen Anordnungen" i. S. d. § 2 Nr. 5 Alt. 2 VOB/B zu subsumieren ist.

Einigkeit besteht nur insoweit, als es sich bei den anderen Anordnungen i. S. d. § 2 Nr. 5 Alt. 2 VOB/B, wie im Fall des § 1 Nr. 3 VOB/B, grundsätzlich um eindeutige nach Befolgung heischende Aufforderungen des Auftraggebers handeln müsse, welche im Gegensatz zu bloßen Wünschen oder Vorschlägen den Auftragnehmer unmittelbar verpflichten[383].
Hier hören die Gemeinsamkeiten aber schon auf.

So vertritt ein nicht unerheblicher Teil der Stimmen in der Literatur[384] die Auffassung, dass es für den Anwendungsbereich des § 2 Nr. 5 Alt. 2 VOB/B dennoch unerheblich sei, ob der Auftraggeber für derartige andere Anordnungen i. S. d. § 2 Nr. 5 Alt. 2 VOB/B eine vertragliche Berechtigung vorweisen könne oder nicht; entscheidend sei vielmehr allein, dass ein ursächlicher Zusammenhang zwischen der Anordnung des Auftraggebers und der Änderung der Preisgrundlagen bestehe, welcher dadurch vermittelt werde, dass der Auftragnehmer ersteren Folge leistet.
In diesem Sinne würden von der Anspruchvoraussetzung der anderen Anordnungen i. S. d. § 2 Nr. 5 Alt. 2 VOB/B sowohl berechtigte Anordnungen, als auch unberechtigte Anordnungen und selbst tatsächliche Gegebenheiten

---

[383] Kapellmann in Kapellmann/Messerschmidt, VOB/B Teil A und B, 2003, § 2 VOB/B, Rdn. 190; Keldungs in Ingestau/Korbion, VOB Teil A und B, 15. Auflage 2004, § 2 Nr. 5 VOB/B, Rdn. 22.; Jagenburg in Beck´scher VOB-Kommentar, Teil B, 1997, § 2 Nr. 5 VOB/B, Rdn. 73.

[384] Weyer, Bauzeitverlängerung aufgrund von Änderungen des Bauentwurfes durch den Auftraggeber, in BauR 1990, 138 (143); Weick in Nicklisch/Weick, VOB Teil B, 3. Auflage 2001, § 2 Rdn. 61; Vygen in Vygen/Schubert/Lang, Bauverzögerung und Leistungsänderung, 4. Auflage 2002, Rdn. 180, 181; Kapellmann/Schiffers, Vergütung, Nachträge und Behinderungsfolgen beim Bauvertrag, Band I, Rdn. 1333; Kapellmann in Kapellmann/Messerschmidt, VOB Teil A und B, 2003, § 2 VOB/B, Rdn. 181 und § 6 VOB/B, Rdn. 57; v. Rintelen, Kapellmann/Messerschmidt, VOB/B Teil A und B, 2003, § 1 VOB/B, Rdn. 57; Jagenburg in Beck´scher VOB-Kommentar, Teil B, 1997, § 2 Nr. 5 VOB/B, Rdn. 73; Diehr, Zum Verhältnis von Vergütungs- und Schadensersatzansprüchen des Auftragnehmers wegen Bauzeitstörungen nach der VOB/B, in BauR 2001, 1507 (1509).

erfasst, welche Berücksichtigung durch den Auftragnehmer bei der Bauausführung gefunden haben.

Beispiele hierfür seien insbesondere unmittelbare zeitliche Anordnungen des Auftraggebers im Sinne von Beschleunigungsanordnungen, Unterbrechungsanordnungen, Anordnungen zur Verschiebung des Baubeginns, die Verkürzung der Ausführungsfristen, aber auch Anordnungen bezüglich sonstiger, zumeist als Bauumstände bezeichneter Vertragsbestandteile, also bezüglich der Verlegung von Zufahrtswegen, der Art und Weise der Durchführung, sowie der zeitlichen Reihenfolge der Erbringung der Bauleistung[385].
Selbst behördliche Auflagen oder sonstige Vorgaben Dritter sollen den Vergütungsanspruch i. S. d. § 2 Nr. 5 VOB/B begründen, soweit sie dem Verantwortungsbereich des Auftraggebers zugerechnet werden können und vom Auftragnehmer auch ohne ausdrückliche Anordnung befolgt werden[386].

Als Begründung für den dementsprechend weiten Anwendungsbereich des § 2 Nr. 5 VOB/B wird angeführt, dass im Rahmen der Abwicklung eines Bauvertrages regelmäßig Situationen eintreten, in denen der Auftragnehmer selbst unberechtigten Anordnungen oder tatsächlichen Gegebenheiten aus rein faktischen Gründen Folge leisten müsse, obwohl er hierzu rechtlich eigentlich nicht verpflichtet wäre[387]. Dennoch können auch hierdurch Mehrkosten entstehen, welche dem Auftragnehmer unter anderem durch die Anpassung der Vergütung i. S. d. § 2 Nr. 5 VOB/B zu ersetzen wären.
Eine exakte Antwort auf die Frage, welche faktischen Zwangslagen dies seinen sollen, gibt keiner der Vertreter der dargestellten Meinung.

---

385 Werner in Werner/Pastor, Der Bauprozess, 11. Auflage 2005, Rdn. 1149; Vygen in Vygen/Schubert/Lang, Bauverzögerung und Leistungsänderung, 4. Auflage 2002, Rdn. 173 ff., Kapellmann in Kapellmann/Messerschmidt, VOB Teil A und B, 2003, § 2 VOB/B, Rdn. 33ff.; Weick in Nicklisch/Weick, VOB Teil B, 3. Auflage 2001, § 2 VOB/B, Rdn. 61.; Kemper in Franke/Kemper/Zanner/Grünhagen, VOB Teil A und B, 1. Auflage 2002, § 2 VOB/B, Rdn. 96 und 122; Riedl in Heiermann/Riedl/Rusam, VOB Teil A und B, 10. Auflage 2003, § 2 VOB/B, Rdn. 110d.

386 einige Bezeichnen derartige „andere Anordnungen" i. S. d. § 2 Nr. 5 VOB/B als konkludente bzw. stillschweigende Anordnungen, vgl. hierzu Kapellmann in Kapellmann/Messerschmidt, VOB Teile A und B, § 2 VOB/B, Rdn. 195; Vygen in Vygen/Schubert/Lang, Bauverzögerung und Leistungsänderung, 4. Auflage 2002, Rdn. 185 f.; differenziert Jagenburg in Beck´scher VOB-Kommentar, Teil B, 1997, § 2 Nr. 5 VOB/B, Rdn. 75 ff.; Weyer, Bauzeitverlängerung aufgrund von Änderungen des Bauentwurfes durch den Auftraggeber, in BauR 1990, 138 (144f.) mit weiteren Nachweisen; a. A. Keldungs in Ingenstau/Korbion, VOB Teile A und B, 15. Auflage 2004, § 2 Nr. 5 VOB/B, Rdn. 23.

387 Kapellmann spricht insoweit vom „Zwang des Faktischen", Kapellmann in Kapellmann/Messerschmidt, VOB Teil A und B, 2003, § 6 VOB/B, Rdn. 57; ebenso Diehr, Zum Verhältnis von Vergütungs- und Schadensersatzansprüchen des Auftragnehmers wegen Bauzeitstörungen nach der VOB/B, in BauR 2001, 1507 (1509) mit weiteren Nachweisen.

Kapellmann beschränkt sich darauf, dass der Auftraggeber diese unlegitimierten Anordnungen „mit Gewalt" durchsetze[388].

Genschow sieht den Auftragnehmer aufgrund der wirtschaftlichen Verhältnisse gezwungen, derartige „Anordnungen" des Auftraggebers zu befolgen[389].

Vygen wiederum führt sein weites Verständnis der Anspruchsvoraussetzung der anderen Anordnungen i. S. d. § 2 Nr. 5 VOB/B vor allem auf die besondere kalkulatorische Bedeutung der Leistungszeit bei einem Bauvertrag zurück, welche nicht nur durch unmittelbare zeitliche Anordnungen des Auftraggebers, sondern auch in anderer, dem Auftraggeber zurechenbarer Weise tangiert werden könne, so dass es gerechtfertigt sei, dem Auftragnehmer hierfür einen Anspruch gem. § 2 Nr. 5 Alt. 2 VOB/B zu gewähren[390].
Einzig gebotene Einschränkung sei, dass derartige Anordnungen für den Auftragnehmer zwingend sind, was er anhand einer Entscheidungen des BGH aus dem Jahr 1968 zu belegen versucht[391].
Unter welchen Voraussetzungen aber Weisungen, die ohne Rechtsgrundlage erfolgen, für den Auftragnehmer zwingend sein sollen, ist seinen Ausführungen nicht zu entnehmen[392].
Vygen verweist lediglich auf § 4 Nr. 1 Abs. 3 VOB/B, welcher seiner Ansicht nach Beleg dafür sei, dass dem Auftraggeber ein einseitiges Recht zu anderen Anordnungen in zeitlicher Hinsicht zustehen kann, dessen Verbindung zu § 2 Nr. 5 VOB/B bleibt jedoch unklar.

Der Großteil der Vertreter der dargestellten Meinung behilft sich jedoch zur Begründung ihres ausufernden Verständnisses der Anspruchsvoraussetzung der anderen Anordnungen i. S. d. § 2 Nr. 5 VOB/B entweder mit einem Verweis auf die Ansicht vorstehender Autoren oder auf zumeist unterinstanzliche Gerichtsentscheidungen, manche lassen eine Begründung gänzlich vermissen[393].

---

388 Kapellmann in Kapellmann/Messerschmidt, VOB Teil A und B, 2003, § 6 VOB/B, Rdn. 57.

389 Genschow, Anordnungen zur Bauzeit – Vergütungs- oder Schadensersatzansprüche des Auftragnehmers?, in ZfBR 2004, 642.

390 Vygen in Vygen/Schubert/Lang, Bauverzögerung und Leistungsänderung, 4. Auflage 2002, Rdn. 173 ff.

391 Vygen in Vygen/Schubert/Lang, Bauverzögerung und Leistungsänderung, 4. Auflage 2002, Rdn. 182. mit Bezug auf BGH, Urt. v. 21.03.1968 – VII ZR 23/84.

392 Vygen in Vygen/Schubert/Lang, Bauverzögerung und Leistungsänderung, 4. Auflage 2002, Rdn. 176.

393 Jagenburg in Beck´scher VOB-Kommentar, Teil B, 1997, § 2 Nr. 5 VOB/B, Rdn. 73; Weyer, Bauzeitverlängerung aufgrund von Änderungen des Bauentwurfes durch den Auftraggeber, in BauR 1990, 138 (144); Stassen/Grams, Zur Kooperationspflicht des Auftragnehmers gemäß § 2 Nr. 5 VOB/B 2002 bei Mehrkosten, in BauR 2003, 943 (945); Diehr, Zum Verhält-

Der mindestens ebenso gewichtige andere Teil der Stimmen in der Literatur, welcher ebenfalls von der Rechtsnatur einer Anspruchsgrundlage im Fall des § 2 Nr. 5 VOB/B ausgeht, erachtet dagegen eine vertragliche Berechtigung des Auftraggebers für eine verpflichtende andere Anordnung i. S. d. § 2 Nr. 5 VOB/B als zwingend erforderlich[394].

Keldungs[395] weist darauf hin, dass von der Anspruchsvoraussetzung der anderen Anordnungen i. S. d. § 2 Nr. 5 VOB/B zwar auch unmittelbare zeitliche Anordnungen des Auftraggebers oder auch Anordnungen bezüglich der als Bauumstände bezeichneten Vertragsbestandteile umfasst sein können.
Da diese jedoch nicht Gegenstand des Leistungsbestimmungsrechts i. S. d. § 1 Nr. 3 VOB/B seien, ist es zur Begründung eines Anspruches auf Anpassung der Vergütung i. S. d. § 2 Nr. 5 VOB/B unumlässlich, dass sich der Auftraggeber dementsprechende Anordnungsbefugnisse vertraglich vorbehalten hat.

Dem schließen sich *Wirth/Würfele*[396] weitgehend an, weisen jedoch auch auf die daraus resultierenden rechtlichen und praktischen Schwierigkeiten hin, welche sie veranlassen, die zuvor geschilderte Auffassung Kapellmanns zumindest als interessengerechte Lösung zu interpretieren.
Die Praxis zeige nämlich, dass sich ein ausdrücklich vereinbartes Anordnungsrecht des Auftraggebers bezüglich der Leistungszeit oder der Bauumstände bislang nur in den wenigsten Bauverträgen finden lässt, so dass ein Großteil der bei der Abwicklung von Bauvorhaben regelmäßig vorkommenden nicht leistungsbezogenen Anordnungen des Auftraggebers rechtswidrig sein wird. Dennoch könne der Auftragnehmer faktisch auch bei einem rechtswidrig angeordneten Baustopp nicht gegen den Willen des Auftraggebers einfach wei-

---

nis von Vergütungs- und Schadensersatzansprüchen des Auftragnehmers wegen Bauzeitstörungen nach der VOB/B, in BauR 2001, 1507 (1509); Kemper in Franke/Kemper/Zanner/Grünhagen, VOB Teil A und B, 1. Auflage 2002, § 2 VOB/B, Rdn. 96 und 122; Riedl in Heiermann/Riedl/Rusam, VOB Teile A und B, 10. Auflage 2003, § 2 VOB/B, Rdn. 110ff.

394 Wirth, Bauzeitverzögerung: Mehrvergütung gemäß § 2 Nr. 5 VOB/B oder Schadensersatz gemäß § 6 Nr. 6 VOB/B, in Jahrbuch Baurecht 2006; Keldungs in Ingestau/Korbion, VOB Teile A und B, § 2 Nr. 5 VOB/B, Rdn. 17; Kniffka, ibr-online-Kommentar Bauvertragsrecht, Stand 12.09.2005, § 631 BGB, Rdn. 304.

395 Keldungs in Ingestau/Korbion, VOB Teil A und B, 15. Auflage 2004, § 2 Nr. 5 VOB/B, Rdn. 16 und 17. Im Ergebnis auch Thode, Nachträge wegen gestörten Bauablaufs im VOB/B-Vertrag, in ZfBR 2004, 214 (221ff.).

396 Wirth/Würfele, Bauzeitverzögerung: Mehrvergütung gemäß § 2 Nr. 5 VOB/B oder Schadensersatzanspruch gemäß § 6 Nr. 6 VOB/B, in Jahrbuch Baurecht 2006, S. 119 (141ff.) – Die Verfasser bieten allerdings zur Vermeidung der dogmatischen Schwierigkeiten der h. M. eine andere durchaus vertretbare Lösung an.

terarbeiten, so dass es aus seiner Sicht eigentlich unerheblich sei, ob die Anordnung rechtmäßig oder rechtswidrig ist.

Unterstellt, dass der Auftragnehmer nicht verpflichtet ist, rechtswidrigen Anordnungen des Auftraggebers Folge zu leisten, könne man die Befolgung des Baustopps nur als freiwilliges Nachgeben qualifizieren.
Dies hätte wiederum zur Folge, dass dem Auftragnehmer auf Grund der Rechtswidrigkeit der Anordnung weder ein Vergütungsanspruch gem. § 2 Nr. 5 VOB/B, noch ein Schadensersatzanspruch gemäß § 6 Nr. 6 VOB/B für die verzögerungsbedingten Mehrkosten zustünde, da durch die Freiwilligkeit der Leistung des Auftragnehmers die Rechtswidrigkeit der Anordnung des Auftraggebers entfallen würde[397].

Thode[398] und *Kniffka*[399] vertreten entgegen den übrigen Kommentatoren die Auffassung, dass es sich bei § 2 Nr. 5 VOB/B nicht um eine Anspruchsgrundlage, sondern um eine reine Rechtsfolgeregelung handeln müsse.

Thode[400] führt dies vor allem auf die bereits auszugsweise vorgestellte Entscheidung des BGH aus dem Jahr 1994[401] zurück, in welcher der Senat die so genannten Anordnungen nach § 1 Nr. 3 und Nr. 4 VOB/B als rechtsgeschäftliche Willenserklärungen qualifiziert hat, wodurch nach seiner Auffassung mittelbar zumindest auch die Rechtsnatur der Vergütungsregelungen des § 2 Nr. 5 S. 1. Alt. VOB/B und des § 2 Nr. 6 VOB/B festgelegt wurde.
Da es sich bei §§ 1 Nr. 3 und Nr. 4 VOB/B insoweit um einseitige Leistungsbestimmungsrechte handeln müsse, welche auf dem Grundsatz beruhen, dass das Gegenseitigkeitsverhältnis von Leistung und Vergütung durch die causa einer vertraglichen Vereinbarung begründet wird, kann Rechtsgrundlage einer geänderten oder zusätzlichen Vergütung auch ausschließlich der durch das Leistungsbestimmungsrecht i. S. d. § 1 Nr. 3 VOB/B bzw. § 1 Nr. 4 VOB/B geänderte oder erweiterte Vertrag sein.
Insoweit müsse es sich bei den Vergütungsregelungen des § 2 Nr. 5 S. 1 Alt. 1 VOB/B und § 2 Nr. 6 VOB/B um Rechtsfolgeregelungen handeln; die An-

---

[397] Wirth/Würfele, Bauzeitverzögerung: Mehrvergütung gemäß § 2 Nr. 5 VOB/B oder Schadensersatzanspruch gemäß § 6 Nr. 6 VOB/B, in Jahrbuch Baurecht 2006, S. 119 (146) mit Verweis auf Palandt/Sprau, BGB, 64. Auflage 2005, § 823 BGB, Rdn. 38.

[398] Thode, Nachträge wegen gestörten Bauablaufs im VOB/B-Vertrag, in ZfBR 2004, 214 (216).

[399] Kniffka, ibr-online-Kommentar Bauvertragsrecht, Stand 12.09.2005, § 631 BGB, Rdn. 286 und 304.

[400] Thode, Nachträge wegen gestörten Bauablaufs im VOB/B-Vertrag, in ZfBR 2004, 214 (216).

[401] BGH, Urt. v. 14.07.1994 – VII ZR 186/93.

spruchsgrundlage für eine Vergütungsanpassung regele § 1 Nr. 3 und Nr. 4 VOB/B. Da die VOB/B aber keine weiteren Leistungsbestimmungsrechte enthalte, sei damit zwar das Tatbestandsmerkmal der anderen Anordnungen i. S. d. § 2 Nr. 5 Alt. 2 VOB/B noch nicht abschließend geklärt, nach seiner Auffassung sei aber nur der Schluss möglich, dass es sich auch bei der zweiten Alternative des § 2 Nr. 5 VOB/B um eine Rechtsfolgeregelung handele.
Dies ergebe sich vor allem aus dem Grundkonzept des Bürgerlichen Gesetzbuches, aber auch aus der Systematik der VOB/B, welche keine Anhaltspunkte dafür liefere, dass die Regelung des § 2 Nr. 5 VOB/B die Folgen vertragswidriger Eingriffe des Auftraggebers in das Vertragsverhältnis in einer Weise regele, welche der Systematik des BGB widerspreche[402].

Der Auffassung *Thodes*[403] und *Kniffkas*[404] ist meines Erachtens der Vorzug zugewähren, welche mittelbar auch durch die Ausführungen von *Keldungs*[405] und ebenso *Wirth/Würfele*[406] gestützt wird[407].

Die Rechtsnatur des § 2 Nr. 5 VOB/B als Rechtsfolgeregelung in beiden Alternativen ergibt sich wie folgt:

Nach der hier vertretenen Auffassung, sowie nach der mittlerweile gefestigten Rechtsprechung des BGH[408] handelt es sich im Fall des § 1 Nr. 3 VOB/B um ein einseitiges Leistungsbestimmungsrecht des Auftraggebers ähnlich dem, welches in § 315 BGB vorausgesetzt wird[409].

---

402 Thode, Nachträge wegen gestörten Bauablaufs im VOB/B-Vertrag, in ZfBR 2004, 214 (225).

403 Thode, Nachträge wegen gestörten Bauablaufs im VOB/B-Vertrag, in ZfBR 2004, 214.

404 Kniffka, ibr-online-Kommentar Bauvertragsrecht, Stand 12.09.2005, § 631 BGB, Rdn. 286 und 304.

405 Keldungs in Ingestau/Korbion, VOB Teil A und B, 15. Auflage 2004, § 2 Nr. 5 VOB/B, Rdn. 16 und 17.

406 Wirth/Würfele, Bauzeitverzögerung: Mehrvergütung gemäß § 2 Nr. 5 VOB/B oder Schadensersatzanspruch gemäß § 6 Nr. 6 VOB/B, in Jahrbuch Baurecht 2006, S. 119.

407 Beide Autoren gehen davon aus, dass andere Anordnungen i. S. d. § 2 Nr. 5 Alt. 2 VOB/B zwingend eine vertragliche Berechtigung voraussetzten, so dass allein deswegen der Schluss auf eine reine Rechtsfolgeregelung in beiden Alternativen des § 2 Nr. 5 VOB/B unumgänglich ist.

408 BGH, Urt. v. 25.01.1996 – VII ZR 233/94, BauR 1996, 378 = ZfBR 1996, 196 = NJW 1996, 1346; Urt. v. 24.07.2003 – VII ZR 79/02, BauR 2003, 1892 = NZBau 2004, 31 = ZfBR 2004, 37; Urt. v. 27.11.2003 – VII ZR 346/01, BauR 2004, 495 = ZfBR 2004, 254 = IBR 2004, 121.

409 Wie die Einschränkung des BGH zu verstehen ist, wurde bereits zuvor dargelegt. Insbesondere im Fall des § 1 Nr. 3 VOB/B dient dieses nicht der Konkretisierung eine unbe-

Die Ausübung dieses Rechtes verändert den Inhalt der vertraglichen Leistungspflicht des Auftragnehmers unmittelbar und beeinflusst damit die synallagmatische Beziehung zu der dafür versprochenen Vergütung.
Die notwendige vergütungsrechtliche Anpassung ist in § 1 Nr. 3 VOB/B allerdings nicht enthalten[410], so dass das Leistungsbestimmungsrecht des § 1 Nr. 3 VOB/B insofern als unvollkommene Regelung bezeichnet werden kann.

Diese Rolle wird jedoch durch die Regelung des § 2 Nr. 5 VOB/B in der 1. Alternative übernommen, welche zur Wahrung des Synallagmas zwischen Leistung und Gegenleistung als vergütungsrechtliche Ergänzung zu § 1 Nr. 3 VOB/B die Anpassung der vereinbarten Vergütung an den durch eine Anordnung des Auftraggebers veränderten Leistungsumfang i. S. d. § 1 Nr. 1 VOB/B i. V. m. § 2 Nr. 1 VOB/B vorsieht.
Causa der geänderten Vergütung ist damit in Übereinstimmung mit *Thode*[411] aber der geänderte Bauvertrag, so dass es sich zumindest bei der 1. Alternative des § 2 Nr. 5 VOB/B ausschließlich um eine Rechtsfolgeregelung handeln kann.

Damit ist auch die Rechtsnatur der 2. Alternative des § 2 Nr. 5 VOB/B als eine Rechtsfolgeregelung festgelegt.

Dies erschließt sich wie folgt:
Nach der Definition des BGH soll es sich bei den Anordnungen in beiden Varianten des § 2 Nr. 5 VOB/B um eindeutige nach Befolgung durch den Auftragnehmer heischende Aufforderungen des Auftraggebers handeln, welche aufgrund ihrer vertragsändernden oder -erweiternden Wirkung im Gegensatz zu bloßen Wünschen oder Vorschlägen den Auftragnehmer unmittelbar verpflichten[412].

---

stimmten Leistungspflicht, sondern zur Änderung einer bereits konkretisierten Pflicht des Unternehmers, vgl. hierzu Gliederungspunkt II.3.3.3.; daneben ergeben sich aber auch abweichende Ausübungsbeschränkungen vgl. hierzu II.8.1.1ff.

[410] § 1 Nr. 3 VOB/B beruht insofern auf dem Grundsatz, dass das Gegenseitigkeitsverhältnis von Leistung und Vergütung durch die causa einer vertraglichen Vereinbarung begründet wird; vgl. hierzu Thode, Nachträge wegen gestörten Bauablaufs im VOB/B-Vertrag, in ZfBR 2004, 214 (219) unter Verweis auf BGH, Urt. v. 25.01.1996 – VII ZR 233/94, BauR 1996, 378 = ZfBR 1996, 196 = NJW 1996, 1346; Urt. v. 27.11.2003 – VII ZR 346/01, BauR 2004, 495 = ZfBR 2004, 254 = IBR 2004, 121.

[411] Thode, Nachträge wegen gestörten Bauablaufs im VOB/B-Vertrag, in ZfBR 2004, 214 (216).

[412] BGH, Urt. v. 21.03.1968 – VII ZR 84/67, NJW 1968, 1234; BGH, Urt. v. 09.04.1992 – VII ZR 129/91 (Wasserhaltung I), BauR 1992, 759 = ZfBR 1992, 211 = IBR 1992, 349; ebenso die einheitliche Auffassung in der Literatur, beispielhaft Kapellmann in Kapellmann /Messerschmidt, VOB/B Teil A und B, 2003, § 2 VOB/B, Rdn. 190; Keldungs in Inge-

Verpflichtungen gleich welcher Art können nach dem Konsensualprinzip des BGB grundsätzlich nur in Form eines Vertrages gem. § 311 Abs. 1 BGB, dieser wiederum durch übereinstimmende Willenserklärungen i. S. d. §§ 145, 147 BGB begründet oder verändert werden.
Von diesem Grundsatz werden nur wenige gesetzliche Ausnahmen gemacht, vgl. § 311 Abs. 1 Hs. 2 BGB; vertraglich ist eine Abweichung nach dem Prinzip der Vertragsfreiheit innerhalb noch zu bestimmender Grenzen grundsätzlich möglich.

In beiden Fällen nehmen die so genannten Gestaltungsrechte eine gewichtige Rolle ein, in deren ausfüllender Variante eine Vertragspartei berechtigt wird, ein bestehendes Schuldverhältnis durch die Konkretisierung einer zunächst unbestimmten Leistungspflicht nach Vertragsschluss einseitig zu verändern.
Klassisches Beispiel hierfür sind insbesondere Leistungsbestimmungsrechte i. S. d. § 315 BGB[413].
Doch auch in diesem Fall wird auf das Konsensualprinzip i. S. d. § 311 Abs. 1 BGB nicht verzichtet, da § 315 BGB zwar von der Möglichkeit einer einseitigen Leistungsbestimmung ausgeht, die Regelung selbst aber nur dessen dispositiven Ausübungsrahmen vorgibt.
Hieraus ergibt sich, dass § 315 BGB, wie jedes andere vertragliche Gestaltungsrecht auch, eine Vereinbarung voraussetzt, wonach einer Partei das Recht zustehen soll, eine durch Vertragsschluss zwar begründete, darin aber nur rahmenmäßig bestimmte Leistungspflicht, nach Vertragsschluss durch einseitige Willenserklärung auszufüllen[414].

Grundsätzlich ist es demnach möglich, vom Grundsatz des § 311 Abs.1 BGB abzuweichen, nach dem überragenden Prinzip der Vertragsfreiheit ist hierfür abgesehen von den gesetzlichen Ausnahmen aber wiederum eine vertragliche Vereinbarung notwendig, so dass niemand gegen seine Willen eine Verpflichtung auferlegt bekommen kann (negative Vertragsfreiheit) bzw. dass durch einseitige, kompetenzlose und damit rechtswidrige Handlungen oder Willenserklärungen keine Verpflichtungen begründet werden können.

---

stau/Korbion, VOB Teil A und B, 15. Auflage 2004, § 2 Nr. 5 VOB/B, Rdn. 22.; Jagenburg in Beck'scher VOB-Kommentar, Teil B, 1997, § 2 Nr. 5 VOB/B, Rdn. 73.

[413] Emmerich in Münchener Kommentar zum BGB, Band 2 a, 4. Auflage 2003, § 311 BGB, Rdn. 35 ff.

[414] Nach dem Prinzip der Vertragsfreiheit ist es auch möglich, einer Partei das Recht einzuräumen, ein Schuldverhältnis auch durch einseitiges Rechtsgeschäft zu begründen (Beispiel: Optionsrecht); Voraussetzung hierfür ist aber ebenfalls eine vertragliche Vereinbarung i. S. d. § 311 Abs. 1 BGB; vgl. Kramer in Münchener Kommentar zum BGB, Band 1, 4. Auflage 2001, Vor § 145 BGB, Rdn. 50.

Dieses Prinzip ist entgegen anders lautender Stimmen[415] auch der VOB/B immanent, was insbesondere durch die Regelungen der §§ 1 Nr. 3 und Nr. 4 VOB/B, aber auch des § 4 Nr. 1 Abs. 3 VOB/B bestätigt wird, welche dem Auftraggeber ausdrücklich die Befugnis erteilen, den Auftragnehmer einseitig zu verpflichten.
Würden sich derartige Rechte des Auftraggebers bereits aus der Systematik und Grundstruktur des BGB ergeben, müssten diese nicht erst durch Einbeziehung der VOB/B dem Auftraggeber vertraglich zugestanden werden.
Die VOB/B modifiziert, orientiert an den Besonderheiten am Bau, insoweit die dispositiven Regelungen des Allgemeinen Teils des BGB, des Schuldrechts und des Werkvertragsrechts, enthält aber kein geschlossenes und vollständiges Vertragsmuster, sondern muss durch eine Vielzahl an Regelungen des BGB ergänzt werden[416].

Für die Regelung des § 2 Nr. 5 Alt. 2 VOB/B bedeutet dies, dass sie entweder isoliert von dem Prinzip der Vertragsfreiheit des Bürgerlichen Gesetzbuches abweicht, sie selbst den Auftraggeber zu derart ausufernden anderen Anordnungen ermächtigt, oder dass § 2 Nr. 5 Alt. 2 VOB/B eine diesbezügliche Ermächtigung voraussetzt.

Die erste Variante entspricht im Wesentlichen der Ansicht von *Vygen*, welcher davon ausgeht, dass der AG zwar nicht unbedingt berechtigt ist, Anordnungen zur Bauzeit oder den Bauumständen zu treffen, diese aber dennoch durch den Auftragnehmer zwingend zu befolgen seien und daher vom Vergütungsanspruch des § 2 Nr. 5 Alt. 2 VOB/B erfasst werden[417].

---

[415] Im Ergebnis Weyer, Bauzeitverlängerung aufgrund von Änderungen des Bauentwurfes durch den Auftraggeber, in BauR 1990, 138 (143); Weick in Nicklisch/Weick, VOB Teil B, 3. Auflage 2001, § 2 Rdn. 61; Vygen in Vygen/Schubert/Lang, Bauverzögerung und Leistungsänderung, 4. Auflage 2002, Rdn. 180, 181; Kapellmann/Schiffers, Vergütung, Nachträge und Behinderungsfolgen beim Bauvertrag, Band I, Rdn. 1333; Kapellmann in Kapellmann/Messerschmidt, VOB Teil A und B, 2003, § 2 VOB/B, Rdn. 181 und § 6 VOB/B, Rdn. 57; v. Rintelen, Kapellmann/Messerschmidt, VOB/B Teil A und B, 2003, § 1 VOB/B, Rdn. 57; Jagenburg in Beck´scher VOB-Kommentar, Teil B, 1997, § 2 Nr. 5 VOB/B, Rdn. 73; Diehr, Zum Verhältnis von Vergütungs- und Schadensersatzansprüchen des Auftragnehmers wegen Bauzeitstörungen nach der VOB/B, in BauR 2001, 1507 (1509).

[416] Thode, Nachträge wegen gestörten Bauablaufs im VOB/B-Vertrag, in ZfBR 2004, 214 (219).

[417] Vygen in Vygen/Schubert/Lang, Bauverzögerung und Leistungsänderung, 4. Auflage 2002, Rdn. 173 ff.

Eine ähnliche Auffassung vertritt *Kapellmann*, der eine Ausführungsverpflichtung zwar nicht unmittelbar aus den rechtwidrigen Anordnungen ableitet, gleiche Wirkung aber über den „Zwang des Faktischen" konstruiert[418].

Beiden kann nicht gefolgt werden, da sie den Begriff der anderen Anordnungen i. S. d. § 2 Nr. 5 Alt. 2 VOB/B durch ein Sphärenmodell ersetzen[419], für welches weder im BGB noch in der VOB/B Anhaltspunkte gibt, und darüber hinaus beide Auffassungen zu dogmatisch inkonsistenten Ergebnissen führen, von denen nicht anzunehmen ist, dass die Verfasser der VOB/B derartige Folgen gleichsam in einem Nebensatz heraufbeschwören wollten.

Konsequenz dieser Auffassung wäre, dass derselbe Sachverhalt, ein vom Auftraggebers zu vertretener vertragswidriger Eingriff in den Bauvertrag, entgegen der Systematik des Bürgerlichen Gesetzbuches sowohl einen Vergütungsanspruch i. S. d. § 2 Nr. 5 VOB/B, als auch einen Schadensersatzanspruch i. S. d. § 6 Nr. 6 VOB/B, und darüber hinaus noch einen Entschädigungsanspruch i. S. d. § 642 BGB des Auftragnehmers begründen würde.

Insbesondere bei zeitlichen Verzögerungen, welche durch vertragswidriges Verhalten des Auftraggebers verursacht worden sind, sieht das Leistungsstörungsrecht des BGB aber gerade keinen besonderen Vergütungsanspruch, sondern ausschließlich einen Schadensersatzanspruch wegen Verzögerung i. S. d. §§ 280 Abs. 2, 286 BGB, gegebenenfalls auch einen Entschädigungsanspruch gem. § 642 BGB vor.

Dies erklärt sich dadurch, dass derartige Pflicht- bzw. Obliegenheitsverletzungen oder sonstige vertragswidrige Störung grundsätzlich keinen oder nur mittelbar Einfluss auf die synallagmatische Beziehung zwischen Hauptleistungspflicht und dafür versprochener Vergütung i. S. d. § 631 BGB bzw. § 1 Nr. 1 VOB/B i. V. m § 2 Nr. 1 VOB/B nehmen, aber nur eine Störung in dieser Hauptleistungspflicht selbst aufgrund der synallagmatischen Beziehung zu der dafür versprochenen Vergütung eine Anpassung derselben rechtfertigen könnte.

Grundsätzlich ist es zwar möglich, wie im Fall einer Fixschuld auch die fristgerechte Leistung zu einer synallagmatischen Leistungspflicht aus dem Bauvertrag zu erheben, so dass deren Verletzung vergütungsrechtliche Folgen nach sich ziehen könnte. Hierfür ist jedoch, wie bereits ausgeführt, eine besondere Vereinbarung zwischen den Bauvertragsparteien notwendig, da diese Pflicht

---

[418] Kapellmann in Kapellmann/Messerschmidt, VOB Teil A und B, 2003, § 6 VOB/B, Rdn. 57.

[419] So auch Thode, Nachträge wegen gestörten Bauablaufs im VOB/B-Vertrag, in ZfBR 2004, 214 (224).

aufgrund der andernfalls eintretenden Schwierigkeiten gerade nicht auf Grund der Natur des Bauvertrages als synallagmatische Hauptleistungspflicht zu qualifizieren ist[420] und sich eine derartige Verbindung weder dem BGB noch der VOB/B entnehmen lässt[421].

Weitere Konsequenz der Auffassung *Vygens* und *Kapellmanns* ist, dass § 2 Nr. 5 VOB/B insgesamt, aber insbesondere auch § 2 Nr. 5 Alt. 2 VOB/B, sowohl rechtmäßige, als auch rechtswidrige Anordnungen erfassen würde, was zu nicht weniger systemwidrigen Ergebnissen führt.

Soweit die Parteien nämlich ein von § 1 Nr. 3 und Nr. 4 VOB/B abweichendes Leistungsbestimmungsrecht, wie beispielsweise das Recht die Bauzeit oder die Umstände der Leistungserbringung zu ändern, im Bauvertrag ausdrücklich vereinbaren würden, wäre die Ausübung dieses Leistungsbestimmungsrechtes eine rechtmäßige andere Anordnung und § 2 Nr. 5 Alt. 2 VOB/B und wie im Fall der von § 1 Nr. 3 VOB/B erfassten Bauentwurfsänderungen als Rechtsfolgeregelung einzustufen.
Bei anderen Anordnung des Auftraggebers, welche von diesem besonderen Leistungsbestimmungsrecht hingegen nicht erfasst wären, müsste es sich dagegen um eine Anspruchsgrundlage des Auftragnehmers handeln, so dass die Rechtsnatur des § 2 Nr. 5 Alt. 2 VOB/B von der Berechtigung des Auftraggebers abhängig wäre. Eine derart konkrete Betrachtungsweise bei der rechtlichen Qualifikation einer Norm anzuwenden, widerspricht dem juristisch üblichen abstrakt-generellen und objektiven Herangehen.

Schließlich ist auch ein so weitgehendes Verständnis von dem Begriff der anderen Anordnungen i. S. d. § 2 Nr. 5 Alt. 2 VOB/B, dass hiervon sämtliche Störungen unabhängig von einer Willensäußerung oder Berechtigung des Auftraggebers erfasst werden sollen, nicht mehr anhand allgemein verbindlicher Auslegungsgrundsätze der §§ 133, 157 BGB, insbesondere im Vergleich zu der bei §1 Nr. 3 VOB/B und § 4 Nr. 1 Abs. 3 VOB/B vorgenommenen Auslegung, nachvollziehbar.
Im Gegenteil wird die Auslegung gem. §§ 133, 157 BGB des Begriffes der anderen Anordnungen durch ein den Auslegungsgrundsätzen widersprechendes Sphärenmodell ersetzt, welches nicht nur die Vertreter dieser Theorie dogmatisch nicht begründen können[422].

---

420 vgl. Gliederungspunkt II.4.1.2.1.

421 vgl. Gliederungspunkt II.4.1.2.1.

422 Weyer, Bauzeitverlängerung aufgrund von Änderungen des Bauentwurfes durch den Auftraggeber, in BauR 1990, 138 (143); Weick in Nicklisch/Weick, VOB Teil B, 3. Auflage 2001, § 2 Rdn. 61; Vygen in Vygen/Schubert/Lang, Bauverzögerung und Leistungsänderung, 4. Auflage 2002, Rdn. 180, 181; Kapellmann/Schiffers, Vergütung, Nachträge und Be-

Darüber hinaus leidet die Auffassung *Kapellmanns* aber noch an einer weiteren tatsächlichen Schwäche[423].
Wie jemand außer durch vis absoluta gezwungen werden soll, rechtswidrige Anordnungen zu befolgen, kann auch er nicht beantworten.

Die zweite Variante der aufgrund des Konsensualprinzips i. S. d. § 311 Abs. 1 BGB zu § 2 Nr. 5 Alt. 2 VOB/B möglichen Schlüsse, § 2 Nr. 5 Alt. 2 VOB/B berechtigt den Auftraggeber zu derartigen anderen Anordnungen, würde aber zu keinem anderen Ergebnis führen, so dass sie ebenfalls abzulehnen ist.

So wäre § 2 Nr. 5 Alt. 1 VOB/B wie bereits gezeigt als Rechtsfolgeregelung zu qualifizieren, bezüglich anderer Anordnungen wäre § 2 Nr. 5 Alt. 2 VOB/B Rechtsgrundlage einer Anordnungsbefugnis des Auftraggebers und gleichzeitig Anspruchsgrundlage beider Parteien zur Anpassung der Vergütung.

Hiergegen sprechen nicht nur die bereits in der ersten Variante dargestellten Erwägungen hinsichtlich der rechtlichen Qualifikation einer Norm, sondern auch das übrige Regelungssystem der §§ 1 Nr. 3, 2 Nr. 5 Alt. 1 VOB/B und der §§ 1 Nr. 4 S. 1, 2 Nr. 6 VOB/B, bei welchen die Berechtigung der Anordnungsbefugnis jeweils in einer gesonderten Norm enthalten ist. Ein Anhaltspunkt für eine Abweichung von dieser Systematik ist dem Wortlaut des § 2 Nr. 5 VOB/B jedenfalls nichts zu entnehmen.

Schließlich würde es, unterstellt man dieses Verständnis des § 2 Nr. 5 Alt. 2 VOB/B, wiederum zu einer diffusen Überschneidung der Anspruchsgrundlagen i. S. d. §§ 1 Nr. 3, 2 Nr. 5 Alt. 1 VOB/B, § 2 Nr. 5 Alt. 2 VOB/B, § 6 Nr. 6 VOB/B § 642 BGB kommen, mit der Folge, dass eine gerechtfertigte Anordnung als Pflicht- oder Obliegenheitsverletzung gewertet werden kann. Damit wird dem Auftraggeber eine Wahlmöglichkeit hinsichtlich der Anspruchsgrundlage eröffnet.

Bleibt also nur noch die dritte aus dem Konsensualprinzip des § 311 Abs. 1 BGB abgeleitete Schlussfolgerung bezüglich des Regelungsgehaltes der anderen Anordnungen, nämlich dass § 2 Nr. 5 Alt. 2 VOB/B entsprechend der Systematik des Bürgerlichen Gesetzbuches und der VOB/B die vertragliche

---

hinderungsfolgen beim Bauvertrag, Band I, Rdn. 1333; Kapellmann in Kapellmann/Messerschmidt, VOB Teil A und B, 2003, § 2 VOB/B, Rdn. 181 und § 6 VOB/B, Rdn. 57; v. Rintelen, Kapellmann/Messerschmidt, VOB/B Teil A und B, 2003, § 1 VOB/B, Rdn. 57; Jagenburg in Beck'scher VOB-Kommentar, Teil B, 1997, § 2 Nr. 5 VOB/B, Rdn. 73; Diehr, Zum Verhältnis von Vergütungs- und Schadensersatzansprüchen des Auftragnehmers wegen Bauzeitstörungen nach der VOB/B, in BauR 2001, 1507 (1509).

[423] Kapellmann in Kapellmann/Messerschmidt, VOB Teil A und B, 2003, § 6 VOB/B, Rdn. 57.

Gewährung einer derartigen Anordnungsbefugnis des Auftraggebers voraussetzt, welche in § 2 Nr. 5 VOB/B aber nicht enthalten ist.

In diesem Sinne ist es möglich, dem Auftraggeber ein den §§ 1 Nr. 3 und Nr. 4 VOB/B ähnliches Leistungsbestimmungsrecht auch hinsichtlich grundsätzlicher Nebenleistungspflichten oder Obliegenheiten aus dem Werkvertrag i. S. d. § 631 BGB oder aber hinsichtlich anderer Vertragsmodalitäten vertraglich zu gewähren, dessen Ausübung nach der Systematik des BGB und der VOB/B eine Anpassung der Vergütung i. S. d. § 2 Nr. 5 Alt. 2 VOB/B aber nur dann rechtfertigen kann, wenn die dem Leistungsbestimmungsrecht zu Grunde liegende Leistungspflicht durch vertragliche Vereinbarung synallagmatisch mit der Vergütung verbunden wurde.

Dies ist insbesondere bei einer zeitlichen Anordnungsbefugnis des Auftraggebers aufgrund den damit einhergehenden Probleme, wie der Vergleich mit der Situation einer Fixschuld zeigt, für beide Vertragsparteien trotz der zugegebenermaßen enormen Bedeutung der zeitlichen Komponente nicht unbedingt vorteilhaft.
Jedenfalls muss es sich damit auch im Fall des § 2 Nr. 5 Alt. 2 VOB/B entsprechend den Ausführungen zu § 2 Nr. 5 Alt. 1 VOB/B um eine reine Rechtsfolgeregelung handeln, da causa der geänderten Vergütung auch hier der durch die Ausübung eines ausdrücklich vereinbarten Leistungsbestimmungsrechts veränderte Bauvertrag ist[424].

II.5.1.2 Rechtsnatur des § 2 Nr. 6 VOB/B

Aus den vorstehenden Überlegungen ergibt sich, dass es sich auch bei der Regelung des § 2 Nr. 6 VOB/B entgegen dessen textlicher Fassung um eine Rechtsfolgeregelung und gerade nicht um eine Anspruchsgrundlage handeln muss[425].

---

[424] Thode, Nachträge wegen gestörten Bauablaufs im VOB/B-Vertrag, in ZfBR 2004, 214 (225); im Ergebnis auch Wirth/Würfele, Bauzeitverzögerung: Mehrvergütung gemäß § 2 Nr. 5 VOB/B oder Schadensersatzanspruch gemäß § 6 Nr. 6 VOB/B, in Jahrbuch Baurecht 2006, S. 141; Kniffka, ibr-online-Kommentar Bauvertragsrecht, Stand 12.09.2005, § 631 BGB, Rdn. 286 und 304.

[425] So aber die weit verbreitete Meinung in der Literatur, vgl. Werner in Werner/Pastor, Der Bauprozess, 11. Auflage 2005, Rdn. 1157; Kapellmann in Kapellmann/Messerschmidt, VOB Teil A und B, 2003, § 2 VOB/B, Rdn. 180; Jagenburg in Beck´scher VOB-Kommentar, Teil B, 1997, § 2 Nr. 6 VOB/B, Rdn. 2; Keldungs in Ingestau/Korbion, VOB Teil A und B, 15. Auflage 2004, § 2 Nr. 6 VOB/B, Rdn. 18; Riedl in Heiermann/Riedl/Rusam, VOB Teil A und B, 10. Auflage 2003, § 2 VOB/B, Rdn. 125; Kemper in Franke/Kemper/Zanner/Grünhagen, VOB Teil A

Denn auch § 1 Nr. 4 VOB/B ist nach der hier vertretenen Auffassung und der mittlerweile gefestigten Rechtsprechung des BGH[426] als einseitiges Leistungsbestimmungsrecht des Auftraggebers zu qualifizieren, welches auf dem Grundsatz beruht, dass das Gegenseitigkeitsverhältnis von Leistung und Vergütung durch die causa einer vertraglichen Vereinbarung begründet wird.
Die Ausübung desselben ändert den Inhalt der vertraglichen Leistungspflicht des Auftragnehmers und damit auch synallagmatische Beziehung zwischen dieser und der dafür versprochenen Vergütung unmittelbar.
Rechtsgrundlage einer zusätzlichen Vergütung kann damit aber wiederum nur die durch das Leistungsbestimmungsrecht i. S. d. § 1 Nr. 4 VOB/B veränderte vertragliche Vereinbarung sein, so dass es sich insoweit bei der Vergütungsregelung des § 2 Nr. 6 VOB/B ebenfalls nur um eine Rechtsfolgeregelung handeln muss.
Die Anspruchsgrundlagen einer Vergütungsanpassung nach § 2 Nr. 6 VOB/B regelt dagegen § 1 Nr. 4 VOB/B.

Folglich kann es sich bei der in § 2 Nr. 6 Abs. 1 S. 2 VOB/B statuierten Ankündigungspflicht entgegen der bislang noch gültigen Rechtsprechung des Bundesgerichtshofes[427] und der zum Teil in der Literatur vertretenen Meinung[428] nicht um eine Anspruchsvoraussetzung handeln[429].

---

und B, 1. Auflage 2001, § 2 VOB/B, Rdn. 109.; a. A. bislang nur Thode, Nachträge wegen gestörten Bauablaufs im VOB/B-Vertrag, in ZfBR 2004, 214 (216); Kniffka, ibr-online-Kommentar Bauvertragsrecht, Stand 12.09.2005, § 631 BGB, Rdn.334.

[426] BGH, Urt. v. 25.01.1996 – VII ZR 233/94, BauR 1996, 378 = ZfBR 1996, 196 = NJW 1996, 1346; Urt. v. 24.07.2003 – VII ZR 79/02, BauR 2003, 1892 = NZBau 2004, 31 = ZfBR 204, 37; Urt. v. 27.11.2003 – VII ZR 346/01, BauR 2004, 495 = ZfBR 2004, 254 = IBR 2004, 121.

[427] BGH, Urt. v. 20.03.1969 – VII ZR 29/67, WM 1969, 1019; BGH, Urt. v. 20.12.1990 – VII ZR 248/89, BauR 1991, 210 = ZfBR 1991, 101 = IBR 1991, 161; BGH, Urt. v. 23.05.1996 – VII ZR 245/94, BauR 1996, 542 = ZfBR 1996, 269 = NJW 1996, 2158.

[428] Keldungs in Ingenstau/Korbion, VOB, Teil A und B, 15. Auflage 2004, § 2 Nr. 6 VOB/B; Rdn. 12; Riedl in Heiermann/Riedl/Rusam, VOB Teil A und B, 10. Auflage 2003, § 2 Nr. 6 VOB/B, Rdn. 130f.; Kapellmann in Kapellmann/Messerschmidt, VOB Teil A und B, 2003, § 2 VOB/B, Rdn. 198; Kleine-Möller in Kleine-Möller/Merl/Oelmeier, Handbuch des privaten Baurechts, 2. Auflage 1997, § 10, Rd. 470; Werner in Werner/Pastor, Der Bauprozess, 11. Auflage 2005, Rdn. 1157; Vygen, Bauvertragsrecht nach VOB und BGB, 3. Auflage 1997, Rdn. 167, 809 und 812; Leineweber, Handbuch des Bauvertragsrechts, 2000, Rdn. 285.

[429] So auch Kniffka, ibr-online-Kommentar Bauvertragsrecht, Stand 12.09.2005, § 631 BGB, Rdn. 342; im Ergebnis auch Jagenburg in Beck'scher VOB-Kommentar, Teil B, 1997, § 2 Nr. 6 VOB/B, Rdn. 67f.; Weick in Nicklisch/Weick, VOB Teil B, 3. Auflage 2001, § 2 VOB/B, Rdn. 71; Kretschmann, Der Rechtscharakter der Abkündigungspflicht nach § 2 Nr. 6 Abs. 1 S. 2 VOB/B, in BrBp 2005, 178 (183) mit umfangreichen Nachweisen.

Allerdings sind auch in der Rechtsprechung des Bundesgerichtshofes in jüngerer Zeit Abweichungen von dem Verständnis der Ankündigungspflicht i. S. d. § 2 Nr. 6 Abs. 1 S. 2 VOB/B als tatsächliche Anspruchsvoraussetzung zu erkennen.

So formuliert der VII. Senat in einer Entscheidung aus dem Jahr 2003[430]:

„Der Anspruch des Auftragnehmers auf Vergütung gem. § 2 Nr. 6 VOB/B und die diesem Anspruch entsprechende Verpflichtung des Auftragnehmers werden ... durch das Verlangen der zusätzlichen Leistung begründet."

Gegen die Annahme einer Anspruchsvoraussetzung spricht insbesondere auch der Wortlaut des § 2 Nr. 6 Abs. 1 S. 1 VOB/B, welcher das Entstehen des vermeintlichen Vergütungsanspruches von dem Verlangen der zusätzlichen Leistung durch den Auftraggeber und nicht von der Ankündigung durch den Auftragnehmer abhängig macht (Wird ... gefordert, hat ... Anspruch).
Die gegenteilige Auffassung allein mit dem Wortlaut des § 2 Nr. 6 Abs. 1 S. 2 VOB/B und dem darin enthaltenen „jedoch" oder dem vermeintlichen Willen des DVA begründen zu wollen, überzeugt dagegen nicht, da das verwendete Vokabular weder eindeutig ist[431], noch von dem Willen des DVA („Soll") auf das tatsächlich rechtlich Geschaffene („Ist") Schlussfolgerungen gezogen werden können[432].

Schließlich sind auch die von der Rechtsprechung vielfältig zugestandenen Ausnahmen von der Ankündigungspflicht mit der Annahme als Anspruchsvoraussetzung nur schwer vereinbar[433].

So soll die vorherige Ankündigung i. S. d. § 2 Nr. 6 Abs. 1 S. 2 VOB/B insbesondere dann entbehrlich sein, wenn deren Schutzzweck nicht tangiert werde. Dieser liege vor allem darin, den Auftraggeber über drohende Kostenerhöhungen rechtzeitig zu informieren, so dass die vorherige Ankündigung für den Vergütungsanspruch dann unerheblich sei, soweit diesem Schutzzweck in anderer Weise genüge getan wurde, der Auftraggeber im konkreten Fall

---

[430] BGH, Urt. 27.11.2003 – VII ZR 346/01, BauR 2004, 495 = ZfBR 2004, 254 = IBR 2004, 121.

[431] vgl. hierzu Jagenburg, Abschied von der „Schenkungsvermutung" für Mehrleistungen nach § 2 Nr. 5 und 6 VOB/B, in Festschrift für Soergel, 1993, 89 (91).

[432] so aber Kapellmann in Kapellmann/Messerschmidt, VOB Teil A und B, 2003, § 2 VOB/B, Rdn. 198.

[433] vgl. hierzu BGH, Urt. v. 23.05.1996 – VII ZR 245/94, BauR 1996, 542 = ZfBR 1996, 269 = NJW 1996, 2158; BGH, Urt. v. 08.11.2001 – VII ZR 111/00, BauR 2002, 321 = ZfBR 2002, 149 = NZBau 2002, 152; ebenso Jagenburg in Beck'scher VOB-Kommentar; Teil B, 1997, § 2 Nr. 6 VOB/B, Rdn. 69 mit weiteren Nachweisen.

nicht schutzbedürftig oder dem Auftragnehmer die Unterlassung der Ankündigung nicht vorwerfbar ist.

Als Beispiele hierfür werden folgende Konstellationen genannt[434].

- Der Besteller hat die Entgeltlichkeit bereits gekannt.

- Der Besteller hätte die Entgeltlichkeit in vorwerfbarer Weise erkennen können.

- Der Auftragnehmer hat keine Alternative zur sofortigen Ausführung der zusätzlichen Leistung und die rechtzeitige Ankündigung hätte die Lage des Bestellers im Ergebnis nicht verbessert.

- Der Auftragnehmer hat die vorherige Ankündigung ohne Verschulden versäumt.

Eine derartige Auslegung der vermeintlichen Anspruchvoraussetzung i. S. d. § 2 Nr. 6 Abs. 1 S. 2 VOB/B ist meines Erachtens nicht möglich und auch nach der Argumentation des BGH wohl eher in andere Bereiche des Leistungsstörungsrechtes zu verlagern.

So ist die teleologische Reduktion einer Anspruchsgrundlage zwar ein in der Dogmatik durchweg anerkanntes und bewährtes Mittel zur sinn- und zweckgemäßen Auslegung von Gesetzen[435], diese aber von konkreten Einzelfällen abhängig zu machen, ist meines Erachtens jedoch nicht möglich, da dies dessen abstrakt/generellem Charakter zuwiderläuft[436].
Zudem finden sich für die von der Rechtsprechung anerkannten Ausnahmen von der Ankündigungspflicht im Wortlaut keinerlei Anhaltspunkte, so dass § 2 Nr. 6 Abs. 1 VOB/B in dieser Auslegung wohl gegen das Transparenzgebot i. S. d. § 307 Abs. 1 S. 2 BGB verstoßen würde[437].

---

[434] vgl. hierzu die Aufstellung bei Kretschmann, Der Rechtscharakter der Ankündigungspflicht nach § 2 Nr. 6 Abs. 1 S. 2 VOB/B, in BrBp 2005, 178 (183) mit Verweis auf BGH, Urt. v. 23.05.1996 – VII ZR 245/94, BauR 1996, 542 = ZfBR 1996, 269 = NJW 1996, 2158; BGH, Urt. v. 08.11.2001 – VII ZR 111/00, BauR 2002, 321 = ZfBR 2002, 149 = NZBau 2002, 152.

[435] BVerfG, Beschl. v. 7.4.1997 – 1 BvL 11/96, NJW 1997, 230 mit Verweis auf BVerfGE 35, 264 und BVerfGE 88, 145.

[436] Zwar handelt es sich bei den Bestimmungen der VOB um keine Gesetzte, als allgemeine Geschäftsbedingung dürften diese Grundsätze aber übertragbar sein.

[437] so auch Kniffka, ibr-online-Kommentar Bauvertragsrecht, Stand 12.09.2005, § 631 BGB, Rdn. 342; Kretschmann, Der Rechtscharakter der Ankündigungspflicht nach § 2 Nr. 6 Abs. 1 S. 2 VOB/B, in BrBp 2005, 178 (183).

Daneben sind die durchaus beachtenswerten Argumente, welche die Rechtsprechung zu einer derartigen Auslegung der Anspruchsvoraussetzung i. S. d. § 2 Nr. 6 Abs. 1 S. 2 VOB/B bewegen, regelmäßig im Rahmen von Schadensersatzansprüchen gem. § 280 BGB zu berücksichtigen und führen dort zur Minderung oder gar zum Ausschluss des Anspruches, so dass sich die anerkannten Ausnahmen systematisch dort eher behandeln lassen[438].

Aufgrund ganz ähnlicher Erwägungen ist auch die Qualifikation der Ankündigungspflicht i. S. d. § 2 Nr. 6 Abs. 1 S. 2 VOB/B als rechtsvernichtende Einwendung fern liegend, da hierfür wiederum keine Anhaltspunkte im Wortlaut des § 2 Nr. 6 Abs. 1 S. 2 VOB/B erkennbar sind und ein derartiges Verständnis zudem der nicht nur vom BGH angenommenen Beweislastverteilung zuwider laufen würde[439].

Somit muss es sich bei der Ankündigungspflicht i. S. d. § 2 Nr. 6 Abs. 1 S. 2 VOB/B um eine vertragliche Nebenpflicht i. S. d. § 280 BGB eventuell noch um eine reine Obliegenheit des Auftragnehmers handeln.
Vor allem der Schutzzweck und der Wortlaut des § 2 Nr. 6 Abs. 1 S. 2 VOB/B, sowie die bessere Handhabung der anerkannten Ausnahmen von der Ankündigungspflicht sprechen für eine vertragliche Nebenpflicht i. S. d. § 280 BGB.
Die Ankündigungspflicht i. S. d. § 2 Nr. 6 Abs. 1 S. 2 VOB/B dient, wie bereits dargestellt, hauptsächlich dem Schutz des Bestellers, so dass auch deren Befolgung aus Sicht des Unternehmers nicht im Eigeninteresse zur Vermeidung eines Rechtsverlustes oder sonstiger rechtlicher Nachteile erfolgt, sondern hauptsächlich im Interesse des Auftraggebers.

Damit fehlt es schon an den begrifflichen Voraussetzung einer Obliegenheit[440]; dieses Ergebnis wird durch den Wortlaut des § 2 Nr. 6 Abs. 1 S. 2 VOB/B und die anerkannten Ausnahmeregelungen noch bestätigt[441].

---

[438] so schon Lehnig, Vergütungsanspruch für zusätzliche Leistungen trotz Verletzung der Ankündigungspflicht nach dem VOB-Vertrag, in NJW 1977, 422 (424).

[439] BGH, Urt. v. 23.05.1996 – VII ZR 245/94, BauR 1996, 542 = ZfBR 1996, 269 = NJW 1996, 2158; vgl. hierzu auch Kretschmann, Der Rechtscharakter der Ankündigungspflicht nach § 2 Nr. 6 Abs. 1 S. 2 VOB/B, in BrBp 2005, 178 (180).

[440] vgl. Heinrichs in Palandt, 65. Auflage 2006, Einl. v. § 241 BGB, Rdn. 13; Kretschmann, Der Rechtscharakter der Ankündigungspflicht nach § 2 Nr. 6 Abs. 1 S. 2 VOB/B, in BrBp 2005, 178 (179); Lehnig, Vergütungsanspruch für zusätzliche Leistungen trotz Verletzung der Ankündigungspflicht nach dem VOB-Vertrag, in NJW 1977, 422 (423f.).

[441] hinsichtlich der Erwägungen bezüglich des Wortlaut und den Ausnahmeregelungen vgl. schon zuvor.

Nicht zuletzt wird das Ankündigungserfordernis in der in diesem Punkt einheitlichen Rechtsprechung stets als „Pflicht" des Auftragnehmers betrachtet[442].

Bei dem Ankündigungserfordernis i. S. d. § 2 Nr. 6 Abs.1 S. 2 VOB/B handelt es sich damit weder um eine Anspruchsvoraussetzung, noch um eine Obliegenheit des Auftragnehmers, sondern um eine vertragliche Nebenpflicht aus dem Bauvertrag i. S. d. § 280 BGB, deren Verletzung Schadensersatzansprüche des Auftragebers auslösen kann.

II.5.2 Funktion und Regelungsgehalt des § 2 Nr. 5 VOB/B und des § 2 Nr. 6 VOB/B

Weitreichende Teile der Funktion und des Regelungsgehalts der §§ 2 Nr. 5 und Nr. 6 VOB/B wurden bereits bei der Erörterung deren Rechtsnatur angesprochen[443].
Diese gilt es im Folgenden nun zu vervollständigen.

Wie bereits festgestellt, handelt es sich im Fall des § 1 Nr. 3 VOB/B und des § 1 Nr. 4 VOB/B jeweils um ein einseitiges Leistungsbestimmungsrecht des Auftraggebers ähnlich dem, welches in § 315 BGB vorausgesetzt wird.
Die Ausübung dieser Rechte modifiziert den vereinbarten Leistungsumfang i. S. d. §§ 1 Nr. 1, 2 Nr. 1 VOB/B und vertragliche Hauptleistungspflicht des Unternehmers unmittelbar, was einen massiven Eingriff in die synallagmatische Beziehung zwischen Leistung und dafür versprochener Vergütung darstellt.

Die vergütungsrechtlichen Folgen derartiger Eingriffe i. S. d. §§ 1 Nr. 3 und Nr. 4 VOB/B werden in den Bestimmungen der §§ 2 Nr. 5 Alt. 1 und Nr. 6 VOB/B beschrieben, welche zur Wahrung des Synallagmas zwischen Leistung und Gegenleistung die Anpassung derselben an den durch eine Anordnung des Auftraggebers veränderten Leistungsumfang i. S. d. § 1 Nr. 1 VOB/B i. V. m. § 2 Nr. 1 VOB/B vorsehen.

Darüber hinaus enthält § 2 Nr. 5 Alt. 2 VOB/B auch die Rechtsfolgeregelung bezüglich anderer Anordnungen des Auftraggeber exklusiv eingeräumter Leistungsbestimmungsrechte, welche die grundsätzlichen synallagmatischen

---

[442] exemplarisch BGH, Urt. v. 23.05.1996 – VII ZR 245/94, BauR 1996, 542 = ZfBR 1996, 269 = NJW 1996, 2158.

[443] vgl. Gliederungspunkt II.5.1

Hauptleistungspflichten des Auftragnehmers aus dem Bauvertrag gerade nicht berühren.

Damit ist der Regelungsgehalt der §§ 2 Nr. 5 und Nr. 6 VOB/B allerdings noch nicht erschöpft; vielmehr wird durch §§ 2 Nr. 5 und Nr. 6 VOB/B auch die konkrete Art und Weise der jeweilig vorzunehmenden Vergütungsanpassung vorgegeben.

So ist gem. § 2 Nr. 5 VOB/B ein neuer Preis unter Berücksichtigung der Mehr- oder Minderkosten zu vereinbaren, wohingegen sich gem. § 2 Nr. 6 Abs. 2 VOB/B die Vergütung nach den Grundlagen der Preisermittlung für die vertragliche Leistung und den besonderen Kosten der geforderten Leistung bestimmt.

Der größtenteils abweichende Wortlaut beider Regelungen legt die Vermutung nahe, dass sich damit auch die Ermittlungsmethoden zur Vergütungsanpassung wesentlich unterscheiden.
Tatsächlich ist der Unterschied nach zutreffender Ansicht in der Literatur jedoch nur marginal[444] und der uneinheitliche Wortlaut wohl darauf zurückzuführen, dass es im Fall des § 2 Nr. 5 VOB/B, wie auch bei § 2 Nr. 3 VOB/B, zu Mehr- und zu Minderkosten kommen kann, wohingegen bei § 2 Nr. 6 VOB/B ausschließlich Mehrkosten zu erwarten sind[445].
Denn sowohl bei Bauentwurfsänderungen i. S. d. §§ 1 Nr. 3, 2 Nr. 5 VOB/B, als auch bei der Anordnung von zusätzlichen Leistungen i. S. d. §§ 1 Nr. 4 S. 1, 2 Nr. 6 VOB/B ist nach dem Grundgedanken beider Regelungen das ursprüngliche Preis – Leistungsgefüge des Bauvertrages beizubehalten[446]. Damit kommt der Auftragskalkulation des Auftragnehmers eine entscheidende Bedeutung zu.

Ausgehend von dieser ist trotz des zum Teil indifferenten Wortlauts des § 2 Nr. 5 VOB/B zur Neukalkulation des geänderten Preises eine Vergleichskalkulation auf Grundlage der für die Auftragskalkulation maßgebenden, allgemein

---

[444] Jagenburg in Beck'scher VOB-Kommentar, Teil B, 1997, § 2 Nr. 6 VOB/B, Rdn. 90; Kapellmann in Kapellmann/Messerschmidt, VOB Teil A und B, 2003, § 2 VOB/B, Rdn. 180; Keldungs in Ingenstau/Korbion, VOB Teil A und B, 15. Auflage 2004, § 2 Nr. 6 VOB/B, Rdn. 25; Weick in Nicklisch/Weick, VOB Teil B, 3. Auflage 2001, § 2 Rdn. 72; Kemper in Franke/Kemper/Zanner/Grünhagen, VOB Teil A und B, 1. Auflage 2001, § 2 VOB/B, Rdn. 148ff.

[445] vgl. hierzu schon Gliederungspunkt II.4.1.2.2.

[446] Schulze-Hagen, Zur Anwendung der §§ 1 Nr. 3, 2 Nr. 5 VOB/B einerseits und §§ 1 Nr. 4, 2 Nr. 6 VOB/B andererseits, in Festschrift für Soergel, 1993, S. 259 (273); Peters in Staudinger, 2000, § 632 BGB, Rdn. 78.

anerkannten Kalkulationsmethoden vorzunehmen[447], bei welcher in einem ersten Schritt die von der Änderung betroffene Leistung, sowie der dafür kalkulierte Preis in die jeweiligen Kalkulationselemente zu zerlegen ist.
Die so gewonnenen Preisermittlungsgrundlagen der ursprünglichen Leistung sind hiernach in einem weiteren Schritt denen der veränderten Leistung gegenüber zustellen, so dass hieraus schließlich der neue Preis unter Berücksichtigung der nun ermittelbaren Mehr- oder Minderkosten für die veränderte Leistung berechnet werden kann[448].

Im Fall der Preisermittlung für eine im Vertrag nicht vorhergesehene Leistung i. S. d. § 2 Nr. 6 VOB/B wird dieses zugegebenermaßen aufwändige Verfahren bereits durch den Wortlaut indiziert, welcher ausdrücklich auf die Grundlagen der Preisermittlung für die vertragliche Leistung abstellt, aus denen der neue Preis für die zusätzliche Leistung zu entwickeln ist[449].
Der Preis für die bereits vereinbarten Leistungen bleibt hiervon unberührt.
Auch hier gilt es zunächst sämtliche Grundlagen der Auftragskalkulation, insbesondere die Stundenlöhne und Gehälter, Baustoffpreise, Betriebssteuern, Baustellengemeinkosten, sowie sämtliche anderen preisbildenden Faktoren, zu ermitteln und diese hiernach auf die zusätzliche Leistung, soweit möglich, zu übertragen.
Als einzige kleinere Abweichung zu dem Verfahren nach § 2 Nr. 5 VOB/B ist das so gewonnene Ergebnis in einem letzten Schritt gegebenenfalls um besondere Kostenelemente der zusätzlichen Leistung zu ergänzen[450].

Demgegenüber ist in beiden Fällen übereinstimmend bei der Ermittlung des neuen Preises nach zutreffender Ansicht in der Literatur auf den Zeitpunkt der Ausführung der geänderten oder zusätzlichen Leistung abzustellen, da die

---

447 Falk/Maier, Handbuch privates Baurecht, 2003, Kapitel 5, Rdn. 356.

448 Falk/Maier, Handbuch privates Baurecht, 2003, Kapitel 5, Rdn. 356; Kapellmann/Schiffers, Band I, Rdn. 600f., 611ff.; Kapellmann/Schiffers, Band II, Rdn. 1146ff; Jagenburg in Beck´scher VOB-Kommentar, Teil B, 1997, § 2 Nr. 5 VOB(B, Rdn. 103f.; Kapellmann in Kapellmann/Messerschmidt, VOB Teil A und B, 2003, § 2 VOB/B, Rdn. 218f.; Keldungs in Ingenstau/Korbion, VOB Teil A und B, 15. Auflage 2004, § 2 Nr. 5 VOB/B, Rdn. 29f.; Riedl in Heiermann/Riedl/Rusam, VOB Teile A und B, 10. Auflage 2003, § 2 VOB/B, Rdn. 116.

449 Falk/Maier, Handbuch privates Baurecht, 2003, Kapitel 5, Rdn. 368; Jagenburg in Beck´scher VOB-Kommentar, Teil B, 1997, § 2 Nr. 6 VOB/B, Rdn. 93f.; Keldungs in Ingenstau/Korbion, VOB Teil A und B, 15. Auflage 2004, § 2 Nr. 6 VOB/B, Rdn. 23ff.; Kapellmann in Kapellmann/Messerschmidt, VOB Teil A und B, 2003, § 2 VOB/B, Rdn. 219.

450 Die konkrete Berechnungsmethode der Vergütung bei geänderten und zusätzlichen Leistungen i. S. d. § 2 Nr. 5 und Nr. 6 VOB/B ist mit Einschränkungen sehr ausführlich behandelt in Kapellmann/Schiffers, Vergütung, Nachträge und Behinderungsfolgen beim Bauvertrag, Band I, Rdn. 1000 ff., sowie in Kapellmann/Schiffers, Vergütung, Nachträge und Behinderungsfolgen beim Bauvertrag, Band II, Rdn. 1146 ff.

Vergütungsanpassung i. S. d. §§ 2 Nr. 5 und Nr. 6 VOB/B jeweils auf einer Anordnung des Auftraggebers i. S. d. §§ 1 Nr. 3 und Nr. 4 VOB/B oder § 2 Nr. 5 S.1 Alt. 2 VOB/B beruht, welche es rechtfertigt, das grundsätzlich dem Auftragnehmer aufgelastete Risiko etwaiger Preissteigerungen nunmehr auf den Auftraggeber abzuwälzen[451].
Dies gilt insbesondere, wenn man berücksichtigt, dass der überwiegende Teil der tatsächlich gestellten Nachtragsforderungen auf Planungsfehler des Auftraggebers zurückzuführen ist bzw. auf Änderungswünschen beruht, welche in keinerlei Verbindung zum vereinbarten Werkerfolg stehen.

Peters[452] und *Kapellmann*[453] wollen dagegen mit dem Argument, dass nach den Grundgedanken beider Regelungen das ursprüngliche Preis – Leistungsgefüge des Bauvertrages beibehalten werden soll[454], bei der Neukalkulation des geänderten Preises auf den Zeitpunkt des Vertragsschlusses abstellen.
Ihre Auffassung berücksichtigt nicht, dass der Auftragnehmer dadurch nicht nur mit dem Risiko etwaiger Preissteigerungen belastet werden würde, sondern dies indirekt auch zu einer Verlagerung des Planungsrisikos auf den Auftragnehmer führen würde, welches er nach dem Ausgangspunkt der VOB/B i. S. d. § 3 Nr. 1 VOB/B bzw. § 13 Nr. 3, 4 Nr. 3 VOB/B bei Anmeldung von Bedenken gerade nicht zu vertreten hat.

Wohl auch aus diesem Grund schränken beide Autoren ihre Auffassung in zahlreichen Fällen ein.

So soll die Bindung an das Preis-Leistungs-Gefüge des ursprünglichen Vertrages ausnahmsweise dann entfallen, wenn es aufgrund von Anordnungen i. S. d. §§ 1 Nr. 3 und Nr. 4 VOB/B zu Änderungen der Personal- oder Materialkosten in der Form kommt[455], dass

---

[451] Keldungs in Ingenstau/Korbion, VOB Teil A und B, 15. Auflage 2004, § 2 Nr. 5 VOB/B, Rdn. 28 mit weiteren Nachweisen; Jagenburg in Beckscher VOB-Kommentar, Teil B, 1997, § 2 Nr. 5 VOB/B, Rdn. 106, § 2 Nr. 6 VOB/B, Rdn. 92.

[452] Peters in Staudinger, Band II, 2000, § 632 BGB, Rdn. 78.

[453] Kapellmann in Kapellmann/Messerschmidt, VOB Teil A und B, 2003, § 2 VOB/B, Rdn. 215; Kapellmann/Schiffers, Vergütung, Nachträge und Behinderungsfolgen beim Bauvertrag, Band I, 1034 ff.

[454] Schulze-Hagen, Zur Anwendung der §§ 1 Nr. 3, 2 Nr. 5 VOB/B einerseits und §§ 1 Nr. 4, 2 Nr. 6 VOB/B andererseits, in Festschrift für Soergel, 1993, S. 259 (273); Peters in Staudinger, 2000, § 632 BGB, Rdn. 78.

[455] Kapellmann in Kapellmann/Messerschmidt, VOB Teil A und B, 2003, § 2 VOB/B, Rdn. 215.

a) die modifizierte Leistung größere Mengen als die Bezugsposition umfasst, oder

b) die modifizierte Leistung in einer späteren Phase als ursprünglich vorgesehen erbracht werden muss, oder

c) die modifizierte Leistung eine andere Herstellungstechnik als die Bezugsposition erfordert, deren Kosten zwischenzeitlich gestiegen sind, oder

d) die Leistungsmodifikation das Ergebnis unsorgfältiger Planung ist.

Da Summe dieser Ausnahmen aber zu einer weitgehenden Übereinstimmung der von *Peters/Kapellmann* und der nicht nur hier vertretenen Ansicht in ihren Folgen führen und damit die Auftragskalkulation ihre Bedeutung als Berechnungsbasis des neuen Preises bei einer Großzahl von Anordnungen nach § 1 Nr. 3 VOB/B und nach § 1 Nr. 4 VOB/B auch nach diesem Ansatz verlieren würde, besteht nach *Kapellmann* die Notwendigkeit, den Entfall der Preisbindung bei unsorgfältiger Planung (Ziffer d) restriktiv auszulegen[456].

Die Ansicht von *Kapellmann* kann durchaus nachvollzogen werden, sie widerspricht aber der grundsätzlichen und der zumeist tatsächlichen Risikoverteilung, sowie der Systematik der §§ 1 Nr. 3 und Nr. 4 VOB/B mit §§ 2 Nr. 5 und Nr. 6 VOB/B.

So gewähren §§ 1 Nr. 3 und Nr. 4 VOB/B dem Auftraggeber zwar eine verursachungsunabhängige schnelle Reaktionsmöglichkeit auf das in der Natur des Bauvertrages grundsätzlich angelegte Risiko von Fehlplanungen, diese Funktion ist jedoch streng von der vergütungsrechtlichen Seite i. S. d. § 2 Nr. 5 und Nr. 6 VOB/B zu trennen, deren vornehmliches Anliegen es ist, die Äquivalenz zwischen Leistung und Gegenleistung zu wahren.

Sowohl die Bestimmung der Leistung, als auch die Kalkulation der dafür veranlagten Vergütung unterliegt aber der freien Parteivereinbarung, so dass die zu wahrende Äquivalenz nicht nach objektiven Kriterien beurteilt werden kann, sondern von der subjektiven Vereinbarung abhängig ist.
Insofern ist es möglich, dass der Auftragnehmer in der Bezugsposition der modifizierten Leistung eine vergleichsweise niedrige, aber auch extrem hohe Vergütung veranlagt hat, welche jedoch für ihn dem Wert der zu erbringenden Leistung entspricht.

---

[456] Kapellmann in Kapellmann/Messerschmidt, VOB Teil A und B, 2003, § 2 VOB/B, Rdn. 216.

Diese individuelle Ausgewogenheit soll durch die Bindung an das Preis – Leistungsgefüge bei der Berechnung der Nachtragsvergütung im Rahmen des §§ 2 Nr. 5 und Nr. 6 VOB/B beibehalten und die dem Bauvertrag immanenten Planungsschwierigkeiten nicht dazu genutzt werden, die individuelle Ausgewogenheit zugunsten eines Vertragspartners zu verlagern.
Daher sind die Preise für die modifizierte Leistung grundsätzlich aus der Auftragskalkulation zu entwickeln.

Es sind jedoch auch Fälle denkbar, in welchem auch das Festhalten an der Auftragskalkulation zu einer Störung der individuellen Ausgewogenheit bezogen auf den Vertragsabschluss führen würde[457].
Insbesondere bei Materialpreiserhöhungen für Leistungen, welche nicht oder nicht in diesem Umfang in der Auftragskalkulation enthalten sind, wäre die Ausgewogenheit gestört, wenn der Unternehmer aufgrund der Preisbindung gezwungen wäre, die geänderten oder zusätzlichen Leistungen nunmehr zu defizitären Preisen auszuführen.
Aber auch jeglicher andere im Vergleich zur Auftragskalkulation erhöhte oder ermäßigte Kostenaufwand würde zu einer einseitigen Verlagerung der individuellen Ausgewogenheit führen, so dass in diesen Fällen ein Abweichen von der Auftragskalkulation nach dem Sinn und Zweck der §§ 2 Nr. 5 und Nr. 6 VOB/B erforderlich ist.

Die bedeutet jedoch nicht, dass damit die Auftragskalkulation jegliche Bedeutung verliert. Aus dieser sind vielmehr in jedem Fall die Grundstruktur und die Zusammensetzung der individuellen Kalkulation zu entnehmen, von der nur in Ausnahmefällen abgewichen werden kann.

So ist die individuelle Ausgewogenheit selbst dann gewahrt und der Auftragnehmer somit zur Beibehaltung der Grundstruktur der Auftragskalkulation gezwungen, wenn ihm hierbei ein Berechnungsfehler zu seinen Ungunsten unterlaufen ist, da auch dieser einen Teil der durch die Angebotskalkulation zum Ausdruck gebrachten Äquivalenz darstellt.
Selbst bei Kenntnis des Auftraggebers von einem derartigen Irrtum soll nach der Rechtsprechung des BGH und der überwiegenden Meinung in der Literatur die Anfechtung i. S. d. § 119 BGB ausgeschlossen sein, soweit die Kalkulationsgrundlagen nicht ausnahmsweise ausdrücklich in den Vertrag einbezogen wurden[458].

---

[457] dies erkennt wohl auch Kapellmann an.

[458] vgl. hierzu BGH, Urt. v. 07.07.1998 – X ZR 17/9, BauR 1998, 1089 = ZfBR 1998, 302 = IBR 1998, 419 allerdings kann es in Einzelfällen unter dem Gesichtspunkt des Verschuldens bei Vertragsschluss und der unzulässigen Rechtsausübung dem Auftraggeber untersagt sein, den Auftragnehmer in diesem Fall an der fehlerhaften Kalkulation festzuhalten ; ebenso

Diese strikte Bindung an die Grundstrukturen der Auftragskalkulation i. S. d. § 2 Nr. 5 und 6 VOB/B besteht auf der anderen Seite auch in dem Fall, in welchem der Kalkulationsfehler zugunsten des Auftragnehmers ausfällt oder in der entscheidenden Leistungsposition überaus auskommend kalkuliert wurde bzw. diese den Gewinnausgleich für andere enger bemessene Positionen enthält.

Von diesem Grundsatz wird selbst im Fall des § 2 Nr. 6 VOB/B nicht abgewichen, obwohl gerade in diesem Bereich davon auszugehen sein wird, dass oftmals eine Bezugsposition für die zusätzliche Leistung in der Auftragskalkulation nicht enthalten sein wird und dennoch die Grundstrukturen der Gesamtkalkulation auf die Berechnung des neuen Preises zu übertragen sind.

Die Bindung an das ursprüngliche Preis-Leistungsgefüge des Bauvertrages und insbesondere an Auftragskalkulation des Auftragnehmers bewirkt also auch nach der hier vertretenen Ansicht, dass ein guter Preis ein guter, ein schlechter Preis aber auch ein schlechter bleibt[459].

Bei der Berechnung des neuen Preises ist somit sowohl bei § 2 Nr. 5 VOB/B als auch bei § 2 Nr. 6 VOB/B nicht auf den Zeitpunkt des Vertragsschlusses, sondern auf den der Ausführung der modifizierten Leistung abzustellen. Zu diesem Zeitpunkt ist eine Vergleichskalkulation auf Grundlage der Auftragskalkulation durchzuführen, bei der zur Wahrung der individuellen Äquivalenz zwischen Preis und dafür versprochener Leistung die Grundstrukturen der Auftragskalkulation grundsätzlich beizubehalten sind.
Allerdings kann in Einzelfällen diese Bindung an die Auftragskalkulation aufgrund unterschiedlicher Entwicklungen nach Vertragsschluss auch zu einer Störung der individuellen Ausgewogenheit führen, so dass einzelne Kalkulationsfaktoren an diese Entwicklungen angepasst werden müssen und insoweit die Bindung an die Auftragskalkulation entfällt.

Kapellmann in Kapellmann/Messerschmidt, VOB Teil A und B, 2003, § 2 VOB/B, Rdn. 214 und 163f.; Keldungs in Ingenstau/Korbion, VOB Teil A und B, 15. Auflage 2004, § 2 Nr. 1 VOB/B, Rdn. 29f.; Jagenburg in Beck´scher VOB-Kommentar, Teil B, 1997, § 2 Nr. 5 VOB/B, Rdn. 111f. und § 2 Nr. 6 VOB/B, Rdn. 99f.; Riedl in Heiermann/Riedl/Rusam, VOB Teil A und B, 10. Auflage 2003, § 2 VOB/B, Rdn. 87f.

[459] Falk/Maier, Handbuch privates Baurecht, 2003, Kapitel 5, Rdn. 368; sinngemäß Kapellmann in Kapellmann/Messerschmidt, VOB Teile A und B, 2003, § 2 VOB/B, Rdn. 213.

II.5.3 Grenzen von § 2 Nr. 5 VOB/B und § 2 Nr. 6 VOB/B

Aufgrund der Rechtsnatur der §§ 2 Nr. 5 und Nr. 6 VOB/B als reine Rechtsfolgeregelungen ergeben sich deren Grenzen aus den damit verbundenen Anspruchsgrundlagen i. S. d. §§ 1 Nr. 3 und Nr. 4 VOB/B.

Insbesondere ist die in § 2 Nr. 6 VOB/B enthaltenen Ankündigungspflicht, wie bereits nachgewiesen, keine Anspruchsvoraussetzung, sondern bauvertragliche Nebenpflicht des Auftragnehmers, deren Verletzung allenfalls Schadensersatzansprüche auslösen kann.

Weder vergütungsrechtliche, noch schadensersatzrechtliche Folgen sind dagegen zu erwarten, soweit keine Einigung über den neuen Preis vor Ausführung der geänderten Leistung i. S. d. § 2 Nr. 5 VOB/B zwischen den Bauvertragsparteien erzielt wurde, da die vermeintliche Vereinbarungspflicht als „Soll"-Vorschrift lediglich Empfehlungscharakter hat.

II.5.4 Zusammenfassung

Zusammenfassend lässt sich somit feststellen, dass es sich bei § 2 Nr. 5 S. 1 Alt. 1 und 2 VOB/B und bei § 2 Nr. 6 VOB/B um reine Rechtsfolgeregelungen handelt, deren Anspruchsvoraussetzungen in § 1 Nr. 3 VOB/B, § 1 Nr. 4 VOB/B oder in einem eigens vereinbarten Leistungsbestimmungsrecht ähnlich dem, welches in § 315 BGB vorausgesetzt wird, geregelt werden.
Die Reichweite eines derartigen Leistungsbestimmungsrechts unterliegt grundsätzlich der freien Parteivereinbarung, allerdings muss die Leistungspflicht, auf welche sich ein derartiges Recht bezieht, nach der Systematik des BGB und der VOB/B synallagmatisch mit der Vergütung individuell verbunden werden.

Als reine Rechtsfolgeregelungen können §§ 2 Nr. 5 und Nr. 6 VOB/B damit jedenfalls auch keine weiteren Anspruchsvoraussetzungen enthalten, vielmehr ist die in § 2 Nr. 6 Abs. 1 S. 2 VOB/B enthaltene Ankündigungspflicht als bauvertragliche Nebenpflicht einzustufen, deren Verletzung allenfalls Schadensersatzansprüche auslösen kann.

Allerdings enthalten §§ 2 Nr. 5 und Nr. 6 VOB/B konkrete Vorgaben, nach welchem Verfahren der neue Preis zu ermitteln ist.
Dieses unterscheidet sich trotz des unterschiedlichen Wortlauts sowohl bei § 2 Nr. 5 VOB/B als auch bei § 2 Nr. 6 VOB/B nur in wenigen Punkten und wird

wesentlich durch die Abhängigkeit von der Auftragskalkulation des Auftragnehmers bestimmt.
Entsprechend ihrer Funktion gewährleisten §§ 2 Nr. 5 und Nr. 6 VOB/B damit, dass das ursprüngliche Preis-Leistungsgefüge des Bauvertrages und dessen individuelle Ausgewogenheit auch hinsichtlich der modifizierten Leistung i. S. d. §§ 1 Nr. 3 und Nr. 4 VOB/B beibehalten wird.

II.6 Wirksamkeit von §§ 1 Nr. 3 und Nr. 4 VOB/B und §§ 2 Nr. 5 und Nr. 6 VOB/B

Fraglich ist, ob die Leistungsbestimmungsrechte i. S. d. §§ 1 Nr. 3 und 4 VOB/B und die damit korrelierenden Vergütungsregelungen i. S. d. §§ 2 Nr. 5 und Nr. 6 VOB/B innerhalb ihres Anwendungsbereiches, ihrer Funktion und Grenzen wirksam sind.

II.6.1 Grundsatz der Privatautonomie - Bestimmtheitsgrundsatz

Zur Beurteilung der Wirksamkeit der Anordnungsrechte i. S. d. §§ 1 Nr. 3 und Nr. 4 VOB/B sind diese zunächst an dem allgemeinen Zivilrecht immanenten Grundsatz der Vertragsfreiheit, welcher wesentliche Ausdrucksform der Privatautonomie ist, zu messen.

Nach diesem Prinzip steht es grundsätzlich jedermann frei, sich durch Abschluss eines Vertrages schuldrechtlich zu binden (positive Vertragsfreiheit), aber auch *e contrario* ein angetragenes Angebot zum Abschluss eines Vertrages abzulehnen (negative Vertragsfreiheit)[460].

Folgerichtig erstreckt sich diese Freiheit des Einzelnen damit nicht nur auf den Abschluss, sondern mittelbar auch auf den Inhalt des schuldrechtlichen Vertrages, da die Parteien einen Vertrag, welcher ihren Vorstellungen nicht entspricht, nicht abzuschließen brauchen.
Aufgrund des Prinzips der Privatautonomie unterliegen somit Abschluss und Inhalt eines schuldrechtlichen Vertrages grundsätzlich der freien Parteivereinbarung (§ 311 Abs. 1 BGB)[461].

---

[460] Bork, AT des BGB, 2001, Rdn. 664; Köhler, BGB AT, 28. Auflage 2004, § 8, Rdn. 44.

[461] vgl. auch Medicus, BGB AT, 8. Auflage 2002, Rdn. 174 f.

Diese Freiheit wäre jedoch wertlos, wenn bei Abschluss des Vertrages für die Vertragspartner nicht erkennbar wäre, welche Verpflichtungen durch den Abschluss des Vertrages begründet werden.
Daher erfordert die effektive Ausübung der Vertragsfreiheit eine Festlegung des Angebots- bzw. Vertragsinhalts in der Form, dass die Parteien mit einem Maß an Sicherheit entscheiden können, ob sie den Vertrag mit den darin enthaltenen Leistungspflichten zu diesen Konditionen abschließen wollen oder nicht.

Unterste Grenze dieses Maßstabes ist nach der Rechtsprechung des Bundesgerichtshofes und der einhelligen Meinung in der Literatur die Bestimmbarkeit der Leistungspflichten[462].

Eine vertragliche Leistungspflicht ist danach hinreichend bestimmbar, soweit sich deren Inhalt zumindest im Rahmen der Auslegung gem. § 133,157 BGB ermitteln lässt. Ist dies nicht möglich, ist der Vertrag insgesamt unwirksam.

Eine Sonderstellung bezüglich des Bestimmbarkeitserfordernisses nehmen Leistungsbestimmungsrechte i. S. d. §§ 315 ff. BGB ein.
In diesem Fall können oder wollen die Vertragsparteien bei Abschluss eines Vertrages einen Teil der Leistungspflicht aus unterschiedlichen Gründen noch nicht mit Bestimmtheit festlegen, aber dennoch schon eine wirksame vertragliche Verpflichtung eingehen.
Aus diesem Grund lassen sie diesen Teil der Leistungspflicht bei Vertragsschluss bewusst noch unbestimmt, räumen aber im Gegensatz zu der Situation eines offenen Dissenses gem. § 154 BGB einer Person das Recht ein, die Leistung zu einem Zeitpunkt nach Vertragsschluss zu konkretisieren.

Damit ein Vertrag, in welchen ein Leistungsbestimmungsrecht zugunsten einer Partei vereinbart wurde, nach den oben genannten Grundsätzen dennoch wirksam ist, ist es erforderlich, dass die Ausübung des Leistungsbestimmungsrechts nicht allein der Willkür der bestimmungsberechtigten Person unterliegt, sondern durch objektive Kriterien beschränkt wird, so dass auch in diesem Falle die bestimmungsunterworfene Partei bei Vertragsschluss die auf sie zukommenden Verpflichtungen zumindest rahmenmäßig überschauen kann.

Eine Möglichkeit diesen Anforderungen gerecht zu werden ist, dass das Leistungsbestimmungsrecht selbst oder der Vertrag einen umfassenden Aus-

---

[462] etwa BGH, Urt. 27.06.1996 – VII ZR 59/95 (Schleusenkammer), BauR 1997, 126 = ZfBR 1997, 29 = NJW 1997, 61; Urt. v. 08.02.1996 – VII ZR 219/94, BauR 1996, 412 = ZfBR 1996, 200 = IBR 1996, 294; Heinrichs in Palandt, 65. Auflage 2006, § 145 BGB, Rdn. 1 f., § 241 BGB, Rdn. 3 mit weiteren Nachweisen.

übungsmaßstab enthält, anhand dessen die vertragsgemäße Ausübung überprüft werden kann.

Zumindest muss nach Ansicht der Rechtsprechung und der überwiegenden Meinung in der Literatur das Leistungsbestimmungsrecht selbst oder der Vertrag objektive Minimalvorgaben enthalten, welche durch ergänzend anzuwendende allgemeine Ausübungsregelungen einen bestimmbaren Leistungsumfang gewährleisten[463].

Rieble[464] und *Wolf*[465] halten es für ausreichend, dass sich diese Ausübungsvorgaben aus dem allgemeinen Sinn des Vertrages und dem grundlegenden Zweck des Bestimmungsrechts ermitteln lassen und daher nicht explizit im Leistungsbestimmungsrecht oder im Vertrag enthalten sein müssen.
Die Anforderung einer expliziten vertraglichen Vorgabe von auch nur minimalen Ausübungskriterien sei nach *Rieble* [466]vielmehr im Rahmen der AGB-rechtlichen Transparenzkontrolle von Bedeutung.
Darüber hinaus biete im Zweifel § 315 BGB einen hinreichend bestimmten Maßstab, so dass in Ermangelung vorrangig zu berücksichtigender Ausübungskriterien problemlos darauf zurückgegriffen werden könne.
Im Übrigen müsse man bei gegenteiliger Auffassung auch eine Schlichtung ohne Schlichtungsvorgaben für unmöglich halten.

Die Auffassung von *Rieble* und *Wolf* ist nicht überzeugend, da sie im Wesentlichen die Anforderungen an die Bestimmbarkeit einer Leistungspflicht, auch nach § 315 BGB, fehl-interpretieren.
Soweit sie ausführen, dass zur Wirksamkeit eines Vertrages der Umfang eines Leistungsbestimmungsrechts lediglich bestimmbar i. S. d. §§ 133, 157 BGB im Vertrag verankert sein muss, ist dem uneingeschränkt zuzustimmen.

---

[463] BGH, Urt. v. 27.01.1971 – VIII ZR 151/69, BGHZ 55, 40; BGH, Urt. v. 08.11.1985 – V ZR 113/84, BauR 1986, 234 = NJW 1986, 845 = DB 1986, 641; BGH, Beschl. v. 02.09.1999 – VII ZR 472/98, BauR 2000, 1204; OLG Düsseldorf, Urt. v. 29.11.1995 – 9 U 101/95, NJW-RR 1996, 271; OLG Düsseldorf, Urt. v. 21.12.1994 – 9 U 208/94; OLG Karlsruhe, Beschl. v. 10.02.1987 – 4 W 41/86; BayObLG, Beschl. v. 13.02.1992 – 2 Z BR 3/92; LG Bad Kreuznach, Urt. v. 13.02.2002 – 1 S 194/00, NJW-RR 2002, 130; so schon RGR-Kommentar, 10. Auflage 1953, § 315 BGB, Rdn. 1; RGR-Kommentar, 12. Auflage 1976, § 315 BGB, Rdn. 3; ebenso Gehrlein in Bamberger/Roth, Band 1, 2003, § 315 BGB, Rdn. 1; Gottwald in Münchener Kommentar, Band 2a, 4. Auflage 2003, § 315 BGB, Rdn. 1 und 14 f.; Heinrichs in Palandt, 65. Auflage 2006, § 315 BGB, Rdn. 1.

[464] Rieble in Staudinger, Band II, 2001, § 315 BGB, Rdn. 197.

[465] Wolf in Soergel, Band 2, Stand 1990, § 315 BGB, Rdn. 36.

[466] Rieble in Staudinger, Band II, 2001, § 315 BGB, Rdn. 197.

Dies bedeutet aber nicht, dass unabhängig vom konkreten Vertragsinhalt die Leistungspflichten aus der allgemeinen Art des Vertrages oder dem grundsätzlichen Zweck eines Leistungsbestimmungsrechts zu ermitteln sind, sondern dass der individuell im Vertrag zum Ausdruck gebrachte wirkliche Wille der Parteien als Auslegungsgrundlage heranzuziehen ist.

Übertragen auf die Bestimmung des Umfangs eines Leistungsbestimmungsrechts bedeutet dies, dass keine abstrakte Auslegung nach dem allgemeinen Sinn und Zweck eines Vertrages erfolgen kann, soweit der Vertrag oder das Leistungsbestimmungsrecht keinerlei konkrete Anhaltspunkte eines von den Parteien beabsichtigten Ausübungsrahmens enthält.

Dies entspricht auch der Grundentscheidung des § 315 BGB, welcher als Auslegungsregel[467] erst dann Anwendung finden kann, soweit *Zweifel* über die Reichweite eines im Vertrag angedeuteten Ausübungsrahmens bestehen und nicht als genereller Ausübungsrahmen eines Leistungsbestimmungsrechts herangezogen werden kann.
Insbesondere wäre bei gegenteiliger Auffassung eine Überprüfung der Rechtmäßigkeit der ausgeübten Leistungsbestimmung nicht möglich, da einer in § 315 BGB vorzunehmenden Ermessensprüfung kein Vergleichsmaßstab, aus welchem sich Anhaltspunkte für das billige Ermessen i. S. d. § 315 Abs. 1 BGB ermitteln lassen, gegenüberstünde.

Auf diesen Erwägungen beruht auch die Entscheidung des BGH vom 27.01.1971[468].

In dem Sachverhalt, welcher der Entscheidung des BGH vom 27.01.1971 zu Grunde lag, ging es um das Fortbestehen eines Pachtverhältnisses über ein Grundstück, auf dem die Klägerin als Pächterin ein Lichtspieltheater errichtet und betrieben hatte.
Der Pachtvertrag begann am 01.09.1953 und sollte zunächst über 3 Jahre laufen. Der Pächterin stand allerdings das Recht zu, die Verlängerung des Pachtvertrages für weitere 13 Jahre zu denselben Bedingungen zu verlangen. Außerdem enthielt der Pachtvertrag folgende Klausel:

„Nach Ablauf von 16 Jahren werden neue Pachtverhandlungen geführt. Kommt eine Einigung nicht zustande, so wird die Industrie- und Handels-

---

[467] BGH, Urt. v. 06.05.1988 – V ZR 32/87, NJW-RR 1988, 970 = WM 1988, 1383 = DNotZ 1989, 230.

[468] BGH, Urt. v. 27.01.1971 – VII ZR 151/69, BGHZ 55, 40; ähnlich OLG Zweibrücken, Beschl. v. 07.10.2004 – 3 W 209/04, NJW-RR 2005, 101 = MDR 2005, 681.

kammer W. ersucht, einen Sachverständigen zu bestellen, dessen Entscheidung bindend ist."

Die Pächterin machte Gebrauch von ihrem Recht, die Verlängerung des Pachtvertrag auf insgesamt 16 Jahre zu verlangen.
Im Sommer 1968 traten die Parteien in Verhandlungen über die Fortsetzung des Pachtverhältnisses für die Zeit nach dem 31.08.1969, welche jedoch im Ergebnis scheiterten.

Die Pächterin erhob Klage, mit welcher sie die Fortsetzung des Pachtverhältnisses über den 31.08.1969 hinaus zu Bedingungen und für einen Zeitraum verlangt, die ein von der Industrie- und Handelskammer W. zu bestimmender Sachverständiger festzusetzen habe.

Das Landgericht hatte der Klage stattgegeben, das Berufungsgericht wies sie dagegen ab.
Die Revision der Klägerin blieb ohne Erfolg.

In der Begründung weist der BGH im Wesentlichen darauf hin, dass zur Wirksamkeit auch bei einem Miet- oder Pachtvertrag i. S. d. § 535 BGB (alt.) die Vertragswesentlichkeiten (essentialia negotii) zumindest bestimmbar festgelegt sein müssen. An dieser wirksamen Bindung fehlt es indes, wenn zwar ein Weg zur Leistungsbestimmung angegeben wird, auf diese Weise der Inhalt in Wirklichkeit aber doch nicht bestimmt werden kann.
Vorliegend seien die Lücken der vertraglichen Bindung der Parteien in der Zeit nach Ablauf der 16 Jahre derart groß, dass sie auf dem vorgesehenen Wege durch die Bestimmung eines Sachverständigen schlechterdings ausgefüllt werden können, *da es an jedem Hinweis darüber fehlt, welche Gesichtspunkte von dem zur Entscheidung berufenen Sachverständigen berücksichtigt werden sollen.* Zudem seien die Interessen der Parteien nicht notwendigerweise gleichlaufend, so dass nicht nur der Sachverständige überfordert wäre, die Bestimmung der Dauer der weiteren Mietzeit nach billigem Ermessen (§ 317 Abs. 1 BGB) zu treffen, sondern auch das Gericht, das gegebenenfalls die Entscheidung des Sachverständigen daraufhin zu überprüfen hätte, ob sie offenbar unbillig oder offenbar unrichtig ist.

II.6.1.1 § 1 Nr. 4 S. 1 VOB/B

Bezogen auf § 1 Nr. 4 S. 1 VOB/B erübrigt sich die vorangestellte Diskussion, da dieses Leistungsbestimmungsrecht selbst einen umfassenden Ausübungsmaßstab enthält, und somit nicht auf § 315 BGB zurückgegriffen werden muss.

So besteht bzw. ist das Leistungsbestimmungsrecht des § 1 Nr. 4 S.1 VOB/B nur insoweit und solange durchsetzbar, wie die angeordneten Leistungen zur Herbeiführung des werkvertraglich *geschuldeten Erfolgs erforderlich* sind, der Betrieb des Auftragnehmers auf die Ausführung dieser Leistungen *eingerichtet* ist und die *Primärleistungspflicht* i. S. d. § 631 BGB des Auftragnehmers noch *besteht*, so dass der Auftraggeber letztendlich durch den vereinbarten Werkerfolg und der individuellen Leistungsfähigkeit des Auftragnehmers in der Ausübung des Leistungsbestimmungsrecht gebunden ist.

Alle Ausübungsbeschränkungen liefern entgegen den Bedenken *von Minckwitz*[469] objektive Kriterien für den Umfang des Leistungsbestimmungsrechts gem. § 1 Nr. 4 S. 1 VOB/B, da der geschuldete Erfolg als *essentialia negotii* zur Wirksamkeit des Werkvertrages ebenfalls nur bestimmbar[470], und nicht etwa kalkulierbar[471], vertraglich festgelegt sein muss, die Leistungsfähigkeit nach der konkreten personellen und sachlichen Ausstattung des Auftragnehmers zu beurteilen ist[472] und das Erlöschen der Primärleistungspflicht allein von der Abnahme der Werkleistung gem. § 12 VOB/B abhängig ist.

Die Leistungspflicht des Unternehmers bei einem Vertrag, in welchen das Leistungsbestimmungsrecht i. S. d. § 1 Nr. 4 S. 1 VOB/B einbezogen ist, ist somit bestimmbar und der Vertrag wirksam.

II.6.1.2 § 1 Nr. 3 VOB/B

Problematisch ist die Bestimmbarkeit der Leistungspflicht des Auftragnehmers allerdings in den Fällen des § 1 Nr. 3 VOB/B, da dieser selbst dem Wortlaut entsprechend keinen mit § 1 Nr. 4 VOB/B vergleichbaren, umfassenden Ausübungsmaßstab enthält.

---

[469] v. Minckwitz, Zur AGB-Widrigkeit der §§ 1 Nr. 3 und 4 VOB/B im Lichte der Rechtsprechung zu § 315 BGB, in BrBp 2005, S. 170 (174).

[470] vgl. BGH, Urt. v. 23.01.1997 – VII ZR 65/96 (Schließen aller Öffnungen), BauR 1997, 464 = IBR 1997, 181 = NJW 1997, 1772.

[471] so aber v. Minckwitz, Zur AGB-Widrigkeit der §§ 1 Nr. 3 und 4 VOB/B im Lichte der Rechtsprechung zu § 315 BGB, in BrBp 2005, S. 170 (174).

[472] vgl. Gliederungspunkt II.4.1.1.2; ebenso v. Rintelen in Kapellmann/Messerschmidt, VOB Teil A und B, 2003, § 1 VOB/B, Rdn. 109 ff.

Einzige im Wortlaut genannte vermeintlich einschränkende Kriterien des Leistungsbestimmungsrechts gem. § 1 Nr. 3 VOB/B sind der Bauentwurf und dessen Änderung.

Die Beschränkung der Änderungsbefugnis auf den Bauentwurf allein ist zur hinreichenden Bestimmbarkeit der Leistungspflicht des Unternehmers nicht ausreichend, da nach der Rechtssprechung des Bundesgerichtshofes, wie das Urteil des BGH[473] vom 19.04.2002, sowie das Urteil des OLG Frankfurt/M.[474] vom 30.07.1998 und dessen Bestätigung durch den Nichtannahmebeschluss des BGH[475] vom 02.09.1999 zeigen, zwar eine Bezugnahme auf Pläne bzw. andere objektive Tatsachen unter Umständen der hinreichenden Bestimmbarkeit der Leistungspflicht des Auftragnehmers genügen kann. Ein umfassender Ausübungsmaßstab des Leistungsbestimmungsrechts ist aus der inhaltlichen Begrenzung[476] des Änderungsrechtes auf den Bauentwurf jedoch nicht zu entnehmen.

Denn neben der inhaltlichen Begrenzung auf den Bauentwurf wird die zulässige Ausübung des Leistungsbestimmungsrechts zwar ebenfalls durch den vereinbarten Gesamtwerkerfolg i. S. d. § 631 BGB limitiert, da nach dem oben gesagten bei einer Änderung im Gegensatz zu einer Neuanfertigung das Bezugsobjekt der Änderung in gewissen Umfang erhalten bleiben muss; ebenso besteht die Änderungsmöglichkeit nur bis zur wirksamen Abnahme der Werkleistung gem. § 12 VOB/B.
Die Frage, ob der Betrieb auf die geänderte Leistung eingerichtet sein muss, oder ob nur erforderliche Änderungen i. S. d. § 1 Nr. 4 S.1 VOB/B im Rahmen des § 1 Nr. 3 VOB/B zulässig sind, kann dem Wortlaut des § 1 Nr. 3 VOB/B jedoch nicht entnommen werden.

Diese Ausübungsbeschränkungen des § 1 Nr. 4 S. 1 VOB/B können auch nicht auf das Anordnungsrecht des § 1 Nr. 3 VOB/B entsprechend angewendet bzw. übertragen werden[477], wonach das Anordnungsrecht des Auftraggebers gem. § 1 Nr. 3 VOB/B ebenfalls nur insoweit bestehen würde bzw. durchsetzbar wäre, wie die Änderung des Bauentwurfes zur mangelfreien Herstellung des

---

[473] BGH, Urt. v. 19.04.2002 – V ZR 90/01, BGHZ 150, 334 = NJW 2002, 2247 = DB 2002, 1768.

[474] OLG Frankfurt/M., Urt. v. 30.07.1998 – 15 U 191/97, BauR 2000, 1204.

[475] BGH, Nichtannahmebeschluss v. 02.09.1999 – VII ZR 472/98, mitgeteilt von Vogel/Vogel in BauR 2000, 1204 ff.

[476] dazu Gliederungspunkt II.4.1.2.1. und II.4.1.2.2.

[477] so aber der Vorschlag von Keldungs in Ingenstau/Korbion, VOB Teil A und B, 15. Auflage 2004, § 1 Nr. 3 VOB/B, Rdn. 3.

Werkes erforderlich und der Betrieb des Auftragnehmers auf die Ausführung derartiger Leistungen eingerichtet ist.

Dieser Auffassung steht insbesondere die historische Entwicklung der VOB Teil B entgegen.

In der ursprünglichen Fassung der VOB[478] aus dem Jahr 1926 befasste sich, wie bereits erwähnt, lediglich ein Absatz des § 1 VOB/B mit einseitigen Leistungsbestimmungsrechten des Auftraggebers, welcher nach seinem Wortlaut lediglich die bereits bekannten inhaltlichen Einschränkungen enthielt.
Dort heißt es in § 1 Abs. 3 VOB/B:

„Abänderungen des Bauentwurfes anzuordnen, bleibt dem Auftraggeber vorbehalten; Leistungen, die im Vertrage nicht vorgesehen sind, können dem Auftraggeber nur mit seiner Zustimmung übertragen werden."

Erst in der Fassung[479] aus dem Jahr 1952 wurde im Rahmen der Überarbeitung der VOB in § 1 VOB/B eine neue Nr. 4 eingefügt und der ehemalige § 1 Abs. 3 Hs. 2 VOB/B in leicht veränderter Form an den neu geschaffenen § 1 Nr. 4 S. 1 VOB/B angehängt.

Der ursprüngliche Wortlaut des § 1 Abs. 3 VOB /B zeigt damit, dass schon bei der Schaffung der VOB Teil B den Grundsatz der Vertragsfreiheit berücksichtigt wurde, da man ausdrücklich klarstellte, dass die Ausführung von im Vertrag nicht vorhergesehenen Leistungen vom Abschluss einer gesonderten Vereinbarung abhängt.

Von entscheidender Bedeutung in dem vorliegenden Zusammenhang ist aber, dass der ursprüngliche Wortlaut des § 1 Abs. 3 VOB/B keinen mit § 1 Nr. 4 S. 1 VOB/B vergleichbaren Ausübungsrahmen enthielt und letzterer trotz der inhaltlichen Erweiterung des Leistungsbestimmungsrechts auch auf zusätzliche Leistungen nur bei der neu geschaffenen Nummer 4 des Paragraphen 1, nicht aber bei der inhaltlich fast unveränderten Nummer 3 berücksichtigt wurde.

Diese Differenzierung legt es nahe, dass nach den Vorstellungen des DVA der Ausübungsrahmen des § 1 Nr. 4 VOB/B nur auf dieses Anordnungsrecht An-

---

[478] Verdingungsordnung für Bauleistungen, Mai 1926, S. 28.

[479] Verdingungsordnung für Bauleistungen, Ausgabe 1958, Fassung 1952, S. 21.

wendung finden, wohingegen § 1 Nr. 3 VOB/B von diesen Einschränkungen verschont bleiben sollte[480].

Gegen diese Wertung können durchaus beachtliche systematische Erwägungen vorgebracht werden, diese lassen sich jedoch nicht verifizieren und sind im Ergebnis mit überzeugenden Argumenten abzulehnen.

So ließe sich in Betracht ziehen, dass die expliziten Begrenzungen in § 1 Nr. 4 S. 1 VOB/B nur zur Verdeutlichung bereits allgemein bestehender Ausübungsbeschränkungen der §§ 1 Nr. 3 und Nr. 4 VOB/B aufgenommen wurden bzw. aufgrund eines „Erst recht – Schlusses" auch bei § 1 Nr. 3 VOB/B gelten müssten, worauf nicht nur der ohnehin schon weitgehende tatsächliche Gleichlauf beider Regelungen hinsichtlich der Leistungsfähigkeit des Auftragnehmers hindeuten würde[481]; vielmehr wären damit auch zahlreiche Unsicherheiten hinsichtlich der Reichweite des Änderungsrechts i. S. d. § 1 Nr. 3 VOB/B beseitigt und beide Regelungen im täglichen Baubetrieb wesentlich einfacher zu handhaben.
Diesen Erwägungen ist jedoch ebenso wie bei der Diskussion hinsichtlich der Erstreckung des Leistungsbestimmungsrechts des § 1 Nr. 3 VOB/B auf die Leistungszeit entgegenzuhalten, dass ein Schluss von dem „Soll" auf das „Ist" einer Regelung für eine dogmatische Herleitung des Regelungsgehalts untauglich ist[482].

Eine entsprechende Anwendung der Ausübungsbeschränkungen des § 1 Nr. 4 S. 1 VOB/B auf § 1 Nr. 3 VOB/B würde die Funktion beider Regelungen enorm einschränken, da § 1 Nr. 3 VOB/B unter diesen Voraussetzungen den Auftraggeber ausschließlich zur Anordnung erforderlicher Leistungen berechtigen würde, mit dem marginalen Unterschied, dass bei § 1 Nr. 3 VOB/B eine vereinbarte aber untaugliche Leistung durch eine taugliche ersetzt, während bei § 1 Nr.4 S. 1 VOB/B die Leistungspflicht des Unternehmers nachträglich erweitert wird.

---

[480] Protokolle bzw. Begründungen zur Überarbeitung der VOB aus dem Jahr 1952 sind leider ebenfalls, selbst beim DVA, nicht mehr erhalten.

[481] vgl. Gliederungspunkt II.4.3.

[482] in diesem Sinn aber Genschow, Anordnung zur Bauzeit – Vergütungs- oder Schadensersatzansprüche des Auftragnehmers, in ZfBR 2004, 642f.; Diehr, Zum Verhältnis von Vergütungs- und Schadensersatzanspruch des Auftragnehmers wegen Bauzeitstörungen nach VOB/B, in BauR 2001, 1507f.; Piel, Zur Abgrenzung zwischen Leistungsänderung (§ 1 Nr. 3, 2 Nr. 5 VOB/B) und Behinderung (§ 6 VOB/B), in Festschrift für Korbion, 1986, S. 349f.; Zanner/Keller, Das einseitige Anordnungsrecht des Auftraggebers zur Bauzeit und Bauablauf und seine Vergütungsfolgen, in NZBau 2004, 353f.; Kniffka, ibr-online-Kommentar Bauvertragsrecht, Stand 12.09.2005, § 631 BGB, Rdn. 293;

Auf der anderen Seite wäre es dem Auftraggeber unmöglich, einseitig auch nur eine andere, wenn auch nicht erforderliche Veränderung an dem Bauwerk vorzunehmen, vielmehr müsste er in jedem Fall die Zustimmung durch den Auftragnehmer abwarten. Diese Abhängigkeit von der Zustimmung des Auftragnehmers würde aufgrund der unterschiedlichen Vergütungsvorstellungen regelmäßig zu Verzögerungen bei der Bauausführung führen. Darüber hinaus würde letzterem ein gewisses Druckpotential erwachsen, da dem Auftraggeber bei Verweigerung der Zustimmung nur der Weg über eine Teilkündigung gem. § 8 Nr. 1 Abs. 1 VOB/B mit den für ihn nachteiligen Vergütungsfolgen i. S. d. § 8 Nr. 1 Abs. 2 VOB/B bliebe.

Im Ergebnis würden sich hierdurch keine wesentlichen Unterschiede zu den gesetzlichen Regelungen des Werkvertragsrechts i. S. d. § 631 ff. BGB ergeben, da sich mit §§ 1 Nr. 3, 2 Nr. 5 VOB/B bzw. §§ 1 Nr. 4 S. 1, 2 Nr. 6 VOB/B vergleichbare Wirkungen auch über die Regelungen bezüglich des Wegfalls der Geschäftsgrundlage i. S. d. § 313 BGB oder im Rahmen des § 242 BGB erzielen ließen.

Dem angestrebten Sinn und Zweck der VOB/B, unter Berücksichtigung der gegenläufigen Interessen der Bauvertragsparteien ein den Besonderheiten des Bauvertrages angepasstes, praktikables Instrumentarium zur Hand zu geben, welches einen weitgehend störungsfreien Bauablauf gewährleistet[483], wird ein derart enges Verständnis der §§ 1 Nr. 3 und Nr. 4 VOB/B jedenfalls nicht gerecht.

Die Übertragbarkeit der Grenzen des § 1 Nr. 4 VOB/B auf das Leistungsbestimmungsrecht des § 1 Nr. 3 VOB/B wird darüber hinaus auch durch den Wortlaut beider Regelung widerlegt.
Soweit sich beide Regelungen inhaltlich nämlich nur noch dadurch unterscheiden sollten, dass im Fall des § 1 Nr. 3 VOB/B eine bereits vereinbarte Leistung geändert wird, wohingegen im Fall des § 1 Nr. 4 VOB/B die Leistungspflicht des Unternehmers konkretisiert bzw. erweitert wird, wäre zu erwarten, dass sich auch der Wortlaut beider Regelungen weitgehend entspricht.
Dies ist bei den Leistungsbestimmungsrechten i. S. d. § 1 Nr. 3 und Nr. 4 VOB/B nicht der Fall.

---

483 Korbion/Hochstein/Keldungs, Der VOB-Vertrag, 8. Auflage 2002, Rdn. 22ff., 47; v. Rintelen in Kapellmann/Messerschmidt, VOB Teil A und B, 2003, Einleitung VOB/B, Rdn. 1ff.; Keldungs in Ingenstau/Korbion, VOB Teil A und B, 15. Auflage 2004, Vor VOB/B, Rdn. 1ff.; Nicklisch/Weick, VOB Teil B, 3. Auflage 2001, Einl., Rdn. 23 ff.; Motzke in Beck´scher VOB-Kommentar, Teil B, 1997, Einleitung I, Rdn. 42; Ganten in Beck´scher VOB-Kommentar, Teil B, 1997, Einleitung II, Rdn. 1ff.

Bestätigung findet diese Auffassung schließlich mittelbar durch die seit der Überarbeitung der VOB/B aus dem Jahr 1952 in der Literatur in diesem Punkt fast einhellig vertretenen Meinung, welche den Anwendungsbereich des § 1 Nr. 3 VOB/B im Vergleich zu dem des § 1 Nr. 4 VOB/B kontinuierlich auszuweiten versucht[484].

Schließlich ist die Beschränkung des Leistungsbestimmungsrechtes i. S. d. § 1 Nr. 4 S. 1 VOB/B durch die Leistungsfähigkeit des Unternehmers i. S. d. § 1 Nr. 4 S. 1 Hs. 2 VOB/B auch durch andere Überlegungen zu rechtfertigen.
Während bei § 1 Nr. 3 VOB/B die Ausführungsverpflichtung hinsichtlich der geänderten Leistung bereits bei Vertragsschluss für den Auftragnehmer zumindest in technischer Hinsicht vorhersehbar ist und er deshalb seine Leistungsfähigkeit vor Vertragsschluss dahingehend beurteilen kann, ist ihm dies mangels Bezug zu einer in der Leistungsbeschreibung enthaltenen Leistung unmöglich[485]. Daher muss er vor der Möglichkeit der einseitigen Begründung einer Leistungsverpflichtung und den aus der tatsächlichen Leistungsunfähigkeit resultierenden nachteiligen Folgen geschützt werden.

Mangels Übertragbarkeit des Ausübungsrahmens des § 1 Nr. 4 VOB/B ist dem Leistungsbestimmungsrecht des § 1 Nr. 3 VOB/B selbst somit kein bestimmbarer Ausübungsrahmen zu entnehmen.

Derartige Vorgaben lassen sich auch nicht aus anderen bei Einbeziehung der VOB/B im Bauvertrag enthaltenen Klauseln oder aus Bestimmungen des allgemeinen Werkvertragsrechts herleiten[486].
Insbesondere eignet sich hierfür weder die Regelung des § 2 Nr. 5 VOB/B, da diese Vertragsklausel als Rechtsfolgeregelung lediglich die vergütungsrechtli-

---

[484] Hereth/Ludwig/Naschold, Kommentar zur VOB, Band II, 1954, B § 1.3, Rdn. 19 ff.; Ingenstau/Korbion, VOB Teil A und B, 4. Auflage 1966, B § 1, 3, Rdn. 17 ff. (sowie in allen späteren Auflagen, beachte aber Keldungs in Ingenstau/Korbion, VOB Teil A und B, 15. Auflage 2004, § 1 Nr. 3 VOB/B, Rdn. 3); Weick in Nicklisch/Weick, VOB Teil B, 3. Auflage 2001, § 1 VOB/B, Rdn. 23 ff.; v. Rintelen in Kapellmann/Messerschmidt, VOB Teil A und B, 2003, § 1 VOB/B, Rdn. 49 ff.; Jagenburg in Beck´scher VOB Kommentar, Teil B, 1997, § 1 Nr. 3 VOB/B, Rdn. 13 ff.; Kemper in Franke/Kemper/Zanner/Grünhagen, VOB Teil A und B, 1. Auflage 2001, § 1 VOB/B, Rdn. 59ff.; Riedl in Heiermann/Riedl/Rusam, VOB Teil A und B, 10. Auflage 2003, § 1 VOB/B, Rdn. 30 ff.; sowie zur Rechtsprechung vgl. etwa BGH, Urt. v. 27.11.2003 – VII ZR 346/01, BauR 2004, 495 = ZfBR 2004, 254 = IBR 2004, 121.

[485] vgl. Gliederungspunkt II.6.2.1.1.2.

[486] Die Betrachtung der bauvertraglichen Regelungen kann sich im Rahmen dieser Arbeit nur auf die Regelungen des gesetzlichen Werkvertragsrechts und der VOB/B beschränken. Individualvertragliche Sondervereinbarungen können selbstverständlich zu einem anderen Ergebnis führen.

che Seite, das Synallagma, einer nach § 1 Nr. 3 VOB/B veränderten Bauleistung darstellt[487], noch irgendeine andere in der VOB/B enthaltene Regelung.

Ähnlich verhält es sich mit den Vorschriften des gesetzlichen Werkvertragsrechts. Diese können bei der Ermittlung eines umfassenden Ausübungsrahmens ebenfalls nicht weiterhelfen, da das in § 1 Nr. 3 VOB/B zum Ausdruck gebrachte Leistungsbestimmungsrecht eine Besonderheit der VOB Teil B ist und den wesentlichen Grundgedanken des Bürgerlichen Gesetzbuches zu wider läuft.

Die Wirksamkeit des Leistungsbestimmungsrecht des § 1 Nr. 3 VOB/B ist somit unter dem Gesichtspunkt der Vertragsfreiheit i. S. d §§ 307 Abs. 1 BGB i. V. m. § 307 Abs. 2 Nr. 1 BGB davon abhängig, dass das Leistungsbestimmungsrecht selbst oder der Vertrag zumindest Anhaltspunkte enthält, welche unter zu Hilfenahme eines subsidiär anzuwendenden Ausübungsrahmens zur Bestimmbarkeit der Leistungspflicht des Auftragnehmers führen.

Doch selbst diesen Anforderungen wird das Leistungsbestimmungsrecht i. S. d. § 1 Nr. 3 VOB/B nicht gerecht.

Das Leistungsbestimmungsrecht i. S. d. § 1 Nr. 3 VOB/B selbst gibt keine berücksichtigungsfähigen Anhaltspunkte vor, anhand derer sich eine vertragsgemäße Ausübung durch ein Gericht überprüfen ließe.

So enthält das Leistungsbestimmungsrecht gem. § 1 Nr. 3 VOB/B die oben dargelegten inhaltlichen Einschränkungen, hieraus erschließt sich jedoch nicht unmittelbar, welche Interessen bei einer möglichen Entscheidung beispielsweise nach § 315 BGB zu berücksichtigen wären bzw. ob auch andere Gesichtspunkte, wie zum Beispiel der Grundsatz *pacta sunt servanda* oder die Erforderlichkeit der Änderung, die Leistungsfähigkeit des Unternehmers etc., diese Entscheidung beeinflussen können.

Daneben mangelt es an einem subsidiär anwendbaren Ausübungsrahmen, aus welchem sich in Ergänzung ein bestimmbarer Umfang des Leistungsbestimmungsrechts i. S. d. § 1 Nr. 3 VOB/B ermitteln ließe[488].

Dieser Umstand wird von weiten Teilen der Literatur und Rechtsprechung bislang nicht erkannt.

---

[487] Aus demselben Grund ist auch § 632 Abs. 2 BGB kein geeigneter Ausübungsrahmen zu entnehmen.

[488] so auch Kaufmann, Die Unwirksamkeit der Nachtragsklauseln der VOB/B nach §§ 305 ff BGB, in Jahrbuch Baurecht 2006, 35 (50) mit zahlreichen Nachweisen.

Dementsprechend fallen auch die subsidiär für möglich gehaltenen Grenzen bzw. der dadurch gezogene Ausübungsrahmen des Leistungsbestimmungsrechts gem. § 1 Nr. 3 VOB /B aus.

Ein Großteil der Stimmen in der Literatur ist der Ansicht, dass die Änderungsbefugnis des § 1 Nr. 3 VOB/B durch das billige Ermessen in direkter oder entsprechender Anwendung des § 315 BGB beschränkt sei[489].
Hiernach sei der Auftraggeber zu Änderungen auch ohne wichtigen Grund berechtigt, solange die Änderungen zweckmäßig sind und vom Auftraggeber so zeitgerecht angeordnet wurden, dass der Auftragnehmer sich noch auf sie einstellen kann.
Unvernünftige oder verspätet vorgebrachte Änderungswünsche könne der Auftragnehmer dagegen als unbillig zurückweisen.

Keldungs[490] hingegen hält, wie bereits erwähnt, vor allem das objektiv berechtigte Interesse des Auftragnehmers als des Leistungsschuldners für maßgebend, wozu vor allem die Sicherung seines nach § 2 Nr. 5 VOB/B veränderten Vergütungsanspruches gehöre.
Daneben sei zu berücksichtigen, dass sich der Auftragnehmer um eine bestimmte Bauleistung beworben habe und auf dieser Grundlage den Bauvertrag abgeschlossen habe, so dass eine im Leistungsinhalt entscheidend veränderte Arbeit wider Treu und Glauben i. S. d. § 242 BGB unzulässig wäre.

Das *OLG Hamm*[491] sieht in einer Entscheidung aus dem Jahr 2001 die Grenze des Anordnungsrechts gem. § 1 Nr. 3 VOB/B dort, wo die Befolgung für den Auftragnehmer unzumutbar wird. Insoweit sei keine andere Beurteilung vorzunehmen als im Fall der Anordnung des Auftraggebers nach § 4 Nr. 1 Abs. 3 VOB/B, die dann nicht zu befolgen ist, wenn gesetzliche oder behördliche Bestimmungen entgegenstehen oder wenn der Auftragnehmer sich sonst nach Treu und Glauben berechtigterweise dagegen wehren kann.

---

[489] von Rintelen in Kapellmann/Messerschmidt, VOB Teile A und B, 2003, § 1 VOB/B, Rdn. 82; Weick in Nicklisch/Weick, VOB Teil B, 3. Auflage 2001, § 1 VOB/B, Rdn. 30a; Jagenburg in Beck´scher VOB Kommentar, Teil B, 1997, § 1 Nr. 3 VOB/B, Rdn. 21 f.; Acker/Garcia-Scholz, Möglichkeiten und Grenzen der Verwendung von Leistungsbestimmungsklauseln nach § 315 BGB in Pauschalpreisverträgen, in BauR 2002, 550 (552).

[490] Keldungs in Ingenstau/Korbion, VOB Teil A und B, 15. Auflage 2004, § 1 Nr. 3 VOB/B, Rdn. 9; ebenso Weick in Nicklisch/Weick, VOB, Teil B, 3. Auflage 2001, § 1 VOB/B, Rdn. 28.

[491] OLG Hamm, Urt. v. 15.05.2001 – 21 U 4/00, BauR 2001, 1594; so auch Schulze-Hagen, Zur Anwendung der §§ 1 Nr. 3, 2 Nr. 5 VOB/B einerseits und §§ 1 Nr. 4, 2 Nr. 6 VOB/B andererseits, in Festschrift für Soergel, S. 259 (263); auf die Entscheidung des OLG Hamm bezieht erstaunlicherweise auch Keldungs in Ingenstau/Korbion, VOB Teil A und B, 15. Auflage 2004, § 1 Nr. 3 VOB/B, Rdn. 10.

Allen für möglich gehaltenen Ausübungsbeschränkungen ist entgegenzuhalten, dass sie weder zur Bestimmbarkeit der Leistungspflicht des Auftragnehmers führen, noch sind derartige Grenzen für die Abwicklung eines Bauvorhabens geeignet[492].

Gegen die Begrenzung des Leistungsbestimmungsrechts i. S. d. § 1 Nr. 3 VOB/B durch das billige Ermessen gem. § 315 Abs. 1 BGB sprechen folgenden Überlegungen:

Eine direkte Anwendung der Auslegungsregel des § 315 BGB auf das Leistungsbestimmungsrecht des § 1 Nr. 3 VOB/B ist nicht möglich, da beide Regelungen von unterschiedlichen Anwendungsvoraussetzungen ausgehen.

Während § 315 BGB nach seiner Konzeption grundsätzlich die erstmalige Konkretisierung einer bei Vertragsschluss noch unbestimmten Leistung regelt[493], dreht es sich im Rahmen von § 1 Nr. 3 VOB/B um die nachtägliche Änderung einer bei Vertragsschluss bereits festgelegten Leistung, auch wenn durch die Änderung des vereinbarten Leistungsumfanges mittelbar auch der Werkerfolg konkretisiert wird[494].
Ursprünglicher Zweck eines Leistungsbestimmungsrechtes i. S. d. § 315 BGB ist nämlich, dass eine wirksame vertragliche Bindung trotz mangelnder Bestimmbarkeit der Leistungspflichten eingegangen werden kann[495].
Aus diesem Grund hält auch *Keldungs*[496] § 315 BGB bei einer Bauentwurfsänderung nach § 1 Nr. 3 VOB/B für unanwendbar, legt sich jedoch in seiner Meinung nicht ausdrücklich fest.

Bestätigung findet diese Auffassung allerdings durch die grundlegenden Urteile des Bundesgerichtshofes zur Rechtsnatur der Anordnungsrechte gem. §§ 1 Nr. 3 und Nr. 4 VOB/B, in welchen der Senat diese stets als Leistungsbe-

---

[492] ähnlich Cuypers, Leistungsbeschreibung und Verstöße gegen die VOB/A, in BauR 1994, 426 (428); Hildebrandt/Schäfer, Wirksamkeit und Zweckmäßigkeit von Leistungsbestimmungsrechten und Änderungsvorbehalten im Bauträgervertrag, in ZfIR 2006, 81 (84); Kaufmann, Die Unwirksamkeit der Nachtragsklauseln der VOB/B nach §§ 305 ff BGB, in Jahrbuch Baurecht 2006, 35 (50) mit zahlreichen Nachweisen.

[493] RGRK 1976, § 315 BGB, Rdn. 5; Wolf in Soergel, Band 2, Stand 1990, § 315 BGB, Rdn. 1.

[494] vgl. hierzu Gliederungspunkt II.4.2.

[495] Motive II, § 352, S. 191.

[496] Keldungs in Ingenstau/Korbion, VOB Teil A und B, 15. Auflage 2004, § 1 Nr. 3 VOB/B, Rdn. 9.; ähnlich Anker/Klingenfuß, Kann das praktisch Erforderliche stets wirksam vereinbart werden?, in BauR 2005, 1377 (1382).

stimmungsrechte *ähnlich* dem, welches in § 315 BGB vorausgesetzt wird, qualifiziert hat[497].

Dieser direkte Anwendungsbereich des § 315 BGB ist auch nicht aufgrund der von verschiedenen Seiten dem § 315 BGB zuerkannten darüber hinausgehenden Zwecken zu erweitern.

So wurde insbesondere vor In-Kraft-Treten des AGB-Gesetzes von Literatur[498] und Rechtsprechung[499] vor allem der Kontrollzweck des § 315 BGB in den Vordergrund gestellt und § 315 BGB zur Grundlage einer vertraglichen Inhaltskontrolle durch die Gerichte gemacht.
Diese Funktion ist jedoch durch Einführung des AGB-Gesetzes und dessen Eingliederung in das Bürgerliche Gesetzbuch seit langem überholt.
Ebenso kann, nachdem der Kontrollmaßstab in § 315 BGB nicht zwingend, sondern nur als Auslegungsregel vorgesehen ist, dieser nicht seinerseits eine ausreichende Grundlage für eine Kontrolle der Parteidispositionen sein, sondern nur soweit die in Frage stehenden einseitigen Leistungsbestimmungsrechte auch an billiges Ermessen gebunden sind[500].

Somit kann allenfalls an eine entsprechende Anwendung des § 315 BGB gedacht werden, was nach überwiegender Auffassung in der Literatur[501] insbesondere bei Dauerschuldverhältnissen für möglich gehalten wird.
In diesem Sinn muss die zu regelnde Frage nicht notwendig unbestimmt sein, sondern kann sich auch auf bei Vertragsschluss bereits festgelegte Leistungspflichten beziehen, soweit diese durch veränderte Verhältnisse nachträglich unbestimmt werden.

---

497 zuletzt BGH, Urt. v. 27.11.2003 – VII ZR 346/01, BauR 2004, 495 = ZfBR 2004, 254 = IBR 2004, 121.

498 Flume, BGB AT, 3. Auflage 1979, § 37, Rdn. 2; Lukes, § 315 als Ausgangspunkt für die Inhaltskontrolle allgemeiner Geschäftsbedingungen, in NJW 1963, 1897ff.

499 BGH, Urt. v. 29.10.1962 – II ZR 31/61, BGHZ 38, 183 = NJW 1963, 99.

500 Wolf in Soergel, Band 2, Stand 1990, § 315 BGB, Rdn. 2.

501 Staudinger, Band II, 2001, § 315 BGB, Rdn. 86 f.; ebenso Heinrichs in Palandt, 65. Auflage 2006, § 315 BGB, Rdn. 2.; Gottwald in Münchener Kommentar, Band 2a, 4. Auflage 2003, § 315 BGB, Rdn. 16; so auch Weick in Nicklisch/Weick, VOB, Teil B, 3. Auflage 2001, § 1 VOB/B, Rdn. 30 und 30a., welcher in diesem Zusammenhang ausdrücklich auf das Direktionsrecht des Arbeitgebers hinweist, bei welchem die Anwendung des § 315 BGB abgesehen von kleinen wenig belastenden Anordnungen nicht in Zweifel gezogen wird; v. Minckwitz geht in BrBp 2005, S. 170 (172) noch einen Schritt weiter, indem nach ihrer Meinung einseitige Leistungsbestimmungsrechte gleich welcher Form im Vertragsrecht eine Ausnahme darstellen und daher immer an § 315 BGB zu messen sind.

Etwas anderes ergebe sich weder aus dem Wortlaut, noch sei eine restriktive Auslegung des § 315 BGB möglich.
Als einzige Grenze setze dieser ein bestimmtes Schuldverhältnis voraus, so dass kraft Leistungsbestimmung weder ein Schuldverhältnis begründet werden, noch eine Novation herbeigeführt werden kann[502].

Dem ist grundsätzlich zuzustimmen, allerdings handelt es sich bei einem Bauvertrag nicht um ein Dauerschuldverhältnis wie bei einem Miet- oder Arbeitsvertrag, sondern allenfalls um einen Langzeitvertrag[503], so dass zu prüfen ist, ob die Überlegungen zu Dauerschuldverhältnissen auch auf einen Bauvertrag zutreffen und damit entsprechend angewendet werden können.

Dies ist mit gewichtigen Argumenten abzulehnen.
Zunächst würde eine entsprechende Anwendung des § 315 BGB auf das Leistungsbestimmungsrecht gem. § 1 Nr. 3 VOB/B eine Regelungslücke im bestehenden Gesetzesrecht voraussetzen, deren Schließung eine entsprechende Anwendung des § 315 BGB überhaupt erst möglich bzw. notwendig macht. Dies ist schon aufgrund der vielfältig vertretenen unterschiedlichen Meinung bezüglich bestehender Grenzen des § 1 Nr. 3 VOB/B zweifelhaft.

Daneben ist ein Bauvertrag mit einem Dauerschuldverhältnis i. S. d. § 314 BGB nicht derart vergleichbar, dass eine Anwendung des § 315 BGB in dieser Hinsicht zu rechtfertigen wäre.

So sind schon die Ausgangsituationen, in welchen die Anwendbarkeit des § 315 BGB in Dauerschuldverhältnissen angenommen wurde und der hier in Frage stehenden Regelung des § 1 Nr. 3 VOB/B unterschiedlich.

Neben zahlreichen arbeitsrechtlichen Entscheidungen, in welchen hauptsächlich die Reichweite des Direktionsrechts des Arbeitgebers in Disput stand[504], lag der Schwerpunkt der übrigen gerichtlichen Entscheidungen in den Bereichen der Vergütung „höherer Dienste“, der Begegnung von Unsicherheiten bei dispositionsrelevanten Rahmenbedingungen im Handelsverkehr, der Verwendung von Wertsicherungsklauseln und im Bereich von unbe-

[502] Staudinger, Band II, 2001, § 315 BGB, Rdn. 87.

[503] BGH, Urt. v. 13.05.2004 – VII ZR 363/02, BauR 2004, 1285 = ZfBR 2004, 684 = NZBau 2004, 432.

[504] vgl. Nachweise bei Zöllner, Immanente Grenzen arbeitsvertraglicher Regelungen, in RdA 1989, 152ff.; ebenso Lindemann, Einseitige Leistungsbestimmungsrechte auf dem Prüfstand, in AuR 2004, 201ff.

zifferten Vertragsstrafenversprechen sowie der öffentlichen Daseinsvorsorge[505].

Insbesondere standen demnach langjährige Miet- und Pachtverträge, Sukzessivlieferungsverträge oder sonstige langfristige Austauschverträge, sowie Verträge mit Ärzten, Rechtsanwälten, Architekten oder Wirtschaftsprüfern oder monopolistischen Anbietern oder Nachfragern von öffentlichen Versorgungsleistungen im Blickpunkt der Gerichte.

Der Zweck der in den jeweiligen Verträgen vereinbarten Leistungsbestimmungsrechte i. S. d. § 315 BGB lag dabei vor allem in der Möglichkeit zur nachträglichen Vertragsanpassung und Vertragsgestaltung, sowie in der Übernahme der Funktionen der Grundsätze der Wegfall der Geschäftsgrundlage gem. § 313 BGB.

Ursache der Anpassungs- bzw. Gestaltungsnotwendigkeit war zumeist ein außerhalb des Vertrages liegender Umstand, welcher sich nach Vertragsschluss autonom derart tief greifend verändern konnte, dass einer Partei ein Festhalten an dem zuvor Vereinbarten nicht zumutbar war, und der Vertrag daher im Fall der Änderung dieser Umstände anpassungsfähig bleiben sollte.

Als Beispiele für derartige von § 313 BGB losgelöste vertragliche Anpassungsmöglichkeiten bezogen auf die Geldleistungsverpflichtung werden vor allem Sachwert- oder Spannungsklauseln, aber auch andere Klauseln genannt, welche vorsehen, dass unter bestimmten Umständen eine Neufestsetzung der Geldleistung durch den Gläubiger erfolgen soll[506].

Während man bei einer erfolgsbedingten Änderungsanordnung gem. § 1 Nr. 3 VOB/B die vorangestellte Argumentation auf Grund der mangelnden Planbarkeit der Werkleistung trotz gravierender Unterschiede wohl noch auf das Leistungsbestimmungsrecht ausdehnen könnte, läuft diese bei einer nicht durch den Werkerfolg indizierten Bauentwurfsänderung i. S. d. § 1 Nr. 3 VOB/B leer.

Insbesondere muss die Ursache einer Vertragsanpassung gem. § 1 Nr. 3 VOB/B nicht notwendig in einer Veränderung der Geschäftsgrundlage des

---

505 vgl. Kronke, Zur Funktion und Dogmatik der Leistungsbestimmungsrechte nach § 315 BGB, in AcP 183, 113 f.

506 Kronke führt hier exemplarisch „Preis-freibleibend"-Klauseln auf, vgl. Kronke, Zur Funktion und Dogmatik der Leistungsbestimmungsrechte nach § 315 BGB, in AcP 183, 119; Roth in Münchener Kommentar, Band 2a, 4. Auflage 2004, § 313 BGB, Rdn. 147; Grundmann in Münchener Kommentar, Band 2a, 4. Auflage 2004, §§ 244,245 BGB, Rdn. 75.

Bauvertrages i. S. d. § 313 BGB liegen, sondern kann auch aus einer Veränderung des vereinbarten Vertragsinhaltes herrühren, so dass schon allein deshalb zweifelhaft ist, ob die Grundsätze des § 313 BGB auf § 1 Nr. 3 VOB/B übertragen werden können[507].

Daneben liegt eine Veränderung äußerer Umstände im eigentlichen Sinne bei § 1 Nr. 3 VOB/B überhaupt nicht vor.

Eine Vergleichbarkeit der beiden Ausgangssituationen besteht bei erfolgsbedingten Änderungsanordnungen gem. § 1 Nr. 3 VOB/B jedoch insoweit, als sich die bei der Erstellung des Bauplanes bzw. der Leistungsbeschreibung prognostizierten Verhältnisse bei Bauausführung als unzutreffend und sich dadurch die vereinbarten Leistungen zur Erreichung des werkvertraglich geschuldeten Erfolges gem. § 631 BGB als untauglich erweisen können[508], so dass in dieser Hinsicht die Anpassungsnotwendigkeit ebenfalls in einer Änderung äußerer, objektiver Umständen zu suchen wäre[509].

Doch selbst diese minimale Vergleichbarkeit besteht im Fall der subjektiv motivierten Änderung i. S. d § 1 Nr. 3 VOB/B nicht mehr, da als Voraussetzung für eine derartige Anordnungsbefugnis des Auftraggebers sich weder äußere Umstände verändert haben, noch durch die Parteien falsch eingeschätzt werden müssen, sondern ausschließlich innere Umstände den Ausschlag für eine Änderung des Bauentwurfes geben können, von denen noch dazu fraglich ist, ob sie überhaupt zur Geschäftsgrundlage des abgeschlossenen Bauvertrages gemacht werden können[510]. Im Fall von nicht erfolgsindizierten Änderung des Bauentwurfes i. S. d. § 1 Nr. 3 VOB/B setzt der Auftraggeber die Ursache der Vertragsanpassung also gerade selbst.

Diese Verschiedenheit zu einem Dauerschuldverhältnis setzt sich in den Auswirkungen der Rechtfolgen des § 315 BGB fort.
Während den Parteien eines Dauerschuldverhältnisses aufgrund der zum Teil schon seit Jahren bestehenden rechtlichen Beziehungen ein Vorgehen gem. § 315 BGB zugemutet werden kann, würde sich diese Begrenzung des Anord-

---

507 Beispiel hierfür ist eine auf Grundlage eines Bodengutachtens erstellte Leistungsbeschreibung, bei welcher dennoch eine Änderung des Bauentwurfes i. S. d. § 1 Nr. 3 VOB/B erforderlich wird.

508 vgl. Gliederungspunkt II.2.

509 auch wenn sich diese nach Vertragsschluss überhaupt nicht verändert haben, sondern lediglich von einer oder beiden Bauvertragsparteien bei Vertragsschluss falsch eingeschätzt wurden.

510 vgl. hierzu Gliederungspunkt II.6.2.1.1.1.

nungsrechts i. S. d. § 1 Nr. 3 VOB/B im Rahmen eines Bauvertrages als untauglich erweisen[511].

So weisen *Acker/Garcia-Scholz*[512] zu Recht auf die Beschleunigungsfunktion von Leistungsbestimmungsrechten i. S. d. § 315 BGB im Rahmen eines Bauvertrages hin. Diese sollen es den Vertragsparteien im Fall einer Auseinandersetzung über den Leistungsumfang ermöglichen, durch kurzfristige Ausübung des vereinbarten Leistungsbestimmungsrechts eindeutige Verhältnisse zu schaffen und so den reibungslosen Fortgang des Bauvorhabens gewährleisten.

Diese Funktion würde jedoch bei Anwendung des § 315 ff. BGB auf das Anordnungsrecht gem. § 1 Nr. 3 VOB/B *ad absurdum* geführt, da nach Rechtsprechung des BGH[513] und des Bundesarbeitsgerichts[514], sowie der im Schrifttum[515] weitgehend vertretenen Ansicht unbillige Leistungsbestimmungen keine Bindungswirkung für den Bestimmungsempfänger entfalten und der Betroffene daher unbilligen Anordnungen auch nicht nur vorläufig Folge leisten muss[516].

Der Bestimmungsberechtigte habe vielmehr nur Anspruch auf die vom Gericht bestimmte Leistung (§ 315 Abs. 3 BGB), so dass kein Grund ersichtlich sei, weshalb diesem die Befugnis zustehen soll, eine eventuell gar nicht ge-

---

511 Kaufmann, Die Unwirksamkeit der Nachtragsklauseln der VOB/B nach §§ 305 ff BGB, in Jahrbuch Baurecht 2006, 35 (50) mit zahlreichen Nachweisen.

512 Acker/Garcia-Scholz, Möglichkeiten und Grenzen der Verwendung von Leistungsbestimmungsklauseln nach § 315 BGB in Pauschalpreisverträgen, in BauR 2002, 550 ff.; ebenso Weyer, Bauzeitverlängerung aufgrund Änderung des Bauentwurfes durch den Auftraggeber, in BauR 1990, 138 (142).

513 BGH, Urt. v. 21.02.1983 – II ZR 142/82.

514 BAGE 47, 363 ff.

515 v. Rintelen in Kapellmann/Messerschmidt, VOB Teil A und B, 2003, § 1 VOB/B, Rdn. 92; vgl. auch Acker/Garcia-Scholz, Möglichkeiten und Grenzen der Verwendung von Leistungsbestimmungsklauseln nach § 315 BGB in Pauschalpreisverträgen, in BauR 2002, 550 (556) mit weiteren Nachweisen; missverständlich Riedl in Heiermann/Riedl/Rusam, VOB Teil A und B, 10. Auflage 2003, § 1 VOB/B, Rdn. 35.

516 Einige Stimmen in der Literatur leiten hieraus ein Leistungsverweigerungsrechts des Auftragnehmers ab, vgl. Vygen, Leistungsverweigerungsrecht des Auftragnehmers bei Änderungen des Bauentwurfes gem. § 1 Nr.3 VOB/B oder Anordnungen von zusätzlichen Leistungen gemäß § 1 Nr. 4 VOB/B, in BauR 2005, 431. so wohl auch Keldungs in Ingenstau/Korbion, VOB Teil A und B, 15. Auflage 2004, § 1 Nr. 3 VOB/B, Rdn. 13; ähnlich Kuffer, Leistungsverweigerungsrecht bei verweigerten Nachtragsverhandlungen, in ZfBR 2004, 110f.

schuldete Leistung fordern und den Bestimmungsunterworfenen auf einen Rückforderungs- bzw. Vergütungsprozess verweisen zu können[517].

Bezogen auf die alltägliche Baupraxis bedeutet die Anwendung des § 315 BGB auf das Anordnungsrecht gem. § 1 Nr. 3 VOB/B damit nicht den zügigen Fortgang, sondern vielmehr den Stillstand der Arbeiten.

Während man eine Abgrenzung der Leistungsverpflichtung des Auftragnehmers nach der Erforderlichkeit der geänderten Leistung oder nach anderen objektiven Kriterien noch einigermaßen nachvollziehen könnte, wäre eine Entscheidung im Rahmen der Billigkeit insbesondere bei nicht erforderlichen Leistungen i. S. d. § 631 BGB nahezu unmöglich, so dass es dem Auftragnehmer in Ansehung der oben dargestellten Rechtsprechung wohl ohne Verletzung der Kooperationspflicht möglich wäre, die Ausführung der angeordneten Bauentwurfsänderung i. S. d. § 1 Nr. 3 VOB/B mit dem einfachen Hinweis auf deren Unbilligkeit zu verweigern.
Allein dadurch wäre der Auftraggeber genötigt, eine jedenfalls nicht zeitnahe gerichtliche Entscheidung gem. § 315 Abs. 3 BGB zu erzwingen, um seine Vorstellungen realisieren zu können[518].

Im Fall von notwendigen, vom Auftraggeber aber bislang unterlassenen Bauentwurfsänderungen gem. § 1 Nr. 3 VOB/B würde sich diese Situation noch weiter verschärfen, da dem Auftragnehmer nicht unbedingt anzuraten wäre, die erforderlichen Leistungen auf Grund der strengen Vergütungsvoraussetzungen i. S. d. § 2 Nr. 8 VOB/B auch ohne ausdrückliche Anordnung des Auftraggebers auszuführen, so dass wiederum die gerichtliche Entscheidung abgewartet werden müsste, um eine verbindliche und damit vergütungssichere Leistungsänderung zu erhalten.
Damit wäre zu der durch das gerichtliche Verfahren eintretenden Verzögerung, noch die vom Auftraggeber verursachte hinzuzuaddieren.

Zum Teil wird es sogar für erforderlich gehalten, dass der Leistungsbestimmungs-berechtigte erst im Wege der Leistungsbestimmungsvornahmeklage gezwungen werden müsste, eine Leistungsbestimmung vorzunehmen, bevor im Anschluss daran gem. § 315 Abs. 3 S. 2 BGB eine gerichtliche Billigkeitsprüfung erfolgen könne, da den staatlichen Gerichten die Rolle der primären Ver-

[517] BGH, Urt. v. 21.02.1983 – II ZR 142/82.

[518] In Anbetracht der schon in der Einleitung angesprochenen Tatsache, dass Streitigkeiten über „Nachträge" bei Bauvorhaben zum alltäglichen Geschäft eines Baujuristen gehören, wäre von einem regen Gebrauchmachen dieser Möglichkeit seitens des Auftragnehmers auszugehen.

tragsgestaltung über §§ 315, 317 BGB nicht zugeschoben werden kann[519]. Dies sei gerade Aufgabe der Parteien.

Neben der dadurch eintretenden erheblichen Bauablaufstörung, welche man eigentlich vermeiden wollte, wäre das Gericht zudem bei der Überprüfung des ausgeübten Leistungsbestimmungsrechts auf eine Ermessensüberprüfung beschränkt, welche in Abhängigkeit von den konkreten Umständen zu völlig unterschiedlichen Ergebnissen führen kann, so dass der Rahmen des § 315 BGB auch nicht zur Rechtssicherheit der Bauvertragsparteien beitragen würde.

Hierdurch würde die den Auftraggeber grundsätzlich bevorteilende Regelung des § 1 Nr. 3 VOB/B bei Anwendung des § 315 BGB in manchen Fällen genau in ihr Gegenteil verkehrt, da eine unbillige Änderungsanordnung des Auftraggebers durch ein der Billigkeit entsprechendes Änderungsurteil des Gerichts gem. § 315 Abs. 3 S. 2 BGB ersetzt werden würde, welches unter Umständen den Interessen des Auftraggebers widerspricht.
Damit wäre weder dem Auftraggeber, der eine Leistung erhält, die er gar nicht will, noch dem Auftragnehmer, der diese Leistung auch noch unnötigerweise ausführen muss, geholfen.

Mangels Vergleichbarkeit eines Bauvertrages hinsichtlich der Ausgangssituation und der Rechtsfolgen des § 315 BGB mit Dauerschuldverhältnissen ist eine entsprechende Anwendung des § 315 BGB auf das Leistungsbestimmungsrecht des § 1 Nr. 3 VOB//B somit abzulehnen.

An der gleichen Schwäche im Hinblick auf die zuvor geschilderte Problematik leiden auch die nach *Keldungs* oder *OLG Hamm* anderen für möglich gehaltenen Ausübungsbeschränkungen des § 1 Nr. 3 VOB/B, da sie weder zur Bestimmbarkeit der Leistungspflicht des Auftragnehmers führen, noch einen dem Sinn und Zweck des Leistungsbestimmungsrechts des § 1 Nr. 3 VOB/B entsprechenden reibungslosen Fortgang des Bauvorhabens gewährleisten können.

In Ermangelung eines im Leistungsbestimmungsrecht oder im Vertrag enthaltenen umfassenden oder angedeuteten Ausübungsrahmens, aber vor allem wegen der Untauglichkeit bzw. Unanwendbarkeit eines als Ergänzung hinzuziehungsfähigen Ausübungsmaßstabes ist der Umfang der Leistungspflicht des Unternehmers eines Bauvertrages, in welchen § 1 Nr. 3 VOB/B wirksam mit einbezogen ist, nicht bestimmbar und der Vertrag daher unwirksam.

---

[519] Staudinger, Band II, 2001, § 315 BGB, Rdn. 13 ff. mit weiteren Nachweisen.

II.6.1.3 § 2 Nr. 5 VOB/B und § 2 Nr. 6 VOB/B

Bedenken an der Bestimmbarkeit der Vergütungspflicht des Auftraggebers durch die Einbeziehung des § 2 Nr. 5 VOB/B und des § 2 Nr. 6 VOB/B in den Bauvertrag ergeben sich hingegen nicht, da beide Regelungen die Rechtsfolge einer Leistungsbestimmung nach § 1 Nr. 3 VOB/B bzw. § 1 Nr. 4 S. 1 VOB/B zumindest bestimmbar festlegen[520].

So bestimmt sich gem. § 2 Nr. 6 Abs. 2 VOB/B die Vergütung für eine zusätzliche Leistung nach den Grundlagen der Preisermittlung für die vertragliche Leistung und den besonderen Kosten der geforderten Leistung.

Dieser unmittelbare Bezug zu der Auftragskalkulation des Auftragnehmers gewährleistet, dass das Preis-Leistungsgefüge des Bauvertrages auch bei der Berechnung der besonderen Vergütung i. S. d. § 2 Nr. 6 Abs. 1 VOB/B beibehalten werden muss und lediglich um besondere Kosten zu ergänzen ist, welche in der Auftragskalkulation nicht enthalten sind.
Damit kann die Vergütung für die zusätzliche Leistung nicht von einer Partei frei bestimmt werden, sondern ist anhand eines durch § 2 Nr. 6 Abs. 2 VOB/B vorgegebenen Verfahrens zu entwickeln, welches die Höhe der besonderen Vergütung für beide Vertragsparteien vorhersehbar und damit bestimmbar macht.

Bei der Rechtsfolgeregelung i. S. d. § 2 Nr. 5 VOB/B ist dieses Verfahren zwar nicht unmittelbar dem Wortlaut zu entnehmen, da dort lediglich vorgegeben wird, dass eine neuer Preis unter Berücksichtigung der Mehr- und Minderkosten zu vereinbaren ist. Allerdings enthält der Wortlaut genügend Anhaltspunkte, aus denen durch Auslegung ebenfalls die Bindung an das Preis-Leistungsgefüge des Bauvertrages bei der Berechnung des neuen Preises ermittelt werden kann[521].
Damit kann auch im Rahmen des § 2 Nr. 5 VOB/B der neue Preis nicht nach Belieben einer Vertragspartei festgelegt werden, sondern ist anhand eines festgelegten Verfahrens zu berechnen, bei welchem ein bereits vereinbarter Preis lediglich modifiziert wird. Dieser ist folglich in gewissem Rahmen für beide Vertragsparteien vorhersehbar und die Vergütungspflicht des Auftragnehmers damit ebenfalls bestimmbar.

---

[520] vgl. hierzu schon Gliederungspunkt II.5.2.

[521] vgl. hierzu schon Gliederungspunkt II.5.2.

Und selbst bei gegenteiliger Auffassung würde die Unbestimmtheit der Vergütungspflicht nicht zur Unwirksamkeit des Bauvertrages führen, da die Vergütungspflicht keine essentialia negotii des Werkvertrages ist und damit nicht bestimmbar festgelegt sein muss (§ 632 BGB)[522].

II.6.2 AGB-rechtliche Inhaltskontrolle

Weitere gesetzliche Wirksamkeitsgrenzen der §§ 1 Nr. 3 und Nr. 4 S. 1 VOB/B i. V. m. §§ 2 Nr. 5 und Nr. 6 VOB/B können sich, da die „Privilegierungs-Rechtsprechung" des BGH durch die Änderungen des SMG und aufgrund der einschränkenden europarechtlichen Vorgaben wohl nicht länger aufrechterhalten werden kann[523], zumindest aber im Fall einer von dem Gesamtwerk der VOB/B abweichenden Vereinbarung einzelner Vertragsklauseln, aus den Vorschriften über allgemeine Geschäftsbedingungen gem. § 305 ff. BGB ergeben. Insbesondere unterliegen danach alle Bestimmungen der VOB/B als allgemeine Geschäftsbedingungen einer Inhaltskontrolle i. S. d. § 307 ff. BGB.

Fraglich ist allerdings, welcher Überprüfungsmaßstab bei den Leistungsbestimmungsrechten i. S. d. §§ 1 Nr. 3 und Nr. 4 S. 1 VOB/B und deren Rechtsfolgeregelungen i. S. d. §§ 2 Nr. 5 und Nr. 6 VOB/B anzuwenden ist, da gem. § 307 Abs. 3 BGB nur Vertragsbedingungen einer Inhaltskontrolle nach §§ 307 Abs. 1 und 2 BGB, sowie § 308 BGB und § 309 BGB zugänglich sind, durch welche von Rechtsvorschriften abweichende oder diese ergänzende Regelungen vereinbart werden.

Dies ist sowohl bei den Anspruchsgrundlagen der §§ 1 Nr. 3 und Nr. 4 S. 1 VOB/B, als auch bei den Rechtsfolgeregelungen der §§ 2 Nr. 5 und Nr. 6 VOB/B nicht unproblematisch.

Soweit die Regelungen des § 1 Nr. 3 und Nr. 4 S. 1 VOB/B i. V. m. §§ 2 Nr. 5 und Nr. 6 VOB/B nämlich als Teil der Leistungsbeschreibung zu qualifizieren wären, würde aufgrund des Prinzips der Vertragsfreiheit keine gesetzliche Regelung bestehen, von welcher durch die Vereinbarung der VOB/B abgewichen werden kann, so dass eine Wirksamkeitsprüfung allein nach Maßgabe des § 307 Abs. 3 S. 2 BGB i. V. m. § 307 Abs. 1 S. 2, Abs. 1 S. 1 BGB zu erfolgen hat[524].

---

[522] vgl. hierzu Schwenker in Erman, § 631 BGB, Rdn. 39.

[523] vgl. Gliederungspunkt II.1.2.3.3.

[524] BGH, Urt. v. 10.06.1999 – VII ZR 365/98, BauR 1999, 1290 = ZfBR 1999, 291 = IBR 2000, 5.

Hierdurch wäre zwar die Angemessenheitskontrolle gem. §§ 308, 309 BGB, nicht aber die Verständlichkeits- und Transparenzprüfung ausgeschlossen[525].

In diesem Sinne unterliegen insbesondere Klauseln, welche das Preis-Leistungsverhältnis[526] und die Art und Umfang der vertraglichen Leistungspflicht[527] regeln, sowie sonstige die Hauptleistungspflichten der Parteien betreffende Preis- und Leistungsabreden[528] der freien Parteivereinbarung und sind der Inhaltskontrolle nach §§ 308, 309 BGB entzogen, wo hingegen so genannte Nebenabreden i. S. d. §§ 307, 308, 309 BGB überprüfbar sind[529].

Die Leistungsbestimmungsrechte gem. §§ 1 Nr. 3 und Nr. 4 S. 1 VOB/B betreffen die Hauptleistungspflichten der Parteien aus dem Werkvertrag jedoch nur mittelbar, da sie diese nicht in konkreter Weise festlegen, erweitern oder eingrenzen, sondern dem Auftraggeber die Möglichkeit einräumen, die Hauptleistungspflicht des Auftragnehmers aus dem VOB/B-Bauvertrag zu verändern.
Damit haben sie weder unmittelbaren Einfluss auf das Preis – Leistungsverhältnis, noch auf die Art und den Umfang der vertraglichen Leistungspflicht, sondern schränken als Leistungsbestimmungsrechte des Auftraggebers den Grundsatz pacta sunt servanda ein und ergänzen die Regelung des § 315 BGB, so dass diese als Nebenabreden i. S. d. § 307 Abs. 3 S. 1 BGB zu qualifizieren sind, welche der Inhaltskontrolle nach §§ 307 ff. BGB grundsätzlich nicht entzogen sind[530].

Diese Grundsätze sind auf die Rechtsfolgeregelungen i. S. d. § 2 Nr. 5 und Nr. 6 VOB/B übertragbar, obwohl sie sich von den Anspruchsgrundlagen i. S. d. § 1 Nr. 3 und Nr. 4 S. 1 VOB/B insofern unterscheiden, als sie ein konkretes Verfahren vorgeben, anhand dessen die Vergütung für die modifizierte Leistung zu ermitteln ist.

---

[525] Heinrichs in Palandt, 65. Auflage 2006, § 307 BGB, Rdn. 55.; Thode, Die wichtigsten Änderungen im BGB Werkvertragsrecht: Schuldrechtmodernisierungsgesetz und erste Probleme – Teil 2, in NZBau 2002, 360 (363f.); Schwenker in IBR 2005, 357.

[526] BGH, Urt. v. 18.05.1999 – XI ZR 219/98, BGHZ 141, 380 = NJW 1999, 2276 = BB 1999, 1520.

[527] BGH, Urt. v. 10.06.1999 – VII ZR 365/98, BauR 1999, 1290 = ZfBR 1999, 291 = IBR 2000, 5.

[528] BGH, Urt. v. 19.11.1991 – X ZR 63/90, ZfBR 1992, 124 = IBR 1992, 178 = NJW 1992, 688.

[529] Kniffka/Koeble, Kompendium des Baurechts, 2. Auflage 2004, 3. Teil, Rdn. 22.

[530] BGH, Urt. v. 09.07.1981 – VII ZR 139/80, BauR 1981, 582; BGH, Urt. v. 16.01.1985 – VIII ZR 153/83, NJW 1985, 853; BGH, Urt. v. 12.01.1994 – VIII ZR 165/92, BGHZ 124, 351 = NJW 1994, 1060 = DB 1994, 2283; BGH, Urt. v. 23.06.2005 – VII ZR 200/04, BauR 2005, 1473 = NZBau 2005, 511 = IBR 2005, 491.

Damit betreffen sie das Preis-Leistungsverhältnis aus dem ursprünglichen Bauvertrag aber ebenfalls nur mittelbar, da sie zwar als so genannte Preisberechnungsabrede das konkrete Verfahren der Preisermittlung für eine geänderte bzw. zusätzliche Leistung vorgeben, die Anwendung des Verfahrens und die exakte Höhe der Vergütung von der Ausübung der Leistungsbestimmungsrechte i. S. d. § 1 Nr. 3 und Nr. 4 S. 1 VOB/B abhängig ist.
Insofern sind auch § 2 Nr. 5 und Nr. 6 VOB/B zu den nach §§ 307 Abs. 2, 308, 309 BGB kontrollierbaren Abreden über das zu zahlende Entgelt zu zählen[531].

Hinzu tritt allerdings das Problem, dass gem. § 310 Abs. 1 S. 1 BGB bei der Verwendung von allgemeinen Geschäftsbedingungen gegenüber einem Unternehmer dennoch die § 308 BGB und § 309 BGB keine Anwendung finden sollen, so dass es nicht nur von der rechtlichen Qualität der Vertragsklausel, sondern daneben auch von der konkreten Situation und dem Verwender der allgemeinen Geschäftsbedingungen abhängt, welcher Prüfungsmaßstab an die Regelungen der §§ 1 Nr. 3 und Nr. 4 S. 1 VOB/B und §§ 2 Nr. 5 und Nr. 6 VOB/B anzulegen ist.

Aber nicht nur der konkrete Prüfungsmaßstab, sondern auch die Wirksamkeit einer Klausel selbst ist wesentlich von der konkreten Verwendungssituation abhängig, so dass eine Vielzahl von Fallgestaltungen und unterschiedlichen Ergebnissen möglich erscheint, deren individuelle Betrachtung den Rahmen dieser Arbeit sprengen würde.

Da aber selbst im Fall der Unanwendbarkeit der §§ 308, 309 BGB deren gesetzliche Wertung auch im Rahmen der Inhaltskontrolle nach der Generalklausel gem. § 307 Abs. 1 BGB unter angemessener Berücksichtigung der Besonderheiten der konkreten Verwendungssituation von Bedeutung sein kann[532], empfiehlt es sich für das weitere Vorgehen die Leistungsbestimmungsrechte der §§ 1 Nr. 3 und Nr. 4 S. 1 VOB/B und deren Rechtsfolgeregelungen i. S. d. § 2 Nr. 5 und Nr. 6 VOB/B zunächst unabhängig von der konkreten Verwendungssituation anhand der §§ 307 ff. BGB auf ihre generelle Wirksamkeit hin zu überprüfen und im Anschluss daran auf die Besonderheiten einiger ausgewählter Verwendungssituationen einzugehen.

---

[531] vgl. BGH, Urt. v. 25.01.1996 – VII ZR 233/94, BauR 1996, 378 = ZfBR 1996, 196 = NJW 1996, 1346; BGH, Urt. v. 06.02.1985 – VIII ZR 61/84, WM 1985, 576.

[532] Schmidt in Bamberger/Roth, Band 1, 2003, § 307 BGB, Rdn. 55 und 56.

II.6.2.1 AGB-Widrigkeit von § 1 Nr. 3 VOB/B und § 1 Nr. 4 S. 1 VOB/B

II.6.2.1.1 §§ 307 Abs. 1, Abs. 2 Nr. 1 BGB[533]

Eine allgemeine Grenze der Anordnungsrechte i. S. d. § 1 Nr. 3 VOB/B und § 1 Nr. 4 S. 1 VOB/B ergibt sich aus § 307 Abs. 1 BGB i. V. m. § 307 Abs. 2 Nr. 1 BGB.

Danach ist eine Bestimmung in allgemeinen Geschäftsbedingungen unwirksam, wenn sie den Vertragspartner des Verwenders entgegen dem Gebot von Treu und Glauben unangemessen benachteiligt.
Eine unangemessene Benachteiligung ist gem. § 307 Abs. 2 Nr. 1 BGB im Zweifel dann anzunehmen, wenn die Bestimmung mit den wesentlichen Grundgedanken der gesetzlichen Regelung, von der abgewichen bzw. die durch die Vertragsklausel ergänzt wird, nicht zu vereinbaren ist.

Dies führt vor allem in den Fällen des § 1 Nr. 3 VOB/B zu erheblichen Schwierigkeiten.

II.6.2.1.1.1 § 313 BGB

Insbesondere könnte das Leistungsbestimmungsrecht i. S. d. § 1 Nr. 3 VOB/B mit dem Grundgedanken der Regelung über die Störung der Geschäftsgrundlage i. S. d. § 313 BGB unvereinbar sein.

Unter dem Gesichtspunkt der Vertragsfreiheit steht es zwar jedermann frei, sich rechtsgeschäftlich zu binden; wurde allerdings eine Bindung wirksam eingegangen, kann ein einmal begründetes Schuldverhältnis einseitig grundsätzlich nicht mehr geändert oder aufgehoben werden (§ 311 BGB).
Hiervon lässt die Rechtsordnung nur wenige Ausnahmen zu.

Eine dieser Ausnahmen ist § 313 BGB, wonach eine Partei die Anpassung des Vertrages verlangen kann, soweit sich Umstände, welche zur Geschäftsgrundlage des abgeschlossenen Vertrages geworden sind, so schwerwiegend verändert haben, dass ein Festhalten einer Partei am unveränderten Vertrag nicht zugemutet werden kann.

---

[533] von einem systematisch korrekten Prüfungsaufbau im Rahmen der Inhaltskontrolle gem. §§ 307 ff BGB wurde zu Gunsten der besseren Verständlichkeit nachfolgender Ausführungen abgewichen.

Als Geschäftsgrundlage kommen sowohl objektive Umstände, als auch subjektive Motivation in Frage, welche nicht Vertragsinhalt geworden ist, zumindest eine Partei bei Vertragsschluss erkennbar für die andere vorausgesetzt hat (reales Element), ohne die diese Partei den Vertrag nicht oder nicht so abgeschlossen hätte (hypothetisches Element) und auf deren Berücksichtigung sich die andere Partei redlicherweise hätte einlassen müssen (normatives Element)[534].

II.6.2.1.1.1.1 Einseitiger Motivirrtum

Dies schließt insbesondere eine Vertragsanpassung gem. § 313 Abs. 2, Abs. 1 BGB wegen eines einseitigen Motivirrtums aus[535], da dieser Beweggrund für die andere Partei in Abhängigkeit von dem konkreten Einzelfall entweder nicht erkennbar war bzw. sie sich nicht hätte redlicherweise darauf einlassen müssen[536].

Eine derartige Möglichkeit wird dem Auftraggeber jedoch durch das nahezu grenzenlos gewährte Leistungsbestimmungsrecht des § 1 Nr. 3 VOB/B eröffnet, da der Auftraggeber die zuvor vereinbarte Leistung unabhängig von der Erforderlichkeit für die Erreichung des Werkerfolges aus einer einseitigen inneren Motivation wieder verändern könnte.
So wäre es dem Auftraggeber gem. § 1 Nr. 3 VOB/B beispielsweise möglich, nachträglich die vereinbarte Ausführungsart eines herkömmlichen Personenenbeförderungsliftes in Rahmen eines Bauvertrages über die Errichtung eines Hotels allein aus ästhetischen Gründen in einen extravagant gestalteten Paternoster zu ändern, obwohl die Ästhetikvorstellungen des Auftraggebers sicherlich nicht Geschäftsgrundlage des Bauvertrages geworden sind.

Zwar ist Leistungsbestimmungsrecht des § 1 Nr. 3 VOB/B nicht unbedingt mit der Situation der Störung der Geschäftsgrundlage i. S. d. § 313 BGB aus schon zuvor erläuterten Gründen vergleichbar[537]; § 313 BGB spiegelt aber insofern

---

[534] Roth in Münchener Kommentar, Band 2a, 4. Auflage 2003, § 313 BGB, Rdn. 8.

[535] Heinrichs in Palandt, 65. Auflage 2006, § 313 BGB, Rdn. 9, 38; Grüneberg in Bamberger/Roth, Band I, 2003, § 313 BGB, Rdn. 68; Roth in Münchener Kommentar, Band 2a, 4. Auflage 2003, § 313 BGB, Rdn. 223 f.

[536] zu den verschiedenen Fallgestaltungen vgl. Grüneberg in Bamberger/Roth, Band 1, 2003, § 313 BGB, Rdn. 34 ff.

[537] zu einem ähnlichen Thema: Vogel/Vogel, Wird § 2 Nr. 7 Abs. 1 S. 2 – 3 VOB/B richtig verstanden? – Einige Anmerkungen zur Anpassung der Pauschalvergütung –, in BauR 1997, 556 (558).

die allgemeine Wertung des Gesetzgebers wieder, dass eine einseitige Motivation nicht zur Durchbrechung des Prinzips der Privatautonomie führen kann.
Dies bestätigen insbesondere auch die Anfechtungsregeln des Bürgerlichen Gesetzbuches, nach welchen die Möglichkeit zur Anfechtung des Rechtsgeschäfts gem. § 119 BGB bei einem einseitigen Motivirrtum mit Ausnahme der in § 119 BGB abschließend aufgezählten Anfechtungsgründe ebenfalls nicht gegeben ist.

Schon aus diesem Grund ist das Leistungsbestimmungsrecht des § 1 Nr. 3 VOB/B mit dem Grundgedanken des § 313 BGB nicht vereinbar und damit unwirksam.

Derartige Bedenken bestehen bei dem Anordnungsrecht des § 1 Nr. 4 S. 1 VOB/B durch die generelle Eingrenzung des Anwendungsbereichs auf erfolgsbedingte Erweiterungen der Leistungspflicht dagegen nicht.

II.6.2.1.1.1.2 Einseitige Risikoverteilung

Ebenso soll eine Vertragsanpassung gem. § 313 BGB nicht möglich sein, soweit sich durch die Störung ein Risiko verwirklicht, welches nach dem Vertrag, dem Vertragszweck und dem anzuwendenden dispositivem Recht ausschließlich von einer Partei zu tragen ist[538].

Dieser Grundgedanke des § 313 BGB spielt schon in die Diskussion über die Zulässigkeit von Komplettheits- bzw. Vollständigkeitsklauseln und die Folgen einer funktionalen Beschreibungstechnik mit hinein und wirft die Frage der Verteilung des Planungsrisikos bei einem Bauvertrag erneut auf.
In gesetzlichen Bestimmungen des Werkvertragsrechtes des BGB wird die Verteilung des Planungsrisikos nicht geregelt, so dass hierüber allenfalls vertragliche Regelungen bestehen können.

Eine derartige Regelung könnte § 3 Nr. 1 VOB/B sein, durch den das Planungsrisiko vorbehaltlich einer anders lautenden Vereinbarung grundsätzlich dem Auftraggeber zugewiesen wird, welcher im Rahmen dieser Mitwirkungspflicht dafür zu sorgen hat, dass der Auftragnehmer die notwendigen und vor allem mangelfreien Pläne rechtzeitig vor Ausführung der Arbeiten erhält[539].

---

[538] BGH, Urt. v. 16.02.2000 – XII ZR 279/97, IBR 2000, 396 = NJW 2000, 1714.

[539] Havers in Kapellmann/Messerschmidt, VOB Teil A und B, 2003, § 3 VOB/B, Rdn. 17.

Erweisen sich die vom Auftraggeber erstellten Pläne bei Bauausführung als untauglich, da mit den dort graphisch dargestellten Leistungen der geschuldete Werkerfolg nicht zu erreichen ist, wäre nach dem Grundgedanken des § 313 BGB eine Anpassung des Vertrages dem Auftragnehmer eigentlich ausgeschlossen.
Hierzu wird der Auftraggeber jedoch durch die Leistungsbestimmungsrechte i. S. d. § 1 Nr. 3 VOB/B und i. S. d. § 1 Nr. 4 S. 1 VOB/B ermächtigt, welche dem Auftraggeber unabhängig von jeglicher Verantwortlichkeit für die Vollständigkeit und Geeignetheit der Planung gestatten, den Vertragsinhalt bei Bedarf anzupassen.

Eine eindeutige Übernahme des Planungsrisikos durch den Auftraggeber i. S. d. § 313 BGB liegt bei einem VOB/B-Bauvertrag jedoch nicht vor; zumindest sind die einseitigen Einwirkungsmöglichkeiten gem. § 1 Nr. 3 VOB/B bzw. § 1 Nr. 4 S. 1 VOB/B dem Auftragnehmer entgegen der generellen Wertung des § 313 BGB größtenteils zumutbar.
Lediglich im Fall nicht erforderlicher Änderungsanordnungen gem. § 1 Nr. 3 VOB/B können sich Zweifel an der Zumutbarkeit ergeben.

Neben der grundsätzlichen Planungsveranwortlichkeit des Auftraggebers gem. § 3 Nr. 1 VOB/B ist auch der Auftragnehmer zur Überprüfung der vom Auftraggeber übergebenen Unterlagen gem. § 3 Nr. 3 S. 2 VOB/B, aber vor allem gem. § 4 Nr. 3 VOB/B verpflichtet[540], Bedenken gegen die vorgesehene Art der Ausführung dem Auftraggeber schriftlich mitzuteilen.
Da auch diese Mitteilungsverpflichtung notwendigerweise voraussetzt, dass der Auftragnehmer zuvor eine Prüfung vorgenommen hat, ergibt sich hieraus eine weitere in der VOB/B nicht ausdrücklich festgelegte Prüfungsverpflichtung des Auftragnehmers, welcher im Rahmen seiner Beauftragung also nicht nur dafür Sorge zu tragen hat, dass die Ihm übergebenen Unterlagen keine offensichtlichen Unstimmigkeiten enthalten, sondern dass auch die vereinbarte Art der Ausführung zur Herstellung des werkvertraglich geschuldeten Erfolgs geeignet ist[541].

Damit treffen bei einem VOB/B-Bauvertrag den Auftragnehmer Prüfungspflichten hinsichtlich eines von der anderen Partei übernommen Risikos, so dass schon allein deshalb eine alleinige Planungsverantwortlichkeit des Auf-

---

[540] Zum Verhältnis von § 3 Nr.3 S. 2 VOB/B und § 4 Nr. 3 Hs. 2 VOB/B vgl. z.B. Döring in Ingenstau/Korbion, VOB Teil A und B, 15. Auflage 2004, § 3 Nr. 3 VOB/B, Rdn. 14.

[541] Merkens in Kapellmann/Messerschmidt, VOB Teil A und B, 2003, § 4 VOB/B, Rdn. 63.; differenziert Ganten in Beck´scher VOB-Kommentar, Teil B, 1997, § 4 Nr. 3 VOB/B, Rdn. 13 ff.; Oppler in Ingenstau/Korbion, VOB Teil A und B, 15. Auflage 2004, § 4 Nr. 3 VOB/B, Rdn. 6 ff. mit weiteren Nachweisen.

traggebers i. S. d. § 313 BGB meines Erachtens nicht angenommen werden kann.

Auf der anderen Seite stellt § 4 Nr. 3 Hs. 2 VOB/B ausdrücklich klar, dass der Auftraggeber unabhängig von der Erfüllung der Prüf- und Hinweispflicht i. S. d. § 4 Nr. 3 Hs. 1 VOB/B für seine Angaben, Anordnungen und damit auch für seine Planung verantwortlich bleibt.

Diese Verantwortlichkeit ist mit einer ausdrücklichen Risikoverteilung i. S. d. § 313 BGB aber ebenfalls nicht vergleichbar, was insbesondere in den unterschiedlichen Rechtsfolgen deutlich wird.

Während man bei einer eindeutigen Risikoübernahme durch eine Partei grundsätzlich davon ausgehen könnte, dass diese jeglichen Nachteil aus dem übernommenen Risiko selbst zu verantworten hätte, ist dies im Fall des Planungsrisikos i. S. d. § 3 Nr. 1 VOB/B zumeist nur unter Hinzutreten weiterer Umstände denkbar.

Ausgangspunkt der Betrachtung ist wiederum, dass der Auftragnehmer aufgrund der Erfolgsbezogenheit des Werkvertrages i. S. d. § 631 BGB grundsätzlich unabhängig von dem vereinbarten Leistungsumfang ein mangelfreies Werk i. S. d. § 13 VOB/B schuldet.

Sodann gilt es im Wesentlichen drei Fallgruppen zu unterscheiden:

In der ersten Variante erkennt der Auftragnehmer die Mangelhaftigkeit der Planung hinsichtlich der dort gewählten Art der Ausführung, unterlässt es aber den Auftraggeber gem. § 4 Nr. 3 VOB/B darauf hinzuweisen und führt selbständig die erforderliche Herstellungsart aus.
Soweit die ausgeführte Herstellungsart zu Mehrkosten des Auftragnehmers geführt hat, kann er diese ausschließlich nach § 2 Nr. 8 VOB/B ersetzt verlangen, so dass eine Vergütung der gewählten Ausführungsart wesentlich vom tatsächlichen oder mutmaßlichen Willen des Auftraggebers abhängig ist.
Entspricht die gewählte Ausführungsart keinem von beiden, weil beispielsweise auch eine kostengünstigere Herstellungsweise möglich gewesen wäre oder weil der Auftraggeber dennoch an der untauglichen Ausführungsart i. S. d. § 4 Nr. 1 Abs. 3 VOB/B festhalten will, erhält der Auftragnehmer für die Ausführung nicht nur keine Vergütung, sondern muss die im Rahmen der erforderlichen Ausführungsart erbrachten Leistungen auch noch beseitigen, § 2 Nr. 8 Abs.1 VOB/B, so dass die Planungsverantwortlichkeit des Auftraggebers insofern leer laufen würde.

In der zweiten Alternative erkennt der Auftragnehmer wiederum die Mangelhaftigkeit der vereinbarten Ausführungsart, unterlässt ebenso den notwendigen Hinweis nach § 4 Nr. 3 Hs. 1 VOB/B hierauf, führt diesmal aber ohne Bedenken die untaugliche Leistung aus.
In diesem Fall ist das so hergestellte Werk mangelhaft i. S. d. § 12 Nr. 1 VOB/B und der Unternehmer gem. § 4 Nr. 7 VOB/B oder im Rahmen der Gewährleistung zur Nachbesserung gem. § 13 Nr. 3 VOB/B i. V. m. § 13 Nr. 5 VOB/B verpflichtet, so dass die mangelnde Planung der Bauleistung augenscheinlich dem Auftragnehmer zum Nachteil gereichen würde.
Allerdings sind in beiden Fällen die Kosten, welche bei anfänglicher mangelfreier Planung durch den Auftraggeber ohnehin entstanden wären, als so genannte „Sowieso-Kosten" bzw. als Mitverschuldensanteil des Auftraggebers gem. § 254 BGB anzurechnen[542]. Rechtsgrund hierfür ist nicht § 2 Nr. 6 VOB/B, sondern der Werkvertrag selbst, da § 2 Nr. 6 VOB/B eine Anordnung nach § 1 Nr. 4 VOB/B voraussetzt.
Der Umfang des Mitverschuldens des Auftraggebers kann jedoch in Abhängigkeit von der konkreten Situation so weit differieren, so dass auch in dieser Variante der Auftragnehmer zumindest teilweise vom Planungsrisiko entlastet wäre[543].

In der letzten Fallgruppe schließlich erkennt der Auftragnehmer wiederum die Mangelhaftigkeit der vereinbarten Ausführungsart, weist diesmal den Auftraggeber gem. § 4 Nr. 3 VOB/B allerdings ausdrücklich darauf hin.
Nun hat es der Auftraggeber in der Hand am vereinbarten Werkerfolg festzuhalten und die erforderlichen Leistungen gem. § 1 Nr. 3 VOB/B bzw. gem. § 1 Nr. 4 VOB/B mit den Vergütungsfolgen i. S. d. § 2 Nr. 5 VOB/B bzw. § 2 Nr. 6 VOB/B anzuordnen oder den vereinbarten Werkerfolg durch Beibehaltung der untauglichen Ausführungsart insoweit zu verändern, was in Abhängigkeit vom Verhältnis der Änderung zum Gesamtwerkerfolg einseitig durch eine Anordnung gem. § 4 Nr. 1 Abs. 3 VOB/B oder aber nur mit Zustimmung des Auftragnehmers durch Abschluss eines Änderungsvertrages möglich ist[544].
Ausschließlich in dieser Variante würde der Auftraggeber somit für die Planung allein verantwortlich bleiben.

Die aufgezeigten Fallgestaltungen machen deutlich, dass das Planungsrisiko zwar grundsätzlich gem. § 3 Nr. 1 VOB/B dem Auftraggeber zugewiesen ist, dieser aber in Abhängigkeit von der konkreten Situation und der Vertragsges-

---

542 Oppler in Ingenstau/Korbion, VOB Teil A und B, 15. Auflage 2004, § 4 Nr. 3 VOB/B, Rdn. 27 und 82 ff., mit weiteren Nachweisen.

543 vgl. Nachweise bei Oppler in Ingenstau/Korbion, VOB Teil A und B, 15. Auflage 2004, § 4 Nr. 3 VOB/B, Rdn. 84 und 85.

544 vgl. hierzu Gliederungspunkt II.4.1.2.2. und II.4.2.

taltung hierfür nicht einstehen muss. Vielmehr verhält es sich entgegen § 4 Nr. 3 Hs.2 VOB/B so, dass die volle Einstandspflicht des Auftraggebers von der Erfüllung der Prüfungs- und Hinweispflicht des Auftragnehmers abhängig ist. Damit haften beide Vertragsparteien für die Mangelfreiheit der Planung, so dass schon allein deshalb eine eindeutige Risikozuweisung i. S. d. § 313 BGB nicht gegeben ist.

Die vorangestellte Argumentation vermag bei nicht erfolgsindizierten Änderungsanordnungen i. S. d. § 1 Nr. 3 VOB/B nicht zu überzeugen, da eine diesbezügliche Prüfpflicht des Auftragnehmers i. S. d. § 3 Nr. 3 S. 2 VOB/B und § 4 Nr. 3 VOB/B nicht besteht. Der Auftraggeber wird jedoch auch in diesem Fall durch die Bindung an das Preis-Leistungsverhältnis des ursprünglichen Bauvertrages i. S. d. § 2 Nr. 5 VOB/B, wie auch im Fall des § 2 Nr. 6 VOB/B teilweise von der Planungsverantwortlichkeit entlastet, so dass insofern eine eindeutigen Verteilung des Planungsrisikos i. S. d. § 313 BGB ebenfalls nicht gegeben ist[545].

Und selbst bei gegenteiliger Auffassung, wären die Vertragsanpassungsmöglichkeiten i. S. d. § 1 Nr. 3 VOB/B und § 1 Nr. 4 S. 1 VOB/B im Fall von werkerfolgsindizierten Änderungen dem Auftragnehmer i. S. d. § 313 BGB zumutbar.

An dieser Stelle sei nur nochmals darauf hingewiesen, dass der Bauvertrag aufgrund seines Charakters als zukunftsorientierter Langzeitvertrag trotz umfangreichster Planung geradezu Anpassungsnotwendigkeiten heraufbeschwört, welche zwar von keiner Partei bei Vertragsschluss konkret vorherzusehen waren, aber allgemein dieser Vertragsart derart immanent sind, dass sich keine Bauvertragspartei vor diesem Risiko verschließen kann[546].

Ebenso spielt in diesem Zusammenhang mit hinein, dass der Unternehmer unabhängig von Tauglichkeit der dem Bauvorhaben zugrunde liegenden Planung den werkvertraglich versprochenen Erfolg schuldet, so dass die in § 3 Nr. 1 VOB/B getroffene Risikoverteilung im Fall erforderlicher Anordnungen i. S. d § 1 Nr. 3 VOB/B bzw. § 1 Nr. 4 S. 1 VOB/B durch werkvertragliche Erfolgshaftung des Bürgerlichen Gesetzbuches überlagert wird.

Bedeutung erlangt die Verteilung des Planungsrisikos in diesen Fällen lediglich bei der Bemessung der Vergütung, da die dem Bauvorhaben zugrunde gelegten Pläne und darin festgelegten Ausführungsarten als zeichnerische Darstellung der vereinbarten Leistung synallagmatisch mit der versproche-

---

[545] vgl. hierzu auch Gliederungspunkt II.6.2.1.2.

[546] ähnlich BGH, Urt. v. 25.01.1996 – VII ZR 233/94, BauR 1996, 378 = ZfBR 1996, 196 = NJW 1996, 1346.

nen Vergütung verbunden sind, so dass diese gem. § 2 Nr. 5 VOB/B bzw. § 2 Nr. 6 VOB/B oder im Rahmen des Änderungsvertrages anzupassen wäre. Dieser Umstand ist für die Beurteilung der Änderungsmöglichkeit durch den Auftragnehmer i. S. d. § 1 Nr. 3 und Nr. 4 VOB/B zumindest wertneutral[547].

Im Fall nicht erforderlicher Änderungsanordnungen gem. § 1 Nr. 3 VOB/B kann die werkvertragliche Erfolgshaftung gem. § 631 BGB die grundsätzliche Risikoverteilung der VOB/B dagegen nicht überlagern, da die geänderte Leistung i. S. d. § 1 Nr. 3 VOB/B von der Herstellung des bei Vertragsschluss geschuldeten Erfolgs losgelöst ist und allein dem subjektiven Willen des Auftraggebers unterliegt.
Aus diesem Grund führt die Veränderung der vereinbarten Leistung in diesem Fall zu einer Änderung des werkvertraglich versprochenen Erfolges und stellt daneben einen intensiven Eingriff in die Privatautonomie bzw. die Vertragsfreiheit des Auftragnehmers dar.

Bei der Beurteilung der Zumutbarkeit nicht erforderlicher Änderungen i. S. d. § 1 Nr. 3 VOB/B sind daher weiter reichende Erwägungen miteinzubeziehen als bei erfolgsbedingten Änderungen, welche die Anordnungsmöglichkeit des Auftraggebers gem. § 1 Nr. 3 VOB/B insgesamt unzumutbar erscheinen lassen[548].

Im Ergebnis bedeutet dies, dass das Leistungsbestimmungsrecht i. S. d. § 1 Nr. 3 VOB/B dem in § 313 und § 119 BGB manifestierten Grundgedanken der Unveränderlichkeit der Leistungspflicht bei einseitigem Motivirrtum widerspricht und damit auch aufgrund des Verbots einer geltungserhaltenden Reduktion insgesamt nach objektiv-generalisierender Betrachtung unwirksam ist, §§ 307 Abs. 1, 307 Abs. 2 Nr. 1 BGB.

Kein Verstoß der §§ 1 Nr. 3 und Nr. 4 VOB/B gegen § 313 BGB kann dagegen aus dem Grundsatz der Unveränderlichkeit der Leistungspflicht bei eindeutiger Risikozuweisung hergeleitet werden, da das Planungsrisiko in der VOB/B nach der hier vertretenen Ansicht keiner der Vertragsparteien i. S. d. § 313 BGB eindeutig zu gewiesen ist.

Selbst bei gegenteiliger Auffassung wären beide Leistungsbestimmungsrechte im Fall erforderlicher Anordnungen dem Auftragnehmer aufgrund der werkvertraglichen Erfolgshaftung i. S. d. § 631 BGB zumutbar.

---

547 Auf weitere Zumutbarkeitserwägungen hinsichtlich erforderlicher Änderungen im Rahmen des § 1 Nr. 3 VOB/B bzw. § 1 Nr. 4 VOB/B wird an dieser Stelle zugunsten einer ausführlicheren Darstellung im Gliederungspunkt II.6.2.1.2 bewusst verzichtet.

548 vgl. im Folgenden

Lediglich im Fall nicht erforderlicher Anordnungen i. S. d. § 1 Nr. 3 VOB/B könnte sich eine andere Wertung ergeben.

II.6.2.1.1.2 § 631 BGB

Schließlich könnte das im Falle mangelnder Betriebseinrichtung dem Auftragnehmer gewährte Leistungsverweigerungsrecht i. S. d. § 1 Nr. 4 S. 1 Hs. 2 VOB/B mit dem Grundgedanken der werkvertraglichen Erfolgshaftung i. S. d. § 631 BGB unvereinbar sein, da es dem Unternehmer die Möglichkeit eröffnet, entgegen der Intention des Auftraggebers die Ausführung werkvertraglich erforderlicher Leistungen zu verweigern.
Diese Einschränkung benachteiligt den Auftraggeber entgegen den Geboten von Treu und Glauben jedoch nicht unangemessen i. S. d. § 307 Abs. 1 S. 1 BGB, da im Gegensatz zu § 1 Nr. 3 VOB/B die Notwendigkeit der Leistung, weder hinsichtlich der Art, noch hinsichtlich des Umfangs im ursprünglich geforderten Leistungsumfang angelegt war und daher vom Unternehmer bei der Beurteilung seiner Leistungsfähigkeit bei Angebotsabgabe auch nicht nur teilweise einkalkuliert werden konnte oder musste.

Im Gegenteil ist von einer unangemessenen Benachteiligung des Auftragnehmers i. S. d. § 307 Abs. 1 S. 1 BGB auszugehen, wenn der Auftraggeber berechtigt wäre, den Auftragnehmer einseitig zur Ausführung subjektiv „unmöglicher" Leistungen zu verpflichten, insbesondere als ihm durch diese Einschränkung nicht die Möglichkeit genommen wird, derartige Leistungen unabhängig von irgendeinem negativen Einfluss auf den vereinbarten Leistungsumfang des ursprünglichen Bauvertrages i. S. d. § 1 Nr. 4 S. 2 VOB/B weiter zu vergeben.
Eine eventuell dadurch eintretende Behinderung des Unternehmers i. S. d. § 6 Nr. 1 VOB/B und daraus resultierende Ersatzpflicht des Auftraggebers i. S. d. § 6 Nr. 6 VOB/B wäre durch die grundsätzliche Planungsverantwortlichkeit des Auftraggebers i. S. d. §§ 3 Nr. 1, 4 Nr. 3 Hs. 2 VOB/B zu rechtfertigen.

Damit liegt keine unzumutbare Benachteiligung des Auftraggebers i. S. d. § 307 Abs. 1 S. 1 BGB durch das Leistungsverweigerungsrecht i. S. d. § 1 Nr. 4 S. 1 Hs. 2 VOB/B bei objektiv-generalisierender Betrachtungsweise vor.

II.6.2.1.2 § 308 Nr. 4 BGB

Neben diesen allgemeinen Gesichtspunkten kann sich eine weitere Wirksamkeitsgrenze der Leistungsbestimmungsrechte i. S. d. § 1 Nr. 3 VOB/B und § 1 Nr. 4 S. 1 VOB/B auch aus den speziellen Klauselverboten der §§ 308, 309 BGB ergeben.

Insbesondere im Bereich der Klauselverbote mit Wertungsmöglichkeit gem. § 308 Nr.4 BGB ist die Vereinbarung eines Rechts des Verwenders in allgemeinen Geschäftsbedingungen unwirksam, welches diesem erlaubt, die versprochene Leistung zu ändern oder von ihr abzuweichen, wenn nicht die Vereinbarung der Änderung oder Abweichung unter Berücksichtigung der Interessen des Verwenders für den anderen Vertragsteil zumutbar ist[549].

Die Zumutbarkeit der Änderung muss sich nach einer Entscheidung des BGH aus dem Jahre 1983, soweit sie sich nicht geradezu aufdrängt, dabei allein anhand der Klausel selbst beantworten lassen[550]; die bloße Wiederholung des Gesetzeswortlauts des § 308 Nr. 4 BGB genügt hierfür nicht[551].
Die Ermittlung der Zumutbarkeit durch Auslegung des Bauvertrages gem. §§ 133, 157 BGB ist somit ausgeschlossen.

Die Vorschrift dient ähnlich wie der Bestimmtheitsgrundsatz dem Schutz des grundlegenden Prinzips der *pacta sunt servanda* und ergänzt die Vorschrift des § 308 Nr. 3 BGB[552].
Danach soll es dem Verwender[553] einer derartigen Klausel grundsätzlich nicht möglich sein, durch die Ausübung eines Änderungsvorbehalts die Äquivalenz zwischen Leistung und Gegenleistung einseitig zu verändern, ohne dass die Verwendungsgegenseite Einfluss darauf nehmen könnte.
Letztere wäre nämlich im Fall einer einseitigen Vertragsänderung im Gegensatz zu der Situation bei einer Vertragskündigung weiterhin verpflichtet, die gesamte Gegenleistung ohne Rücksicht auf den Wert der veränderten Ver-

---

549 vgl. hierzu Heinrichs in Palandt, 65. Auflage 2006, § 308 BGB, Rdn. 22 ff.; Basedow in Münchener Kommentar, Band 2a, 4. Auflage 2003, § 308 Nr. 4 BGB, Rdn. 7 ff. BGB; Becker in Bamberger/Roth, Band 1, 2003, § 308 Nr. 4 BGB, Rdn. 14 ff. BGB.

550 BGH, Urt. v. 20.01.1983 – VII ZR 105/81, NJW 1983, 1322; nun auch BGH, Urt. v. 17.02.2004 – XI ZR 140/03, NJW 2004, 1588 = BB 2004, 1070; BAG, Urt. v. 12.01.2005 – 5 AZR 364/04, NZA 2005, 465.

551 BGH, Urt. v. 20.01.1983 – VII ZR 105/81, NJW 1983, 1322.

552 Becker in Bamberger/Roth, Band 1, 2003, § 308 Nr. 4 BGB, Rdn. 2.

553 Zur Frage des Verwenders bei Einbeziehung der VOB, vgl. Vygen, Bauvertragsrecht nach VOB, 4. Auflage 2004, S. 22 ff.

tragsleistung zu erbringen. Nicht einmal Schadensersatzansprüche wegen Nichterfüllung der ursprünglich geschuldeten Leistung gem. §§ 280, 281 BGB würden dem anderen Vertragsteil zustehen[554].

Der Anwendungsbereich der Regelung des § 308 Nr. 4 BGB beschränkt sich also auf Änderungsvorbehalte, durch welche das Äquivalenzinteresse der anderen Vertragspartei in nicht zumutbarer Weise beeinträchtigt wird[555].

II.6.2.1.2.1 § 1 Nr. 4 S. 1 VOB/B

Fraglich ist, ob § 1 Nr. 4 S. 1 VOB /B damit überhaupt vom Anwendungsbereich des § 308 Nr. 4 BGB erfasst wird, da es bei dem Leistungsbestimmungsrecht i. S. d. § 1 Nr. 4 S. 1 VOB/B, wie oben erläutert, nicht um die Änderung, sondern um die Konkretisierung einer aufgrund der werkvertraglichen Erfolgshaftung bereits bestehenden Verpflichtung geht, so dass dadurch das Äquivalenzinteresse eigentlich nicht berührt werden kann[556].

Es gilt aber zu berücksichtigen, dass die vereinbarte Vergütung nicht für den versprochenen Erfolg, sondern ausschließlich für die vereinbarte Leistung geschuldet wird, so dass deren Erweiterung i. S. d. § 1 Nr. 4 S. 1 VOB/B Einfluss auf die Äquivalenz zwischen vereinbarter Leistung und dafür versprochener Gegenleistung nehmen kann.

Damit ist auch im Fall des § 1 Nr. 4 S. 1 VOB/B trotz des vermeintlich widersprüchlichen Regelungsgehalts an eine direkte, zumindest aber an eine entsprechende Anwendung des § 308 Nr. 4 BGB zu denken.

Die Diskussion bezüglich der direkten bzw. entsprechenden Anwendung des § 308 Nr. 4 BGB braucht an dieser Stelle nicht vertieft zu werden, da die Regelung des § 1 Nr. 4 S. 1 VOB/B in beiden Fällen dessen Voraussetzungen standhält[557].

---

[554] Basedow in Münchener Kommentar, Band 1, 3. Auflage 1993, § 10 Nr. 4 AGBG, Rdn. 1.

[555] Schmidt in Ulmer/Brandner/Hensen, AGB-Gesetz, 9. Auflage 2001, § 10 Nr. 4, Rdn. 9.

[556] ähnlich Becker in Bamberger/Roth, Band 1, 2003, § 308 Nr.4 BGB, Rdn. 9, welcher Leistungsbestimmungsrechte i. S. d. § 315 BGB ebenfalls vom Anwendungsbereich des § 308 Nr. 4 BGB ausnimmt.

[557] so auch BGH, Urt. v. 25.01.1996 – VII ZR 233/94, BauR 1996, 378 = ZfBR 1996, 196 = NJW 1996, 1346; Kniffka/Koeble, Kompendium des Baurechts, 2. Auflage 2004, Teil 3, Rdn. 33 mit weiteren Nachweisen; Keldungs in Ingestau/Korbion, VOB Teil A und B, 15. Auflage 2004, § 1 Nr. 4 VOB/B, Rdn. 8; Weick in Nicklisch/Weick, VOB, Teil B, 3. Auflage 2001, § 1, Rdn. 35a; v. Rintelen in Kapellmann/Messerschmidt, VOB Teil A und B, 2003, § 1 VOB/B,

Das dem Auftraggeber gem. § 1 Nr. 4 S. 1 VOB/B zustehende Leistungsbestimmungsrecht ist dem Auftragnehmer i. S. d. § 308 Nr. 4 BGB zumutbar, da dessen Umfang, wie oben dargelegt, für den Auftragnehmer bestimmbar ist[558] und dessen Ausübung dem beiderseitigen Interesse der Vertragsparteien entspricht.

Dieses Interesse ergibt sich, wie bereits mehrfach erwähnt, aus der Erfolgsbezogenheit des Bauvertrages als Werkvertrag i. S. d. § 631 BGB, wonach der Unternehmer unabhängig von dem vereinbarten Leistungsumfang i. S. d. §§ 1 Nr. 1, 2 Nr. 1 VOB/B ein mangelfreies Werk schuldet.
Ist dies mit dem vereinbarten Leistungsumfang nicht zu erreichen, befindet sich der Unternehmer in der für ihn misslichen Situation, dass er einerseits vertraglich nicht zur Ausführung der zusätzlichen Leistung verpflichtet ist, er aber andererseits im Rahmen der Gewährleistung ein mangelfreies Werk schuldet, ihm aber auch bis zu einer Entscheidung durch den Besteller keine Ausführungsvariante aufgrund der bereits beschriebenen Probleme angeraten werden kann.
Diese Entscheidung wird ihm durch die Ausübung des Leistungsbestimmungsrechtes i. S. d. § 1 Nr. 4 S. 1 VOB/B abgenommen, mit welcher der Auftraggeber die vertragliche Leistungspflicht erweitern und die Erfolgshaftung auf diese Leistung konkretisieren kann.

Diese Klarstellungswirkung des Leistungsbestimmungsrechtes i. S. d. § 1 Nr. 4 S. 1 VOB/B ist auch aus ökonomischen und baubetrieblichen Gründen für beide Vertragsparteien vorteilhaft, da damit sichergestellt werden kann, dass der Auftraggeber ein in dieser Hinsicht mangelfreies Werk erhält und der Auftragnehmer sich unter Umständen exorbitant hohe Mangelbeseitigungsfolgekosten erspart[559].
In diesem Sinne dient die Hinweispflicht des Auftragnehmers gem. § 3 Nr. 3 VOB/B bzw. § 4 Nr. 3 VOB/B auch nicht nur dem Schutz des Auftragnehmers,

---

Rdn. 120ff.; Markus in Markus/Kaiser/Kapellmann; AGB-Handbuch Bauvertragsklauseln, 2004, Rdn. 102.

[558] Im Urteil des BGH v. 17.02.2004 – XI ZR 140/03, NJW 2004, 1588 = BB 2004, 1070 wird meines Erachtens fälschlicherweise auf die Kalkulierbarkeit des Änderungsvorbehalts abgestellt; besser wäre es auch in diesem Fall gewesen, von dessen Bestimmbarkeit zu sprechen.
Die gleiche Unzulänglichkeit findet sich auch bei v. Minckwitz, Zur AGB-Widrigkeit der §§ 1 Nr. 3 und 4 VOB/B im Lichte der Rechtsprechung zu § 315 BGB, in BrBp 2005, 170 (175) wieder.

[559] Die Sowieso-Kosten, d. h. die Kosten, die bei anfänglicher Beauftragung zur Ausführung der nunmehr zusätzlichen Leistung ohnehin angefallen wären, werden selbstverständlich im Rahmen der Gewährleistungsrechte berücksichtigt; vgl. hierzu BGH, Urt. v. 16.07.1998 – VII ZR 350/96, BauR 1999, 37.

sondern auch dem des Auftraggebers, welcher durch einen Hinweis auf eventuelle Unzulänglichkeiten der Planung den Umfang der Leistungspflicht i. S. d. § 1 Nr. 4 S. 1 VOB/B oder i. S. d. § 4 Nr. 1 Abs. 3 VOB/B klarstellen kann.

Darüber hinaus erhält der Auftragnehmer für die Ausführung der zusätzlichen Leistungen gem. § 1 Nr. 4 S. 1 VOB/B eine besondere Vergütung gem. § 2 Nr. 6 VOB/B, so dass durch eine derartige Anordnung das Äquivalenzinteresse zwischen vereinbarter Leistung i. S. d. § 1 Nr. 1 VOB/B und dafür versprochener Vergütung i. S. d. § 2 Nr. 1 VOB/B ebenfalls nicht beeinträchtigt wird[560].
Schließlich wird der Auftragnehmer durch die Einschränkung der Ausführungsverpflichtung gem. § 1 Nr. 4 S. 1 Hs. 2 VOB/B auf Leistungen, auf welche sein Betrieb eingerichtet ist, ausreichend geschützt.

Vor diesem Hintergrund erscheinen die weiteren Ausführungen *v. Minckwitzs*, welche dennoch von einer Äquivalenzstörung im Fall des § 1 Nr. 4 S. 1 VOB/B ausgeht, wenig überzeugend[561].
Sie sieht in der Ankündigungspflicht i. S. d. § 2 Nr. 6 Abs. 1 S. 2 VOB/B und der Abhängigkeit der besonderen Vergütung von der Ursprungskalkulation eine unzumutbare Benachteiligung des Auftragnehmers, welcher dadurch etwaigen Preissteigerungen schutzlos ausgesetzt wäre.
Zudem bestehe die Gefahr des „Rosinenpickens", da der Auftraggeber nur Änderungen anordnen könne, die mit einem niedrigen Preis im Rahmen der Ursprungskalkulation versehen wurden.
Ebenso könne der Auftragnehmer die Ausführung unberechtigter Anordnungen des Auftraggebers aufgrund der beiderseitigen Kooperationspflicht nicht verweigern, so dass er faktisch, auch wegen der Probleme der Subsumption unter den Begriff des eingerichteten Betriebs bei Generalunternehmerverträgen, den Anordnungen des Auftraggebers stets Folge leisten muss.

---

[560] Grundsätzlich hat im Recht der allgemeinen Geschäftsbedingungen wie § 306 Abs. 1 BGB zeigt zwar eine isolierte Überprüfung einzelner Vertragsbedingungen zu erfolgen, welche eine Kompensation mit anderen Vertragsbedingungen eigentlich ausschließt. Bedenken gegen eine derartige Kompensation zweier Vertragsklauseln bestehen im Gegensatz zu der Diskussion zur Privilegierung der VOB in der vorliegenden Situation jedoch nicht, da dieses Verbot lediglich die inkongruente Kompensation zweier nicht vergleichbarer Vertragsklauseln erfasst, während eine kongruente Kompensation im Rahmen der Abwägung der unangemessenen Benachteiligung nach Treu und Glauben gem. § 307 Abs. 1 BGB durchaus möglich ist und sogar in Art. 4 Abs. 1 KlauselRL ausdrücklich vorgeschrieben wird.

[561] v. Minckwitz, Zur AGB-Widrigkeit der §§ 1 Nr. 3 und 4 VOB/B im Lichte der Rechtsprechung zu § 315 BGB, in BrBp 2005, 170 (174f.); ähnlich Anker/Klingenfuß, Kann das praktisch erforderliche stets wirksam vereinbart werden?, in BauR 2005, 1377 (1383).

Dem ist zu entgegen, dass diese Gefahren im Rahmen des Anordnungsrechts gem. § 1 Nr. 4 S. 1 VOB/B nicht bestehen bzw. Ausdruck allgemeiner Vertragsgrundsätze sind.

Wie bereits nachgewiesen handelt es sich bei der Ankündigungspflicht i. S. d. § 2 Nr. 6 Abs. 1 S. 2 VOB/B nicht um eine zusätzliche Anspruchsvoraussetzung eines vermeintlichen Vergütungsanspruches i. S. d. § 2 Nr. 6 VOB/B, sondern um eine einseitige vertragliche Nebenpflicht, deren Verletzung allenfalls zu Schadensersatzansprüchen des Auftraggebers führen kann[562].
Ebenso lässt sich die Bindung der besonderen Vergütung an die Ursprungskalkulation gem. § 2 Nr. 6 VOB/B durch die Besonderheiten des Bauvertrages und die Funktion des § 1 Nr. 4 S. 1 VOB/B rechtfertigen.

So ist es Eigenheit des Bauvertrages, dass der bei Vertragsschluss vereinbarte Leistungsumfang auf einer Zukunftsprognose einer oder beider Parteien beruht, die sich naturgemäß trotz größtmöglicher Absicherung regelmäßig als unzutreffend herausstellen kann.

Dieses Problem des Bauvertrages ist von derart schwerwiegender Bedeutung, dass sich hiervor keine der beiden Parteien vollständig verschließen kann, auch wenn oftmals der Versuch unternommen wird, das Risiko der Fehlplanung auf die andere Vertragspartei abzuwälzen.
Diese Versuche haben jedoch zumeist nicht die beabsichtigte Wirkung bzw. die getroffenen Vereinbarungen sind unwirksam.
Grund hierfür ist, dass die Verlagerung des Planungsrisikos im Rahmen von allgemeinen Geschäftsbedingungen gem. § 305 ff. BGB, wie bereits mehrfach angesprochen, im Regelfall zu einer unangemessen Benachteiligen einer Bauvertragspartei führen wird, da diese für ein in der Vertragsart angelegtes, bei Vertragsschluss aber nicht überschaubares Risiko ausgleichslos die Haftung übernehmen würde[563].

Diese Einschätzung wurde offenbar auch von den Schöpfern der VOB/B geteilt, welche zur Vermeidung einer unangemessenen Benachteiligung einer Partei eines Bauvertrages den Versuch unternommen haben, die Probleme

---

[562] vgl. Gliederungspunkt II.5.1.2.

[563] Einzige wirksame Ausnahme von diesen Grundsätzen ist die funktionale Leistungsbeschreibung, bei welcher zwar ebenfalls eine Partei das Planungsrisiko vollständig übernimmt, diese Form der Übernahme des Planungsrisikos ist jedoch für die Partei derart transparent, dass sie dies in ihre Kalkulation mit einbeziehen kann. Zudem ist die Leistungsbeschreibung der Inhaltskontrolle gem. § 307 ff. BGB entzogen.; vgl. Gliederungspunkt II.1.2.2.2.

aus dem Spannungsverhältnis von Planung und Realität durch geeignete Regelungen auf beide Vertragsparteien angemessen zu verteilen.

So obliegt dem Auftraggeber grundsätzlich die Gewähr für die Mangelfreiheit der Planung gem. § 3 Nr. 1 VOB/B, im Gegenzug ist der Auftragnehmer zur anfänglichen und kontinuierlichen Prüfung derselben gem. § 3 Nr. 3 VOB/B und § 4 Nr. 3 VOB/B verpflichtet, so dass sich der Auftraggeber in gewissem Rahmen auch auf das zumeist höhere Fachwissen des Auftragnehmers verlassen kann[564].

Stellen sich dennoch bei der Ausführung des Bauwerks Unzulänglichkeiten der Planung heraus, gibt § 1 Nr. 4 VOB/B dem Auftraggeber ein verursachungsunabhängiges Instrumentarium zur Hand, mit welchem er als Bauherr auf etwaig auftretende Probleme einfach und effektiv reagieren kann, ohne dass dies einen unzumutbaren Eingriff in die Privatautonomie des Auftragnehmers darstellen würde, da letzterer aufgrund der werkvertraglichen Erfolgshaftung gem. § 631 BGB ohnehin ein mangelfreies Werk schuldet.

Als Ausgleich für den Eingriff in die vereinbarte Leistung hat der Auftragnehmer Anspruch auf eine besondere Vergütung gem. § 2 Nr. 6 VOB/B, welche in Konsequenz einer zumutbaren Aufteilung des Planungsrisikos aus der Auftragskalkulation entwickelt werden muss, so dass die individuelle Ausgewogenheit des Preis-Leistungsverhältnisses aus dem Bauvertrag gewahrt bleibt.

Könnte der Auftragnehmer frei über die für die zusätzlichen Leistungen gem. § 1 Nr. 4 VOB/B vom Auftraggeber zu entrichtende Vergütung entscheiden, würde der Auftraggeber letztendlich doch allein für das grundlegende Problem der mangelnden Planbarkeit eines jeden Bauvertrages aufkommen, was nicht nur der der VOB/B immanenten Mitverantwortung des Auftragnehmers und dem Kooperationsgedanken der VOB/B zuwiderlaufen, sondern auch die Gefahr des Missbrauches durch den Auftragnehmer heraufbeschwören würde.

Die Bindung an die Ursprungskalkulation ist für den Auftragnehmer auch nicht unbedingt nachteilig.
So bleibt dieser zwar grundsätzlich an Kalkulationsfehler gebunden, dies aber unabhängig davon, ob ein derartiger Fehler zu seinen Gunsten oder zu seinen Ungunsten ausfällt.
Ebenso ist er nach der hier vertretenen Auffassung auch nicht dem Risiko etwaiger Preissteigerungen ausgesetzt, da bei der Berechnung des neuen Preises zur Wahrung der individuellen Ausgewogenheit auf den Zeitpunkt der

---

[564] vgl. hierzu schon Gliederungspunkt II.6.2.1.1.1.2.

Ausführung der zusätzlichen Leistung abzustellen ist, so dass alle Faktoren, welche das jeweilige Synallagma nachträglich stören, trotz der grundsätzlichen Bindung an das Preis-Leistungsverhältnis des Bauvertrages berücksichtigt werden müssen[565].

Schließlich besteht die Bindung an die Auftragskalkulation gerade in den Fällen des § 1 Nr. 4 S. 1 VOB/B zumeist nur eingeschränkt, da eine konkrete Bezugsposition für die zusätzlichen Leistung nur in den wenigsten Fällen in der Auftragskalkulation enthalten sein wird, so dass wenn überhaupt nur die Grundstrukturen und die Zusammensetzung der Gesamtkalkulation übertragbar sein dürften.

Dergleichen ist die Gefahr des „Rosinenpickens" im Rahmen des § 1 Nr. 4 S. 1 VOB/B von keiner wesentlichen Bedeutung, da der Auftraggeber theoretisch zwar nur die für ihn kalkulatorisch vorteilhaften Leistungen anordnen kann, dies aber in jedem Fall mit einer Steigerung des Vergütungsanspruches des Unternehmers verbunden ist, so dass ein derartiges Vorgehen aufgrund der Mehrvergütung für den Unternehmer zumutbar wäre.
Daneben ist in Anbetracht der andernfalls zu erwartenden „Mängel" wohl davon auszugehen, dass der Auftraggeber von einem derartigen Vorgehen kaum Gebrauch machen dürfte.

Schließlich wird der Auftragnehmer auch nicht dadurch unangemessen benachteiligt, dass ihm aufgrund der Kooperationspflicht der Bauvertragsparteien nach Ansicht von *v. Minckwitz* anzuraten ist, angeordnete zusätzliche Leistungen grundsätzlich auszuführen, da ihm dadurch weder das Recht genommen wird, die angeordneten Leistungen tatsächlich zu verweigern[566], noch den Weg einer nachträglichen gerichtlichen Überprüfung des ausgeübten Leistungsbestimmungsrechts gem. § 1 Nr. 4 S. 1 VOB/B zu beschreiten, er aber bei Ausführung der angeordneten Leistungen eine entsprechende Vergütung erhält.
Denn unabhängig von der Berechtigung der Anordnung steht dem Auftragnehmer grundsätzlich eine besondere Vergütung, sei es aufgrund des § 1 Nr. 4 S. 1 VOB/B i. V. m. § 2 Nr. 6 VOB/B, des § 1 Nr. 3 VOB/B i. V. m. § 2 Nr. 5 VOB/B, des § 632 Abs. 2 BGB oder eines eigenständigen Vertrages für die Ausführung der angeordneten Leistungen zu.
Lediglich in dem Fall, in welchem die angeordnete Leistung bereits vom vereinbarten Leistungsumfang umfasst war, besteht dieser Anspruch des Auf-

[565] vgl. Gliederungspunkt II.5.2.

[566] Vom Anwendungsbereich des § 1 Nr. 4 VOB/B nicht erfasste Leistungsbestimmungen sind entweder unverbindlich bzw. dem Auftragnehmer steht insoweit ein Leistungsverweigerungsrecht zu.

tragnehmers auf eine gesonderte Vergütung nicht. In diesem Fall empfiehlt es sich für den Auftragnehmer die angeordneten Arbeiten unverzüglich auszuführen, da andernfalls die Gefahr besteht, dass er mit der Herstellung dieser Vertragsleistung in Verzug gem. § 286 BGB gerät, woraus empfindliche Schadensersatzforderungen des Auftraggebers erwachsen könnten.

Die Ankündigungspflicht des § 2 Nr. 6 VOB/B und die damit verbundene Empfehlung der Vereinbarung einer gesonderten Vergütung vor Beginn der Ausführung gem. § 2 Nr. 6 Abs. 2 VOB/B dient somit nicht nur dem Schutz des Auftraggebers, sondern auch des Auftragnehmers, welcher sich dadurch erfolgreich vor den Folgen einer für ihn wohlmöglich nachteiligen Kalkulation der Vergütung im Rahmen des § 632 Abs. 2 BGB schützen kann.

Das Anordnungsrecht des § 1 Nr. 4 S. 1 VOB/B ist dem Auftragnehmer somit i. S. d. § 308 Nr. 4 BGB zumutbar und hält damit unter diesem Gesichtspunkt einer AGB-rechtlichen Kontrolle stand[567].

II.6.2.1.2.2 § 1 Nr. 3 VOB/B

Bei der Regelung des § 1 Nr. 3 VOB/B kann sich hingegen eine andere Wertung ergeben.

In diesem Fall steht einer direkten Anwendung des § 308 Nr. 4 BGB nichts entgegen, da durch das Anordnungsrecht des § 1 Nr. 3 VOB/B es dem Auftraggeber ermöglicht wird, eine bereits vereinbarte Leistung nach Vertragsschluss einseitig zu ändern.

Die Wirksamkeit der Vertragsklausel i. S. d. § 1 Nr. 3 VOB/B ist deshalb ebenfalls von einem berechtigtem Interesse des Auftraggebers, der Unbeachtlichkeit des Interesses des Auftragnehmers an der Beibehaltung der ursprünglich vereinbarten Leistung, der hinreichenden Bestimmtheit des Änderungsvorbehalts in diesen Punkten, sowie der Wahrung des Äquivalenzprinzips abhängig[568].

---

[567] so auch BGH, Urt. v. 25.01.1996 – VII ZR 233/94, BauR 1996, 378 = ZfBR 1996, 196 = NJW 1996, 1346. Kniffka/Koeble, Kompendium des Baurechts, 2. Auflage 2004, Teil 3, Rdn. 33 mit weiteren Nachweisen; Keldungs in Ingestau/Korbion, VOB Teil A und B, 15. Auflage 2004, § 1 Nr. 4 VOB/B, Rdn. 8; Weick in Nicklisch/Weick, VOB Teil B, 3. Auflage 2001, § 1 VOB/B, Rdn. 35a; v. Rintelen in Kapellmann/Messerschmidt, VOB Teil A und B, 2003, § 1 VOB/B, Rdn. 120ff.; Markus in Markus/Kaiser/Kapellmann; AGB-Handbuch Bauvertragsklauseln, 2004, Rdn. 102.

[568] Becker in Bamberger/Roth, Band 1, 2003, § 308 Nr. 4 BGB, Rdn. 14 ff.

Wie im Fall des § 1 Nr. 4 S. 1 VOB/B ist zunächst auch bei § 1 Nr. 3 VOB/B eine Störung des Äquivalenzinteresses beider Vertragsparteien zumindest im Fall erforderlicher Änderungsanordnungen nicht zu erwarten, da aufgrund der dem Bauvertrag immanenten Planungsschwierigkeiten ein durch die Ausübung des Leistungsbestimmungsrecht i. S. d. § 1 Nr. 3 VOB/B veränderter Leistungsumfang des Auftragnehmers durch die Anpassung der Vergütung gem. § 2 Nr. 5 VOB/B unter Berücksichtigung der individuellen Ausgewogenheit kompensiert werden kann.

In diesem Fall ist auch ein berechtigtes Interesse des Auftraggebers an einer schnellen Änderungsmöglichkeit anzuerkennen, da andernfalls die Herstellung eines mangelhaften Werkes zu befürchten wäre. In diesem Sinne entspricht der Änderungsvorbehalt auch dem Interesse des Auftragnehmers, da dieser haftungsrechtlich ohnehin zur Herstellung eines mangelfreien Werkes gem. § 633 Abs. 1 BGB verpflichtet ist.

Ein darüber hinausgehendes Interesse des Auftraggebers ist zwar durchaus beachtenswert, kann aber entgegen anders lautender Auffassungen in der Literatur[569] nicht i. S. d. § 308 Nr. 4 BGB gerechtfertigt werden.

Grundsätzlich spielt auch in den Bereich nicht erforderlicher Änderungsanordnungen die in der Natur eines Bauvertrages als zukunftsorientiertem Langzeitvertrag liegenden Problematik der nur eingeschränkten Planbarkeit mit hinein, welche nicht nur die vollständige Erfassung aller erforderlichen Leistungen, sondern auch bereits bei Vertragsschluss ein vom Auftraggeber in allen Details durchdachtes und unter Berücksichtigung aller innerer und äußerer Wechselwirkungen durchgeplantes Bauwerk häufig unmöglich macht.
So wird es trotz fortschreitender Technologisierung zwar immer besser möglich, dem Auftraggeber bei Vertragsschluss beispielsweise durch Computeranimationen einen Eindruck des herzustellenden Bauwerks zu vermitteln, wie sich dieses tatsächlich in die Umgebung einfügt, sowie andere Gesichtspunkte, Einflüsse, Erwägungen oder Gegebenheiten können sich erst im Laufe der Fertigstellung des herzustellenden Bauwerkes endgültig konkretisieren.
Daher wird der Auftraggeber bei einem Bauvertrag regelmäßig nicht nur ein Interesse daran haben, den vereinbarten Leistungsumfang aus Erforderlichkeitsgesichtspunkten dem Werkerfolg i. S. d. § 631 BGB anzupassen, sondern auch aus zweckgerichteten oder ästhetischen Gründen zu verändern.

---

[569] Keldungs in Ingenstau/Korbion, VOB Teil A und B, 15. Auflage 2004, § 1 VOB/B Nr. 3, Rdn. 10, 11; v. Rintelen in Kapellmann/Messerschmidt, VOB Teil A und B, 2003, § 1 VOB/B, Rdn. 101 f.;

Ohne die Einräumung eines einseitigen Leistungsbestimmungsrechts i. S. d § 1 Nr. 3 VOB/B wäre dies ausschließlich im Wege der einvernehmlichen Vertragsänderung möglich, bei welcher der Unternehmer im Vergleich zum Auftraggeber eine gewisse Übermachtstellung einnehmen würde, da er die Änderung in der Bauausführung von überzogenen Vergütungsvorstellungen abhängig machen und dadurch auch die Fertigstellung des Bauwerkes herauszögern könnte bzw. den Werkvertrag, soweit keine Einigung zwischen den Parteien erzielt wird, unverändert aber vertragsgerecht ausführen und dadurch dem Auftraggeber ein Bauwerk verschaffen könnte, welches letzterer in dieser Form eigentlich gar nicht mehr will.

Gegen ein derartiges Vorgehen des Auftragnehmers hätte der Auftraggeber nur das stumpfe Schwert der freien Teilkündigung gem. § 8 Nr. 1 Abs. 1 VOB/B mit den für ihn nachteiligen Vergütungsfolgen gem. § 8 Nr. 1 Abs. 2 VOB/B oder die Möglichkeit der Neuvergabe der Änderung an einen anderen Auftragnehmer nach Fertigstellung des Bauwerks mit nicht weniger nachteiligen Vergütungsfolgen zur Hand, so dass zur effektiven Durchsetzung nicht erfolgsorientierter Änderungswünsche des Auftraggebers nur die Einräumung eines einseitigen Leistungsbestimmungsrechts i. S. d. § 1 Nr. 3 VOB/B zu seinen Gunsten bleibt.

Diese Änderungsmöglichkeit steht jedoch in keinem Verhältnis zu den Interessen des Auftragnehmers.

Der Auftragnehmer benötigt ein gewisses Maß an Sicherheit in der Planung der Ausführung des Bauvorhabens, um den erforderlichen Einsatz von Mensch und Maschinen, sowie den zu erwartenden Baumaterialaufwand und die sich daraus ergebenden Preise kalkulieren zu können.

Dieses Interesse des Auftragnehmers verstärkt sich bei einem Bauvertrag als zukunftsorientiertem Langzeitvertrag im besonderen Maße, da bei jeder Durchbrechung des Prinzips der Unveränderlichkeit der Leistung (*pacta sunt servanda)* nicht nur Gefahren für die Bestimmbarkeit und Kalkulierbarkeit der Leistungspflicht in diesem Vertragsverhältnis drohen, sondern aufgrund der mit der Änderung i. S. d. § 1 Nr. 3 VOB/B zum Teil eintretenden erheblichen Verzögerung mit der Fertigstellung des Bauwerkes auch andere Vertragsverhältnisse des Auftragnehmers in Mitleidenschaft gezogen werden können.

Aus diesen können empfindliche Schadensersatz- und Vertragsstrafenansprüche gegen den Auftragnehmer entstehen, welche weder durch eine Verlängerung der Ausführungsfrist in dem ursprünglichen Bauvorhaben gem. § 6 Nr. 1 und Nr. 2 VOB/B, noch durch einen Schadensersatzanspruch gegen den

anordnenden Auftraggeber gem. § 6 Nr. 6 VOB/B abgefangen werden können[570].
Dies kann im schlimmsten Fall zum finanziellen Ruin des Auftragnehmers führen.

Während die Durchbrechung des Prinzips der Unveränderlichkeit der gegenseitigen Leistungspflichten i. S. d. § 311 Abs. 1 VOB/B bei erforderlichen Anordnungen i. S. d. § 1 Nr. 4 S. 1 VOB/B und § 1 Nr. 3 VOB/B noch damit gerechtfertigt werden konnte, dass sich der Auftraggeber durch Abschluss des Werkvertrages aufgrund der werkvertraglichen Erfolgshaftung i. S. d. § 631 BGB ohnehin verpflichtet ein mangelfreies Werk herzustellen und ein verzögerungsfreier Bauablauf im Interesse beider Parteien eine schnelle Reaktionsmöglichkeit des Auftraggebers erfordere, ist eine derartige Rechtfertigung bei nicht erforderlichen Leistungen nicht möglich, so dass hieraus kein eigenes Ausführungsinteresse des Auftragnehmers abgeleitet werden kann.
Vielmehr entspricht eine derartige Änderungsbefugnis allein dem Interesse des Auftraggebers.

Ebenso scheitert eine Rechtfertigung des Änderungsvorbehalts mit dem entsprechend nach § 2 Nr. 5 VOB/B veränderten Vergütungsanspruch[571], da durch diese Rechtsfolgeregelung lediglich klargestellt wird, dass der Unternehmer überhaupt eine Vergütung für die Ausführung der geänderten Leistung erhält; ob hiermit jedoch ebenfalls keine Störung des Äquivalenzprinzips einhergeht, erscheint zumindest zweifelhaft[572].
Jedenfalls kann der veränderte Vergütungsanspruch i. S. d. § 2 Nr. 5 VOB/B allein die Abweichung vom Konsensualprinzip i. S. d. § 311 Abs. 1 BGB und dem Grundsatz *pacta sunt servanda* nicht legitimieren.

---

[570] eine rechtmäßige Anordnung nach § 1 Nr. 3 VOB/B kann, wie Thode nachgewiesen hat, auch nach dem System der VOB/B niemals zu einem Schadensersatzanspruch nach § 6 Nr. 6 VOB/B führen, da letztere Anspruchsgrundlage ein rechtswidriges Handeln des Auftraggebers voraussetzt, vgl. Thode, Nachträge wegen gestörten Bauablaufs im VOB/B-Vertrag, in ZfBR 2004, 214218 ff.; ebenso Schwenker in IBR 2004, 290f.; indifferent Piel, Zur Abgrenzung zwischen Leistungsänderung (§1 Nr. 3, 2 Nr. 5 VOB/B) und Behinderung (§ 6 VOB/B) in Festschrift für Korbion, 1986, 349ff.; Diehr, Zum Verhältnis Vergütungs- und Schadensersatzanspruch des Auftragnehmers wegen Bauzeitstörungen nach der VOB/B, in BauR 2001, 1507; a. A. Jagenburg in Beck´scher VOB-Kommentar, Teil B, 1997, § 1 Nr. 3 VOB/B, Rdn. 56.; Genschow, Anordnungen zur Bauzeit – Vergütungs- oder Schadensersatzansprüche des Auftragnehmers?, in ZfBR 2004, 642ff.; Kemper, Nachträge und ihre mittelbare Bauzeitauswirkungen, in NZBau 2001, 238ff.; Kaufmann, Anmerkung zum Urteil des OLG Hamm v. 14.4.2005 – 21 U 133/04, in BauR 2005, 1805 ff.

[571] so aber Keldungs in Ingenstau/Korbion, VOB Teil A und B, 15. Auflage 2004, § 1 Nr. 3 VOB/B, Rdn. 10, 11.

[572] vgl. Gliederungspunkt II.6.2.2.1.

Schließlich kann eine derartige Rechtfertigung auch nicht aus der andernfalls eintretenden Übermachtstellung des Auftragnehmers bei Abschluss eines Änderungsvertrages entnommen werden, da der Unternehmer schon allein wegen der Kooperationsverpflichtung bei einem Bauvertrag angehalten ist, unerhebliche Änderungen zu akzeptieren, er aber auch aus baubetrieblicher und wirtschaftlicher Sicht ein Interesse daran haben wird, diese auszuführen, da ihm dadurch eine zusätzliche Vergütung zufließt.
Aus diesem Grund werden sich seine Vergütungsvorstellungen im Regelfall in vertretbaren Grenzen bewegen, da er andernfalls den Verlust des Zusatzauftrages und damit auch der Vergütung riskiert.

Von der Unbeachtlichkeit des Interesses des Auftragnehmers an der Unveränderlichkeit der Leistung oder einer Rechtfertigung für die Durchbrechung des Konsensualprinzips i. S. d. § 311 BGB oder des Grundsatzes *pacta sunt servanda* kann im Fall nicht erforderlicher Änderungsanordnungen somit nicht ausgegangen werden, so dass das Leistungsbestimmungsrecht schon allein aus diesem Grund gegen § 308 Nr. 4 VOB/B verstößt.

Darüber hinaus ist das Leistungsbestimmungsrecht des § 1 Nr. 3 VOB/B, wie bereits nachgewiesen, nicht hinreichend bestimmt, da es weder selbst einen auf einer Interessenabwägung beruhenden Ausübungsrahmen enthält, noch dieser in sonstiger Weise zu ermitteln ist. Auch die Beschränkungen des § 1 Nr. 4 S. 1 VOB/B sind auf das Leistungsbestimmungsrecht des § 1 Nr. 3 VOB/B nicht übertragbar[573]. Schließlich ist eine geltungserhaltende Reduktion des Ausübungsrahmens des § 1 Nr. 3 VOB/B auf ausschließlich erforderliche Anordnungen ebenfalls unzulässig ist[574].

Hinzu kommt, dass derartige Gesichtspunkte einer vorgenommenen Interessenabwägung oder andere Zumutbarkeitserwägungen nach der Rechtsprechung des BGH auch im Änderungsvorbehalt selbst enthalten sein müssten, um für die Verwendungsgegenseite ein gewisses Maß an Vorhersehbarkeit der möglichen Änderungen zu gewährleisten[575].

---

[573] vgl. Gliederungspunkt II.6.1.2.

[574] Heinrichs in Palandt, 65. Auflage 2006, Vor § 307 BGB, Rdn. 8.

[575] BGH, Urt. v. 20.01.1983 – VII ZR 105/81, NJW 1983, 1322; so auch BGH, Urt. v. 17.02.2004 – XI ZR 140/03, NJW 2004, 1588 = BB 2004, 1070; BAG, Urt. v. 12.01.2005 – 5 AZR 364/04, NZA 2005, 465.

Das Leistungsbestimmungsrecht des § 1 Nr. 3 VOB/B ist somit nach objektiv-generalisierender Betrachtung und der hier vertretenen Auffassung wegen mehrfacher Verstöße gegen § 308 Nr. 4 VOB/B unwirksam[576].

Bestätigung findet diese Auffassung in jüngster Zeit anscheinend durch ein Urteil des BGH vom 23.06.2005[577].

In dem Sachverhalt, der dieser Entscheidung zu Grunde lag, erwarben die späteren Kläger im Jahr 1998 von dem beklagten Bauträger sanierte Eigentumswohnungen in W.

Die Baubeschreibung sah vor, dass im gesamten Wohnhaus zweiflügelige Fenster mit Kreuzstock neu erstellt und eingebaut werden sollten.
Allerdings fand sich in der Einleitung der Baubeschreibung auch folgende Klausel:

„Grundlage der Bauausführung ist diese Baubeschreibung. Änderungen der Bauausführung, der Material- und Baustoffauswahl, soweit sie gleichwertig sind, bleiben vorbehalten."

Im Rahmen eines später beauftragten Sachverständigengutachten stellte sich heraus, dass die Beklagte im Treppenhaus weitgehend keine neuen Fenster eingebaut hatte, worauf diese die betroffenen Fenster durch einflügelige Fenster ohne Kreuzstock ersetzten ließ.
Die Kläger verlangen nun mit der von ihnen eingereichten Klage Schadensersatz in Höhe der Kosten für den Einbau der Vereinbarung entsprechenden Fenster.

---

576 Im Ergebnis so auch Bruns, Schluss mit einseitigen Änderungen des Bauentwurfes nach § 1 Nr. 3 VOB/B, in ZfBR 2005, 525 (527); v. Minckwitz, Zur AGB-Widrigkeit der §§ 1 Nr. 3 und 4 VOB/B im Lichte der Rechtsprechung zu § 315 BGB, in BrBp 2005, 171 (175); Vygen, Bauverzögerung und Leistungsänderung, 4. Auflage 2002, Rdn. 156; Anker/Klingenfuß, Kann das praktisch Erforderliche stets wirksam vereinbart werden?, in BauR 2005, 1377 (1381); Markus in Markus/Kaiser/Kapellmann, AGB-Handbuch Bauvertragsklauseln, 2004, Rdn. 101; Zöllner, Immanente Grenzen arbeitsvertraglicher Regelungen, in Recht der Arbeit 1989, 152 (161); ähnlich Weick in Nicklisch/Weick, VOB Teil B, 3. Auflage 2001, § 1, Rdn. 35 a; Riedl in Heiermann/Riedl/Rusam, VOB Teil A und B, 10. Auflage 2003, B § 1, Rdn. 30 b; a. A. Keldungs in Ingenstau/Korbion, VOB Teil A und B, 15. Auflage 2004, § 1 Nr. 3 VOB/B, Rdn. 10, 11; v. Rintelen in Kapellmann/Messerschmidt, § VOB Teil A und B, 2003, § 1 VOB/B, Rdn. 101 f.; Kemper in Franke/Kemper/Zanner/Grünhagen, VOB Teil A und B, 1. Auflage 2001, § 1 VOB/B, Rdn. 79.

577 BGH, Urt. v. 23.06.2005 – VII ZR 200/04, BauR 2005, 1473 = NZBau 2005, 511 = IBR 2005, 491; ebenso OLG Hamm, Urt. v. 10.02.2005 – 21 U 94/04, BauR 2005, 909 = ZfBR 2005, 372 = IBR 2005, 250.

Diesen billigt der BGH den Klägern dem Grunde nach zu.
Nach seiner Auffassung sei der Beklagte nicht berechtigt gewesen, die vereinbarten zweiflügeligen Fenster durch die im Treppenhaus eingebauten einflügeligen Fenster eigenmächtig zu ersetzten.
Eine derartige Berechtigung lasse sich insbesondere nicht aus der in der Einleitung zur Baubeschreibung enthaltenen Klausel entnehmen, da diese wegen Verstoß gegen § 10 Nr. 4 AGBG unwirksam ist.
Voraussetzung der Zumutbarkeit eines Änderungsvorbehalts sei nämlich, dass für die Änderung ein triftiger Grund vorliege, welcher im Hinblick auf die gebotene Klarheit und Verständlichkeit von allgemeinen Geschäftsbedingungen in der Klausel selbst genannt werden und in seinen Voraussetzungen und Folgen erkennbar die Interessen des Vertragspartners angemessen berücksichtigen muss[578].
Diese Voraussetzungen seien bei der in Frage stehenden Klausel nicht erfüllt, da, abgesehen davon, dass die ersetzende Leistung gleichwertig sein muss, der Änderungsvorbehalt nach seinem Wortlaut ohne Einschränkungen besteht.

Mit dieser Klausel erscheint das Leistungsbestimmungsrecht des § 1 Nr. 3 VOB/B weitgehend vergleichbar, so dass die Ausführungen des BGH nahezu vollständig übertragbar sein dürften.

Allerdings ergeben sich auch einige Unterschiede[579]:

- Die Argumentation des Bundesgerichtshofes im Urteil vom 23. Juni 2005 knüpft, indem ausdrücklich auf Nr. 1 k des Anhangs der Richtlinie 93/18/EWG des Rates vom 05. April 1993 über missbräuchliche Klauseln in Verbraucherverträgen Bezug genommen wird, unmittelbar an Verbraucherrechte an, so dass zu prüfen ist, ob die dort aufgestellten Kriterien hinsichtlich der Zulässigkeit von Vertragsklauseln gem. § 308 Nr. 4 BGB bzw. § 10 Nr. 4 AGBG auch in anderen Verwendungssituationen i. S. d. § 310 Abs. 1 S. 1 BGB Anwendung finden können.

- Die Änderungsmöglichkeiten hinsichtlich der vereinbarten Leistung i. S. d. §§ 1 Nr. 3, 2 Nr. 5 VOB/B und §§ 1 Nr. 4, 2 Nr. 6 VOB/B sind in der Regel mit einer Vergütungsanpassung verbunden, so dass sich hieraus Rechtfertigungsgründe bzw. Zumutbarkeitserwägungen ergeben können, welche bei der dem Urteil des BGH vom 23. Juni 2005 zu Grunde liegen-

---

[578] Vgl. auch Nr. 1 k des Anhangs der Richtlinie 93/13/EWG des Rates vom 5. April 1993 über missbräuchliche Klauseln in Verbraucherverträgen.

[579] vgl. Quack/Thode, Recht der Allgemeinen Geschäftsbedingungen am Bau, Skript zum Intensivkurs Privates Bau- und Architektenrecht, Stand August 2005, S. 53.

den Vertragsklausel in der Interessenabwägung nicht herangezogen werden konnten, da dort die Änderungsmöglichkeit unentgeltlich bestehen sollte.

- Schließlich kann es durchaus unterschiedlich zu werten sein, ob wie im Fall des § 1 Nr. 3 VOB/B die Änderungsmöglichkeit an einer fremden Leistung oder wie bei der dem Urteil des BGH vom 23. Juni 2005 zu Grunde liegenden Vertragsklausel die Änderungsbefugnis an der eigenen Leistung besteht.

Diese Unterschiede sind jedoch zu relativieren.
So bedingt bei der dem Urteil des BGH vom 23. Juni 2005 zu Grunde liegenden Vertragsklausel eine Änderung der Bauausführung oder der Material- bzw. Baustoffauswahl zwar keine Vergütungsanpassung wie im Fall des §§ 1 Nr. 3, 2 Nr. 5 VOB/B, allerdings ist auch in diesem Fall keine Störung des Äquivalenzinteresses des Auftraggebers zu befürchten, da die ursprünglich vereinbarten Leistungen nach dem ausdrücklichen Wortlaut der Klausel ausschließlich durch gleichwertige ersetzt werden dürfen[580].

Ebenso ist das Bestehen eines Änderungsrechts an der eigenen oder an einer fremden Leistung zwar unterschiedlich zu bewerten, dies aber dann wohl in der Weise, dass eine Änderungsmöglichkeit an der Leistungspflicht des Vertragspartners ohne Einwirkungsmöglichkeit desselben strengeren Anforderungen unterliegen muss, als ein Änderungsrecht an der eigenen Leistung, da erstere einen wesentlich intensiveren Eingriff in die Privatautonomie des Vertragspartners darstellt.

Bleibt somit nur die Anknüpfung an Verbraucherrechte in der Argumentation des BGH im Urteil vom 23. Juni 2005 als beachtenswerte Besonderheit, welche jedoch mit dem Leistungsbestimmungsrecht des § 1 Nr. 3 VOB/B insoweit in Einklang gebracht werden kann, als dieses zumindest bei der Verwendung gegenüber einem Verbraucher i. S. d. § 13 BGB auch nach der Rechtsprechung des Bundesgerichtshofes wegen Verstoß gegen § 308 Nr. 4 VOB/B unwirksam sein dürfte[581].

---

[580] Allerdings darf nicht unberücksichtigt bleiben, dass die Klausel keinen Maßstab für die Beurteilung der Gleichwertigkeit vorgibt.

[581] Auf die Besonderheiten bei der Verwendung des § 1 Nr. 3 VOB/B gegenüber einem Unternehmer vgl. Gliederungspunkt II.6.2.1.6.

II.6.2.1.3 § 307 Abs. 1 S. 2 BGB i. V. m. § 307 Abs. 1 S. 1 BGB

Eine zur Unwirksamkeit der betreffenden Klausel führende unangemessene Benachteiligung i. S. d. § 307 Abs. 1 S. 1 BGB kann sich auch daraus ergeben, dass diese nicht klar und verständlich ist (§ 307 Abs. 1 S. 2 BGB).
Die Transparenz der Klausel beurteilt sich nicht nur danach, dass diese in ihrer Formulierung für den durchschnittlichen Vertragspartner verständlich ist. Vielmehr gebieten Treu und Glauben auch, dass die Klausel die wirtschaftlichen Nachteile und Belastungen soweit erkennen lässt, wie dies nach den Umständen gefordert werden kann[582].

Während das Leistungsbestimmungsrecht des § 1 Nr. 4 S. 1 VOB/B diesen Anforderungen an die Transparenz einer Klausel in allgemeinen Geschäftsbedingungen meines Erachtens gerecht wird, erfüllt das Leistungsbestimmungsrecht des § 1 Nr. 3 VOB/B als Konsequenz der schon zuvor aufgezeigten Wirksamkeitshindernisse diese nur unzureichend, so dass § 1 Nr. 3 VOB/B auch wegen Verstoßes gegen das Transparenzgebot des § 307 Abs. 1 S. 2 BGB unwirksam ist.

Hinsichtlich der Transparenz des Änderungsrechts des § 1 Nr. 3 VOB/B ist allein schon die Begrenzung auf den Bauentwurf problematisch, da durch die Verwendung dieses Begriffes erhebliche Unsicherheiten über die Reichweite des Anordnungsrechtes heraufbeschworen werden[583].
Dies ist, wie bereits erwähnt, vor allem darauf zurückzuführen, dass der Begriff in keiner anderen Bestimmung der VOB oder in einer gesetzlichen Regelung verwendet bzw. definiert wird, und sich dessen Inhalt daher, insbesondere im Vergleich zu der klaren Strukturierung bei dem Anordnungsrecht des § 1 Nr. 4 S. 1 VOB/B, für den Verwendungsgegner nur schwerlich erschließt.
Eine indirekte Bestätigung dieser Intransparenz liefern die in der Literatur und Rechtsprechung dem § 1 Nr. 3 VOB/B zuerkannten zahlreichen unterschiedlichen Anwendungsmöglichkeiten, welche eindrucksvoll verdeutlichen, dass selbst Baupraktikern, aber auch zahlreichen Baujuristen ein eindeutiger Regelungsinhalt verschlossen bleibt[584].

---

[582] Schmidt in Bamberger/Roth, Band 1, 2003, § 307 BGB, Rdn. 55 mit weiteren Nachweisen.

[583] so auch Bruns, Schluss mit einseitigen Änderungen des Bauentwurfes nach § 1 Nr. 3 VOB/B, in ZfBR 2005, 525 (528).

[584] vgl. hierzu etwa Keldungs in Ingenstau/Korbion, VOB Teil A und B, 15. Auflage 2004, § 1 Nr. 3 VOB/B, Rdn. 7; Riedl in Heiermann/Riedel/Rusam, VOB Teil A und B, 10. Auflage 2003, § 1 VOB/B, Rdn. 31; Korbion/Hochstein/ Keldungs, Der VOB-Vertrag, 8. Auflage 2002, Rdn. 163; v. Rintelen in Kapellmann/Messerschmidt, VOB Teil A und B, 2003, § 1 VOB/B, Rdn. 51; Schulze-Hagen, Zur Anwendung der §§ 1 Nr. 3, 2 Nr. 5 VOB/B einerseits und §§ 1 Nr. 4, 2 Nr. 6 VOB/B andererseits, in Festschrift für Soergel, 1993, S. 259 (263); Vygen, Bauvertragsrecht

Daneben ergeben sich aufgrund der unzureichenden Begrenzung im übrigen Wortlaut der Klausel und der damit einhergehenden mangelnden Bestimmbarkeit und Zumutbarkeit des Anordnungsrechts des § 1 Nr. 3 VOB/B Bedenken gegen die Transparenz der Klausel[585].

Insbesondere die mangelnde Beschränkung auf die Änderung ausschließlich erforderlicher Leistungen und der fehlende Bezug zur Leistungsfähigkeit des Auftragnehmers im Wortlaut des § 1 Nr. 3 VOB/B macht es für einen durchschnittlichen Vertragspartner nahezu unmöglich, die Reichweite des Änderungsrechtes und die damit einhergehenden finanziellen Mehrbelastungen bei Vertragsschluss mit der gebotenen Eindeutigkeit und Klarheit i. S. d. § 307 Abs. 1 S. 2 VOB/B zu überschauen, so dass auch in dieser Hinsicht das Leistungsbestimmungsrecht des § 1 Nr. 3 VOB/B den Verwendungsgegner nach der hier vertretenen Auffassung und bei einer objektiv-generalisierenden Betrachtung unangemessen benachteiligt und daher unwirksam ist, § 307 Abs. 1 S. 2 BGB i. V. m. § 307 Abs.1 S.1 BGB.

II.6.2.1.4 § 307 Abs. 1 S. 1 BGB

Schließlich ist eine Bestimmung in allgemeinen Geschäftsbedingungen nach der Generalklausel des § 307 Abs.1 S.1 BGB unwirksam, wenn sie den Vertragspartner des Verwenders entgegen den Geboten von Treu und Glauben unangemessen benachteiligt.

Eine derartige unangemessene Benachteiligungen i. S. d. § 307 Abs. 1 BGB wurde bereits durch die Verstöße des § 1 Nr. 3 VOB/B gegen die spezielleren Normen i. S. d. § 308 Nr. 4 BGB, § 307 Abs. 2 Nr. 1 BGB sowie § 307 Abs. 1 S. 2 BGB nach objektiv-generalisierender Betrachtung festgestellt[586].

---

nach VOB, 4. Auflage 2004, S. 153; Schottke, Änderung der Art und Weise der Ausführung als Folge einer Anordnung, in Festschrift für Vygen, 1999, S. 267 (269); Jagenburg in Beck'scher VOB Kommentar, Teil B, 1997, § 1 Nr. 3 VOB/B, Rdn. 9; Zanner/Kellner, Das einseitige Anordnungsrecht des Auftraggebers zu Bauzeit und Bauablauf und seine Vergütungsfolgen, in NZBau 2004, S. 353 (355); Kniffka in ibr-online-Kommentar Bauvertragsrecht, Stand 12.09.2005, § 631 BB, Rdn. 295 f.

[585] so zum Teil schon Rieble in Staudinger, Band II, 2001, § 315 BGB, Rdn. 197, der in der mangelnden Begrenzung im Wortlaut der Klausel allerdings ausschließlich einen Verstoß gegen das Transparenzgebot sieht. (vgl. Gliederungspunkt II.6.1.2).

[586] § 308 Nr. 4 BGB und § 307 Abs. 2 BGB ist gegenüber § 307 BGB die speziellere Norm, so dass jeder Verstoß gegen eine dieser Normen aufgrund der gesetzlichen Vorwegwürdigung zugleich eine unangemessene Benachteiligung i. S. d. § 307 Abs. 1 S. 1 BGB darstellt.

Dagegen wird das Leistungsbestimmungsrecht i. S. d. § 1 Nr. 4 S. 1 VOB/B aus zuvor erläuternden Gründen auch den Anforderungen des § 307 Abs. 1 S. 1 VOB/B gerecht.

II.6.2.1.5 Zwischenergebnis

Als Zwischenergebnis kann somit festgehalten werden, dass das Leistungsbestimmungsrecht i. S. d. § 1 Nr. 3 VOB/B nach objektiv-generalisierender Betrachtung gegen § 308 Nr. 4 BGB, § 307 Abs. 2 Nr. 1 BGB, § 307 Abs. 1 S. 2 BGB sowie § 307 Abs. 1 S. 1 BGB verstößt und daher unwirksam ist, wohingegen das Leistungsbestimmungsrecht i. S. d. § 1 Nr. 4 S. 1 VOB/B den Wirksamkeitsvorschriften des Rechts der Allgemeinen Geschäftsbedingungen i. S. d. §§ 307 ff. BGB zumindest nach der hier vertretenen Auffassung entspricht.

II.6.2.1.6 Berücksichtigung der Verwendungssituation

Im Folgenden gilt es nun zu überprüfen, ob das Ergebnis dieser objektiv-generalisierenden Betrachtung in den häufigsten Verwendungssituationen aufrechterhalten werden kann.

Ausgangsfall ist ein Bauvertrag zwischen einem Verbraucher i. S. d. § 13 BGB als Auftraggeber und einem Unternehmer i. S. d. § 14 BGB als Auftragnehmer, in welchem auf Verlangen des Unternehmers die VOB/B wirksam einbezogen wurde.
Diese Situation entspricht der gesetzlichen Vermutung in § 310 Abs. 3 Nr. 1 VOB/B, so dass als Verwender der VOB/B i. S. d. §§ 305 ff. BGB der Unternehmer zu bezeichnen ist.
Folge hiervon ist, dass sämtliche aufgrund einer objektiv-generalisierenden Betrachtung festgestellten Unwirksamkeitsgründe i. S. d. § 307 ff BGB bezüglich der Leistungsbestimmungsrechte i. S. d. §§ 1 Nr. 3 und Nr. 4 VOB/B damit hinfällig sind, da diese den Vertragspartner des Verwenders, also den Auftraggeber, nicht unangemessen benachteiligen, sondern ausschließlich bevorteilen, da sie ihm wesentlich weiter reichende Rechte gewähren, als nach der Konzeption des Werkvertragsrechts und des BGB vorgesehen.
Sowohl das Leistungsbestimmungsrecht i. S. d. § 1 Nr. 3 VOB/B als auch das Leistungsbestimmungsrecht i. S. d. § 1 Nr. 4 VOB/B wären in diesem Fall AGB-rechtlich also wirksam.
Dies führt allerdings zu dem Ergebnis, dass dadurch der gesamte Bauvertrag, in welchen das Leistungsbestimmungsrecht i. S. d. § 1 Nr. 3 VOB/B wirksam

miteinbezogen ist, nach der hier vertretenen Auffassung mangels Bestimmbarkeit der Leistungspflicht des Auftragnehmers unwirksam ist.

In dem zugegebenermaßen wohl selteneren Fall, dass in derselben Konstellation die VOB/B ausnahmsweise auf ausdrückliches Verlangen des Verbrauchers wirksam in den Bauvertrag einbezogen wurde, gilt auch dieser als Verwender i. S. d. § 305 Abs. 2, § 310 Abs. 3 Nr. 1 Hs. 2 BGB i. V. m. §§ 307 ff. BGB. Dieser Umstand führt zunächst dazu, dass der Prüfungsmaßstab gem. § 310 Abs. 1 BGB auf die Wirksamkeitsprüfung nach § 307 Abs. 1 und Abs. 2 VOB/B reduziert wird, wobei eine Unwirksamkeit aufgrund eines Verstoßes gegen § 308 BGB oder § 309 BGB auch hier Berücksichtigung finden kann. Allerdings sind auf die im Handelsverkehr geltenden Gewohnheiten und Bräuche angemessen Rücksicht zu nehmen.

Diese jedenfalls in der Baupraxis relativ seltene Verwendungssituation entspricht der bei der objektiv-generalisierenden Betrachtung zugrunde gelegten Situation, so dass alle vorgenannten Erwägungen zur Wirksamkeit der Leistungsbestimmungsrechte i. S. d. § 1 Nr. 3 und Nr. 4 VOB/B uneingeschränkt übertragbar sind. Insbesondere ist das Änderungsrecht i. S. d. § 1 Nr. 3 VOB/B danach wegen Verstoßes gegen § 307 Abs. 2 Nr. 1 BGB, § 307 Abs. 1 S. 2 BGB sowie § 307 Abs. 1 S. 1 BGB unwirksam.

Ebenso führt der Verstoß gegen § 308 Nr. 4 BGB auch im Rahmen des § 307 Abs. 1 BGB zu dessen Unwirksamkeit, da keine im Handelsverkehr geltenden Gewohnheiten oder Bräuche erkennbar sind, welche die Indizwirkung eines derartigen Verstoßes widerlegen könnten[587].
In diesem Fall wäre aufgrund der Unwirksamkeit des § 1 Nr. 3 VOB/B der übrige Bauvertrag jedoch wieder wirksam.

Bei einem Bauvertrag zwischen zwei Unternehmern i. S. d. § 14 BGB ergeben sich keine Unterschiede zu den bereits aufgezeigten Varianten, so dass die Wirksamkeit des Leistungsbestimmungsrechts i. S. d. § 1 Nr. 3 VOB/B und des Bauvertrages davon abhängt, wer als Verwender der Klausel anzusehen ist.

---

[587] vgl. hierzu BGH, Urt. v. 08.03.1984 – VII ZR 349/82, BauR 1984, 390; ebenso Kaufmann, Die Unwirksamkeit der Nachtragsklauseln der VOB/B nach §§ 305 ff. BGB, in Jahrbuch Baurecht 2006, S. 35 (54).

II.6.2.2 AGB-Widrigkeit von § 2 Nr. 5 VOB/B und § 2 Nr. 6 VOB/B

Ein Verstoß gegen ein spezielles Klauselverbot i. S. d. §§ 308, 309 BGB ist bei den Rechtsfolgeregelungen i. S. d. § 2 Nr. 5 und Nr. 6 VOB/B nicht zu erwarten, da diese lediglich das Verfahren bei der Anpassung der Vergütung vorgeben, so dass es ohnehin schon fraglich ist, ob sie als Preisberechnungsabreden überhaupt dem Prüfungsmaßstab der §§ 308, 309 BGB unterliegen.

II.6.2.2.1 §§ 307 Abs. 1 S. 1, Abs. 2 Nr. 1 BGB

Die Rechtsfolgeregelungen i. S. d. § 2 Nr. 5 und Nr. 6 VOB/B können allerdings wegen eines Verstoßes gegen §§ 307 Abs. 1 S. 1, Abs. 2 Nr. 1 BGB unwirksam sein.
In diesem Sinne sind Bestimmungen in Allgemeinen Geschäftsbedingungen unwirksam, wenn sie mit dem wesentlichen Grundgedanken der gesetzlichen Regelung, von der abgewichen wird, nicht zu vereinbaren sind, da im Zweifel anzunehmen ist, dass sie in diesem Fall den Vertragspartner des Verwenders unangemessen benachteiligen.

Eine derartige gesetzliche Regelung könnte § 632 Abs. 2 BGB darstellen, welcher für den Fall, dass die Höhe der Vergütung unbestimmt ist, festlegt, dass die übliche Vergütung als vereinbart anzusehen ist.

Fraglich ist allerdings, ob § 632 Abs. 2 BGB damit als Kontrollmaßstab für die Rechtsfolgeregelungen i. S. d. § 2 Nr. 5 und 6 VOB/B überhaupt geeignet ist, da er nach seinem Wortlaut als sekundäre Auffangnorm eigentlich das Fehlen einer Vergütungsvereinbarung voraussetzt und nicht eingreift, wenn, wie scheinbar im Fall der § 2 Nr. 5 und Nr. 6 VOB/B, eine Vereinbarung über den zu bildenden Preis vorliegt.

Diese Überlegungen veranlassen auch den BGH in einer Entscheidung aus dem Jahr 1996 § 632 Abs. 2 BGB als geeigneten Kontrollmaßstab i. S. d. § 307 Abs. 2 Nr. 1 BGB der Rechtsfolgeregelungen der § 2 Nr. 5 und Nr. 6 VOB/B auszuschließen[588].

Hiergegen wendet sich vor allem *Bruns*, welcher mit dem Argument, dass sich im Falle der Unwirksamkeit des § 2 Nr. 5 VOB/B der Preis einer geänderten

[588] BGH, Urt. v. 25.01.1996 – VII ZR 233/94, BauR 1996, 378 = ZfBR 1996, 196 = NJW 1996, 1346.

Leistung i. S. d. § 1 Nr. 3 VOB/B nach § 632 Abs. 2 BGB bestimme, dessen Anwendung als Kontrollmaßstab zu rechtfertigen versucht[589].

Seine Auffassung ist jedoch nur wenig überzeugend, da sie im Wesentlichen auf einer Vermischung vom BGH zu unterschiedlichen Problembereichen entwickelter Abgrenzungskriterien beruht.
Insbesondere ist die Frage der Unterscheidung zwischen kontrollfreier Preisabrede und i. S. d. § 307 Abs. 3 BGB kontrollierbarer Preisnebenabrede streng von der Frage nach der gesetzlichen Regelung, von welcher eine derartige Klausel eventuell abweichen könnte, zu trennen.

Bei der Beantwortung der ersten Frage kann in Übereinstimmung mit *Bruns* und der Rechtsprechung des BGH auf die Ersetzungsmöglichkeit durch dispositives Gesetzesrecht abgestellt werden, so dass auch nach diesem Abgrenzungskriterium im Fall von § 2 Nr. 5 und Nr. 6 VOB/B jeweils nach §§ 307 ff. BGB kontrollierbare Preisnebenabreden vorliegen müssten[590].
Dies bedeutet jedoch nicht, dass beide Rechtsfolgeregelungen damit auch an § 632 Abs.2 BGB zu messen sind.

Letzterer würde sich als Kontrollmaßstab der § 2 Nr. 5 und Nr. 6 VOB/B nämlich nur dann eignen, wenn dieser den Grundgedanken enthielte, dass ausnahmslos die übliche Vergütung für vom Auftragnehmer auszuführende Leistungen geschuldet wird.

Eine derartige Aussage ist § 632 Abs. 2 BGB nicht zu entnehmen.
Dies wäre nämlich gleichbedeutend damit, dass ausschließlich die übliche Vergütung einen ausgewogenen Preis für eine auszuführende Leistung darstellen könnte, was zur Folge hätte, dass jede Bestimmung in allgemeinen Vertragsbestimmungen, welche von der üblichen Vergütung abweicht, unwirksam wäre. Dies wird von vielen Autoren regelmäßig verkannt[591].

---

[589] Bruns, Schluss mit einseitigen Änderungen des Bauentwurfes nach § 1 Nr. 3 VOB/B?, in ZfBR 2005, 525 (527); ähnlich Anker/Klingenfuß, Kann das praktisch Erforderliche stets wirksam vereinbart werden?, in BauR 2005, 1377 (1383).

[590] vgl. auch BGH, Urt. v. 06.02.1985 – VIII ZR 61/84, WM 1985, 576; BGH, Urt. v. 21.11.1988 – III ZR 188/87, BGHZ 106, 42 = BauR 1989, 104 = DB 1989, 33; Urt. v. 14.04.1992 – XI ZR 196/91, BGHZ 118, 126 = NJW 1992, 1751 = DB 1992, 1403.

[591] so aber Bruns, Schluss mit einseitigen Änderungen des Bauentwurfes nach § 1 Nr. 3 VOB/B?, in ZfBR 2005, 525 (527); im Ergebnis auch Anker/Klingenfuß, Kann das praktisch Erforderliche stets wirksam vereinbart werden?, in BauR 2005, 1377 (1383); Kaufmann, Unwirksamkeit der Nachtragsklauseln der VOB/B nach §§ 305 ff BGB, in Jahrbuch Baurecht 2006, S. 35 (65).

Im Gegenteil verhält es sich so, dass es nach dem Grundsatz der Vertragsfreiheit grundsätzlich den Parteien obliegt, den für sie ausgewogenen Preis für die beauftragte Leistung festzulegen und damit die individuelle Äquivalenz zwischen Leistung und Gegenleistung zu bestimmen, welcher sowohl über, als auch unter dem üblichen Preisgefüge liegen kann, ohne dass dies AGB-rechtlich zu beanstanden wäre.
In diesem Sinne enthält § 632 Abs. 2 BGB lediglich für den Fall, dass eine derartige individuelle Vereinbarung fehlt, die Auslegungsregel, dass dann auf allgemein übliche Vergleichswerte zurückgegriffen werden kann.

§ 632 Abs. 2 BGB setzt damit das Fehlen einer Vergütungsvereinbarung voraus und greift nicht ein, wenn wie im Fall der §§ 2 Nr. 5 und Nr. 6 VOB/B eine Vereinbarung über den zu bildenden Preis vorliegt[592].
Vornehmlicher Zweck des § 632 BGB ist somit entgegen der Auffassung von *Bruns* nicht einen angemessenen Preis zu bestimmen, sondern vor allem die bessere Abgrenzbarkeit zum Gefälligkeitsverhältnis und Auftrag zu ermöglichen, Dissensfolgen i. S. d. § 154 f. BGB aufgrund fehlender Einigung zu vermeiden, sowie Vertraglücken zu schließen[593].
§ 632 Abs. 2 BGB kommt somit als Kontrollmaßstab der Rechtsfolgeregelungen i. S. d. § 2 Nr. 5 und Nr. 6 VOB/B i. V. m. § 307 Abs. 2 Nr. 1 BGB nicht in Betracht.

Aber auch keine andere gesetzliche Regelung kann sich nach dem Prinzip der Vertragsfreiheit als Kontrollmaßstab der Rechtsfolgeregelungen i. S. d. §§ 2 Nr. 5 und Nr. 6 VOB/B eignen, so dass ein Verstoß letzterer gegen §§ 307 Abs. 2 Nr. 1, Abs. 1 BGB ausscheidet und diese insoweit wirksam sind.

II.6.2.2.2 § 307 Abs. 1 S. 1 BGB

Die Rechtsfolgeregelungen i. S. d. §§ 2 Nr. 5 und Nr. 6 VOB/B könnten dennoch den Vertragspartner des Verwenders durch die Bindung an das Preis - Leistungsgefüge bezüglich der bereits vereinbarten Leistungen i. S. d. §§ 1 Nr.

---

[592] vgl. hierzu BGH, Urt. v. 04.10.1979 – VII ZR 319/78, BauR 1980, 84; BGH, Urt. v. 25.01.1996 – VII ZR 233/94, BauR 1996, 378 = ZfBR 1996, 196 = NJW 1996, 1346; BGH, Urt. v. 01.02.2000 – X ZR 198/97, BauR 2000, 1196 = IBR 2000, 307 = NJW 2000, 1107; Sprau in Palandt, 65. Auflage 2006, § 632 BGB, Rdn. 13; Peters in Staudinger, Band II, 2000, § 632 BGB, Rdn. 46; Busche in Münchener Kommentar, Band 4, 4. Auflage 2005, § 632 BGB, Rdn. 19.

[593] Sprau in Palandt, 65. Auflage 2006, § 632 BGB, Rdn. 1; Busche in Münchener Kommentar, Band 4, 4. Auflage 2005, § 632 BGB, Rdn. 2 mit weiteren Nachweisen; Peters in Staudinger, Band II, 2000, § 632 BGB, Rdn. 1.

1, 2 Nr. 1 VOB/B entgegen den Geboten von Treu und Glauben unangemessen benachteiligen und daher unwirksam sein (§ 307 Abs. 1 S. 1 BGB).

Eine derartige unangemessene Benachteiligung kann zumindest im Fall werkerfolgsindizierter Anordnungen i. S. d. § 1 Nr. 3 und Nr. 4 VOB/B nach der hier vertretenen Auffassung entgegen anders lautender Stimmen in der Literatur nicht nachvollzogen werden[594].

So soll insbesondere das Festhalten an Kalkulationsfehlern auch bei nicht vereinbarten Leistungen und der aus der Bindung teilweise mögliche Zwang zu einem Verzicht auf einen Teil des Gewinnes, etwaige Unsicherheiten bei der Vertragsauslegung, sowie die Nichtberücksichtigung der Kosten einer ordnungsgemäßen Nachtragsbearbeitung bei einer eventuellen Mehrvergütung gem. §§ 2 Nr. 5 und Nr. 6 VOB/B den Auftragnehmer entgegen Treu und Glauben unangemessen benachteiligen[595].

Dem ist jedoch zu entgegnen, dass Kalkulationsfehler auch nach der Konzeption des BGB grundsätzlich unbeachtlich sind[596].
Insbesondere rechtfertigt sich das Festhalten an derartigen Fehlern auch bei ursprünglich nicht vereinbarten Leistungen i. S. d. §§ 2 Nr. 1, 2 Nr. 1 VOB/B, da derartige Leistungen zwar nicht vertraglich, aber haftungsrechtlich vom Unternehmer geschuldet werden, ihn insoweit Prüf- und Hinweispflichten i. S. d. § 3 Nr. 3 S. 2 VOB/B und § 4 Nr. 3 VOB/B treffen, und andernfalls die in der VOB/B angelegte verschuldensunabhängige Verteilung des jedem Bauvertrag immanenten Planungsrisikos auf beide Vertragsparteien nicht zu realisieren wäre[597].
Ebenso wäre es ungeachtet etwaiger Kalkulationsfehler treuwidrig i. S. d. § 242 BGB erst einen Bauvertrag zu selbst kalkulierten Bedingungen abzuschließen und sich anschließend auf deren Unangemessenheit zu berufen.

---

[594] vgl. hierzu Bruns, Schluss mit einseitigen Änderungen des Bauentwurfes nach § 1 Nr. 3 VOB/B?, in ZfBR 2005, 525 (527); im Ergebnis auch Anker/Klingenfuß, Kann das praktisch Erforderliche stets wirksam vereinbart werden?, in BauR 2005, 1377 (1383); Kaufmann, Unwirksamkeit der Nachtragsklauseln der VOB/B nach §§ 305 ff BGB, in Jahrbuch Baurecht 2006, S. 35 (65ff).

[595] Anker/Klingenfuß, Kann das praktisch Erforderliche stets wirksam vereinbart werden?, in BauR 2005, 1377 (1383); Kaufmann, Unwirksamkeit der Nachtragsklauseln der VOB/B nach §§ 305 ff BGB, in Jahrbuch Baurecht 2006, S. 35 (69).

[596] dagegen aber Bruns, Schluss mit einseitigen Änderungen des Bauentwurfes nach § 1 Nr. 3 VOB/B?, in ZfBR 2005, 525 (527); im Ergebnis auch Anker/Klingenfuß, Kann das praktisch Erforderliche stets wirksam vereinbart werden?, in BauR 2005, 1377 (1383); Kaufmann, Unwirksamkeit der Nachtragsklauseln der VOB/B nach §§ 305 ff BGB, in Jahrbuch Baurecht 2006, S. 35 (65).

[597] vgl. Gliederungspunkt II.6.2.1.2.

Insbesondere als nach der hier vertretenen Auffassung der maßgebliche Beurteilungszeitpunkt, der der Ausführung der modifizierten Leistung entspricht, so dass etwaige Preissteigerungen entgegen anders lautender Stimmen berücksichtigungsfähig sind[598].

Der Unternehmer hat es selbst in der Hand auskömmlich zu kalkulieren und sich somit der Gefahr des etwaigen Verlustes eines Teils des kalkulierten Gewinnes zu entziehen. Dabei kann er insbesondere auch die Kosten einer ordnungsgemäßen Nachtragsbearbeitung berücksichtigen.

In diesem Sinne liegt es an den Parteien des Bauvertrages diesen so zu formulieren, dass Unsicherheiten bei der Vertragsauslegung erst überhaupt nicht entstehen oder aber bei bestehenden Unsicherheiten diese vor Vertragsschluss zu beseitigen und nicht in der Hoffnung auf eine von §§ 2 Nr. 5 und Nr. 6 VOB/B losgelöste Vergütung eine derartige Verpflichtung einzugehen.

Schließlich ist dem Auftragnehmer bei Vertragsschluss unter Einbeziehung der VOB/B auch bewusst, welche grundsätzlichen Probleme bei einem Bauvertrag bestehen und auf welchen Modus er sich zu deren Behebung einlässt, so dass auch in dieser Hinsicht durch die Bindung an das Preis – Leistungsgefüge des Bauvertrages bei der Vergütung nicht vereinbarter Leistungen er nicht entgegen dem Gebot von Treu und Glauben unangemessen benachteiligt werden kann.

Bestätigung erfährt diese Auffassung durch eine Entscheidung des BGH aus dem Jahr 1996, in welcher der Senat feststellt, dass § 1 Nr. 4 VOB/B und insbesondere § 2 Nr. 5 VOB/B einer isolierten Inhaltskontrolle nach §§ 9-11 AGBG standhalten[599].

In der Begründung führt er zu § 2 Nr. 5 VOB/B aus:

„§ 2 Nr. 5 Satz 1 VOB/B schreibt den Parteien Kriterien für die Vereinbarung des neuen Preises vor, sofern die Grundlagen des Preises für eine im Vertrag vorgesehene Leistung durch Änderung des Bauentwurfes oder andere Anordnungen des Auftraggebers geändert werden. Dabei sind grundsätzlich die alten Preise zum Ausgangspunkt für die Neuberechnung zu nehmen (so OLG Stuttgart SFH Z. 2.310 Bl. 15 ff; Ingenstau/Korbion a. a .O. B § 2 Rdn. 280).

---

[598] vgl. zu weitern Zumutbarkeitserwägungen schon Gliederungspunkte II.6.2.1.1 ff.

[599] BGH, Urt. v. 25.01.1996 – VII ZR 233/94, BauR 1996, 378 = ZfBR 1996, 196 = NJW 1996, 1346.

Mit diesem für beide Parteien von vornherein überschaubaren Modus für die Bildung des neuen Preises wird die Klausel auftretenden Änderungen der Preisberechnungsgrundlagen gerecht. So verbleiben dem Auftragnehmer etwaige Vorteile aus seiner ursprünglichen Kalkulation. Wenn er im Einzelfall sein ursprüngliches Angebot zu knapp kalkuliert hatte oder wenn ihm ein Kalkulationsfehler unterlaufen war, so ist es nicht unbillig, ihn daran im Rahmen des § 2 Nr. 5 Satz 1 VOB/B bei der Neuberechnung des Preises festzuhalten. Der Auftragnehmer, der sich bei Abgabe seines Angebotes der Möglichkeit einer Änderung des Bauentwurfes oder einer sonstigen Anordnung des Bauherrn bewusst sein muss, hat es in der Hand, seine Preise gründlich und auskömmlich zu kalkulieren; davon darf sein Vertragspartner regelmäßig auch ausgehen. Es ist daher nicht unangemessen, den Auftragnehmer daran festzuhalten."

Darüber hinaus leitet vor allem *Kaufmann* eine entgegen dem Grundsatz von Treu und Glauben unangemessene Benachteiligung i. S. d. § 307 Abs.1 S. 1 BGB des Unternehmers auch aus dessen genereller „Vorleistungspflicht" ab, da dieser selbst dann die Ausführung der angeordneten Leistungen nicht verweigern dürfte, wenn keine Vergütungsvereinbarung i. S. d. § 2 Nr. 5 S. 2 VOB/B vor Ausführung der geänderten Leistung getroffen wurde[600].
Das Überbürden einer „Vorleistungspflicht" in der rechtlich unklaren Situation, ob, wann und gegebenenfalls in welcher Höhe der Auftragnehmer überhaupt eine Vergütung erhält, sei dem Bürgerlichen Recht fremd.

Dem ist zu einerseits entgegnen, dass die „Vorleistungspflicht" und die diesbezüglich grundsätzlich fehlende Leistungsverweigerungsmöglichkeit des Unternehmers dem Wesen des Werkvertragsrecht i. S. d. § 631 BGB entspricht. Ein Leistungsverweigerungsrecht des Unternehmers i. S. d. § 320 BGB kann sich demnach auch nach der Konzeption des Bürgerlichen Gesetzbuches ausschließlich aus dem Grundsatz von Treu und Glauben ergeben (§ 320 Abs. 2 BGB), so dass als Grund für das Bestehen eines Leistungsverweigerungsrechts des Unternehmers eine schwerwiegende Pflicht- oder Obliegenheitsverletzung oder eine sich aus anderen Umständen ergebende Unzumutbarkeit in Betracht kommt.

Hiervon weicht die VOB/B, wie *Kuffer* nachgewiesen hat, grundsätzlich nicht ab[601].

---

[600] Kaufmann, Unwirksamkeit der Nachtragsklauseln der VOB/B nach §§ 305 ff BGB, in Jahrbuch Baurecht 2006, S. 35 (76).

[601] Kuffer, Leistungsverweigerungsrecht bei verweigerten Nachtragsverhandlungen, in ZfBR 2004, 110ff.

Ein generelles Leistungsverweigerungsrecht des Auftragnehmers bei Anordnungen i. S. d. § 1 Nr. 3 und Nr. 4 VOB/B besteht folglich nur insoweit, wie der Auftraggeber vor der Ausführung der angeordneten Leistung unmissverständlich zu erkennen gibt, dass er deren Vergütung endgültig verweigert[602]. Die Ausübung des Leistungsverweigerungsrechts ist damit ebenfalls auf schwerwiegende Unzumutbarkeitsgründe beschränkt[603]. Dies entspricht dem gesetzlichen Leitbild.

Auf der anderen Seite besteht zumindest auch rechtlich keine Vergütungsunsicherheit, da kraft Leistungsbestimmung i. S. d. § 1 Nr. 3 und Nr. 4 VOB/B die gegenseitigen Vertragspflichten unmittelbar geändert werden, so dass der i. S. d. § 2 Nr. 5 und Nr. 6 VOB/B geänderte vertragliche Vergütungsanspruch bereits mit Anordnung der Leistung entsteht. Ebenso wird durch § 2 Nr. 5 VOB/B damit auch die Höhe des durch § 1 Nr. 3 VOB/B veränderten Vergütungsanspruches vorgegeben.

Die tatsächliche Vergütungsunsicherheit ist hingegen jeder Vertragsform immanent, wovor sich der Unternehmer jedoch ebenfalls in Formen schützen kann, welche die „Vorleistungspflicht" des Unternehmers trotz fehlender Vergütungsvereinbarung zumindest nicht unzumutbar i. S. d. § 307 Abs. 1 S. 1 BGB erscheinen lassen.
So kann er z. B. durch die Vereinbarung von Abschlagszahlungen, welche insbesondere auch Mehrvergütungsansprüche i. S. d. §§ 2 Nr. 5 und Nr. 6 VOB/B erfassen würden, ein gewisses Maß an Sicherheit erlangen.
Ebenso könnte er sich auf ein Leistungsverweigerungsrecht berufen, soweit der Auftraggeber für im Sinne von § 1 Nr. 3 und Nr. 4 VOB/B modifizierte Leistungen keine Sicherheit gem. § 648 a BGB leistet[604].
Letztendlich wäre auch an ein Vorgehen gem. § 16 Nr. 5 VOB/B zu denken[605] oder ein Leistungsverweigerungsrecht des Auftragnehmers aus einer eventuellen Verletzung der Kooperationspflicht durch den Auftraggeber herzuleiten[606].

---

[602] BGH, Urt. v. 24.06.2004 – VII ZR 271/01, BauR 2004, 1613 = ZfBR 2004, 786 = IBR 2004, 486.

[603] vgl. auch Irl, IBR 2004, 486.

[604] Abzuwarten bleiben geplante Änderungen und Ergänzungen der Sicherungsmittel, durch das Forderungssicherungsgesetz.

[605] Kuffer, Leistungsverweigerungsrecht bei verweigerten Nachtragsverhandlungen, in ZfBR 2004, 117.

[606] vgl. hierzu Vygen, Leistungsverweigerungsrecht des Auftragnehmers bei Änderung des Bauentwurfes gemäß § 1 Nr. 3 VOB/B oder Anordnung von zusätzlichen Leistungen gem. § 1 Nr. 4 VOB/B, in BauR 2005, 431f.; beachte aber die Einwände von Stassen/Grams, Zur Ko-

Schließlich wird der Auftragnehmer auch nicht dadurch unangemessen benachteiligt, dass er aufgrund der zum Teil schwierigen Abgrenzbarkeit zwischen Leistungen, welche von §§ 1 Nr. 3 und Nr. 4 VOB/B erfasst sind und denen die einer gesonderten Zustimmung bedürften, bei welchem ihm aber unter wesentlich eindeutigeren Voraussetzungen ein Leistungsverweigerungsrecht zusteht[607], auf dessen Ausübung in manchen Fällen verzichten wird, da ihm in letzterem Fall gem. § 632 Abs. 2 BGB zumindest die übliche Vergütung zusteht.

Im Ergebnis kann daher eine unangemessene Benachteiligung des Auftragnehmers i. S. d. § 307 Abs. 1 S. 1 BGB in jeder Hinsicht zumindest bei erforderlichen Anordnungen i. S. d. § 1 Nr. 3 und Nr. 4 VOB/B i. V. m. § 631 BGB nicht nachvollzogen werden.
Die Rechtsfolgeregelungen i. S. d. § 2 Nr. 5 und Nr. 6 VOB/B halten insofern der Inhaltskontrolle bei objektiv-generalisierender Betrachtung nach § 307 Abs. 1 S. 1 BGB stand.

Bei der Anordnung nicht erforderlicher Leistungen i. S. d. § 1 Nr. 3 VOB/B kann sich hingegen eine andere Wertung ergeben.

Richtig ist, dass auch Bereich nicht werkerfolgsindizierter Änderungen ähnliche dem Bauvertrag immanente Planungsschwierigkeiten wie bei erforderlichen Änderungsanordnungen bestehen, vor welchen sich ebenfalls keine der Parteien verschließen kann.

Ebenso ist eine insoweit einheitliche Vergütungsregelung zum Zwecke der Rechtssicherheit und einer angemessener Verteilung des Planungsrisikos auf beide Vertragsparteien wünschenswert.

Die Annahme eine unangemessene Benachteiligung des Auftragnehmers durch die Bindung an das Preis-Leistungsgefüge der Auftragskalkulation gem. § 2 Nr. 5 VOB/B ist jedoch dennoch vertretbar, da derartige Leistungen nicht zur mangelfreien Herstellung des Werkes i. S. d. § 631 BGB notwendig sind und daher keine Änderungsnotwendigkeiten in der vereinbarten Leistung für den Unternehmer erkennbar wären, so dass diesbezüglich auch insbesondere keine Verletzung etwaiger Prüf- und Hinweispflichten i. S. d. § 3 Nr. 3 S. 2 VOB/B und § 4 Nr. 3 VOB/B möglich erscheint.

---

operationspflicht des Auftragnehmers gem. § 2 Nr. 5 VOB/B bei Mehrkosten, in BauR 2003, 943 ff.

[607] vgl. BGH, Beschl. v. 13.02.2003 – VII ZR 394/01 (Vorinstanz OLG Celle, Urt. v. 25.10.2001 – 14 U 74/00), BauR 2003, 890 = IBR 2003, 231.

Etwas anderes ergibt sich auch nicht aus der generellen Möglichkeit des Auftraggebers derartige Änderungen im Rahmen des § 1 Nr. 3 VOB/B anzuordnen, da nach der hier vertretenen Auffassung eine derart weitreichende Anordnungsbefugnis ihrerseits dem Auftraggeber nicht zumutbar i. S. d. § 308 Nr. 4 BGB ist und in mehrfacher Hinsicht unwirksam ist.
Insbesondere führt ein derart weitreichendes Recht des Auftraggebers zur Unbestimmtheit der Leistungspflicht des Auftragnehmers, so dass in diesem Fall das Argument, dass letzterer insofern mit derartigen Veränderungen und dem dafür vorgesehenen Vergütungsmodus von vornherein hätte rechnen müssen, nicht einschlägig ist.
Im Gegenteil ist es für den Auftragnehmer gerade im Fall nicht werkerfolgsindizierter Änderungen unvorhersehbar, welche davon noch von dem Leistungsbestimmungsrecht des § 1 Nr. 3 VOB/B gedeckt sind und damit dem Vergütungsmodus des § 2 Nr. 5 VOB/B unterfallen und bei welchen es sich um Zusatzaufträge handelt, bei denen die Vergütung frei vereinbart werden kann.

Die mangelnde Vorhersehbarkeit zu erwartender Änderungen wird um so deutlicher, als § 2 Nr. 5 VOB/B auch die Rechtsfolgeregelung für andere Anordnungen regelt. Dies führt letztendlich dazu, dass sich der Auftragnehmer lediglich darauf verlassen kann, dass im Zweifel Mehrkosten, welche dadurch entstanden sind, dass durch eine Anordnung des Auftraggebers in das Preis – Leistungsgefüge des Bauvertrages eingegriffen wurde, wohl an die Auftragskalkulation gebunden sind und er insofern an Kalkulationsfehler oder Unterkalkulationen haften bleibt.
Diese zweifelhafte Sicherheit ist dem Unternehmer, auch wenn ihm die Rechtsfolgeregelung bekannt sein dürfte, entgegen dem Grundsatz von Treu und Glauben i. S. d. § 307 Abs. 1 S. 1 BGB weder zumutbar, noch ist ein Ausgleich dieses Nachteils durch eine andere kongruente Klausel in der VOB/B vorgesehen, so dass § 2 Nr. 5 VOB/B im Fall nicht erforderlicher Anordnungen des Auftraggebers unwirksam ist.

Mangels Zulässigkeit einer geltungserhaltenden Reduktion ist damit § 2 Nr. 5 VOB/B bei objektiv-generalisierender Betrachtung i. S. d. § 307 Abs. 1 S. 1 BGB insgesamt unwirksam, wohingegen § 2 Nr. 6 VOB/B den Auftragnehmer nicht entgegen dem Grundsatz von Treu und Glauben unangemessen benachteiligt und daher wirksam ist.

II.6.2.2.3 § 307 Abs. 1 S. 2 BGB i. V. m. § 307 Abs. 1 S. 1 BGB

Eine weitere Wirksamkeitsgrenze ergibt sich aus § 307 Abs. 1 S. 2, Abs. 1 S. 1 BGB, wonach eine Klausel in Allgemeinen Geschäftsbedingungen auch klar und verständlich formuliert sein muss, um den Vertragspartner des Verwenders nicht wider Treu und Glauben unangemessen zu benachteiligen.

Dabei kommt es, wie bereits erwähnt, nicht nur darauf an, dass die Klausel in ihrer Formulierung für den durchschnittlichen Vertragspartner verständlich ist. Vielmehr gebieten Treu und Glauben auch, dass die Klausel die wirtschaftlichen Nachteile und Belastungen soweit erkennen lässt, wie dies nach den Umständen gefordert werden kann[608].

Diese Wirksamkeitserfordernisse werden durch die Rechtsfolgeregelungen i. S. d. § 2 Nr. 5 und Nr. 6 VOB/B jedoch erfüllt.

Sie enthalten konkrete Vorgaben anhand derer die Preise für die modifizierte Leistung zu entwickeln sind, so dass für beide Parteien bei Vertragsschluss die wirtschaftlichen Auswirkungen einer Anordnung des Auftraggebers i. S. d. § 1 Nr. 3 und Nr. 4 VOB/B in dem Maße überschaubar sind, wie es aufgrund der jedem Bauvertrag immanenten Spannung zwischen Planung und Realität erwartet werden kann[609].

Insbesondere verstößt § 2 Nr. 6 VOB/B auch nicht durch die zahlreichen von der Rechtsprechung entwickelten Ausnahmen von der Ankündigungspflicht i. S. d. § 2 Nr. 6 abs. 1 S. 2 VOB/B gegen das Transparenzgebot i. S. d. § 307 Abs. 1 S. 2 BGB, da sie wie nachgewiesen keine Anspruchsvoraussetzung, sondern einseitige Nebenpflicht des Auftragnehmers ist, bei deren Verletzung die dargestellten Ausnahmen entsprechend der Konzeption des Bürgerlichen Gesetzbuches im Rahmen eines möglichen Schadensersatzanspruches Berücksichtigung finden können[610].

II.6.2.2.4 Zwischenergebnis

Die Rechtsfolgeregelung i. S. d. § 2 Nr. 5 VOB/B verstößt somit bei objektiv-generalisierender Betrachtung gegen § 307 Abs. 1 S. 1 BGB und ist daher un-

---

[608] Schmidt in Bamberger/Roth, Band 1, 2003, § 307 BGB, Rdn. 55 mit weiteren Nachweisen.

[609] Vgl. Gliederungspunkt II.6.1.2.3.

[610] vgl. Gliederungspunkt II.5.3.

wirksam, wohingegen im Fall des § 2 Nr. 6 VOB/B ein AGB-rechtlicher Verstoß und daraus resultierende Unwirksamkeit nicht festgestellt werden kann.

II.6.2.2.5 Berücksichtigung der Verwendungssituation

Im Folgenden gilt es wiederum zu überprüfen, ob das Ergebnis dieser objektiv-generalisierenden Betrachtung in den häufigsten Verwendungssituationen aufrechterhalten werden kann.

Da überhaupt nur ein Verstoß festgestellt wurde, lassen sich diese wie folgt zusammenfassen:

Soweit die VOB/B von einem Unternehmer in den Bauvertrag gestellt wurde, kann sich dieser als Verwender nicht auf dessen Unwirksamkeit berufen, so dass der Verstoß der Rechtsfolgeregelung i. S. d. § 2 Nr. 5 VOB/B gegen § 307 Abs. 1 S. 1 BGB nur in dem seltenen Fall der ausdrücklichen Verwendung durch einen Verbraucher von Bedeutung sein kann, da selbst bei einem Verbrauchervertrag grundsätzlich der Unternehmer als Verwender der Vertragsklausel gilt (§ 310 Abs. 3 Nr. 1 BGB).
Ausschließlich in diesem Fall wäre der Unternehmer durch die Rechtsfolgeregelung i. S. d. § 2 Nr. 5 VOB/B unangemessen benachteiligt und die Klausel daher unwirksam (§ 307 Abs. 1 S. 1 BGB).

Bei einem Bauvertrag zwischen zwei Unternehmern i. S. d. § 14 BGB ergeben sich keine wesentlichen Unterschiede, so dass die Wirksamkeit der Rechtsfolgeregelung i. S. d. § 2 Nr. 5 VOB/B davon abhängig ist, wer als Verwender der Klausel anzusehen ist.

III. Ergebnis

Als Ergebnis der Analyse der „Nachtragsregelungen“ i. S. d. §§ 1 Nr. 3, 2 Nr. 5 VOB/B und der §§ 1 Nr. 4, 2 Nr. 6 VOB/B ist somit folgendes festzuhalten:

- **§ 1 Nr. 3 VOB/B gewährt dem Auftraggeber ein einseitiges Leistungsbestimmungsrecht hinsichtlich verbindlich festgelegter Teile des Leistungserfolges, soweit diese zeichnerisch dargestellt wurden oder als textliche Erläuterung derartiger Leistungen zu werten sind (§ 133, 157 BGB). Hiervon werden die zum Teil als Bauumstände bezeichneten Leistungen, insbesondere im Hinblick auf die Leistungszeit, nicht erfasst. Im Übrigen ist der Auftraggeber in der Ausübung** des Leistungsbestimmungsrechts lediglich durch die Unveränderbarkeit des Gesamtwerkerfolges i. S. d. § 631 BGB und das Bestehen der Hauptleistungspflicht beschränkt.

- Jede Änderung durch den Auftraggeber i. S. d. § 1 Nr. 3 VOB/B stellt damit einen Eingriff in die synallagmatische Beziehung zwischen vereinbarter Leistung i. S. d. § 1 Nr. 1, 2 Nr. 1 VOB/B und dafür versprochener Vergütung dar, deren Rechtsfolgen § 2 Nr. 5 VOB/B insbesondere durch die Vorgabe der Art und Weise der Vergütungsanpassung nochmals ausdrücklich hervorhebt.
  Daneben regelt § 2 Nr. 5 S. 1 Alt. 2 BGB auch die Rechtsfolgeregelung für andere Anordnungen des Auftraggebers, welche allerdings nur dann in Betracht kommt, soweit ihm diesbezüglich vertraglich ein gesondertes Leistungsbestimmungsrecht eingeräumt wurde. Dementsprechend steht es den Bauvertragsparteien frei, auch die Leistungszeit der einseitigen Anordnungsbefugnis des Auftraggebers zu unterstellen. Die daraus resultierenden Folgen sind jedoch nicht nur für den Auftragnehmer, sondern auch für den Auftraggeber nicht unbedingt vorteilhaft.

- § 1 Nr. 4 VOB/B gewährt dem Auftraggeber ein weiteres einseitiges Leistungsbestimmungsrecht bezüglich nicht vereinbarter Leistungen, allerdings nur soweit diese zur Erreichung des werkvertraglich geschuldeten Erfolgs i. S. d. § 631 BGB erforderlich sind.
  Damit ist der Anwendungsbereich des Leistungsbestimmungsrechts i. S. d. § 1 Nr. 4 VOB/B ebenfalls durch den Werkerfolg und das Bestehen der Primärleistungspflicht aus dem Bauvertrag begrenzt. Im Gegensatz zu § 1 Nr. 3 VOB/B wird die Ausübung des Leistungsbestimmungsrechts i. S. d. § 1 Nr. 4 S.1 VOB/B darüber hinaus durch die Leistungsfähigkeit des Betriebes des jeweiligen Auftragnehmers limitiert, so dass der Unternehmer die Ausführung von berechtigterweise angeordneten Leistungen, auf welche sein Betrieb aber nicht eingerichtet ist, verweigern kann.

- Jede Anordnung einer zusätzlichen Leistung i. S. d. § 1 Nr. 4 S. 1 VOB/B, welche den Auftragnehmer zur Ausführung verpflichtet, stellt damit ebenfalls einen Eingriff in die synallagmatische Beziehung zwischen vereinbarter Leistung i. S. d. § 1 Nr. 1, 2 Nr. 1 VOB/B und dafür versprochener Vergütung dar, deren Rechtsfolge § 2 Nr. 6 VOB/B regelt. Insbesondere ist auch hier zur angemessenen Verteilung des Planungsrisikos bei der Bemessung der Vergütung grundsätzlich die dem Vertrag zu Grunde gelegte Kalkulation ausschlaggebend.

Beide Regelungskomplexe sind grundsätzlich geeignet, den aus der Zukunftsorientiertheit resultierenden Problemen des Bauvertrages gerecht zu werden.
Zum einen eröffnen sie dem Auftraggeber ein überaus weitreichender Spielraum, in welchem er auf bei Vertragsschluss nicht vorhersehbare Besonderheiten, sei es aus Erforderlichkeitsgesichtspunkten oder aus rein ästhetischen Gründen, schnell und bestimmend reagieren kann.
Zum anderen bleibt bei der Ausübung einer dieser Gestaltungsmöglichkeiten die Äquivalenz zwischen Leistung und Gegenleistung durch einen nach §§ 2 Nr. 5 und Nr. 6 VOB/B veränderten Vergütungsanspruch größtenteils gewahrt.

Allerdings erschließt sich der Anwendungsbereich und die Reichweite der Anordnungsrechte i. S. d. §§ 1 Nr. 3 und Nr. 4 VOB/B i. V. m. §§ 2 Nr. 5 und Nr. 6 VOB/B nicht nur aufgrund der verwendeten Terminologie vor allem für den juristischen Laien nur unzureichend, da viele Faktoren von der Bestimmung des vereinbarten Werkerfolgs und des vereinbarten Leistungsinhalts, sowie der Erforderlichkeit der angeordneten Leistung hierfür und deren Zumutbarkeit abhängig ist.
Gerichtliche Auseinandersetzungen über deren Anwendungsbereich, Grenzen und vergütungsrechtliche Folgen sind daher in der alltäglichen Baupraxis nahezu die Regel, so dass die beabsichtigte Funktion, eine schnelle, eindeutige, ausgewogene und vor allem abschließende Reaktionsmöglichkeit auf die Planungsschwierigkeiten bei einem Bauvertrag den Parteien zur Verfügung zu stellen, zumeist verfehlt wird .

Darüber hinaus führen die §§ 1 Nr. 3, 2 Nr. 5 VOB/B zum Teil zu einer unangemessenen Benachteiligung des Unternehmers, so dass sie in Abhängigkeit von der konkreten Verwendungssituation unwirksam sind, §§ 307 ff. BGB.

IV. Schlussfolgerungen

Für den Anwendungsbereich, die Funktion und die Grenzen des § 6 Nr. 6 VOB/B und des § 642 BGB ergibt sich hieraus folgendes:

Zwischen den Mehrvergütungsansprüchen i. S. d. §§ 1 Nr. 3, 2 Nr. 5 bzw. §§ 1 Nr. 4, 2 Nr. 6 VOB/B und dem Schadensersatzanspruch i. S. d. § 6 Nr. 6 VOB/B besteht keine Anspruchskonkurrenz, vielmehr schließen sich diese entgegen anders lautenden Stimmen in der Literatur gegenseitig aus, da § 6 Nr. 6 VOB/B unabhängig von der Frage, ob § 6 Nr. 6 VOB/B eine eigene Anspruchsgrundlage darstellt oder lediglich als Haftungsbeschränkung an eine bereits existente Anspruchsgrundlage anknüpft, in jedem Fall zumindest eine Vertragsverletzung einer Partei bzw. ein vertragswidriges Leistungshindernis voraussetzt[611].

Diesen Tatbestand kann der Auftraggeber durch eine berechtigte und damit vertragsmäßige Anordnung i. S. d. §§ 1 Nr. 3 Und Nr. 4 VOB/B nicht erfüllen, insbesondere als § 2 Nr. 5 S. 1 Alt. 2 VOB/B die Einräumung einer gesonderten Anordnungsbefugnis ebenfalls voraussetzt.

Da der Auftraggeber weder nach werkvertraglichen, noch nach verordnungsrechtlichen Grundsätzen berechtigt ist, unmittelbare zeitliche Anordnungen zu treffen, ist der Anwendungsbereich des § 6 Nr. 6 VOB/B bei derartigen Anordnungen des Auftraggebers eröffnet.

Erachtet sich der Auftragnehmer also durch eine unmittelbare zeitliche Anordnung (z.B. Beschleunigungsanordnungen, die Anordnung eines Baustopps oder den Baubeginn zu verschieben) des Auftraggebers oder diesem zurechenbare Pflichtverletzung in seiner Leistungserbringung behindert, so hat er dies dem Auftraggeber gem. § 6 Nr. 1 VOB/B anzuzeigen, und kann gegebenenfalls einen Verzugsschaden i. S. d. § 6 Nr. 6 VOB/B (i. V. m. §§ 286, 280 BGB) geltend machen[612].

Ebenso ist eine Anspruchskonkurrenz zwischen §§ 1 Nr. 3, 2 Nr. 5 VOB/B bzw. §§ 1 Nr. 4 S. 1, 2 Nr. 6 VOB/B und § 642 BGB ausgeschlossen, da die „Mehrvergütungsansprüche" i. S. d. §§ 2 Nr. 5 und Nr. 6 VOB/B eine Anordnung des

---

611 vgl. dazu BGH, Urt. v. 16.10.1997 – VII ZR 64/96, BauR 1997, 1021 = ZfBR 1998, 33 = NJW 1998, 456; BGH, Urt. 21.10.1999 – VII ZR 185/98, BauR 2000, 722 = ZfBR 00, 248 = NZBau 2000, 187; OLG Hamm 14.04.2005 – 21 U 133/04, BauR 2005, 1480 = IBR 2005, 522; Wirth/Würfele, Bauzeitverzögerung: Mehrvergütung gem. § 2 Nr. 5 VOB/B oder Schadensersatz gem. § 6 Nr. 6 VOB/B, in Jahrbuch Baurecht 2006, 119 (130f); Piel, Zur Abgrenzung zwischen Leistungsänderungen (§ 1 Nr. 3, 2 Nr. 5 VOB/B) und Behinderungen (§ 6 VOB/B), in Festschrift für Korbion, 1986, 349 (353ff.); Lange, Zur Bedeutung des Anspruchs aus culpa in contrahendo bei unvollständigen, unklaren oder fehlerhaften Leistungsbeschreibungen, in Festschrift für Craushaar, 1997, 285 (287); Kemper, Nachträge und ihre mittelbaren Bauzeitauswirkungen, in NZBau 2001, 238 (239ff.); Keldungs in Ingenstau/Korbion, VOB Teil A und B, 15. Auflage 2004, § 2 Nr. 5 VOB/B, Rdn. 10; Kapellmann in Kapellmann/Messerschmidt, VOB Teil A und B, 2003, § 6 VOB/B, Rdn. 53 ff.; Motzke in Beck´scher VOB-Kommentar, Teil B, 1997, § 6 Nr. 6 VOB/B, Rdn. 25 ff.

612 Eine „freiwillige" Befolgung einer derartigen Anordnung, welche regelmäßig die Rechtswidrigkeit einer Rechtsgutsverletzung entfallen lassen würde, kann bei einem klassischen Bauvertrag schon aufgrund des Hausrechts des Bestellers nur in Ausnahmefällen anzunehmen sein; viel wahrscheinlicher wird der Auftragnehmer aufgrund der tatsächliche Umstände an einer vertragsgemäßen Ausführung gehindert sein; vgl. aber mit berechtigten Bedenken Wirth/Würfele, Bauzeitverzögerung: Mehrvergütung gemäß § 2 Nr. 5 VOB/B oder Schadensersatz gemäß § 6 Nr. 6 VOB/B, in Jahrbuch Baurecht 2006, 119 (146).

Auftraggebers voraussetzen, wohingegen der verschuldensunabhängige Entschädigungsanspruch i. S. d. § 642 BGB das Unterlassen einer Obliegenheit in Form einer Mitwirkungshandlung des Bestellers erfordert[613].
§ 642 BGB bildet damit die Auffangnorm für verzögerungsbedingte Mehrkosten des Auftragnehmers, deren Ursache der Auftraggeber eigentlich nicht zu vertreten hat, ihm diesbezüglich aber beispielsweise die nicht sach- und fristgerechte zur Verfügungstellung des Baugrundstückes zur Last gelegt werden kann.

[613] vgl. hierzu Sprau in Palandt, 65. Auflage 2006, § 642 BGB, Rdn. 2ff.

Teil 2: Integration in ein künftiges Bauvertragsrecht

Die aufgezeigten Probleme der §§ 1 Nr. 3 und Nr. 4 VOB/B i. V. m. §§ 2 Nr. 5 und Nr. 6 VOB/B machen deutlich, dass eine Integration derartiger Leistungsbestimmungsrechte in ein künftiges deutsches Bauvertragsrecht in dieser Form weder möglich, noch sinnvoll sein wird.
So tragen sie weder zu einer klaren Abgrenzbarkeit, noch zu einer sicheren Handhabung der „nachzutragenden" Leistungen bei, so dass der gewünschte Effekt, eine schnelle, eindeutige und angemessne Reaktionsmöglichkeit auf die dem Bauvertrag immanenten Planungsschwierigkeiten unter Ausgleich der gegenläufigen Interessen zu gewährleisten, nicht erzielt wird.

Daneben benachteiligen sie zumindest nach der hier vertretenen Ansicht den Unternehmer zum Teil in einer Weise, welche nicht mehr durch die Besonderheiten des Bauvertrages gerechtfertigt werden kann.

Bei der Integration eines derartigen Regelungszusammenhangs i. S. d. §§ 1 Nr. 3 und Nr. 4, 2 Nr. 5 und Nr. 6 VOB/B in ein künftiges deutsches Bauvertragsrecht gilt es also zum einen die Unsicherheiten bei deren Handhabung durch inhaltliche und in der Formulierung eindeutige Regelungen zu beheben, dabei die gegenläufigen Interessen der Bauvertragsparteien in jedem Fall angemessen zu berücksichtigen, und schließlich langwierige gerichtliche Streitigkeiten über deren Anwendungsbereich und Reichweite, sowie den daraus resultierenden vergütungsrechtlichen Folgen zwischen den Beteiligten zu vermeiden[614].

I. Literatur

In der Literatur finden sich hierzu die unterschiedlichsten Ansätze.

Nach Ansicht *Peters*[615] etwa funktionieren die Regelungen der §§ 1 Nr. 3, 4 und 2 Nr. 4 ff. VOB/B bei Vereinbarung der VOB/B, andererseits habe die Praxis offenbar auch dann keine Probleme, wenn die VOB/B nicht zu Grunde gelegt ist, so dass insoweit eigentlich kein Handlungsbedarf bestehe. Die notwendi-

---

[614] weitere durchaus beachtenswerte Ansatzpunkte für eine bessere Handhabung der §§ 1 Nr. 3, Nr. 4 VOB/B i. V. m. §§ 2 Nr. 5 und Nr. 6 VOB/B finden sich unter anderem bei Roquette, Praktische Erwägungen zur Bauzeit bei Vertragsgestaltung und baubegleitender Rechtsberatung, in Jahrbuch Baurecht 2006, 33 (80f.); Kattenbusch/Kuhne in IBR 2005, 487.

[615] Peters, Stellungnahme zum Fragebogen des Bundesministerium der Justiz für die Ermittlung des Überprüfungsbedarfs im Bereich des Bauvertragsrechts, in NZBau 2005, 270 (271).

ge Flexibilität des Werkvertrags sei nur ein Problem der zivilrechtlichen Dogmatik, die gemeinhin viel zu statisch denke.

Im baurechtlichen Ergänzungsentwurf zum Schuldrechtsmodernisierungsgesetz durch den Arbeitskreis Schuldrechtsmodernisierungsgesetz des Instituts für Baurecht Freiburg e. V. (IfBF) findet sich hingegen in § 2 des Entwurfes folgende Empfehlung[616]:

E § 2
Änderungen und Ergänzungen

(1) Der Besteller ist berechtigt, nach Vertragsschluss Änderungen oder Ergänzungen des Werkes anzuordnen, es sei denn, es stehen wichtige Gründe entgegen.

(2) Die Vergütung für geänderte oder ergänzende Leistungen bestimmt sich nach den Grundlagen der Vergütungsermittlung für die vertragliche Leistung und gegebenenfalls den besonderen Kosten der angeordneten Leistung. Der Unternehmer hat den Besteller vor Ausführung auf eine eventuelle Mehrvergütung hinzuweisen, über deren Grund und Höhe möglichst vor der Ausführung Einvernehmen erzielt werden soll.

Auffällig an diesem Entwurf ist, dass sich nur noch eine einheitliche Regelung mit der Thematik der angeordneten „Nachträge" befasst, welche insbesondere nicht mehr zwischen geänderter und zusätzlicher Leistung unterscheidet.
Vielmehr ist der Besteller grundsätzlich befugt, nach seinen Vorstellungen die vereinbarte Leistung nach Vertragsschluss zu modifizieren, ohne dass der Unternehmer hierauf Einfluss nehmen könnte.
Lediglich wichtige Gründe sollen einem derartigen Änderungsrecht des Bestellers entgegenstehen können.
Daneben soll die Unzulässigkeit einer Neuplanung, wie der Begründung zu entnehmen ist, beibehalten werden, was durch die verwendete Terminologie zum Ausdruck gebracht werden soll.

Aufgrund der Vereinheitlichung der Anordnungsrechte i. S. d. § 1 Nr. 3 und Nr. 4 VOB/B wurde auf der anderen Seite auch nur noch eine Rechtsfolgeregelung erforderlich, bei welcher die aus §§ 2 Nr. 5 und Nr. 6 VOB/B bekannte Bindung an das Preis-Leistungsgefüge des Bauvertrages bei der Ermittlung

---

[616] Abgedruckt in BauR 2006, 263ff.

der Höhe des Mehrvergütungsanspruches als sachgerecht beibehalten wurde.
Daneben wurde eine einheitliche Hinweispflicht aufgenommen, welche zwar Vertragspflicht, deren Erfüllung jedoch nicht Anspruchsvoraussetzung für die Mehrvergütung sein soll.

In Ergänzung zu diesem Entwurf schlägt *Kaufmann*[617] folgende Regelung vor:

Entwurf § 645 BGB

(1) Nachträgliche Erweiterungen oder Änderungen des Bauvertrages bedürfen der Zustimmung beider Vertragsparteien.

(2) Der Besteller ist berechtigt, entsprechend § 315 BGB Erweiterungen oder Änderungen des ursprünglich im Bauvertrag vereinbarten Leistungsinhalts oder der Leistungszeit zu bestimmen, wenn dies auf Grund von nach Vertragsschluss bekannt gewordenen Umständen zur Erreichung des vom Besteller mit dem Vertrag verfolgten Zweckes erforderlich und nach Abwägung der Interessen der Vertragsparteien dem Unternehmer zumutbar ist und andernfalls der Besteller nicht unerhebliche Nachteile in Kauf nehmen müsste.

(3) Die im Bauvertrag vereinbarte Vergütung ist in den Fällen der Abs. 1 und 2 entsprechend anzupassen. Einigen sich die Parteien des Bauvertrages bis zur Abnahme nicht über den Umfang der Vergütungsanpassung, so ist der Unternehmer berechtigt, die Anpassung der Vergütung nach billigem Ermessen unter Berücksichtigung der Preisgrundlagen für die vertragliche Leistung, mindestens jedoch in Höhe der angemessenen und ortsüblichen Vergütung für vergleichbare Leistungen entsprechend § 315 BGB zu bestimmen.

(4) Treten durch ein Verlangen des Bestellers i. S. d. Abs. 2 nachteilige Einflüsse auf den vom Unternehmer geplanten Bauablauf ein oder verlängert sich die nach dem Bauvertrag anzunehmende Leistungszeit, so ist dies bei der der Bestimmung der Vergütungsanpassung angemessen zu berücksichtigen. Soweit im Bauvertrag dazu nichts anderes vereinbart ist, gilt eine Erhöhung der nach Abs. 3 zu bestimmenden Vergütung um 10 % zur Abgeltung der zeitbedingten Mehrkosten als angemessen, wenn nicht der Besteller geringere oder der Unternehmer höhere zeitbedingte Mehrkosten nachweist.

---

[617] Kaufmann, Unwirksamkeit der Nachtragsklauseln der VOB/B nach §§ 305 ff. BGB, in Jahrbuch Baurecht 2006, 35 (80f).

(5) Bestreitet der Besteller im Falle des Abs. 2 die Verpflichtung zur Zahlung einer nach den Abs. 3 und 4 angepassten Vergütung, so trägt er die Darlegungs- und Beweislast dafür, dass der Unternehmer die betreffende Leistung als Teil des ursprünglich im Bauvertrag vereinbarten Leistungsinhalts gegen Zahlung der ursprünglich vereinbarten Vergütung zu erbringen hat. Unklarheiten der Leistungsbeschreibung gehen bei der Bestimmung des ursprünglich im Bauvertrag vereinbarten Leistungsinhalts zu Lasten derjenigen Vertragspartei, die die Leistungsbeschreibung erstellt hat. Satz 1 gilt entsprechend, wenn der Besteller im einem Fall des Abs. 2 behauptet, die im Bauvertrag ursprünglich vereinbarte Vergütung sei nach Abs. 3 zu mindern oder in einem Fall des Abs. 4 behauptet, es sei nicht zu nachteiligen Einflüssen auf den vom Unternehmer geplanten Bauablauf oder zu einer Verlängerung der Leistungszeit gekommen.

(6) Von den Vorschriften der Abs. 1–5 abweichende Vereinbarungen durch Allgemeine Geschäftsbedingungen i. S. d. § 305 Abs.1 BGB sind unwirksam.

Wie im Entwurf des Arbeitskreises Schuldrechtsmodernisierungsgesetz des Instituts für Baurecht Freiburg e. V enthält auch *Kaufmanns* Vorschlag einer zivilrechtlichen Integration nur eine einheitliche Regelung hinsichtlich eines Leistungsbestimmungsrechtes des Bestellers.
Diese unterliegt jedoch im Vergleich zum vorstehenden Entwurf wesentlich tiefgreifenderen Einschränkungen, von denen vor allem die Begrenzung auf erforderliche Bestimmungen hinsichtlich des Leistungsinhaltes, der Leistungszeit und die vorzunehmende Interessenabwägung hervorzuheben sind. Auch in der Vergütungsanpassung gem. Abs. 3 ergeben sich Unterschiede, da diese offensichtlich in zwei Stufen erfolgen soll, bei der lediglich in der 2. Stufe eine Bindung an die Preisgrundlagen für die ursprüngliche Leistung bestehen soll, welche jedoch durch eine angemessene und ortsübliche Vergütung begrenzt wird.
Daneben gewährt Abs. 3 dem Unternehmer die Möglichkeit einer zusätzlichen pauschalen Erhöhung der Vergütung bei Bauablaufstörungen, für deren Nichteintritt letztendlich Besteller darlegungs- und beweispflichtig ist (Abs. 4).

Schließlich findet sich auch im Ergänzungsentwurf *Kraus/Vygen/Oppler*[618] zum Entwurf eines Gesetzes zur Beschleunigung fälliger Zahlungen der Fraktionen der SPD und Bündnis 90/Die Grünen eine diesbezügliche Regelung.

---

618 Kraus/Vygen/Oppler, Ergänzungsentwurf zum Entwurf eines Gesetzes zur Beschleunigung fälliger Zahlungen der Fraktionen der SPD und Bündnis 90/Die Grünen, in BauR 1999, 964 ff.

Dort heißt es:

§ 648 a (zusätzliche und geänderte Leistungen)

(1) Der Besteller ist berechtigt, zusätzliche Leistungen zu verlangen, die zur Ausführung des Werkes erforderlich sind, sofern der Betrieb des Unternehmers auf derartige Leistungen eingerichtet ist. Änderungen der vereinbarten Leistung kann der Besteller nur insoweit verlangen, als deren Ausführung unter Abwägung der beiderseitigen Interessen für den Unternehmer zumutbar sind.

alternativ:

(1) Der Besteller ist berechtigt, zusätzliche Leistungen oder Änderungen der vereinbarten Leistung zu verlangen, die für die Ausführung des Werkes erforderlich sind, sofern der Betrieb des Unternehmers auf derartige Leistungen eingerichtet ist.

(2) Die Vergütung der geänderten oder zusätzlichen Leistung wird unter Berücksichtigung der durch die Änderung verursachten Mehr- oder Minderkosten auf Grundlage der Kalkulation der vertraglichen Leistung berechnet.

Kennzeichen dieses frühen Entwurfes ist die Unterscheidung zwischen zusätzlichen und geänderten Leistungen hinsichtlich eines Leistungsbestimmungsrechtes des Bestellers, welche zumindest in der ersten Alternative auch bezüglich der Ausübungsbeschränkungen beibehalten wird.
Diese Unterscheidung wird in der zweiten Alternative, wie auch in der Rechtsfolgeregelung des § 648 a Abs. 2 BGB/E, aufgegeben.
Im Ergebnis beinhaltet dieser Ansatz eine Mischung der Elemente aus den vorangestellten Entwürfen.

II. Kritik

Meines Erachtens enthalten alle dargestellten Entwürfe durchaus beachtenswerte Aspekte einer sachgerechten Integration der Leistungsbestimmungsrechte i. S. d. §§ 1 Nr. 3, 2 Nr. 5 VOB/B und §§ 1 Nr. 4, 2 Nr. 6 VOB/B in das Bürgerliche Gesetzbuch.

Hierfür besteht auch entgegen der Ansicht *Peters* ein dringendes Bedürfnis, da der bisslang praktizierte Rückgriff auf die Grundsätze von Treu und Glauben i. S. d. § 242 BGB für eine derart konstitutive Problematik des Bauvertrages für beide Vertragsparteien zu unbefriedigenden Ergebnissen führt[619].

Allerdings vermag keiner der Ansätze vollends zu überzeugen.

Dem baurechtlichen Ergänzungsentwurf zum Schuldrechtsmodernisierungsgesetz durch den Arbeitskreis Schuldrechtsmodernisierungsgesetz des Instituts für Baurecht Freiburg e. V. ist zu Gute zu halten, dass er dem Auftraggeber weitgehende projektbegleitende Entscheidungen und damit eine stetige Fortentwicklung der Ausgangsplanung ermöglicht.
Ebenso macht er eine oftmals schwierige Unterscheidung zwischen zusätzlichen und geänderten, sowie zwischen erforderlichen und nicht erforderlichen Leistungen durch die Vereinheitlichung des Anordnungsrechtes überflüssig.

Allerdings werden dabei die Interessen des Auftragnehmers in zu starkem Maße vernachlässigt.
Soweit die Ausübung des Anordnungsrechts dem Besteller nämlich nur aus wichtigem Grund versagt ist, stellt sich die Frage, welche Gründe dies sein können.
Hierzu findet sich in der Begründung zu diesem Entwurf lediglich der Hinweis, dass eine Änderung dann nicht verlangt werden könne, wenn die Eigenart des Werkes dem entgegensteht, wie es z. B. bei Kernpunkten schöpferischer Leistung der Fall sei[620].
Neben der Tatsache, dass sich mit dem gewählten Beispiel nur schwer eine Vorstellung der relevanten Hinderungsgründe vermitteln lässt, da es selbst auslegungs- oder erklärungsbedürftig ist, wird hierdurch vor allem der Eindruck erweckt, dass nach Intention der Verfasser die Gründe einer Ausübungsbeschränkung bzw. eines Leistungsverweigerungsrechtes des Unternehmers sich vornehmlich aus dem Werk selbst ergeben müssen.
Ob daneben auch die betriebliche Leistungsfähigkeit des Auftragnehmers ein relevanter Hinderungsgrund sein kann, bleibt offen.
Gerade dieser Umstand ist meines Erachtens für ein dem Auftragnehmer zumutbares Leistungsbestimmungsrecht des Auftraggebers aber unerlässlich.
Insbesondere lässt sich aber die Zumutbarkeit nicht durch den veränderten Vergütungsanspruch rechtfertigen.

---

[619] vgl. auch Begründung zum baurechtlichen Ergänzungsentwurf zum Schuldrechtsmodernisierungsgesetz durch den Arbeitskreis Schuldrechtsmodernisierungsgesetz des Instituts für Baurecht Freiburg e. V., abgedruckt in BauR 2006, 263 (272).

[620] vgl. Begründung zum baurechtlichen Ergänzungsentwurf zum Schuldrechtsmodernisierungsgesetz durch den Arbeitskreis Schuldrechtsmodernisierungsgesetz des Instituts für Baurecht Freiburg e. V., abgedruckt in BauR 2006, 263 (272).

Schließlich werden durch eine derartige Regelungstechnik auch die oben beschriebenen Abgrenzungsprobleme nicht wirklich gelöst, sondern lediglich auf eine Ebene der Definition eines „wichtigen Grundes" verlagert, so dass das Ziel einer rechtssicheren Handhabung des Leistungsbestimmungsrechtes durch diesen Entwurf ebenfalls nicht erreicht wird.
Hierfür wäre vielmehr erforderlich, dass das Leistungsbestimmungsrecht selbst eindeutige Terminologien enthält und entweder keine oder klare Grenzen vorgibt, jedoch nicht erneut die Klärung vieler strittiger Problembereiche der Rechtsprechung überlässt.
Insbesondere im Bereich unmittelbarer zeitlicher Anordnungen bzw. sonstiger Haupt- oder Nebenleistungspflichten oder gar Obliegenheiten, aber auch hinsichtlicht des Umfangs der zulässigen Änderung ergeben sich durch den zur Diskussion gestellten Entwurf keine wesentlichen Erleichterungen.

Eine derart weitreichende Auslegungsbedürftigkeit ist dem Entwurf von *Kaufmann* zwar nicht entgegenzuhalten, allerdings bestehen auch gegen die Tauglichkeit eines derart detaillierten Regelungskomplexes einige Bedenken.
Positiv hervorzuheben ist zunächst, dass das Bestimmungsrecht ausdrücklich klarstellt, dass § 315 BGB entsprechend anwendbar sein und insbesondere auch die Leistungszeit von ihm erfasst werden soll, so dass insofern die bislang bestehenden Unsicherheiten beseitigt werden.
Ebenso wird das einseitige Änderungsrechts des Bestellers durch verschiedene Faktoren begrenzt, welche ein Ausgleich zwischen den gegenläufigen Interessen der Bauvertragsparteien in einem Maße gewährleisten, welches die Gewährung und Ausübung des Leistungsbestimmungsrechtes für beide Seiten als zumutbar erscheinen lässt.

Schließlich enthält der Entwurf auch eine sehr ausführliche Beweislastregelung, mit welcher der Verfasser in Verbindung mit dem übrigen Regelungszusammenhang das existentielle Problem der Bestimmung des Bauvertragsinhalts, insbesondere die Frage, ob eine angeordnete Leistung bereits im ursprünglich vereinbarten Leistungsinhalt enthalten war oder nicht, sowie die Höhe des Mehrvergütungsanspruches zu bewältigen versucht.

Der von *Kaufmann* vorgeschlagene Weg führt jedoch, obwohl die Lösung dieser Abgrenzungsproblematik untrennbar mit einer tauglichen, der alltäglichen Baupraxis gerecht werdenden Integration auftraggeberseitiger Leistungsbestimmungsrechte in das Bürgerliche Gesetzbuch verbunden ist, meines Erachtens ebenfalls zu keinem befriedigenden Ergebnis.

Insbesondere kann bei diesem Entwurf von einer den Besonderheiten des Bauvertrages angepassten und interessengerechten Aufteilung des Planungsrisikos zwischen den Parteien nicht mehr die Rede sein.

Im Gegenteil wird der Unternehmer von einer diesbezüglichen Verantwortung weitgehend befreit.

So ist zum einen Resultat der vorgenommenen Beweislastverteilung, dass der Besteller letztendlich sowohl für den Vertragsinhalt, als auch für einen eventuell bestehenden bzw. nicht bestehenden Mehrvergütungsanspruch, dem Grunde und der Höhe nach, und schließlich für das Nichtbestehen sonstiger nachteiliger Einflüsse darlegungs- und beweispflichtig ist.
Abgesehen von dem Vertragsinhalt wird dem Besteller ein derartiger Beweis jedoch nahezu unmöglich sein, da er nach derzeitiger Handhabung nur in wenigen Fällen Einsicht in die Kalkulation des Unternehmers und den geplanten Bauablauf haben wird bzw. sich auf die Vorgaben des Unternehmers verlassen muss, da beides dem Bauvertrag nicht verbindlich zu Grunde gelegt sein muss.
Neben der dadurch angelegten Gefahr von Manipulationen bei einer nachträglich erstellten Kalkulation bzw. bei nachträglich erstellten Bauablaufsplänen hat der Auftragnehmer darüber hinaus seine Kalkulation auch nur insoweit zu vertreten, wie sie für ihn vorteilhaft ist, da ihm zumindest eine angemessene und ortsübliche Mehrvergütung i. S. d. Abs. 3 S. 2 garantiert wird. Hierdurch wird aber nicht nur jegliche Verlustmöglichkeit des Unternehmers ausgeschlossen und er von jeglichem Kalkulationsrisiko befreit, sondern auch die in der ursprünglichen Vergütungsvereinbarung zum Ausdruck gekommene individuelle Ausgewogenheit durch eine ausschließlich den Unternehmer bevorteilende gesetzliche Wertung ersetzt.
Schließlich darf der Unternehmer auf das Ergebnis seiner nachträglich durchgeführten Kalkulation in der Regel dann noch eine 10 %-ige Erhöhung aufschlagen, ohne dass er hierfür konkrete Mehrkosten oder finanzielle Nachteile nachweisen müsste.
In vergütungsrechtlicher Hinsicht wirkt sich die aus der Zukunftsorientiertheit eines Bauvertrages resultierende und beiden Vertragsparteien bekannte mangelnde Planbarkeit für den Unternehmer damit ausschließlich vorteilhaft aus, ohne dass seine werkvertragliche Erfolgshaftung i. S. d. § 631 BGB, die Erfüllung eigener Prüf- und Hinweispflichten, oder der individuelle Parteiwille hierauf irgendeinen Einfluss hätte.

Daneben leidet der Entwurf von *Kaufmann* an bereits angedeuteten systematischen Ungereimtheiten.
So soll sich das Leistungsbestimmungsrecht des Bestellers auch auf die Änderung der Leistungszeit beziehen, welche jedoch, wie sich aus Abs. 4 ergibt, nicht verbindlich dem Vertrag zu Grunde gelegt sein muss, sondern auch das Ergebnis einer einseitigen Erwartung sein kann.
Nicht nur nach der Systematik des BGB setzt eine Änderung bzw. ein auf einem Leistungsbestimmungsrecht basierender Mehrvergütungsanspruch bei

Bauablaufstörungen voraus, dass Ausführungsfristen verbindlich durch übereinstimmende Willenserklärungen beider Parteien vereinbart wurden, und nicht das Ergebnis einer einseitigen Vorstellung sind[621].

Ebenso widerspricht die pauschale Erhöhung des Mehrvergütungsanspruches bei Ablaufstörungen i. S. d. Abs. 4 jeglichen Beweislastregelungen und Kausalitätsprinzipen und stellt zudem einen unzumutbaren Eingriff in den Grundsatz der Privatautonomie dar, mit welchen *Kaufmann* meines Erachtens den Unternehmer vor allem von zugegebenermaßen sehr umfangreichen Dokumentationspflichten im Vorfeld des Bauvertrages zu befreien versucht.

Schließlich liefert der von *Kaufmann* vorgeschlagene Entwurf keine schnelle, eindeutige, für beide Vertragsparteien akzeptable und vor allem abschließende Reaktionsmöglichkeit des Bestellers auf das jedem Bauvertrag immanente Problem der mangelnden Planbarkeit, da es dem Unternehmer trotz der sicherlich hilfreichen und eindeutigen Beweislastverteilung möglich wäre, die Ausführung einer angeordneten Leistung mit Hinweis auf deren Überflüssigkeit oder Unzumutbarkeit bis zu einer rechtskräftigen gerichtlichen Entscheidung zu verweigern.

An ähnlichen Schwächen leidet auch der *Kraus/Vygen/Oppler* eingebrachte Entwurf eines mit §§ 1 Nr. 3 und Nr. 4 VOB/B vergleichbaren Leistungsbestimmungsrechtes für ein zukünftiges deutsches Bauvertragsrecht, da zum einen auch hier zumindest teilweise Bedenken bezüglich der Ausgewogenheit der vorgeschlagenen Regelungen bestehen und insgesamt der Entwurf für eine schnelle, den Bedürfnissen des Bauvertrages angepassten und eindeutigen Reaktionsmöglichkeit des Auftragnehmers aufgrund der Abhängigkeit von einer gerichtlichen Entscheidung über die Berechtigung und den Umfang des Leistungsbestimmungsrechtes nur bedingt geeignet ist.

III. Eigener Ansatz

Die aus der Analyse der §§ 1 Nr. 3 und Nr. 4 VOB/B i. V. m. §§ 2 Nr. 5 und Nr. 6 VOB/B gewonnenen Erkenntnisse, sowie die dargestellten Probleme der Entwurfsvorschläge aus der Literatur, machen deutlich, dass mit der Integration eines Leistungsbestimmungsrechtes in ein zukünftiges deutsches Bauvertragsrecht allein keine wesentlichen Verbesserung bei der Handhabung von Bauablaufstörungen im Bauvertrag eintreten wird, da die Vielfältigkeit der

---

621 Letzteres wäre gleichbedeutend damit, dass der Unternehmer den Eintritt und die Höhe des Mehrvergütungsanspruches selbst in der Hand hätte.

vertraglichen und tatsächlichen Ausgangslagen eine in allen Fällen abschließende und eindeutige Regelung eines Leistungsbestimmungsrechtes unabhängig von dessen Formulierung unmöglich macht.

Daher werden auch bei einem überaus restriktiv formulierten Bestimmungsrecht immer wieder Meinungsverschiedenheiten über den Grund und die Höhe einer eventuellen Mehrvergütung für vom Besteller angeordnete Leistungen zwischen den Parteien entstehen.

Dies schafft sowohl bei der Bauausführung als auch nach Herstellung des Werkes ein erbliches Konfliktpotential, welches eigentlich durch die Einführung eines Leistungsbestimmungsrechtes in ein zukünftiges deutsches Bauvertragsrecht vermieden werden sollte.

Eine den Bedürfnissen des Bauvertrages gerecht werdende Lösung dieser Problematik ist meines Erachtens daher nur durch eine Kombination eines ausgewogenen Leistungsbestimmungsrechtes und einer schnellen und eindeutigen, wenn auch nur vorläufigen Entscheidung über den Grund und die Höhe einer eventuellen Mehrvergütung für vom Besteller angeordnete Leistungen bzw. die Reichweite eines Leistungsbestimmungsrechtes, insbesondere über die Frage, ob die angeordneten Leistungen von ursprünglich vereinbarten Leistungsumfang erfasst sind oder nur mit Zustimmung des Unternehmers auszuführen wären, möglich.

Für ein zu entwerfendes Leistungsbestimmungsrecht bedeutet dies, dass es vor allem die gegenläufigen Interessen beider Vertragsparteien angemessen berücksichtigen müsste.

Im Bereich werkvertraglich erforderlicher Leistungen ergeben sich hierbei meines Erachten keine wesentlichen Probleme, da sich der Unternehmer unabhängig von den vereinbarten Leistungen zur Herstellung eines mangelfreien Werkes durch Abschluss des Bauvertrages verpflichtet hat und daher eine schnelle Klärung der auszuführenden Arbeiten im Interesse beider Vertragsparteien liegt.

Lediglich in dem Fall, in welchem der Unternehmer betrieblich nicht in der Lage ist, die angeordnete Leistung auszuführen, ist hiervon eine Ausnahme zu machen, da er bei Vertragsschluss eine diesbezügliche Ausführungsverpflichtung aufgrund einer mangelhaften Leistungsbeschreibung oder anderer Umstände nicht vorhersehen und somit seine eigene Leistungsfähigkeit nicht einschätzen konnte. Somit kann diese Ihm nicht einseitig aufgebürdet werden.

Dagegen kann im Bereich werkvertraglich nicht erforderlicher Leistungen ein einseitiges Leistungsbestimmungsrecht des Unternehmers meines Erachtens nicht gerechtfertigt werden, da dies die Interessen des Unternehmers in zu starkem Maße beeinträchtigen würde.

Derartige Änderungs- oder Erweiterungswünsche des Bestellers sind vielmehr ausschließlich durch den Abschluss eines Änderungs- oder Zusatzvertrages zu realisieren, bei welchem der Kooperationsverpflichtung besondere Bedeutung zukommt.

Ein gesetzliches Leistungsbestimmungsrecht darüber hinaus auch auf die Leistungszeit zu erstrecken, erachte ich aufgrund der damit einhergehenden bereits ausführlich beschriebenen Probleme als wenig sinnvoll. Dies ändert jedoch nichts daran, dass die Parteien individuell ein derartiges Recht dem Besteller einräumen können.

Die Vergütung für angeordnete erforderliche Leistungen ist zur angemessenen Verteilung des Planungsrisikos und zur Beibehaltung der individuellen Ausgewogenheit weiterhin an das Preis-Leistungsgefüge des ursprünglichen Bauvertrages zu binden, wobei zur Beurteilung der Mehr- oder Minderkosten auf den Zeitpunkt der Ausführung der Arbeiten abzustellen ist.

Schließlich ist das anfänglich geschilderte Problem der häufig zu beobachtenden Untätigkeit des Auftraggebers trotz Hinweis auf die Unzulänglichkeiten seiner Planung durch die Umkehrung der Ausführungsverpflichtung hinsichtlich nicht oder nicht so vereinbarter aber erforderlicher Leistungen zu lösen.

Zur Erfüllung der zweiten Vorgabe hinsichtlich einer schnellen Entscheidungsmöglichkeit über rechtliche Bedeutung und Reichweite einer angeordneten Leistung ergeben sich folgende Überlegungen:

Der Verweis auf den ordentlichen Rechtsweg ist hierfür weitgehend ungeeignet.
So kann keines der dort vorgesehenen Verfahren eine schnelle Klärung der Sach- und Rechtslage herbeiführen, sondern wird in den meisten Fällen eine umfangreiche und langwierige Beweisaufnahme zur Folge haben, da die zur Entscheidung befugten Organe weder mit dem Sachverhalt, noch mit den rechtlichen Vereinbarungen vertraut sein werden und für ein in der Durchführung befindliches Bauvorhaben zu unbeweglich sind.
Darüber hinaus werden die Beweisaufnahmen in vielen Fällen zu keinem befriedigendem Ergebnis führen, da eine nachträgliche Rekonstruktion der tatsächlichen Vorgänge und daraus resultierenden Bauablaufstörungen, sowie dadurch verursachter Mehrkosten erhebliche Schwierigkeiten hervorruft.
Schließlich sind derartige Verfahren zumeist sehr kostenintensiv, so dass in Anbetracht der ohnehin schon sehr angespannten finanziellen Lage bei vielen Baubeteiligten eine derartige Lösung ebenfalls nicht Interessengerecht wäre.

Eine interessengerechte Lösung können auch nicht so genannte Interimsvereinbarungen und andere national oder international bestehende Formen der außergerichtlichen Streitbeilegung, wie etwa Dispute Review Boards (DRB) oder Dispute Adjudication Boards (DAB)[622], Verfahren nach der Schlichtungs- und Schiedsordnung für Baustreitigkeiten der Arbeitsgemeinschaft für privates Bau- und Architektenrecht im deutschen Anwaltsverein (SO-Bau), nach den Muster-Standart-Verträgen der Fédération Internationale des Ingénieurs-Conseils (FIDIC) für Bau- und Anlagenbauprojekte, nach dem Housing Grants Constuction and Regeneration Act 1996 (HGCRA) oder dem Neuen Bauvertrag (ECC), sowie das Dreiphasenmodel der SBB, liefern, auch wenn jede Form bzw. Verfahren für sich durchaus wertvolle Anregungen enthält[623].

So besteht zum einen die Gefahr, dass vertragliche Regelungen einer Inhaltskontrolle nach §§ 307 ff. BGB nicht standhalten, so dass deren beabsichtigte Wirkung wiederum verfehlt wird[624].

Daneben sind die Prozesschancen in einem Rückforderungsprozess eher zurückhaltend zu beurteilen, da deutsche Gerichte wohl dazu neigen, ein vorläufiges Nachgeben als „Anerkenntnis" zu bewerten[625].
Schließlich wird das zur Entscheidung, Schlichtung oder Mediation berufene Organ in vielen der genannten Verfahren ebenfalls erst bei Anrufung tätig, so dass eine zeitaufwendige Sachverhaltsermittlung bzw. Beweisaufnahme wiederum einer Entscheidung vorauszugehen hat.

Positiv hervorzuheben ist allerdings, dass die in derartigen Verfahren getroffenen Entscheidungen zwar zumeist nur vorläufig sind, im späteren ordentlichen Rechtsweg aber durchaus auf Grund der größeren Sachnähe eine gewisse „Bindungswirkung" entfalten.
Nicht nur aus diesem Grund wird der ordentliche Rechtsweg, wie die Erfahrungen aus den Vereinigten Staaten von Amerika und Großbritannien zeigen, nach einer diesbezüglichen Entscheidung nur noch in vermindertem Umfang überhaupt in Anspruch genommen, so dass es durch derartige Verfahren ef-

---

[622] vgl. hierzu auch Hauschka, Die Baubegleitende Einigungsstelle (BEST) – eine deutsche Version des Dispute Adjudication Board, in Jahrbuch Baurecht 2002, 297ff.

[623] vgl. Quack, Interimsvereinbarungen zu streitigen Nachträgen, in ZfBR 2004, 211ff.; Schramke, Neue Formen des Streitmanagement im Bau und Anlagenbau, NZBau 2002, 409ff. mit weitern Nachweisen.

[624] vgl. hierzu etwa BGH, Urt. v. 13.01.2005 – III ZR 265/03, BGHZ 162, 9 = BauR 2005, 1369 = IBR 2005, 454; BGH, Urt. v. 27.11.2003 – VII ZR 53/03, BauR 2004, 495 = ZfBR 2004, 254 = IBR 2004, 121;

[625] Quack, Interimsvereinbarungen zu streitigen Nachträgen, in ZfBR 2004, 211 (213); ebenso Schwenker, IBR 2004, 1045.

fektiv für beide Vertragsparteien zu einer Kostenreduzierung im Vergleich zu einem gerichtlichen Verfahren kommt[626].

Die effektive Handhabung eines Leistungsbestimmungsrechtes in einem künftigen deutschen Bauvertragsrecht ist daher untrennbar mit dem Entwurf einer eigenen „Bauverfahrensordnung" verbunden, bei welcher unter Berücksichtigung der positiven Aspekte der bestehenden nationalen und internationalen Möglichkeiten der außergerichtlichen Streitbeilegung unter anderem noch folgende Aspekte zu berücksichtigen wären:

- Die zu entwerfende Bauverfahrensordnung sollte legislativ, etwa in Form einer Verordnung, gestaltet werden, um sie der AGB-Kontrolle zu entziehen.

- Ebenso sollte sie jedem Bauvertrag zu Grunde liegen, ausgenommen die Parteien schließen ihre Anwendbarkeit ausdrücklich aus.

- In ihr sollte die Möglichkeit eröffnet werden, andere am Baubeteiligte frühzeitig in ein derartiges Verfahren rechtswirksam miteinzubeziehen (Bsp. „Streitverkündung").

- Das nach der Bauverfahrensordnung entscheidungsbefugte Gremium sollte in Abhängigkeit vom Auftragsvolumen von einer bis zu drei Personen variieren, um bei kleineren Bauvorhaben nicht unnötig Kosten zu verursachen.

- Auf die Besetzung dieses Gremium müsste sich bei Vertragsschluss geeinigt werden, um spätere Verzögerungen zu vermeiden. Wird keine Einigung erzielt, erfolgt die Bestimmung durch einen Dritten.

- Aus demselben Grund müssten diesem Gremium bis zu Beginn der Bauarbeiten sämtliche Vertragsunterlagen ausgehändigt werden. Ebenso müssen ihm alle schriftlichen Vertragserklärungen fortlaufend während der Bauausführungen unverzüglich übermittelt werden.

- Das Entscheidungsgremium müsste verpflichtet sein, das Bauvorhaben je nach Größe und Schwierigkeit in regelmäßigen Abständen aufzusuchen, um die Notwendigkeit einer nachträglichen und zeitintensiven Sachverhaltsermittlung zu vermeiden.

---

626 vgl. Quack, Interimsvereinbarungen zu streitigen Nachträgen, in ZfBR 2004, 211ff.; Schramke, Neue Formen des Streitmanagement im Bau und Anlagenbau, NZBau 2002, 409ff. mit weitern Nachweisen.

- Entscheidungen des Gremiums müssten für die Parteien vorläufig verbindlich sein und können innerhalb von 28 Tagen angefochten und gerichtlich überprüft werden.

- Die Kosten des Entscheidungsgremiums sollten die Bauvertragsparteien je zur Hälfte tragen und bestimmen sich nach pauschaliertem Aufwand.

Aus diesen Überlegungen ergibt sich folgender Entwurf:

§ 1

(1) Durch einen Bauvertrag wird der Unternehmer zur Herstellung und Verschaffung des versprochenen Werkes, der Besteller zur Entrichtung der vereinbarten Vergütung verpflichtet.

(2) Gegenstand eines Bauvertrages können Arbeiten jeder Art sein, durch die eine bauliche Anlage hergestellt, instandgesetzt, instandgehalten, geändert, beseitigt oder ein anderer baulicher Erfolg erzielt wird.

(3) Den Parteien steht es frei, hierzu konkrete Leistungen schriftlich zu vereinbaren. Erweisen sich diese Leistung zur Herstellung eines mangelfreien Werkes als ungeeignet, ist der Unternehmer nicht verpflichtet, die erforderlichen Leistungen auszuführen, es sei denn der Besteller ordnet dies nach § 2 Abs. 1 an.

(4) Mit dem Abschluss eines Bauvertrages wird auch die Bauverfahrensverordnung Gegenstand des Bauvertrages, es sei denn die Parteien haben ihre Geltung ausdrücklich ausgeschlossen. In diesem Fall verlieren alle auf die Bauverfahrensverordnung für Bauverträge verweisenden Vorschriften ihre Wirkung.

(5) Im Übrigen, gelten die §§ 631 BGB bis ..., soweit in den nachfolgenden Vorschriften nichts anderes bestimmt ist.

§ 2

(1) Der Besteller ist berechtigt, die vereinbarten Leistungen i. S. d. § 1 Abs. 3 nach Vertragsschluss einseitig zu ändern oder zu ergänzen, soweit dies zur Herstellung des versprochenen Werkes erforderlich und der Betrieb des Unternehmers auf die Ausführung derartiger Leistungen eingerichtet ist.
Die Änderung oder Ergänzung ist dem Unternehmer schriftlich mitzuteilen.

(2) Die Vergütung für gem. Abs. 1 geänderte oder ergänzende Leistungen berechnet sich nach den Grundlagen der Vergütungsermittlung für die vereinbarten Leistungen i. S. d. § 1 Abs. 1 unter Berücksichtigung der durch die Änderung oder Ergänzung verursachten Mehr- oder Minderkosten zum Zeitpunkt der Ausführung. Der Unternehmer hat den Besteller vor Ausführung der nach Abs. 1 angeordneten Leistungen auf eine eventuelle Mehrvergütung hinzuweisen, über deren Grund und Höhe innerhalb einer Woche nach deren Anordnung Einvernehmen erzielt werden soll.

(3) Können sich die Parteien bis zu dem in Abs. 2 genannten Zeitpunkt über den Grund und die Höhe einer eventuellen Mehrvergütung nicht einigen oder erklärt mindestens eine der Parteien eine Einigung schon vorher als fehlgeschlagen, ist die nach der Bauverfahrensverordnung zuständige Stelle unverzüglich, spätestens jedoch innerhalb von drei Werktagen anzurufen. Diese hat innerhalb einer Woche nach Anrufung über den Grund und die Höhe eines eventuellen Mehrvergütungsanspruch zu entscheiden.

Schriften zum deutschen und internationalen Baurecht

Herausgegeben von Axel Wirth

Band 1 Sebastian Ulbrich: Leistungsbestimmungsrechte in einem künftigen deutschen Bauvertragsrecht vor dem Hintergrund, der Funktion und der Grenzen von §§ 1 Nr. 3 und Nr. 4 VOB/B. 2007.

www.peterlang.de

FSC
www.fsc.org
MIX
Papier | Fördert gute Waldnutzung
FSC® C083411

Kolibri 360 GmbH
Ferdinand-Jühlke-Straße 7
99095 Erfurt, Deutschland
produktsicherheit@kolibri360.de

Druck:
CPI Druckdienstleistungen GmbH
im Auftrag der
Kolibri 360 GmbH
Ferdinand-Jühlke-Str. 7
99095 Erfurt